Annexverfahren zwischen
EuInsVO und EuGVVO
– eine Betrachtung aus
deutscher Sicht

Europäische Hochschulschriften Recht

European University Studies in Law

Publications Universitaires Européennes de Droit

Band/Volume **6152**

Constanze Ort

Annexverfahren zwischen EuInsVO und EuGVVO – eine Betrachtung aus deutscher Sicht

PETER LANG

Bibliografische Information der Deutschen Nationalbibliothek
Die Deutsche Nationalbibliothek verzeichnet diese Publikation in der Deutschen Nationalbibliografie; detaillierte bibliografische Daten sind im Internet über http://dnb.d-nb.de abrufbar.

Zugl.: Erlangen, Nürnberg, Univ., Diss., 2019

Gedruckt auf alterungsbeständigem, säurefreiem Papier.
Druck und Bindung: CPI books GmbH, Leck

n 2
ISSN 0531-7312
ISBN 978-3-631-80285-4 (Print)
E-ISBN 978-3-631-81494-9 (E-PDF)
E-ISBN 978-3-631-81495-6 (EPUB)
E-ISBN 978-3-631-81496-3 (MOBI)
DOI 10.3726/b16999

Diese Publikation wurde begutachtet.

www.peterlang.com

Meiner Oma

Vorwort

Die vorliegende Arbeit wurde vom Fachbereich Rechtswissenschaften der Friedrich-Alexander-Universität Erlangen-Nürnberg im Wintersemester 2018/19 als Dissertation angenommen. Rechtsprechung und Literatur wurden bis September 2018 berücksichtigt.

Mein Dank gilt zunächst meinem Doktorvater, Herrn Prof. Dr. Freitag, der die Anregung zu diesem Thema lieferte, mir einerseits großen Freiraum bei der inhaltlichen Gestaltung überlies und andererseits unterstützend zur Seite stand, um das weite Themengebiet einzugrenzen. Herrn Prof. Dr. Rohe gilt mein Dank für die schnelle Erstellung des Zweitgutachtens.

Besonderer Dank gilt darüber hinaus meinen Eltern, die mich während meines gesamten Studiums sowie meiner Promotion immer unterstützt und bestärkt haben. Daneben meinem Freund Florian, der den verschiedenen Phasen einer Promotion mit viel Verständnis und Geduld begegnet ist. Ihm und meiner Mutter danke ich daneben sehr für das gemeinsame Korrekturlesen der Arbeit.

Nürnberg, im Oktober 2019 Constanze Ort

Inhaltsverzeichnis

Abkürzungsverzeichnis

a.A.	andere Ansicht
a.E.	am Ende
a.F.	alte Fassung
Abs.	Absatz
AEUV	Vertrag über die Arbeitsweise der Europäischen Union
AG	Amtsgericht
AktG	Aktiengesetz
Alt.	Alternative
AnfG	Anfechtungsgesetz
AnfO	Österreichische Anfechtungsordnung
Anm.	Anmerkung
AO	Abgabenordnung
BAG	Bundesarbeitsgericht
BFH	Bundesfinanzhof
BGB	Bürgerliches Gesetzbuch
BGBl	Bundesgesetzblatt
BGH	Bundesgerichtshof
bspw.	beispielsweise
BT-Drs.	Bundestagsdrucksache
BVerfG	Bundesverfassungsgericht
BVerwG	Bundesverwaltungsgericht
bzgl.	bezüglich
bzw.	beziehungsweise
Ccom	Code de commerce
c.i.c.	culpa in contrahendo
COMI	Centre of main interest
ders.	derselbe
dies.	dieselbe
Ed.	Edition
EG	Europäische Gemeinschaft
EGBGB	Einführungsgesetz zum Bürgerlichen Gesetzbuch
EGInsO	Einführungsgesetz zur Insolvenzordnung
Einl.	Einleitung
EL	Ergänzungslieferung
EMRK	Europäische Menschenrechtskommission

Erw.Gr.	Erwägungsgrund
EU	Europäische Union/Europäisch
EuGH	Europäischer Gerichtshof
EuGVVO	Verordnung (EG) Nr. 44/2001 des Rates vom 22. Dezember 2000 (Brüssel I VO) bzw. Verordnung (EU) Nr. 1215/2012 des Europäischen Parlaments und des Rates vom 12. Dezember 2012 (Brüssel Ia VO)
EuGVÜ	Übereinkommen über die gerichtliche Zuständigkeit und die Vollstreckung gerichtlicher Entscheidungen in Zivil- und Handelssachen
EuInsVO	Verordnung (EG) Nr. 1346/2000 des Rates vom 29. Mai 2000 bzw. Verordnung (EU) 2015/848 des Europäischen Parlaments und des Rates vom 20. Mai 2015
EUV	Vertrag über die Europäische Union
f./ff.	folgende
Fn.	Fußnote
FS	Festschrift
GA	Generalanwalt/Generanwältin
gem.	gemäß
GenG	Genossenschaftsgesetz
GG	Grundgesetz
GmbHG	Gesetz betreffend die Gesellschaften mit beschränkter Haftung
GVG	Gerichtsverfassungsgesetz
HGB	Handelsgesetzbuch
Hs.	Halbsatz
IA	Insolvency Act (1986)
insb.	insbesondere
InsO	Insolvenzordnung
IntGesR	Internationales Gesellschaftsrecht
IO	Insolvenzordnung Österreich
IPR	Internationales Privatrecht
i.V.m.	in Verbindung mit
IZPR	Internationales Zivilprozessrecht
jdf.	jedenfalls
KG	Kammergericht
KO	Konkursordnung
LG	Landgericht
lit.	Litera/Buchstabe
LugÜ	Lugano Übereinkommen

MoMiG	Gesetz zur Modernisierung des GmbH-Rechts und zur Bekämpfung von Missbräuchen vom 23.10.2008
m.w.N.	mit weiteren Nachweisen
Nr.	Nummer
NV	Naamloze vennootschap
ÖBA	Österreichisches Bankarchiv
OGH	Oberster Gerichtshof (Österreich)
OLG	Oberlandesgericht
RG	Reichsgericht
Rn.	Randnummer
Rs.	Rechtssache
S.	Satz/Seite
Slg.	Sammlung
sog.	sogenannte/sogenannter
Unterabs.	Unterabsatz
Urt.	Urteil
v.	vom
vgl.	vergleiche
Vorbem.	Vorbemerkung
vs.	versus
VwVfG	Verwaltungsverfahrensgesetz
u.a.	und andere
z.B.	zum Beispiel
ZPO	Zivilprozessordnung

Hinsichtlich der hier nicht aufgeführten Abkürzungen wird verwiesen auf *Kirchner, Hildebert*, Abkürzungsverzeichnis der Rechtssprache, 8. Auflage, Berlin u.a. 2015

1. Teil: Einleitung

I. Einführung

Um der Internationalität von Insolvenzverfahren gerecht zu werden und das reibungslose Funktionieren des europäischen Binnenmarkts durch eine effiziente und wirksame grenzüberschreitende Abwicklung derselben zu gewähren, entwickelte der Rat der Europäischen Union im Jahr 2000 die Europäische Insolvenzverordnung[1] (EuInsVO a.F.).[2] Auch wenn diese Verordnung in vielerlei Hinsicht für die Behandlung internationaler Insolvenzen Licht ins Dunkel brachte und für alle Mitgliedstaaten verbindliche Regelungen vorsah, wurde doch nicht jedem Problem Beachtung geschenkt: der Umgang mit den sogenannten Annexverfahren, insolvenzrechtlich zu qualifizierenden Einzelverfahren, fand in der EuInsVO a.F. – mit Ausnahme einer kurzen Regelung zur Anerkennung und Vollstreckung, Art. 25 Abs. 1 Unterabs. 2 EuInsVO a.F. – keinen Niederschlag. Nicht nur blieb insbesondere die internationale Zuständigkeit für Annexverfahren offen, sondern es fehlte bereits an klaren Anhaltspunkten, wann die Gerichte ein Einzelverfahren als insolvenzrechtlich und wann als allgemein zivil- oder handelsrechtlich einzuordnen hätten. Gerade diese Einordnung ist jedoch maßgeblich dafür, ob tatsächlich die EuInsVO zur Anwendung gelangt oder das Einzelverfahren nicht vielmehr dem Anwendungsbereich der EuGVVO[3] unterfällt. Diese Einordnung beeinflusst nicht nur die internationale Zuständigkeit, sondern daneben auch teils die Anerkennung und Vollstreckung einer Entscheidung.[4]

Mit Erlass der Neufassung der Europäischen Insolvenzverordnung[5] (EuInsVO) im Jahr 2015 wurde durch Aufnahme des Art. 6 EuInsVO in den Verordnungstext zwar die grundsätzliche Frage nach der internationalen Zuständigkeit von Annexverfahren geregelt, die Problematik der Qualifizierungsvoraussetzungen

---

1 Verordnung (EG) Nr. 1346/2000 des Rates vom 29. Mai 2000.

2 Erw.Gr. 2 EuInsVO a.F.

3 Verordnung (EG) Nr. 44/2001 des Rates vom 22. Dezember 2000 bzw. nunmehr Verordnung (EU) Nr. 1215/2012 des Europäischen Parlaments und des Rates vom 12. Dezember 2012.

4 Vgl. *Mankowski/Willemer*, RIW 2009, 669, 677 sowie *Ringe/Willemer*, NZG 2010, 56, 56.

5 Verordnung (EU) 2015/848 des Europäischen Parlaments und des Rates vom 20. Mai 2015.

blieb jedoch – mit Ausnahme der Anfechtungsklagen, Art. 6 Abs. 1 a.E. EuInsVO – weiterhin bestehen.[6] Vielmehr verweist der Verordnungsgeber mit seiner vagen Definition in Art. 6 Abs. 1 EuInsVO schlichtweg auf die aus dem Jahr 1979 stammende Rechtsprechung in der Sache *Gourdain/Nadler*[7], die noch weit vor den Gedanken an eine Europäische Insolvenzverordnung erging.[8] Dies hat zur Folge, dass eine Einordnung von selbstständigen Einzelverfahren in den insolvenzrechtlichen oder allgemein zivil- und handelsrechtlichen Bereich weiterhin aufgrund von Einzelfallentscheidungen vorgenommen werden muss. Eine abstrakte Qualifizierung, welche die Rechtsklarheit und Rechtssicherheit stärken würde, lässt der Europäische Verordnungsgeber ebenso vermissen wie auch der Europäische Gerichtshof (EuGH).[9] Somit besteht ein weiter Interpretationsspielraum für die Gerichte der Mitgliedstaaten, deren letzte Möglichkeit zur endgültigen Klärung der Einordnung eines Einzelverfahrens gem. Art. 267 AEUV im Vorlagezwang zum EuGH besteht.[10] Dass es sich hierbei um eine nicht bloß theoretische Problematik handelt, sondern durchaus dringender praktischer Regelungsbedarf herrscht, zeigt nicht zuletzt die Existenz zweier aktueller Entscheidungen des EuGH.[11]

Die Einführung des Art. 6 Abs. 1 EuInsVO kann somit jedenfalls nicht über die Tatsache hinwegtäuschen, dass es an einer generellen Abgrenzung zwischen EuInsVO und EuGVVO mangelt. Auch wenn diese Problematik grundsätzlich bekannt ist, so wird ihr oftmals nur mit sehr kurzen Ausführungen begegnet, ohne dass eine intensive Auseinandersetzung mit einzelnen problematischen Verfahrensgegenständen vorgenommen wird.

Unabhängig von einer fehlenden Tiefe bei der Frage der Qualifikation, welche die nachfolgende Arbeit zu beheben versucht, muss Art. 6 EuInsVO isoliert dahingehend betrachtet werden, ob es sich hierbei generell um eine gelungene Regelung handelt oder nicht vielmehr ein Umdenken hinsichtlich der Behandlung von Annexverfahren stattfinden muss.

---

6 Vgl. *Vallender*, ZIP 2015, 1513, 1516 f.

7 EuGH v. 22.02.1979 – Rs. 133/78 (*Gourdain/Nadler*), RIW 1979, 273, 274.

8 Daher kritisch zur *Gourdain/Nadler*-Formel *Mankowski*, NZI 2014, 922, 922; *ders.*, EWiR 2015, 93, 94.

9 Vgl. *Fehrenbach*, ZEuP 2013, 353, 381; deutliche Kritik am EuGH übt *Mankowski*, NZI 2014, 922, 922 f.

10 *Schulz*, NZG 2015, 146, 147.

11 EuGH v. 9.11.2017 – C-641/16, NZI 2018, 45; EuGH v. 20.12.2017 – C-649/16, NJW 2018, 843.

Die nachfolgende Arbeit konzentriert sich hierbei auf eine Betrachtung aus der deutschen Perspektive heraus. Zudem steht überwiegend die Unternehmensabwicklung im Fokus, obgleich die EuInsVO selbst nicht bloß die reine externe Abwicklung, sondern ebenso die Sanierung und Eigenverwaltung umfasst, vgl. Art. 1 EuInsVO.[12]

II. Gang der Untersuchung

Zunächst ist die Beschreibung einiger wesentlicher Begrifflichkeiten als Grundlage der weiteren Ausführungen vorzunehmen (2. Teil) und die zentrale Norm, die dieser Arbeit zugrunde liegt, Art. 6 EuInsVO, vorzustellen (3. Teil), bevor im darauffolgenden Teil der Frage nachgegangen werden kann, warum eine Differenzierung zwischen den beiden Verordnungen überhaupt notwendig ist (4. Teil). Eingegangen wird hierbei auf prozessuale Aspekte wie insbesondere verschiedene Fragen bezüglich der internationalen Zuständigkeit, das Erfordernis eines grenzüberschreitenden Bezugs und Möglichkeiten zur Versagung der automatischen Anerkennung und Vollstreckung von Entscheidungen. Nach der Klärung dieser abstrakten Grundlagen, befasst sich der 5. Teil mit der Qualifizierung konkreter Einzelverfahren. Anfangs wird hier die bisherige Entwicklung im Umgang mit Annexverfahren dargestellt. Sodann werden, in Abkehr von der *Gourdain/Nadler*-Rechtsprechung und den bisher nur kaum festgelegten Bedingungen einer insolvenzrechtlichen Qualifizierung, abstrakte Voraussetzungen geschaffen, um ein Einzelverfahren als insolvenzrechtlich unter den Anwendungsbereich der EuInsVO zu fassen. Anhand dieser Voraussetzungen erfolgt im Anschluss eine detaillierte Einordnung mehrerer Einzelverfahren, wobei die Einordnung von deutschen Einzelverfahren im Vordergrund steht. Letztlich ist abermals Art. 6 EuInsVO mit der Frage in den Mittelpunkt zu stellen, inwiefern diese Norm tatsächlich als Hilfe für den Umgang mit Annexverfahren geglückt ist (6. Teil).

---

12 Vgl. *Vallender*, ZIP 2015, 1513, 1514.

2. Teil: Begriffsbestimmungen

I. Annexentscheidungen

Als zentraler Punkt der vorliegenden Abhandlung gilt es sich mit dem Begriff der Annexentscheidungen auseinander zu setzen. Dem Gesetzeswortlaut nach handelt es sich hierbei um streitige Einzelentscheidungen, die „unmittelbar aus dem Insolvenzverfahren hervorgehen und in engem Zusammenhang damit stehen", Art. 6 Abs. 1 EuInsVO. Diese sind nicht unter die EuGVVO, sondern unter die EuInsVO zu subsumieren und werden daher über das Europäische Insolvenzrecht anerkennt, vgl. Art. 32 Abs. 1 Unterabs. 2 EuInsVO und Art. 1 Abs. 2 lit. b) EuGVVO. Was genau hierunter zu verstehen ist und wann eine insolvenzrechtliche Qualifizierung eines bestimmten Sachverhalts in Abgrenzung zu einer allgemein zivil- oder handelsrechtlichen Qualifizierung anzunehmen ist, ist Gegenstand eines späteren Teils dieser Arbeit.[13]

II. Internationale Zuständigkeit und Eröffnungszuständigkeit

Ein weiterer Begriff, dem im Verlauf dieser Arbeit eine wesentliche Rolle zukommen wird, ist derjenige der internationalen Zuständigkeit. Noch vor der Frage nach der örtlichen und sachlichen Zuständigkeit knüpft die internationale Zuständigkeit an der Frage an, welcher Staat in einem grenzüberschreitenden Fall der zur Entscheidung Berufene ist. Die internationale Zuständigkeit dient damit der Bestimmung einer Art Länderzuständigkeit. Die Entscheidungsfindung obliegt sodann der Gerichtsbarkeit desjenigen Staates, der als international zuständig zu erachten ist.

Betrachtet man die Durchführung international geprägter Insolvenzverfahren, spricht man in diesem Rahmen von der sogenannten Eröffnungszuständigkeit. Die normative Niederlegung dieser findet sich in Art. 3 Abs. 1 EuInsVO. Hiernach sind die Gerichte desjenigen Mitgliedstaates für die Eröffnung des Insolvenzverfahrens zuständig, in dessen Hoheitsgebiet der Schuldner den Mittelpunkt seiner hauptsächlichen Interessen, den sogenannten COMI[14] (centre of main interests), hat.

---

13 5. Teil: Einzelverfahren, S. 125.

14 Ausführlich IV. COMI, S. 27.

Die Bestimmung der internationalen Eröffnungszuständigkeit für Insolvenzverfahren erfolgt nach dem Prioritätsprinzip[15].[16] Dasjenige Gericht, welches sich als erstes für zuständig erklärt, wird als das entscheidungsbefugte Gericht angesehen, unabhängig davon, ob es sich hierbei auch tatsächlich um das korrekterweise international zuständige handelt; die Möglichkeit der Einlegung eines supranationalen Rechtsbehelfs besteht nicht.[17]

Im Rahmen der EuGVVO gilt hinsichtlich der internationalen Zuständigkeit ebenfalls grundsätzlich das Prioritätsprinzip.[18] Eine Abweichung gilt nur im Fall einer ausschließlich wirkenden Gerichtsstandsvereinbarung wie Art. 29 i.V.m. Art. 31 Abs. 2 EuGVVO zeigt.

III. Vis attractiva concursus

Ein mit der Zuständigkeit für Annexverfahren zusammenhängender Punkt bildet die sogenannte vis attractiva concursus. Hierbei handelt es sich um die Begründung einer Zuständigkeit des Insolvenzgerichts für Zivilprozesse, die mit dem Insolvenzverfahren zusammenhängen.[19] Würde dieses Institut auf europäischer Ebene Geltung für sich beanspruchen, könnte schon hierauf basierend keine andere Zuständigkeit für Annexverfahren als die des entsprechenden Insolvenzgerichts – für Annexverfahren sodann in der Form des Prozessgerichts – begründet werden. Eine derartige *vis attractiva concursus europaei*[20] besteht jedoch – zumindest bis zur Neufassung der EuInsVO von 2015[21] – nicht, weshalb entsprechende Rechtsstreitigkeiten nicht vom selben Gericht, an dem das Insolvenzgericht ansässig ist, sondern vom jeweils gesondert zuständigen Prozessgericht entschieden werden.[22]

---

15 Kritisch zum Prioritätsprinzip wegen der Gefahr eines Missbrauchs desselben zugunsten eines eigentlich zu verhindernden forum shoppings, *Mankowski*, BB 2006, 1753, 1756.

16 AG Düsseldorf v. 06.06.2003 – 502 IN 126/03, ZIP 2003, 1363, 1363; *Leible/Staudinger*, KTS 2000, 533, 545; *Becker*, ZEuP 2002, 287, 304; vgl. *Paulus*, ZIP 2003, 1725, 1726 ff.; so schon zum 1995 geplanten Europäischen Übereinkommen über Insolvenzverfahren *Balz*, ZIP 1996, 948, 949.

17 *Becker*, ZEuP 2002, 287, 304.

18 Musielak/Voit/*Stadler* Art. 29 EuGVVO Rn. 1.

19 *Habscheid*, ZIP 1999, 1113, 1113; ausführlich zur vis attractiva concursus *Willemer*, S. 9 ff.

20 Vgl. *Thole*, ZEuP 2010, 907, 907.

21 Vgl. 1. Allgemein, S. 39.

22 *Habscheid*, ZIP 1999, 1113, 1113.

Im autonomen deutschen Rechtssystem findet sich eine Attraktivzuständigkeit grundsätzlich nicht.[23] Insbesondere kann auch aus § 19a ZPO keine generelle Zuständigkeit am Sitz des Insolvenzgerichts hergeleitet werden.[24] Dieser gilt nur bei Passivprozessen des Insolvenzverwalters.[25] Eine ausschließliche Zuständigkeit des Insolvenzgerichts findet sich lediglich in § 180 Abs. 1 S. 2 InsO für Klagen auf Feststellung der Forderung zur Anmeldung in die Tabelle.[26]

Neben Deutschland ist auch anderen europäischen Ländern eine vis attractiva concursus jedenfalls teilweise unbekannt. Zu nennen sind hierbei die Niederlande oder Griechenland.[27] Österreich hingegen kennt die Attraktivzuständigkeit grundsätzlich im Fall von Anfechtungsklagen, vgl. § 43 Abs. 5 Hs. 1 IO, und Klagen bezüglich der Richtigkeit und Rangordnung von Forderungen, vgl. § 111 Abs. 1 S. 1 IO.[28] Noch einen Schritt weiter geht das französische Recht, das die Zuständigkeit des Insolvenzgerichts in Art. 339 der Verordnung Nr. 2005–1677 beispielsweise für Anfechtungsklagen normiert.[29] Das englische Recht wiederum gewährt der vis attractiva concursus, ebenso wie das spanische, belgische und italienische Recht, eine weitreichende Anwendung.[30] So erklärt beispielsweise section 363(1) IA das Insolvenzgericht umfassend als das zur Entscheidung zuständige.

Selbst wenn damit die einheitliche Handhabung einer Attraktivzuständigkeit fehlt, führt die Einführung des Art. 6 EuInsVO, jedenfalls im Rahmen der internationalen Zuständigkeit, zu einer abgeschwächten Form der Attraktivzuständigkeit. Schließlich wird die Zuständigkeit der Annexverfahren hierin an den Staat der Insolvenzverfahrenseröffnung angeknüpft.[31]

IV. COMI

Der Begriff des COMI stellt den Anhaltspunkt für die konkrete Bestimmung der bereits angesprochenen Eröffnungszuständigkeit im Europäischen

---

23 *Willemer*, S. 25 f.

24 BGH v. 27.05.2003 - IX ZR 203/02, NJW 2003, 2916, 2916; *Thole*, ZEuP 2010, 907, 909; *Willemer*, S. 27 f.

25 BGH v. 27.05.2003 – IX ZR 203/02, NJW 2003, 2916, 2916; *Willemer*, S. 27 f.

26 *Willemer*, S. 26; *Thole*, ZEuP 2010, 907, 909.

27 *Willemer*, S. 32 f.; *Thole*, ZEuP 2010, 907, 909.

28 *Willemer*, S. 32; vgl. auch *Thole*, ZEuP 2010, 907, 909.

29 *Willemer*, S. 28 f.; *Thole*, ZEuP 2010, 907, 909.

30 *Thole*, ZEuP 2010, 907, 909.

31 Vgl. 2. Bindungswirkung, S. 41 und a. Bindungswirkung des Art. 6 Abs. 1 EuInsVO, S. 47.

Insolvenzrecht dar; alleine derjenige Staat, in dessen Gebiet sich der COMI des Schuldners befindet, ist zur Verfahrenseröffnung nach Art. 3 EuInsVO international zuständig. Entsprechend Art. 7 EuInsVO werden sodann grundsätzlich die nationalen Insolvenzrechtsgesetze dieses Eröffnungsstaats als die für das Verfahren anwendbaren und maßgeblichen Sachrechtsnormen erklärt. Das Europäische Insolvenzrecht beinhaltet, neben verfahrensrechtlichen und kollisionsrechtlichen Normen, selbst nur wenige materielle Regelungen zur Abwicklung eines Insolvenzverfahrens, größtenteils bildet es infolgedessen ein bloßes Insolvenzkollisionsrecht.[32] Die richtige Festlegung des COMI stellt sich daher nicht nur für die Eröffnung des Verfahrens, sondern auch für dessen gesamten Ablauf inklusive anwendbaren Sachrechts als maßgebend dar, vgl. Art. 7 EuInsVO.

Hinter der allgemein gebräuchlichen Abkürzung COMI steckt der Terminus *centre of main interests*, also der Mittelpunkt der hauptsächlichen Interessen des Schuldners. Art. 3 Abs. 1 Unterabs. 1 S. 2 EuInsVO enthält eine, wenngleich knappe, abstrakte Definition, die den Mittelpunkt der hauptsächlichen Interessen zunächst einer gesetzlichen Beschreibung unterwirft.[33] Hiernach ist der COMI „der Ort, an dem der Schuldner gewöhnlich der Verwaltung seiner Interessen nachgeht und der für Dritte feststellbar ist". Im Anschluss hieran werden Vermutungsregelungen aufgestellt, wo genau sich der COMI verschiedener Personen befindet. Zwar haben die Gerichte nach wie vor objektive und zugleich für Dritte feststellbare Kriterien zur Bestimmung des COMI heranzuziehen,[34] doch erleichtert sich diese durch die festgeschriebenen Vermutungen. Vorrangig vor der Zuhilfenahme der entsprechenden Vermutungsregelung muss das angerufene Gericht jedoch zunächst im Wege einer Ermittlung von Amts wegen versuchen, den COMI des Insolvenzschuldners zu bestimmen, vgl. Art. 4 Abs. 1 S. 1 EuInsVO.[35]

---

32 *Becker*, ZEuP 2002, 287, 289; vgl. auch *Schwarz*, NZI 2002, 290, 292; FK InsO/*Wenner/Schuster* vor §§ 335 ff. InsO Rn. 7.

33 *Vallender*, ZIP 2015, 1513, 1515; MüKo InsO/*Thole* Art. 3 EuInsVO Rn. 2.

34 Vgl. hierzu zur alten Fassung der EuInsVO EuGH v. 02.05.2006 – C-342/04 (*Eurofood*), NZI 2006, 360, 361 Rn. 33; EuGH v. 20.10.2011 – C-396/09 (*Interedil*), EuZW 2011, 912, 915 Rn. 49.

35 BGH v. 21.06.2007 – IX ZB 51/06, NZI 2008, 121, 122 Rn. 11; BGH v. 01.12.2011 – IX ZB 232/10, NJW 2012, 936, 936 Rn. 10; *Müller*, NZG 2003, 414, 415; *Borges*, ZIP 2004, 733, 737; *Klöhn*, NZI 2006, 383, 384; *Schwemmer*, NZI 2009, 355, 355; *Vallender*, ZIP 2015, 1513, 1516; DKDC/*Duursma-Kepplinger*, Art. 3 EuInsVO Rn. 24; MüKo InsO/*Reinhart* (2008) Art. 3 EuInsVO a.F. Rn. 6.

V. Begriff der Anerkennung und deren Reichweite

1. Auswirkung der Anerkennung – die Wirkungserstreckung

Ein weiterer zentraler Begriff ist derjenige der „Anerkennung". Der europäische Gesetzgeber bietet keine Definition des Anerkennungsbegriffs. Die genaue Bedeutung dieses Worts ist daher anderweitig zu erschließen. Nach herrschender Meinung versteht man unter Anerkennung die Erstreckung der Wirkungen eines ausländischen Urteils, die diesem nach dessen nationalen Recht zukommen, auf den anzuerkennenden Staat.[36] Durch die Anerkennung werden für den inländischen Richter eigentlich unbeachtliche Wirkungen eines ausländischen Urteils beachtlich; dies jedoch nur, soweit dieses durch nationale oder europäische Vorschriften angeordnet wird.[37] Zudem muss die Entscheidung im Erststaat wirksam sein.[38] Beachtenswert ist sodann, dass einer Entscheidung durch die uneingeschränkte Wirkungserstreckung ein größerer Umfang an Bedeutung zukommen kann – nämlich der Umfang, welcher der Entscheidung im Erststaat zukommt – als dies nach dem Recht des Zweitstaats bei einer entsprechenden nationalen Entscheidung der Fall gewesen wäre.[39] Anerkannt werden können zudem nur solche Wirkungen, die auch im Erststaat, also im ausländischen Verfahrensstaat, auftreten; eine Erweiterung des Wirkungsumfangs durch Anerkennung ist nicht möglich.[40] Ferner ist im Rahmen der Wirkungserstreckung nicht nur die Eröffnung des Insolvenzverfahrens von der Anerkennung betroffen, sondern auch sämtliche Maßnahmen zur Durchführung und Beendigung desselben.[41]

---

36 Vlg. Erw.Gr. 26 S. 3 EuGVVO; Wortlaut des Art. 20 Abs. 1 EuInsVO mit Kommentierung in Mankwoski/Müller/J. Schmidt/*Müller* Art. 20 EuInsVO Rn. 6; *Geimer*, IZPR Rn. 2776.
Nicht immer kann die Wirkungserstreckung im Vollstreckungsstaat vollkommen durchgesetzt werden. Teils müssen die Mittel der Vollstreckung daher an die Möglichkeiten im Vollstreckungsstaat angepasst werden, Art. 54 Abs. 1 EuGVVO. Dies führt allerdings nicht zur Abkehr vom Prinzip der Wirkungserstreckung. Siehe hierzu Musielak/Voit/*Stadler* Art. 54 Rn. 1 f.

37 *Geimer*, IZPR Rn. 2776.

38 MüKo ZPO/*Gottwald* § 328 Rn. 4.

39 Vgl. für die EuGVVO a.F. BGH v. 12.12.2007, IV ZR 20/07, FamRZ 2008, 400, 400; vgl. auch Mankowski/Müller/J. Schmidt/*Müller* Art. 20 EuInsVO Rn. 7; *Ambach*, S. 53; *Schack*, Rn. 1217.

40 *Geimer*, IZPR Rn. 2777.

41 EuGH v. 21.01.2010, C-444/07 (*MG Probud*), NZI 2010, 156, 158 Rn. 43.

Im Wege dieser Arbeit handelt es sich bei den für die Anerkennung streitiger Einzelverfahren relevanten Vorschriften um die Art. 32 Abs. 1 Unterabs. 2 EuInsVO und Art. 36 EuGVVO. Im Fall der EuInsVO lässt sich diese Wirkungserstreckung anhand von Erwägungsgrund 65 erkennen, wonach die Anerkennung zur Folge hat, „dass die Wirkungen, die das Recht des Mitgliedstaats der Verfahrenseröffnung dem Verfahren beilegt, auf alle übrigen Mitgliedstaaten ausgedehnt werden". Entsprechendes lässt sich zwar auch Art. 20 Abs. 1 EuInsVO entnehmen,[42] allerdings gilt dieser nur für das Insolvenzverfahren an sich. Art. 32 Abs. 1 Unterabs. 2 EuInsVO verweist in Verbindung mit Unterabs. 1 gerade nicht auf Art. 20 Abs. 1 EuInsVO. Nichtsdestotrotz muss auch für Annexverfahren das Prinzip der Wirkungserstreckung gelten. Dies ergibt sich zum einen daraus, dass Art. 32 Abs. 1 EuInsVO unter anderem auf Art. 54 Abs. 1 EuGVVO verweist. In dessen Unterabs. 2 wird das Prinzip der Wirkungserstreckung bestätigt.[43] Zum anderen muss auch nach Sinn und Zweck des Art. 20 Abs. 1 EuInsVO die Wirkungserstreckung für Annexverfahren gelten. Art. 20 Abs. 1 EuInsVO soll dazu beitragen grenzüberschreitende Insolvenzverfahren effizient und wirksam durchzuführen.[44] Um eine hierfür erforderliche Vereinheitlichung auf europäischer Ebene voranzutreiben, müssen Entscheidungen im Rahmen des Insolvenzverfahrens in allen Mitgliedstaaten dieselben Wirkungen auslösen. Aufgrund ihrer Verbindung zum eigentlichen Insolvenzverfahren müssen zu diesem Zweck auch Entscheidungen in Annexverfahren unter die Wirkungserstreckung fallen. Diese Verfahren stehen zwar eigenständig neben dem Insolvenzverfahren, sind mit diesem jedoch so eng verknüpft,[45] dass eine effiziente und europaweit einheitliche Behandlung eines Insolvenzverfahrens nur dann erfolgen kann, wenn auch die Annexentscheidungen des zur Durchführung des Insolvenzverfahrens zuständigen Mitgliedstaates so auf die restlichen Mitgliedstaaten übertragen werden, wie sie im Erststaat wirken.

2. Automatische Anerkennung

Sowohl im Insolvenzrecht als auch im Recht der Zivil- und Handelssachen erfolgt die Anerkennung der Verfahrenseröffnung und der damit einhergehenden Wirkungen automatisch, wie den Normen der beiden Verordnungen zu entnehmen

---

42 *Schmittmann/Hesselmann*, ZInsO 2008, 957, 958; vgl. MüKO InsO/*Thole* Art. 17 EuInsVO a.F. Rn. 1.

43 Musielak/Voit/*Stadler* Art. 54 Rn. 2.

44 Erw.Gr. 3 EuInsVO; Mankowski/Müller/J. Schmidt/*Müller* Art. 20 EuInsVO Rn. 2.

45 Vgl. für die Voraussetzungen dieser Verknüpfung 2. Neuvorschlag, S. 150.

ist. Art. 36 Abs. 1 EuGVVO spricht von einer Anerkennung, „ohne dass es hierfür eines besonderen Verfahrens bedarf" und der für Annexverfahren maßgebliche Art. 31 Abs. 1 Unterabs. 2 i.V.m. Unterabs. 1 EuInsVO macht „weitere Förmlichkeiten" als Voraussetzung einer Anerkennung obsolet. Ein gesondertes Anerkennungs- oder Exequaturverfahren ist somit nicht durchzuführen.[46]

Auch Erwägungsgrund 65 der EuInsVO bezeichnet die Anerkennung – sowohl vom Insolvenzverfahren an sich als auch von Annexentscheidungen – als eine automatische. Es kommt nicht darauf an, dass es sich um eine endgültige, mithin rechtskräftige Entscheidung handelt.[47] Auch eine Entscheidung, gegen die im zur Entscheidung berufenen Staat noch die Einlegung eines Rechtsmittels möglich ist, wird dann in anderen Mitgliedstaaten anerkannt und somit wirksam, wenn diese Wirksamkeit auch im Eröffnungsstaat besteht.[48]

VI. Insolvenzmasse

Im Rahmen der Qualifizierung von Einzelverfahren kommt es unter anderem entscheidend auf den Bezug dieses jeweiligen Verfahrens zur Insolvenzmasse an.[49] Hierbei muss jedoch darauf geachtet werden, was unter der maßgeblichen Masse zu verstehen ist. „Die Insolvenzmasse" als solche ist ein mehrdeutiger Begriff, der zum Zwecke dieser Arbeit der Konkretisierung bedarf.

1. Sollmasse

Gemäß der Legaldefinition des § 35 Abs. 1 InsO ist unter der Insolvenzmasse die Gesamtheit des Vermögens des Schuldners zu verstehen, welches diesem zum Zeitpunkt der Verfahrenseröffnung gehört oder welches er während des Verfahrens erlangt. § 36 InsO regelt zusätzlich hierzu die Massezugehörigkeit von unpfändbaren Gegenständen. Unter dem Begriff der Insolvenzmasse im Sinne dieser beiden Vorschriften ist die sogenannte „Sollmasse" zu verstehen.[50]

---

46 EuGH v. 21.01.2010 – C-444/07 (*MG Probud*), NZI 2010, 156, 158 Rn. 26, 45; *Fritz/Bähr*, DZWIR 2001, 221, 225; Beck/Depré/*Kammel* § 39 Rn. 26; Uhlenbruck/*Lüer* Vorbemerkungen zur EuInsVO a.F. Rn. 8; MüKo ZPO/*Gottwald* § 328 Rn. 7; K. Schmidt/*Brinkmann* § 343 Rn. 1; so schon zum Europäischen Übereinkommen über Insolvenzverfahren *Balz*, ZIP 1996, 948, 951.

47 *Fritz/Bähr*, DZWIR 2001, 221, 225.

48 *Virgós/Schmit*, Erläuternder Bericht Rn. 147; *Fritz/Bähr*, DZWIR 2001, 221, 225.

49 Vgl. 2. Neuvorschlag, S. 150.

50 MüKo InsO/*Peters* § 35 Rn. 19; Braun/*Bäuerle* § 35 Rn. 1; vgl. ausführlich Uhlenbruck/*Hirte* § 35 Rn. 46 ff.

Hintergrund ist, dass die konkreten Gegenstände und Rechte, die die Sollmasse bilden durch die Verfahrenseröffnung zwar automatisch vom Insolvenzbeschlag umfasst werden und somit den Gläubigern als Haftungsmasse zur Verfügung stehen, allerdings können erst nach und nach alle vermögenswerten Gegenstände und Rechte, die hierzu gehören tatsächlich zusammengetragen und festgestellt werden.[51] Nicht jeder Gegenstand und nicht jedes Recht, das vermeintlich der Rechtsphäre des Insolvenzschuldners zuzuordnen ist, ist dies auch im insolvenzrechtlichen Sinne. Hier kommen insbesondere die mit Aussonderungsrechten belasteten Gegenstände ins Spiel, da diese gerade nicht als Teil der Sollmasse zum Vermögen des Insolvenzschuldners gehören. Zusätzlich hierzu enthält die Sollmasse auch solche Vermögenswerte, die erst durch die Geltendmachung des Insolvenzanfechtungsanspruchs gem. § 143 Abs. 1 S. 1 InsO zur Masse gelangen.[52]

2. Istmasse

Von der Sollmasse zu unterscheiden ist die sogenannte „Istmasse". Dies ist die Vermögensmasse, die der Insolvenzverwalter tatsächlich beim Insolvenzschuldner vorfindet und die dieser sodann entsprechend § 148 Abs. 1 InsO in Besitz und Verwaltung nimmt.[53] Im Unterschied zur Sollmasse umfasst die Istmasse damit auch Gegenstände, deren Eigentümer nicht der Schuldner ist oder die gem. § 36 InsO nicht in die Insolvenzmasse fallen.[54] Der Begriff der Istmasse liegt somit ein weiteres Verständnis zugrunde als dem Begriff der Sollmasse. Enger ist der Begriff der Istmasse lediglich in dem Sinne, dass Gegenstände, die erst noch durch eine Insolvenzanfechtung zukünftig zurückgeholt werden, nicht von diesem umfasst sind.

Kurz gesagt kann man hinsichtlich der Sollmasse damit von einer bereinigten Istmasse zuzüglich der durch die Insolvenzanfechtung zurückgeholten Vermögensgegenstände sprechen.[55]

---

51 MüKo InsO/*Peters* § 35 Rn. 19.

52 Uhlenbruck/*Hirte* § 35 Rn. 47.

53 Uhlenbruck/*Hirte* § 35 Rn. 46; MüKo InsO/*Peters* § 35 Rn. 19.

54 Vgl. LG Köln v. 08.10.2003 – 23 S 48/03, NJW-RR 2004, 552, 553; Uhlenbruck/*Hirte* § 35 Rn. 46.

55 Vgl. Uhlenbruck/*Hirte* § 35 Rn. 47.

3. Nettomasse

Für die konkreten Zwecke dieser Arbeit, wird zudem ein weiterer Massebegriff eingeführt, der an den Begriff der Sollmasse anknüpft: die „Netto-Insolvenzmasse“. Nicht nur Gegenstände und Rechte des Insolvenzschuldners bilden die maßgeblichen Vermögensgegenstände der Insolvenzmasse, vielmehr gilt es auch einerseits Sicherheiten zugunsten von Gläubigern sowie andererseits zugunsten des Insolvenzschuldners zu berücksichtigen. Die tatsächlich pro ratarisch an die nicht besonders gesicherten Gläubiger zu verteilende Insolvenzmasse wird von diesen Sicherheiten entscheidend beeinflusst.[56] Sicherheiten zugunsten bestimmter Gläubiger führen im Wege der Verteilung zu deren vorrangiger Befriedigung und beeinflussen damit, auch bereits im Zeitpunkt vor der tatsächlichen Verteilung, die später zur Verfügung stehende Summe der Insolvenzmasse. Ebenso wirken sich, in gegenteiliger Weise, Sicherheiten zugunsten des Insolvenzschuldners auf die Masse aus: stehen hinter dem Insolvenzschuldner beispielsweise Bürgen für dessen Verbindlichkeiten ein, so ist die Höhe dieser Bürgschaft für die Summe der zu verteilenden Insolvenzmasse miteinzubeziehen, auch wenn hierin nicht direkt ein Vermögenswert des Insolvenzschuldners zu verstehen ist. Die Nettomasse umfasst somit die Sollmasse und berücksichtigt ferner die Höhe bestehender Sicherheiten zugunsten und zulasten des Insolvenzschuldners:

Istmasse
\- schuldnerfremde Vermögenswerte
\+ zurückgeholte Vermögenswerte

= Sollmasse
\- Sicherheiten zu Lasten des Insolvenzschuldners
\+ Sicherheiten zugunsten des Insolvenzschuldners

= Nettomasse

Wenn im späteren Verlauf dieser Abhandlung die Insolvenzmasse als eine der zentralen Voraussetzungen einer insolvenzrechtlichen Qualifizierung vorgestellt wird, ist hiermit stets die Insolvenzmasse im Sinne dieser Netto-Insolvenzmasse gemeint.

VII. Ordre public

Ein anderer Begriff, der Teile dieser Arbeit prägen wird, ist derjenige des ordre public, genauer gesagt der des ordre public-Vorbehalts im Rahmen der

56 Vgl. *Zenger*, S. 210.

Anerkennung sowie Vollstreckung ausländischer Gerichtsentscheidungen. Seiner wörtlichen Übersetzung nach ist hiermit die „öffentliche Ordnung“ gemeint. Unter welchen genauen Voraussetzungen der ordre public-Vorbehalt eingreift, was diesen also gerade ausmacht und definiert, ist nicht in eine allgemein gültige Aussage zu fassen. Dies ist auch der Tatsache geschuldet, dass es sich hierbei um einen dynamischen Begriff handelt, dessen inhaltliche Ausgestaltung dem Wandel der Zeit unterfällt und der daher gezwungen ist, sich immer neuen gesellschaftlichen Wertevorstellungen anzupassen.[57] Vielmehr bedarf es daher einer jeweiligen Betrachtung des individuellen Einzelfalls, um das Eingreifen dieses Vorbehalts zu begründen.[58]

Einigkeit besteht hingegen dergestalt, dass es sich beim ordre public-Vorbehalt um einen eng gefassten Ausnahmevorbehalt handelt, der nur in Einzelfällen tatsächlich eine Anerkennung oder Vollstreckung zu verhindern vermag.[59] Festgehalten werden kann auch, dass sämtliche Versuche, den ordre public inhaltlich zu bestimmen einer Gemeinsamkeit unterliegen: von wesentlichem Interesse sind diejenigen inländischen Rechtssätze, die für das inländische Recht von elementarer Bedeutung sind und daher der ausländischen Entscheidung als Maßstab gegenüber gestellt werden, wobei sich die Anzahl dieser entscheidenden Rechtsätze in Grenzen hält.[60] Auch der Europäische Gerichtshof versteht unter dem Begriff der öffentlichen Ordnung das Vorliegen einer „tatsächliche[n] und hinreichend schwere[n] Gefährdung [...], die ein Grundinteresse der Gesellschaft [eines Mitgliedstaats] berührt“.[61] In anderen Worten bedeutet dies: Der ordre public beinhaltet Grundregeln eines Mitgliedstaats, die dessen wesentliche Interessen betreffen.[62] Der Vorbehalt des ordre public greift somit bei einer Entscheidung ein, die diesen elementaren Vorstellungen des Zweitstaats

---

57 *Jüngst*, S. 2; *v. Hoffmann/Thorn* § 6 Rn. 141.

58 Vgl. *Roth*, S. 35 ff., der sehr viele einzelne Aussagen zur Bestimmung des ordre public im Rahmen des IZPR, also der Anerkennung einer ausländischen Entscheidung, kurz aufzeigt, letztlich aber auch davon spricht, dass eine richterliche Ermessensentscheidung im Einzelfall heranzuziehen sei (S. 38).

59 Vgl. so bereits schon *Roth*, S. 35; *Virgós/Schmit*, Erläuternder Bericht Rn. 204; BGH v. 24.02.1999 - IX ZB 2-98, BGHZ 140, 395, 399 = NJW 1999, 2372. Ausführlich 1. Versagungsgründe in der EuInsVO, S. 84.

60 *Roth*, S. 38.

61 EuGH v. 27.11.1977 - Rs. 30/77, NJW, 1978, 479, 480; wiederholend VG Frankfurt (Main) v. 16.12.2002 - 1 E 3604/02, openJur 2012, 23708 Rn. 37.

62 *Frey/Pfeifer*, EuR 2015, 721, 722.

zuwiderläuft und verhindert infolgedessen die Anerkennung der Entscheidung ebenso wie deren Wirkungserstreckung auf das Inland des Zweitstaats.[63]

Der Orientierung des ordre public an den wesentlichen nationalen Rechtssätzen folgend, gibt es naturgemäß nicht *den einen* ordre public-Vorbehalt, sondern es gilt eine in jedem Mitgliedstaat jeweils eigenverantwortliche gerichtliche Auslegung dieses Begriffs, wodurch die Souveränität der einzelnen Staaten gewahrt wird.[64] Konsequenterweise führt dies zu voneinander abweichenden Verständnissen des ordre public-Begriffs. Auch wenn damit zwar die konkrete inhaltliche Ausgestaltung des Terminus der öffentlichen Ordnung jeweils durch die einzelnen Mitgliedstaaten erfolgt, so gibt dennoch der EuGH die äußersten Grenzen dieser individuellen Ausgestaltung vor.[65]

Generell gilt es verschiedene Ausformungen des ordre public zu unterscheiden. Auf der einen Seite ist dies der ordre public im kollisionsrechtlichen Rahmen, der die Anwendung oder ausnahmsweise Nicht-Anwendung ausländischen Rechts durch die inländischen Gerichte zum Inhalt hat, vgl. Art. 6 EGBGB. Demgegenüber steht auf der anderen Seite der ordre public des Anerkennungs- und Vollstreckungsrechts, welcher seinen Geltungsbereich hinsichtlich Fragen der Anerkennung und Vollstreckung ausländischer Entscheidungen entfaltet. Insbesondere der ordre public in Form des anerkennungsrechtlichen ordre public bedarf im nachfolgenden Verlauf dieser Arbeit einer erneuten detaillierteren Betrachtung,[66] denn die im weiteren zentralen Normen zur Entscheidungsanerkennung – Art. 19, 32 EuInsVO, Art. 36 EuGVVO – unterliegen alle einem derartigen Vorbehalt. Innerhalb dieses ordre public lassen sich ferner zwei zusätzliche Unterformen unterscheiden: der materiell-rechtliche sowie der verfahrensrechtliche ordre public.[67] Wie die Bezeichnungen bereits erahnen lassen, beziehen sich Verstöße gegen diese auf jeweils unterschiedliche Anknüpfungspunkte im Recht des Erststaats. Der materiell-rechtliche ordre public-Vorbehalt greift demnach ein, wenn das der anzuerkennenden Entscheidung zugrunde gelegte materielle ausländische Recht zur Unvereinbarkeit der Entscheidung

---

63 Vgl. *Roth*, S. 29 f.; vgl. *Trocker*, S. 273, 280.

64 *Virgós/Schmit*, Erläuternder Bericht Rn. 204; *Frey/Pfeifer*, EuR 2015, 721, 722.

65 EuGH v. 28.03.2000 – C-7/98, NJW 2000, 1853, 1854 Rn. 22 f.

66 III. Versagung der Anerkennung, insbesondere der ordre public-Vorbehalt, S. 83.

67 Vgl. die Darstellung bei *Frey/Pfeifer*, EuR 2015, 721, 725. So wohl auch *Jüngst*, S. 9 ff., die zwar zunächst zwischen materiell-rechtlichem und verfahrensrechtlichem ordre public differenziert und erst sodann auf den anerkennungsrechtlichen sowie vollstreckungsrechtlichen ordre public eingeht, somit im Ergebnis jedoch ebenfalls zu einer Zweiteilung des anerkennungsrechtlichen ordre public gelangt.

mit wesentlichen inländischen Rechtsgrundsätzen führt, mithin der Inhalt der Entscheidung Stein des Anstoßes ist.[68] Beispielhaft genannt seien hier die aus dem amerikanischen Raum bekannten „punitive damages" (sog. Strafschadensersatz), denen, soweit sie pauschalisiert und in nicht bloß unerheblicher Höhe zugesprochen werden, die Anerkennung aufgrund Eingreifens des materiellrechtlichen ordre public-Vorbehalts versagt werden kann.[69] Im Gegensatz zum materiell-rechtlichen hat der verfahrensrechtliche ordre public nicht den Inhalt einer Entscheidung zum Gegenstand, sondern knüpft vielmehr an das Entstehen der Entscheidung an sich und somit den Gang des Verfahrens an. Es führt jedoch nicht bereits jedwede Abweichung von den im Inland geltenden Verfahrensvorschriften zur Versagung der Anerkennung einer ausländischen Entscheidung, vielmehr bedarf es hierfür einer derart starken Diskrepanz, dass die an ein Verfahren zu stellenden, rechtsstaatlichen Anforderungen als nicht mehr gewahrt anzusehen sind.[70] Hierunter zu fassen sind unter anderem Verletzungen des Anspruchs auf rechtliches Gehör (Art. 103 Abs. 1 GG) oder des Rechts auf ein faires Verfahren (Art. 6 EMRK).[71]

Gedanken einer vollständigen Abschaffung des ordre public muss zudem widersprochen werden.[72] Das Scheitern dieser Ansätze kann darauf zurückgeführt werden, dass europäische Verordnungen auch über die europäischen Grenzen hinaus die Berufung ausländischer, somit drittstaatlicher, Rechtsordnungen zur Folge haben können, denen gegenüber jedoch gerade nicht dieselbe Basis gegenseitigen Vertrauens zugrunde gelegt werden kann wie gegenüber anderen Mitgliedstaaten und deren Rechtsordnungen.[73] Genau dieses, von gegenseitigem Vertrauen geprägte Verhältnis der Mitgliedstaaten zueinander und die hieraus folgende generelle restriktive Anwendung der ordre public-Vorbehalte bildet

---

68 Kindl/Meller-Hannich/Wolf/*Gerald/Mäsch* Art. 34 EuGVVO a.F Rn. 11.

69 Vgl. BGH v. 04.06.1992 – IX ZR 149/91, BGHZ 118, 312, 338 ff. = NJW 1992, 3096; Kindl/Meller-Hannich/Wolf/*Gerald/Mäsch* Art. 34 EuGVVO a.F. Rn. 12.

70 Uhlenbruck/*Lüer* Art. 26 EuInsVO a.F. Rn. 6; vgl. auch HambKomm/*Undritz* Art. 26 EuInsVO a.F. Rn. 4.

71 EuGH v. 02.05.2006 – C-342/04 (*Eurofood*), NZI 2006, 360, 363 Rn. 66 f.; MüKo InsO/*Thole* Art. 26 EuInsVO a.F. Rn. 11; Uhlenbruck/*Lüer* Art. 26 EuInsVO a.F. Rn 6; weitere Beispiele für verfahrensrechtliche Grundprinzipien, bei deren Nichtbeachtung der verfahrensrechtliche ordre public eingreift bei Kindl/Meller-Hannich/Wolf/*Gerald/Mäsch* Art. 34 EuGVVO a.F. Rn. 13.

72 *Raum/Lindner*, NJW 1999, 465, 470; vgl. z.B. MüKo BGB/*v. Hein* Art. 6 EGBGB Rn. 22.

73 MüKo BGB/*v. Hein* Art. 6 EGBGB Rn. 22.

jedoch die Grundlage der Überlegungen zur Abschaffung desselbigen.[74] Ohne diese enge Verbindung besteht gegenüber Drittstaaten ein zu hohes Risiko, mit der nationalen öffentlichen Ordnung unvereinbare Entscheidungen hinnehmen zu müssen, als dass ein ordre public-Vorbehalt als Notbremse der Anerkennung vollständig abgeschafft werden kann.[75] Wenngleich die Abschaffung eines innereuropäischen ordre public-Vorbehalts hiermit nicht ausgeschlossen wäre, so hat sich der EU-Verordnungsgeber gegen die Möglichkeit einer Differenzierung zwischen Mitgliedstaaten und Drittstaaten und somit gegen die Beschränkung auf einen nur drittstaatlichen ordre public-Vorbehalt entschieden;[76] so auch in den für diese Abhandlung maßgeblichen EuInsVO und EuGVVO.

---

74 Vgl. Saenger/*Dörner* Art. 45 EuGVVO Rn. 2; einer Abschaffung positiv gegenüberstehend *Raum/Lindner*, NJW 1999, 465, 470.

75 Vgl. MüKo BGB/*v. Hein* Art. 6 EGBGB Rn. 22; zum ordre public-Vorbehalt im Rahmen der ROM II-VO *v. Hein*, ZEuP 2009, 6, 23; *Mankowski* sieht diese Gefahr nicht nur in Bezug auf drittstaatliche Sachverhalte. Auch im innereuropäischen Bereich seien die Gemeinsamkeiten der Rechtsordnungen nicht so umfassend, als dass die Möglichkeit einer Anerkennungsversagung über den ordre public vollkommen aufgegeben werden sollte, *Mankowski*, KTS 2011, 185, 187. Gleicher Meinung ist im Ergebnis auch *Laptew*, IPRax 2004, 495, 498. Dieser zeigt am Beispiel der GUS-Staaten und deren Kiewer Abkommen von 1992 zwar auf, dass ein Verzicht auf eine ordre public-Klausel durchaus möglich ist und nicht automatisch zu Problemen führen muss, spricht sich jedoch trotzdem deutlich für die Beibehaltung eines derartigen Vorbehalts aus.

76 MüKo BGB/*v. Hein* Art. 6 EGBGB Rn. 23.

3. Teil: Regelungsgehalt des Art. 6 EuInsVO

I. Art. 6 Abs. 1 EuInsVO

1. Allgemein

Die zentrale Norm, wenn es um den Umgang mit Annexverfahren geht, stellt Art. 6 EuInsVO dar, der erst im Rahmen der Neufassung der EuInsVO 2015 Einzug in den Verordnungstext fand. Durch diesen wird die Frage nach der internationalen Zuständigkeit für Annexverfahren nun endgültig gesetzlich geregelt. Maßgeblich ist hierbei zunächst Art. 6 Abs. 1 EuInsVO. Dieser übernimmt die wesentlichen Punkte der *Gourdain/Nadler*[77]- sowie der *Deko Marty*-Rechtsprechung[78] und erklärt die internationale Zuständigkeit für unmittelbar aus dem Insolvenzverfahren hervorgegangene und in engem Zusammenhang damit stehende Klagen als in demjenigen Mitgliedstaat belegen, der gem. Art. 3 Abs. 1 EuInsVO für die Insolvenzverfahrenseröffnung zuständig ist. Wie auch Art. 3 Abs. 1 EuInsVO regelt Art. 6 Abs. 1 EuInsVO nur die Frage der internationalen, nicht aber die Fragen der örtlichen und sachlichen Zuständigkeit.[79] Die Entscheidungsbefugnis über das Annexverfahren muss also nicht bei ein und demselben Gericht liegen, wie die über die Verfahrenseröffnung.[80] Wie auch bereits die Zuständigkeitsbegründung nach *Deko Marty*,[81] ist Art. 6 Abs. 1 EuInsVO als eine

---

77 EuGH v. 22.02.1979 – Rs. 133/78 (*Gourdain/Nadler*), RIW 1979, 273.

78 EuGH v. 12.02.2009 – C-339/07 (*Deko Marty*), NJW 2009, 2189.

79 MüKo InsO/*Thole* Art. 6 EuInsVO Rn. 2; BeckOK InsO/*Mock* Art. 6 EuInsVO Rn. 11. Die örtliche und sachliche Zuständigkeit sind sodann über das nationale Recht zu bestimmen (vgl. bereits *Leipold* in FS Ishikawa, S. 221, 237). Hierbei ergeben sich insbesondere dann Probleme, wenn ein inländisches Gericht über einen eigentlich ausländischen Sachverhalt entscheiden muss und sich somit nach den nationalen Regelungen keine örtliche Zuständigkeit innerhalb des Eröffnungsstaats feststellen lässt. Hierüber hilft Art. 102c § 6 Abs. 1 EGInsO hinweg, nach dem in solchen Fällen das Gericht am Sitz des Insolvenzgerichts zuständig ist.

80 Selbst wenn sachlich und örtlich dasselbe Gericht zuständig ist, so ist im Rahmen der internen Geschäftsverteilung zwischen dem Insolvenzgericht, das für das Insolvenzverfahren an sich zuständig ist und dem Prozessgericht, als für Annexverfahren zuständige Gericht, zu unterscheiden. Vgl. auch III. Vis attractiva concursus, S. 26.

81 Vgl. 4. Von der Deko Marty-Entscheidung bis zur Neufassung der EuInsVO, S. 141.

ausschließliche Zuständigkeitsregelung zu verstehen;[82] abweichende Gerichtsstandsvereinbarungen oder ein Rückgriff auf die nach der EuGVVO maßgebliche Zuständigkeit am Wohnsitz des Beklagten scheiden daher aus.[83]

Wie die Formulierung „Die Gerichte des Mitgliedstaats, in dessen Hoheitsgebiet das Insolvenzverfahren [...] *eröffnet worden ist*" deutlich zeigt, verlangt Art. 6 Abs. 1 EuInsVO ausdrücklich das Vorliegen eines bereits eröffneten Insolvenzverfahrens.[84] Einer strengen Wortlautinterpretation nach dürfte somit weder das Vorliegen materieller Insolvenzgründe noch die Insolvenzantragsstellung mit anschließendem Insolvenzeröffnungsverfahren ausreichen, um für Annexverfahren eine Zuständigkeit über Art. 6 Abs. 1 EuInsVO zu begründen. Inwiefern ein derart strenges Verständnis tatsächlich angebracht ist, wird sich noch an einer anderen Stelle dieser Arbeit zeigen.[85] Zunächst ist jedoch festzuhalten, dass Art. 6 Abs. 1 EuInsVO in seiner Formulierung durchaus eine Berechtigung zu haben scheint, begründet er doch eine vis attractiva concursus.[86] Die internationale Zuständigkeit für Annexverfahren folgt derjenigen für das Insolvenzverfahren selbst nach. Erforderlich hierfür ist konsequenterweise, dass zunächst die internationale Zuständigkeit für das Insolvenzverfahren selbst geklärt ist und feststeht. Dies geschieht durch die Eröffnung des Verfahrens. Auch aus einem weiteren Grund erscheint es denknotwendig, dass zunächst ein Insolvenzverfahren eröffnet worden sein muss, bevor über die Zuständigkeit für Annexverfahren nachgedacht werden kann. Der europäische Verordnungsgeber selbst definiert Annexverfahren in Art. 6 Abs. 1 EuInsVO als Verfahren, die „unmittelbar aus dem Insolvenzverfahren hervorgehen und in engem Zusammenhang damit stehen". Um allerdings die erste Voraussetzung hiervon erfüllen zu können, das Annexverfahren also unmittelbar aus dem Insolvenzverfahren hervorgehen kann, muss zuallererst ein eröffnetes Insolvenzverfahren vorliegen. Nur dann kann überhaupt von einem insolvenzrechtlichen Annexverfahren die Rede sein und nicht ein bloß sonstiges Einzelverfahren vorliegen. Auch

---

82 *Thole*, ZEuP 2014, 39, 60; *Schulz*, EuZW 2015, 596, 597; BeckOK InsO/*Mock* Art. 6 EuInsVO Rn. 10; MüKo InsO/*Thole* Art. 6 EuInsVO Rn. 3; Nerlich/Römermann/*Nerlich/Hübler* Art. 6 EuInsVO Rn. 3.

83 MüKo InsO/*Thole* Art. 6 EuInsVO Rn. 3; BeckOK InsO/*Mock* Art. 6 EuInsVO Rn. 10. Vgl. auch b. Gerichtsstandsvereinbarung, S. 65.

84 Vgl. zu diesem Erfordernis bereits vor der Neufassung der EuInsVO *Freitag*, ZIP 2014, 302, 305 f.

85 Vgl. (1) Das Erfordernis materieller Insolvenzreife, S. 206.

86 *Mankowski*, NZI 2018, 46, 47; Braun/*Tashiro* Art. 6 EuInsVO Rn. 1.

inwiefern diese Grundvoraussetzung berechtigt ist wird zu einem späteren Zeitpunkt Inhalt dieser Arbeit sein.[87]

2. Bindungswirkung

Gem. Art. 6 Abs. 1 EuInsVO sind die Gerichte desjenigen Mitgliedstaats für insolvenzrechtliche Einzelklagen zuständig, in dessen Hoheitsgebiet das Insolvenzverfahren nach Art. 3 EuInsVO eröffnet worden ist. Die internationale Annexzuständigkeit ist somit an die internationale Eröffnungszuständigkeit gebunden. Diese Bindungswirkung betrifft nicht nur den Staat der Verfahrenseröffnung selbst, sondern auch die restlichen EU-Mitgliedstaaten. Es handelt sich um eine ausschließliche Zuständigkeit, von der keine Abweichung möglich ist.[88] Sobald die insolvenzrechtliche Qualifikation einer Klage feststeht, ist damit auch deren internationale Zuständigkeit verbindlich festgelegt.

3. Anwendbares Sachrecht

Im Zusammenhang mit der Regelung der Zuständigkeit für Annexverfahren gem. Art. 6 Abs. 1 EuInsVO steht ferner die Bestimmung des anwendbaren Sachrechts. Während Art. 7 EuInsVO das Recht des Eröffnungsstaats als das für das Hauptverfahren anwendbare regelt, enthält die EuInsVO keine vergleichbare Regelung für insolvenzrechtliche Einzelverfahren. Doch auch hier findet ein Gleichlauf zwischen der internationalen Zuständigkeit und dem anwendbaren Recht statt, solange nicht speziellere Kollisionsnormen ein anderes Recht für anwendbar erklären.[89] Gerade hierdurch wird die Zuständigkeitsbegründung im Eröffnungsstaat gerechtfertigt. Nur wenn das Annexverfahren nicht bloß im selben Mitgliedstaat, sondern überdies unter demselben Recht abgewickelt wird, lässt sich die Bindung der Annexzuständigkeit an die Eröffnungszuständigkeit erklären, um die effiziente und wirksame Abwicklung grenzüberschreitender Insolvenzverfahren als zentrales Ziel der EuInsVO (vgl. Erwägungsgrund 3 EuInsVO) zu erreichen. Auch wenn Art. 7 EuInsVO seinem Wortlaut nach nicht

87 (1) Das Erfordernis materieller Insolvenzreife, S. 206.

88 Vgl. *Prager/Keller*, NZI 2013, 57, 59; vgl. *Thole*, ZEuP 2014, 39, 60; *Schulz*, EuZW 2015, 596, 598; BeckOK InsO/*Mock* Art. 6 EuInsVO Rn. 10; Mankowski/Müller/J. Schmidt/*Mankowski* Art. 6 EuInsVO Rn. 27 ff.

89 EuGH v. 10.12.2015 – C-594/14 (*Kornhaas*), NJW 2016, 223, 224 Rn. 17, 19; *Mankowski*, NZG 2016, 281, 283.

für Annexverfahren gilt, muss dessen Regelung jedoch sinngemäß gleichfalls für derartige Einzelverfahren gelten.[90]

II. Art. 6 Abs. 2 und 3 EuInsVO – Gerichtsstand des Sachzusammenhangs

Etwas anderes gilt, wenn Art. 6 Abs. 2 Unterabs. 1 EuInsVO eingreift, der dem Insolvenzverwalter[91] unter bestimmten Voraussetzungen die Möglichkeit einräumt, die Annexklage entgegen Art. 6 Abs. 1 EuInsVO im Mitgliedstaat des Wohnsitzes des Beklagten zu erheben und hiermit einen Gerichtsstand kraft Sachzusammenhangs eröffnet.[92] Abs. 2 durchbricht die vis attractiva concursus aus Abs. 1 mit den Zielen der Kostenersparnis und eines internationalen Entscheidungseinklangs.[93]

Die eigentlich wegen der insolvenzrechtlichen Qualifizierung nicht anwendbare EuGVVO bleibt zwar an sich weiterhin ausgeschlossen, wird jedoch hinsichtlich der internationalen Zuständigkeit ins Spiel gebracht und eine Unterscheidung in insolvenzrechtliche und sonstige Einzelverfahren dem Grunde nach diesbezüglich überflüssig bzw. jedenfalls deren Notwendigkeit abgeschwächt.[94] Zurückzuführen ist diese Vorschrift auf den Schlussantrag des Generalanwalts in der Sache *Deko Marty*.[95] Dieser sprach sich im Rahmen des Konzepts einer – vom EuGH wohl nicht übernommenen[96] – relativ ausschließlichen Zuständigkeit für die nun durch Art. 6 Abs. 2 EuInsVO festgeschriebene Möglichkeit aus, dem Insolvenzverwalter in Abweichung zur damals vorherrschenden Ansicht

---

90 Vgl. EuGH v. 10.12.2015 – C-594/14 (*Kornhaas*), NJW 2016, 223, 224 Rn. 19.

91 Gem. Art. 6 Abs. 2 Unterabs. 2 EuInsVO kann dieses Recht auch dem Schuldner in Eigenverwaltung zustehen, sofern er nach nationalem Recht eine Klage für die Insolvenzmasse erheben kann. Nur diesen beiden, also der Schuldnerseite, wird die Möglichkeit einer Gerichtsstandswahl eröffnet, nicht jedoch auch der anderen Partei. Bei Art. 6 Abs. 2 EuInsVO handelt es sich somit um eine einseitige Privilegierung zugunsten der Masse, vgl. MüKo InsO/*Thole* Art. 6 EuInsVO Rn. 6.

92 *Thole/Swierczok*, ZIP 2013, 550, 553; vgl. MüKo InsO/*Thole* Art. 6 EuInsVO Rn. 6.

93 Mankowski/Müller/J. Schmidt/*Mankowski* Art. 6 EuInsVO Rn. 36.

94 Vgl. *Thole/Swierczok*, ZIP 2013, 550, 553; vgl. *Thole*, ZEuP 2014, 39, 60; Mankowski/Müller/J. Schmidt/*Mankowski* Art. 6 EuInsVO Rn. 34; MüKo InsO/*Thole* Art. 6 EuInsVO Rn. 8.

95 EuGH GA *Colomer*, Schlussantrag v. 16.10.2008 – C-339/07, ZIP 2008, 2082; MüKo InsO/*Thole* Art. 6 EuInsVO Rn. 7.

96 Vgl. 4. Von der Deko Marty-Entscheidung bis zur Neufassung der EuInsVO, S. 141.

einer analogen Anwendung des Art. 3 Abs. 1 EuInsVO a.F.[97] die Klageerhebung in einem anderen Mitgliedstaat zur Wahl zu stellen.[98]

Bedingung für ein derartiges Wahlrecht des Insolvenzverwalters bzw. Schuldners in Eigenverwaltung ist allerdings, dass neben der insolvenzrechtlichen Annexklage noch eine weitere zivil- oder handelsrechtliche, also gerade nicht-insolvenzrechtlich qualifizierte und daher der EuGVVO unterfallende, Klage besteht, mit der diese im Zusammenhang steht und für die die Gerichte des Mitgliedstaats des Wohnsitzes des Beklagten gem. der EuGVVO international zuständig sind, Art. 6 Abs. 2 EuInsVO.[99] Wann ein derartiger Zusammenhang zweier Klagen vorliegt, regelt Art. 6 Abs. 3 EuInsVO. Erforderlich ist hiernach eine so enge Beziehung, „dass eine gemeinsame Verhandlung und Entscheidung zweckmäßig ist, um die Gefahr zu vermeiden, dass in getrennten Verfahren miteinander unvereinbare Entscheidungen ergehen". Angelehnt ist diese Formulierung an diejenige der Art. 8 Nr. 1 sowie Art. 30 Abs. 3 EuGVVO.[100] Der Hintergrund eines derartigen Wahlrechts des Insolvenzverwalters liegt in der Möglichkeit eines hierdurch zu generierenden Effizienzgewinns zugunsten der Masse.[101] Um zusätzlich hierzu den Erlass von Entscheidungen mit sich gegenseitig widersprechenden Zielrichtungen zu verhindern,[102] müsste ein und dasselbe Gericht über beide Klagen entscheiden. Dies stellt sich jedoch als nicht ganz unproblematisch dar, denn Art. 6 Abs. 2 EuInsVO begründet nur hinsichtlich der internationalen Zuständigkeit einen Gerichtsstand kraft Sachzusammenhangs, nicht jedoch hinsichtlich der nationalen örtlichen und sachlichen Gerichtszuständigkeit.[103] Die Entscheidung über das insolvenzrechtliche

---

97 Vgl. a. Das Problem der Annexzuständigkeit - drei Lösungswege, S. 130. Nach Neufassung der EuInsVO dementsprechend in Abweichung zu Art. 6 Abs. 1 EuInsVO.

98 EuGH GA *Colomer*, Schlussantrag v. 16.10.2008 – C-339/07, ZIP 2008, 2082, 2089 Rn. 65 ff.; MüKo InsO/*Thole* Art. 6 EuInsVO Rn. 7; **kritisch**: *Thole*, ZEuP 2014, 39, 60 f.

99 Die in Art. 6 Abs. 2 EuInsVO geforderte Zuständigkeit nach der EuGVVO bezieht sich dabei nur auf die Zuständigkeit hinsichtlich der nicht-insolvenzrechtlichen Einzelklage. Auf die insolvenzrechtlich qualifizierte Einzelklage kann sich dieser Verweis gerade daher nicht beziehen, da aufgrund des Art. 1 Abs. 2 lit. b) EuGVVO niemals eine derartige Zuständigkeit bestehen könnte.

100 MüKo InsO/*Thole* Art. 6 EuInsVO Rn. 12.

101 Erw.Gr. 35 EuInsVO; MüKo InsO/*Thole* Art. 6 EuInsVO Rn. 6.

102 MüKo InsO/*Thole* Art. 6 EuInsVO Rn. 6.

103 Erw.Gr. 26 EuInsVO; *Wimmer*, jurisPR-InsR 7/2015 Anm. 1 II 5; MüKo InsO/*Thole* Art. 6 EuInsVO Rn. 9; differenzierter sieht dies *Mankowski* in Mankowski/Müller/J. Schmidt/*Mankowski* Art. 6 EuInsVO Rn. 44, der in Art. 6 Abs. 2 Alt. 1 EuInsVO nur eine bloße Regelung der internationalen Zuständigkeit sieht, Art. 6 Abs. 2 Alt.

Annexverfahren unterfällt zwar somit den Gerichten, desjenigen Mitgliedstaats, in dem der Verfahrensgegner seinen Wohnsitz hat, nicht allerdings zwingend genau ein und demselben Gericht, das auch für die andere Klage zuständig ist. Erforderlich wäre damit die auch im nationalen Recht bestehende Regelung eines Gerichtsstands kraft Sachzusammenhangs. Diese grundsätzliche Möglichkeit findet sich – wenn auch nicht in Form eines Sachzusammenhangs hinsichtlich unterschiedlicher internationaler Zuständigkeiten – im deutschen Recht bereits in manchen Rechtsvorschriften[104] und wurde überdies teilweise gerichtlich, aber auch seitens Teilen der Literatur bejaht.[105]

Ferner sei darauf hingewiesen, dass sich Art. 6 Abs. 2 EuInsVO nicht nur in Bezug auf natürliche Personen verstehen lässt, sondern auch juristische Personen erfasst. Zwar spricht Art. 6 Abs. 2 EuInsVO in seinem Wortlaut nur vom „Wohnsitz" des Beklagten, welchen streng genommen nur eine natürliche Person haben kann. Allerdings ist aufgrund des Bezugs von Art. 6 Abs. 2 EuInsVO zur EuGVVO der Begriff des Wohnsitzes auch in deren Sinne auszulegen, weshalb entsprechend Art. 4 Abs. 1 EuGVVO auf die Art. 62 f. EuGVVO zurückzugreifen ist.[106] Nach Art. 63 Abs. 1 EuGVVO verfügen somit auch Gesellschaften und juristische Personen über einen Wohnsitz. Die Möglichkeit des Insolvenzverwalters sich aufgrund des Sachzusammenhangs für den Gerichtsstand der EuGVVO zu entscheiden, besteht daher sowohl bei Annexverfahren gegen eine natürliche als auch eine juristische Person oder Gesellschaft.

An die Wohnsitzanknüpfung schließt sich sodann ein weiterer Punkt an. Zwar gibt Art. 6 Abs. 2 EuInsVO dem Insolvenzverwalter eine Wahlmöglichkeit, die an die EuGVVO anknüpft, allerdings wird durch die Einschränkung des Wohnsitzes nur teilweise auf die EuGVVO verwiesen. Art. 4 Abs. 1 EuGVVO stellt für die Bestimmung der internationalen Zuständigkeit grundsätzlich auf den Wohnsitz des Beklagten ab, enthält aber daneben eine Vielzahl weiterer, teilweise ausschließlicher Gerichtsstände. Wenn nun im Rahmen der

---

2 EuInsVO jedoch als maßgeblich sowohl für die internationale als auch örtliche Zuständigkeit begreift.

104 So bspw. §§ 25, 26, 486 Abs. 1, 2 S. 1, 584, 767 Abs. 1, 942 Abs. 1 ZPO.

105 BGH v. 10.11.1982 – IVb ARZ 44/82, NJW 1983, 1913, 1913 f.; vgl. BGH v. 10.12.2002 – X ARZ 208/02, BGHZ 153, 173, 176 f. = NJW 2003, 828; *Baur* in FS Hippel, S. 1, 19 ff.; *Hoffmann*, ZZP 107 (1994) 3, 11; *Schwab* in FS Zeuner, S. 499, 504 ff.; einer Erweiterung der bisher bestehenden Zuständigkeiten kraft Sachzusammenhangs kritisch gegenüber stehend: Musielak/Voit/*Heinrich* § 12 ZPO Rn. 10 ff.

106 Mankowski/Müller/J. Schmidt/*Mankowski* Art. 6 EuInsVO Rn. 40; MüKo InsO/*Thole* Art. 6 EuInsVO Rn. 8.

allgemein zivilrechtlichen oder handelsrechtlichen Klage ein ausschließlicher Gerichtsstand Anwendung finden muss, stellt sich die Frage, welche Auswirkung dies auf das Wahlrecht des Art. 6 Abs. 2 EuInsVO hat. Entweder muss hier eine Anwendung dieser Norm ausscheiden oder die Wohnsitzanknüpfung aus Art. 6 Abs. 2 EuInsVO überlagert etwaige ausschließliche Gerichtsstände der EuGVVO. Bei genauerer Betrachtung führt die gute Idee des Art. 6 Abs. 2 EuInsVO damit teils zu einer Rechtsunsicherheit in der Zuständigkeitsbegründung.

Die Möglichkeit des Art. 6 Abs. 2 EuInsVO darf jedoch nicht darüber hinwegtäuschen, dass weiterhin eine Differenzierung in insolvenzrechtliche und nichtinsolvenzrechtliche Einzelverfahren erforderlich ist. Art. 6 Abs. 2 EuInsVO eröffnet zwar die Zuständigkeit am Wohnsitz des Beklagten, was mit den Regelungen der EuGVVO übereinstimmt. Allerdings wird hierdurch nicht die EuGVVO als solche für anwendbar erklärt. Dies darf beispielsweise hinsichtlich der Anerkennungsversagungsgründe nicht ohne Berücksichtigung bleiben. Trotz Art. 6 Abs. 2 EuInsVO und einem Gerichtsstand der demjenigen im Rahmen der EuGVVO gleichkommt, gelten im Rahmen der insolvenzrechtlichen Einzelklage die Versagungsgründe der EuInsVO fort.

4. Teil: Erfordernis der Qualifikation: Hintergründe

Genau wie im normalen Geschäftsverkehr kann es auch im Rahmen der Durchführung eines Insolvenzverfahrens zu streitigen Sachverhalten kommen, die in der Erhebung einer Klage münden. Zu beachten ist dann die Frage, wie eng die erhobene Klage mit dem Insolvenzverfahren zusammenhängt; ob diese also als insolvenzrechtlich oder sonst zivilrechtlich zu qualifizieren ist. Die Hintergründe hierzu liegen insbesondere im prozessrechtlichen Bereich, auch wenn die Qualifizierung sodann ebenso auf das anwendbare Sachrecht und damit zusammenhängend den Inhalt der Entscheidung Einfluss haben kann, vgl. Art. 7 EuInsVO[107]. Im Nachfolgenden wird daher näher auf diese Unterschiede, die die Qualifizierung notwendig machen, eingegangen. Vier große Punkte sind hierbei zu differenzieren und werden daher im Folgenden näher betrachtet.

I. Prozessuale Aspekte

1. Internationale Zuständigkeit

a. Bindungswirkung des Art. 6 Abs. 1 EuInsVO

Wie bereits kurz angeführt folgt die internationale Zuständigkeit des Annexverfahrens derjenigen des eigentlichen Insolvenzverfahrens nach.[108] Durch diese Bindungswirkung wird das Annexverfahren im Hinblick auf seine internationale Zuständigkeit den Voraussetzungen des Insolvenzverfahrens unterworfen. Dies ist dahingehend interessant, da sich das Annex- und das Insolvenzverfahren ihrer Natur nach voneinander unterscheiden. Während das Insolvenzverfahren als Gesamtvollstreckungsverfahren verstanden werden muss,[109] dessen Einordnung in den Bereich der streitigen oder freiwilligen Gerichtsbarkeit nicht endgültig geklärt ist,[110] handelt es sich beim Annexverfahren schlicht um ein

---

107 Siehe ebenso 3. Anwendbares Sachrecht, S. 41.

108 2. Bindungswirkung, S. 41.

109 BeckOK InsO/*Madaus* § 2 Rn. 5; Uhlenbruck/*Pape* § 1 Rn. 2; FK InsO/*Schmerbach* § 1 Rn. 2.

110 Für die Einordnung zur freiwilligen Gerichtsbarkeit etwa Nerlich/Römermann/*Becker* § 1 Rn. 3, § 2 Rn. 8, § 5 Rn. 1; wohl auch *Häsemeyer*, Rn. 3.05; *Smid*, ZIP 1995, 1137,

der streitigen Gerichtsbarkeit zuzuordnendes Einzelverfahren.[111] Gerade die Tatsache, dass es sich beim Annexverfahren um ein derartiges streitiges Verfahren handelt, verbindet es mit den unter die EuGVVO fallenden Verfahren, die ebenfalls Einzelverfahren der streitigen Gerichtsbarkeit darstellen. Trotz dieser Gemeinsamkeit in der Verfahrensnatur zeigen sich aufgrund der Bindung des Annexverfahrens an die internationale Zuständigkeit des Insolvenzverfahrens Unterschiede, die im Folgenden dargestellt werden.

i. Anknüpfungspunkte der internationalen Zuständigkeit

Zunächst ist hierbei an den Anknüpfungspunkt der internationalen Zuständigkeit zu denken. Die maßgeblichen Normen finden sich hierfür zum einen in den Art. 4 ff. EuGVVO, zum anderen in Art. 6 i.V.m. Art. 3 EuInsVO. Grundvoraussetzung für die generelle Anwendbarkeit der entsprechenden europäischen Verordnung ist ein grenzüberschreitender Sachverhalt.

Überdies muss im Fall der EuInsVO der COMI des Insolvenzschuldners innerhalb der Mitgliedstaaten der EU liegen, um die Eröffnungszuständigkeit über Art. 3 EuInsVO zu erreichen. Für insolvenzrechtlich qualifizierte Einzelklagen entsteht die internationale Zuständigkeit ebenfalls in Abhängigkeit des COMI, wie der Verweis in Art. 6 Abs. 1 EuInsVO auf Art. 3 EuInsVO deutlich macht. Die richtige Bestimmung des COMI ist also maßgeblich für die internationale Zuständigkeit bzgl. des Annexverfahrens und damit verbunden das anzuwendende nationale Recht.[112]

Im Fall der EuGVVO kommt es zur Bestimmung der internationalen Zuständigkeit grundsätzlich maßgeblich auf den (Wohn-)Sitz des Beklagten an, Art. 4 Abs. 1 EuGVVO.[113] Der Wohnsitz juristischer Personen befindet sich entsprechend Art. 63 Abs. 1 EuGVVO alternativ am Satzungssitz, dem Ort der Hauptverwaltung oder dem Ort, an dem sich die Hauptniederlassung befindet.[114]

(1) Besondere und ausschließliche Zuständigkeiten

Vorweg sei kurz angemerkt, dass sich die internationale Zuständigkeit nicht immer nach den bereits genannten allgemeinen Normen richten muss. Die

---

1141. Für die Einordnung zur streitigen Gerichtsbarkeit etwa MüKo InsO/*Ganter/Lohmann* § 4 Rn. 3; FK InsO/*Schmerbach* § 1 Rn. 5, § 4 Rn. 2.

111 I. Annexentscheidungen, S. 25.

112 3. Anwendbares Sachrecht, S. 41.

113 Vgl. auch Erw.Gr. 13, 15 EuGVVO.

114 Ausführlich (i) „Sitz“-Begriff in der EuGVVO, S. 49.

EuGVVO enthält eine Vielzahl von sowohl besonderen als auch ausschließlichen Gerichtsständen, die zu einer abweichenden Zuständigkeit führen können als nach der allgemeinen Norm des Art. 4 Abs. 1 EuGVVO. Die EuInsVO hingegen enthält keine derartigen Regelungen. Eine abweichende Zuständigkeit zu derjenigen des Eröffnungsstaates gibt es nicht. Eine Abweichung der beiden Verordnungen untereinander ist in diesem Punkt unübersehbar. Inwiefern sich abweichende Ergebnisse auch im Rahmen der allgemeinen Bestimmung der Zuständigkeit zeigen, soll daher seitens der EuGVVO nur anhand ihres Art. 4 Abs. 1 EuGVVO im Vergleich zu Art. 3 Abs. 1 EuInsVO bzw. für Annexverfahren konkreter Art. 6 i.V.m. Art. 3 Abs. 1 EuInsVO aufgezeigt werden.

(2) Allgemeine Bestimmung der Zuständigkeit

(a) Gesellschaften und juristische Personen

Die Differenzierung nach COMI und (Wohn-)Sitz als Folge der Qualifikation des Einzelverfahrens wird nicht immer zum Eingreifen einer unterschiedlichen internationalen Zuständigkeit führen; Art. 3 Abs. 1 Unterabs. 2 EuInsVO stellt für Gesellschaften und juristische Personen die widerlegbare Vermutung auf, der COMI befinde sich am Sitz des Schuldners. In praktischer Hinsicht könnte der Qualifizierung somit für Gesellschaften und juristische Personen in Zuständigkeitsfragen eine eher geringe Bedeutungskraft zukommen. Diese Aussage darf jedoch nicht zu voreilig getroffen werden. Nur wenn der Begriff des „Sitzes" in der EuGVVO und der EuInsVO als identisch erachtet werden kann, hat die Qualifizierung eines Einzelverfahrens und die damit verbundene Einschlägigkeit der entsprechenden Verordnung keinen Einfluss auf die internationale Zuständigkeit.

(i) „Sitz"-Begriff in der EuGVVO

Die EuGVVO stellt in Art. 63 Abs. 1 EuGVVO klar, dass unter dem für Gesellschaften und juristische Personen relevanten Sitz drei unterschiedliche Fälle verstanden werden können. Aufgezählt werden hierbei der Satzungssitz (lit. a)), der Verwaltungssitz (lit. b)) sowie der Ort der Hauptniederlassung (lit. c)). Potenziell kann der in der EuGVVO auch für Gesellschaften und juristische Personen als „Wohnsitz" bezeichnete Ort somit, je nach Wahl des Klägers, in bis zu drei verschiedenen Staaten liegen. Unter der – zum vereinfachten Verständnis getroffenen – Annahme, alle drei potenziellen Staaten sind EU-Mitgliedstaaten, wäre in jedem Fall die EuGVVO die einschlägige Rechtsgrundlage zur Bestimmung der internationalen Zuständigkeit. Welcher der sodann drei möglichen internationalen Zuständigkeiten die einschlägige ist, richtet sich hierbei nicht nach der in Art. 63 Abs. 1 EuGVVO vorgenommenen Reihenfolge der Aufzählung.

Alle drei Möglichkeiten stehen gleichberechtigt nebeneinander und es obliegt der Wahl des Klägers, welchen Ort er als den für den „Wohnsitz“ der juristischen Person maßgeblichen ansieht, sprich wessen Staates internationale Zuständigkeit er für die Zwecke seiner Klage bevorzugt.[115] Durch die drei unterschiedlichen Anknüpfungspunkte und die Wahlmöglichkeit des Klägers steht zudem der Weg offen, beispielsweise eine Gesellschaft mit satzungsmäßigem Sitz in einem Drittstaat vor europäischen Gerichten zu verklagen, wenn sich der Kläger auf den Verwaltungssitz oder den Ort der Hauptniederlassung beruft.[116] Nach Feststellung der internationalen Zuständigkeit über die europäische Verordnung liegt es im Anschluss am nationalen Recht, die örtliche und sachliche Zuständigkeit der Klage zu bestimmen.[117] Im deutschen Recht kommt somit für die Frage nach der örtlichen Zuständigkeit § 17 ZPO zur Anwendung, der unter dem Sitz der Gesellschaft, in Ermangelung anderer Bestimmungsmöglichkeiten, deren Verwaltungssitz versteht.

(ii) „Sitz“-Begriff in der EuInsVO

[1] Verwaltungssitz

Ein anderes Bild zeigt sich bei Betrachtung der EuInsVO: Art. 3 Abs. 1 Unterabs. 2 S. 1 EuInsVO spricht nur vom „Sitz“ der Gesellschaft oder juristischen Person. Welche konkrete Art des Sitzes der Verordnungsgeber hiermit meint, lässt sich aus der isolierten Betrachtung des Wortlauts jedoch nicht entnehmen. Hierfür zur Hilfe genommen werden kann Art. 3 Abs. 1 Unterabs. 1 S. 2 EuInsVO, der gewissermaßen die Definition des COMI darstellt. Diese Definition knüpft an Erwägungsgrund 13 der alten Fassung der EuInsVO an, welcher im Rahmen zweier EuGH Urteile – *Eurofood*[118] und *Interedil*[119] – besondere Betonung durch das Gericht erfuhr.[120] Art. 3 Abs. 1 Unterabs. 1 S. 2 EuInsVO – die Definition – verlangt für das Vorliegen des COMI zwei kumulative Voraussetzungen,

---

115 *Ringe*, IPRax 2007, 388, 389; Dauses/Ludwigs/*Kreuzer/Wagner* Q Rn. 422; Musielak/Voit/*Stadler* Art. 63 EuGVVO Rn. 1; vgl. für die alte Fassung der EuGVVO *Piltz*, NJW 2002, 789, 792.

116 Musielak/Voit/*Stadler* Art. 63 EuGVVO Rn. 1.

117 *Leipold* in FS Ishikawa, S. 221, 237; *Ringe*, IPRax 2007, 388, 390.

118 EuGH v. 02.05.2006 – C-341/04 (*Eurofood*), NZI 2006, 360.

119 EuGH v. 20.10.2011 – C-396/09 (*Interedil*), EuZW 2011, 912.

120 EuGH v. 02.05.2006 – C-341/04 (*Eurofood*), NZI 2006, 360, 361 Rn. 32; EuGH v. 20.10.2011 – C-396/09 (*Interedil*), EuZW 2011, 912, 915 Rn. 47; MüKo InsO/*Thole* Art. 3 EuInsVO Rn. 2.

wobei erstere von „der Verwaltung“ der Interessen des Insolvenzschuldners spricht. Zieht man diesen Wortlaut beim Lesen von Art. 3 Abs. 1 Unterabs. 2 S. 1 EuInsVO – der Vermutungsregelung – in Betracht, könnte man zum Ergebnis kommen, dass der Sitz der Gesellschaft oder juristischen Person aufgrund der im vorherigen Unterabsatz niedergeschriebenen Definition gerade am Verwaltungssitz des Schuldners zu vermuten ist.[121] Nimmt man diese Lesart als die einzig zwingend mögliche an, ergibt sich jedoch ein Zirkelschluss:[122] Nach der Definition liegt der COMI an dem Ort, an dem die Verwaltung stattfindet, die Vermutung würde den COMI ebenfalls am Verwaltungssitz festlegen und bildet daher kaum mehr als eine bloße Wiederholung der Definition. Dem Antragsteller wird durch die Vermutung des Art. 3 Abs. 1 Unterabs. 2 S. 1 EuInsVO zwar seinerseits die Beweisführung für die internationale Gerichtszuständigkeit erleichtert, dies ändert jedoch nichts an der Pflicht des angerufenen Gerichts, das Bestehen seiner internationalen Zuständigkeit zu ermitteln.[123]

[2] Satzungssitz

Vielmehr bietet sich eine andere Lesart an, die den „Sitz“ im Sinne von Art. 3 Abs. 1 Unterabs. 2 S. 1 EuInsVO als den satzungsmäßigen Sitz der Gesellschaft oder juristischen Person versteht.[124] Die Definition des Unterabs. 1 steht dem nicht im Wege. Nach dieser hängt die Belegenheit des COMI mit dem Ort der tatsächlichen Hauptverwaltung zusammen. Wenn nun bereits die Definition tatsächlich auf den feststellbaren Verwaltungssitz abstellt und wohlbemerkt für die Gerichte zunächst einmal die Amtspflicht zur Ermittlung des COMI aufgrund der Definition besteht,[125] ist es überflüssig auch noch hypothetisch den COMI dort zu vermuten; die Existenz der Vermutungsregelung macht in dieser Formulierung nur dann Sinn, wenn ihr Inhalt nicht identisch mit dem der Definition ist.[126] Auch in praktischer Hinsicht kann nur diese Ansicht überzeugen.[127]

---

121 Hierzu tendieren wohl auch *Fritz/Bähr*, DZWIR 2001, 221, 224, die zwar letztendlich auch nur vom COMI am „Sitz“ der Gesellschaft sprechen, zuvor jedoch gerade den Zusammenhang mit der Verwaltung der Interessen herstellen.

122 Braun/*Tashiro/Delzant* Art. 3 EuInsVO Rn. 11.

123 BGH v. 01.12.2011 – IX ZB 232/10, NJW 2012, 936, 937 Rn. 13.

124 So auch *Wimmer*, jurisPR-InsR 7/2015 Anm. 1 II. 3; LG Berlin v. 08.01.2018 – 84 T 2/18, NZI 2018, 85, 87 mit Anm. *Mankowski*, NZI 2018, 88, 88; Braun/*Tashiro/Delzant* Art. 3 EuInsVO Rn. 11.

125 IV. COMI, S. 27.

126 Vgl. *Borges*, ZIP 2004, 733, 737; vgl. *Vallender*, ZIP 2015, 1513, 1515.

127 Anders *Kindler/Sakka*, EuZW 2015, 460, 462, die sich ausdrücklich gegen eine Anknüpfung an den Satzungssitz aussprechen. Durchaus überzeugt deren Argumentation,

Wenn die Verordnung die Feststellbarkeit des COMI für einen Dritten verlangt, so muss berücksichtigt werden, dass der Satzungssitz im Gegensatz zum Verwaltungssitz eindeutiger festgestellt werden kann. Bezüglich letzterem besteht die Schwierigkeit, dass die Gläubigerbeziehungen und die Vermögensmasse gleichermaßen auf mehrere Staaten verteilt und auch die Organisation der Gesellschaft, eben deren Verwaltung, mehreren Mitgliedstaaten zugeordnet sein kann. Die Bestimmung des einen Verwaltungsschwerpunkts wird dadurch erschwert.

Nichtsdestotrotz genießt der Belegenheitsort der Hauptverwaltung zur Bestimmung des COMI Vorrang vor dem Satzungssitz.[128] Die Vermutung des Art. 3 Abs. 1 Unterabs. 2 S. 1 EuInsVO wird demnach widerlegt, wenn aus der Sicht eines Dritten die Hauptverwaltung der Gesellschaft oder juristischen Person nicht am satzungsmäßigen Sitz verankert ist.[129] In diesem Fall bedarf es zur Ermittlung der internationalen Zuständigkeit einer wertenden Gesamtbetrachtung des Einzelfalls.[130] Entscheidender Punkt dieser Gesamtbetrachtung

---

dass durch die einfache Satzungssitzanknüpfung und damit ermöglichte Wahl eines schuldnerfreundlichen Rechtssystems der Gläubigerschutz gefährdet wird und aus diesem Grund der internationale Gerichtsstand dort liegen muss, wo sich der Großteil der Gläubiger und auch der Großteil der Vermögensmasse befindet. Allerdings vernachlässigen *Kindler/Sakka* in ihrer Argumentation das Verhältnis von Art. 1 Abs. 1 Unterabs. 1 S. 2 EuInsVO und Art. 1 Abs. 1 Unterabs. 2 EuInsVO. Vorrangig ist der COMI nach der Definition des Unterabs. 1 S. 2 zu bestimmen, mithin gerade aufgrund der von *Kindler/Sakka* angesprochenen Punkte der Gläubiger- und Vermögenskonzentration. Erst wenn auf diesem Weg der COMI nicht zu bestimmen ist (weil die Gesellschaft in mehreren Staaten ähnliche Gläubiger- und Vermögenskonzentrationen aufweist), wird mithilfe der Vermutungsregelung des Unterabs. 2 auf einen anderen Anknüpfungspunkt zurückgegriffen.

128 EuGH v. 20.10.2011 – C-396/09 (*Interedil*), EuZW 2011, 912, 915 Rn. 48. Dieses Urteil sowie generell die Vermutungsregelung wird von *Thole* stark kritisiert, der unter anderem auch den Gedanken ins Spiel bringt, die Vermutungsregelung komplett zu streichen und durch eine Fiktion zu ersetzen. *Thole* selbst ist hierbei allerdings nicht konsequent, spricht er doch nur kurz darauf davon, die Ausgestaltung der Vermutungsregelung zugunsten des Satzungssitzes in eine Vermutungsregelung zugunsten des Ortes der Hauptverwaltung zu ändern. Vgl. ausführlich *Thole*, ZEuP 2014, 39, 53 ff.

129 EuGH v. 02.05.2006 – C-341/04 (*Eurofood*), NZI 2006, 360, 361 Rn. 34; EuGH v. 20.10.2011 – C-396/09 (*Interedil*), EuZW 2011, 912, 915 Rn. 51; EuGH GA *Kokott*, Schlussantrag v. 10.03.2011 – C-396/06, BeckRS 2011, 80221 Rn. 70.

130 EuGH v. 20.10.2011 – C-396/09 (*Interedil*), EuZW 2011, 912, 915 Rn. 52; EuGH GA *Kokott*, Schlussantrag v. 10.03.2011 – C-396/06, BeckRS 2011, 80221 Rn. 70; MüKo InsO/*Thole* Art. 3 EuInsVO Rn. 4.

ist dabei, an welchem Ort sich aus der Sicht des Dritten der tatsächliche Mittelpunkt der Verwaltung und Kontrolle der Gesellschaft befindet und sich die Verwaltung derer Interessen ereignet.[131] Kurz gesagt: Nach der Definition in Art. 3 Abs. 1 Unterabs. 1 S. 2 EuInsVO ist der Ort der Hauptverwaltung und die Erkennbarkeit hiervon durch Dritte für die Bestimmung des COMI maßgeblich. Art. 3 Abs. 1 Unterabs. 2 S. 1 EuInsVO stellt hierbei die Vermutung auf, dass diese Kriterien am Satzungssitz erfüllt sind. Sind Satzungssitz und Hauptverwaltungssitz nicht identisch und ist der Ort der Hauptverwaltung feststellbar, so wird die Vermutung widerlegt und in ihrer Bedeutung irrelevant.

[3] Weitere Argumente

Auch der Vergleich mit anderen Sprachfassungen der EuInsVO zeigt, dass mit dem Sitz der Gesellschaft nur deren Satzungssitz gemeint sein kann. Zwar lassen auch die spanische („domicilio social" = Sitz der Gesellschaft)[132] sowie die schwedische Fassung („sätet" = Sitz)[133] die Frage nach dem Satzungs- oder Verwaltungssitz im selben Maße offen wie die deutsche, doch sprechen sich andere Sprachfassungen deutlich für den Satzungssitz als maßgeblichen Ort der COMI-Vermutung ist.[134] Es zeigt sich, dass die deutsche Sprachfassung – ebenso wie die spanische und schwedische – diesbezüglich schlichtweg unsauber gearbeitet ist.

---

131 EuGH v. 20.10.2011 – C-396/09 (*Interedil*), EuZW 2011, 912, 915 Rn. 53.

132 Im Vergleich hierzu wird im Rahmen von Art. 63 Nr. 1 lit. a) EuGVVO der satzungsmäßige Sitz in der spanischen Fassung als „sede estatutaria" bezeichnet. Die spanische Fassung der EuInsVO lässt die genaue Anknüpfungsfrage des Gesellschaftssitzes also tatsächlich ebenso offen, wie das deutsche Recht, denn grundsätzlich ist dem Spanischen, wie die EuGVVO zeigt, eine wortgenauere Beschreibung des Satzungssitzes bekannt.

133 Auch das Schwedische lässt in Art. 63 Nr. 1 lit. a) EuGVVO erkennen, dass eine genauere Bezeichnung für den Satzungssitz einer Gesellschaft bekannt ist („stadgeenliga säte").

134 In der englischen Fassung ist vom „registered office" die Rede, welcher sich als Satzungssitz übersetzen lässt. Dass Art. 63 Nr. 1 lit. a) EuGVVO der englischen Fassung nicht diesen Begriff, sondern den Begriff des „statutory seat" verwendet, ändert hieran nichts. Auch die französische Fassung ist mit „siège statuaire" als Satzungssitz zu übersetzen (Vgl. ebenso Art. 63 Nr. 1 lit. a) EuGVVO der französischen Fassung). Vom „Rechtssitz" („sede legale") ist in der italienischen Version die Rede, welcher als Satzungssitz einzuordnen ist. Dies ist auch der Fall, obwohl Art. 63 Nr. 1 lit. a) EuGVVO im Rahmen des satzungsmäßigen Sitzes vom „sede statutaria" redet. Der rechtliche Sitz der Gesellschaft muss als derjenige verstanden werden, der sich aus der Satzung als dem der Gesellschaft zugrundeliegenden rechtlichen Vertrag ergibt. Auch die finnische Version bedient sich mit dem satzungsmäßigen Wohnsitz („sääntömääräinen

Daneben sprechen auch Grundsätze aus dem allgemeinen internationalen Gesellschaftsrecht für das Verständnis des Art. 3 Abs. 1 Unterabs. 2 EuInsVO für den satzungsmäßigen Sitz: die Frage der Anknüpfung des Gesellschaftsstatuts im Rahmen der Gründungs- oder Sitztheorie. Während aus deutscher Sicht jedenfalls früher für die Frage nach der Rechtsfähigkeit einer Gesellschaft noch die Sitztheorie vertreten wurde,[135] verweist der EuGH mit seiner Rechtsprechung für Gesellschaften, die unter den Schutz der Niederlassungsfreiheit der Art. 49 ff. AEUV fallen, auf die Anwendung der Gründungstheorie, um das auf den Sachverhalt anzuwendende Recht zu bestimmen,[136] wonach sich nunmehr auch der BGH[137] jedenfalls für EU-Gesellschaften richtet. Die Gründungstheorie stellt hierbei darauf ab, in welchem Mitgliedstaat die Gesellschaft gegründet wurde.[138] Es handelt sich also um eine Bestimmung des anwendbaren Rechts aufgrund rechtlicher Erwägungen und ist daher mit dem satzungsmäßigen Sitz im Rahmen der EuInsVO zu vergleichen. Anders die Sitztheorie. Entscheidend stellt diese zur Bestimmung des anwendbaren Rechts für die Gesellschaft auf deren effektiven Verwaltungssitz ab.[139] Ausschlaggebend sind damit nicht vordergründig rechtliche Erwägungen, sondern vielmehr der Mittelpunkt der wirtschaftlichen Betätigung der Gesellschaft. Die vom EuGH für EU-ausländische

kotipaikka“) des Hinweises auf den Satzungssitz der Gesellschaft (vgl. ebenso Art. 63 Nr. 1 lit. a) EuGVVO der finnischen Fassung).

135 BGH v. 30.01.1970 – V ZR 139/68, BGHZ 53, 181, 183 = NJW 1970, 998; BGH v. 21.03.1986 – V ZR 10/85, BGHZ 97, 269, 271 f. = NJW 1986, 2194; BGH v. 30.03.2000 – VII ZR 370/98, EuZW 2000, 412, 412 f.

136 Maßgeblich hierfür waren die Entscheidungen des EuGH in den Rechtssachen *Überseering* (EuGH v. 05.11.2002 – C-208/00, NJW 2002, 3614) und diese bestätigend *Inspire Art* (EuGH v. 30.09.2003 – C-167/01, NJW 2003, 3331). Zuvor zeigte der EuGH bereits in *Centros* (EuGH v. 09.03.1999 – C-212/97, NJW 1999, 2027) Probleme im Hinblick auf die Sitztheorie auf und ebnete damit den Weg zur Gründungstheorie. Mangels Zuständigkeit kann der EuGH hierbei jedoch keine ausdrückliche kollisionsrechtliche Entscheidung zugunsten der Gründungstheorie treffen, vgl. Hüffer/Koch/*Koch* § 1 AktG Rn. 43.

137 Siehe bspw. BGH v. 13.03.2003 – VII ZR 370/98, BGHZ 154, 185, 190 = NJW 2003, 1461; BGH v. 13.09.2004 – II ZR 276/02, NJW 2002, 3706, 3707; BGH v. 14.03.2005 – II ZR 5/03, NJW 2005, 1648, 1649; BGH v. 11.01.2011 – II ZR 157/09, NJW 2011, 844, 845 f. Rn. 16; BGH v. 21.07.2011 – IX ZR 185/10, BGHZ 190, 364 Rn. 22 = NJW 2011, 3784; für weitere Beispiele aus der Rechtsprechung vgl. *Mankowski*, NZG 2016, 281, 284.

138 Siehe bspw. Grabitz/Hilf/Nettesheim/*Forsthoff* Art. 54 AEUV Rn. 41.

139 Hüffer/Koch/*Koch* § 1 AktG Rn. 34.

Gesellschaften abgelehnte Sitztheorie findet ihr Pedant im Rahmen der Frage hinsichtlich des genauen Verständnisses von Art. 3 Abs. 1 Unterabs. 2 EuInsVO somit im Verwaltungssitz. Für einen konsequenten Gleichlauf des internationalen Gesellschaftsrechts und dem Verständnis der EuInsVO muss somit entsprechend der Gründungstheorie der deutsche Wortlaut des Sitzes der Gesellschaft als deren Satzungssitz verstanden werden.

Die besseren Argumente sprechen daher dafür, den Sitz im Sinne des Art. 3 Abs. 1 Unterabs. 2 S. 1 EuInsVO als den Satzungssitz der Gesellschaft oder juristischen Person zu verstehen. Der alten Fassung der EuInsVO ist dies noch ausdrücklich aus dem Wortlaut zu entnehmen, vgl. Art. 3 Abs. 1 S. 2 EuInsVO a.F. Dass diese Eindeutigkeit in der Neufassung nicht gleichermaßen auffindbar ist, ändert nichts daran, auch hier der Vermutung den satzungsmüßigen Sitz zugrunde zu legen.[140]

(iii) Zwischenergebnis

Es kann festgehalten werden: Die EuGVVO bietet für den Anknüpfungspunkt zur Bestimmung der internationalen Zuständigkeit drei verschiedene Möglichkeiten, die gleichrangig nebeneinanderstehen. Satzungs- und Verwaltungssitz einer Gesellschaft bzw. juristischen Person werden hierbei gleichermaßen aufgeführt. Im Rahmen der EuInsVO ist nach der in Art. 3 Abs. 1 Unterabs. 1 S. 2 EuInsVO enthaltenen Definition vorrangig der Verwaltungssitz entscheidend, wobei gem. Art. 3 Abs. 1 Unterabs. 2 S. 1 EuInsVO vermutet wird, dass dieser mit dem Satzungssitz übereinstimmt. Ist der Verwaltungssitz – beispielsweise aufgrund gleichmäßiger Verteilung der Vermögenswerte – nicht feststellbar, wird alleine auf die Vermutung und damit den Satzungssitz zurückzugreifen sein.

(b) Natürliche Personen

Auch für Fälle, in denen nicht Gesellschaften oder juristische Personen, sondern natürliche Personen Subjekt des angestrebten Verfahrens sind, kann sich eine Divergenz zwischen der Zuständigkeit nach der EuInsVO und nach der EuGVVO ergeben.

Die Vermutung wo sich der COMI von natürlichen Personen – unabhängig davon, ob diese rein privat (Art. 3 Abs. 1 Unterabs. 4 EuInsVO) oder im Rahmen ihrer selbstständigen gewerblichen oder freiberuflichen Tätigkeit (Art. 3 Abs. 1

140 Erkennbar wird dies bspw. an der französischen („siège statutaire“), englischen („registered office“) sowie niederländischen (statutaire zetel“) Fassung, deren Wortlaut sich gegenüber der alten Fassung nicht verändert hat, vgl. hierzu Braun/*Tashiro*/*Delzant* Art. 3 EuInsVO Rn. 11.

Unterabs. 3 EuInsVO) betroffen sind – befindet, knüpft hingegen nicht an deren (Wohn-)Sitz an. Vielmehr legt die Verordnung hier die hauptsächlichen Interessen ihrer Hauptniederlassung oder den gewöhnlichen Aufenthalt als Maßstab zugrunde. Diese können sich zwar mit dem (Wohn-)Sitz überstimmen, müssen dies jedoch nicht.

Die Begriffe der EuInsVO sind jeweils auf Ebene des Unionsrechts autonom auszulegen,[141] anders teilweise der Begriff des Wohnsitzes der EuGVVO. Gem. Art. 62 Abs. 1 EuGVVO bestimmt das angerufene Gericht den Ort des Wohnsitzes einer natürlichen Person nach den Regelungen seines eigenen nationalen Sachrechts.[142] Für das deutsche Recht maßgeblich ist somit § 7 BGB.[143] Bereits aus der für den Wohnsitz natürlicher Personen nationalen Anknüpfung des Begriffes folgt, dass der autonom zu bestimmende Begriff des COMI mit diesem nicht gleichgesetzt werden darf: die autonome Auslegung des COMI beruht auf dem Prinzip einer Rechtsvereinheitlichung auf europäischer Ebene, eine solche findet jedoch für den Wohnsitz-Begriff, aufgrund dessen je nach Fall unterschiedlicher nationaler Ausgestaltung, gerade nicht statt und kann daher nicht zur Ausfüllung des COMI herangezogen werden.[144]

(i) Natürliche Personen im Sinne des Art. 3 Abs. 1 Unterabs. 4 EuInsVO: gewöhnlicher Aufenthalt vs. Wohnsitz

Eine Gleichstellung von Wohnsitz und gewöhnlichem Aufenthalt im Sinne des Art. 3 Abs. 1 Unterabs. 4 EuInsVO scheitert überdies zum einen daran, dass beide Begriffe nicht nur auf unterschiedlicher Basis (national oder europäisch) angeknüpft werden, sondern dass deren Bestimmung auch in unterschiedlicher Art und Weise erfolgt: während der Wohnsitz im Rahmen der EuGVVO normativ zu bestimmen ist, erfolgt die Ermittlung des gewöhnlichen Aufenthalts auf

---

141 So für den Begriff des COMI: EuGH v. 02.05.2006 – C-341/04 (*Eurofood*), NZI 2006, 360, 361 Rn. 31; Mankowski/Müller/J. Schmidt/*Mankowski* Art. 3 EuInsVO Rn. 8.

142 OLG Hamm v. 13.03.1989, 10 WF 76/89, FamRZ 1989, 1331, 1331; OLG Hamm v. 02.05.2001 – 8 WF 27/01, JuS 2002, 616, 616; Musielak/Voit/*Stadler* Art. 4 EuGVVO Rn. 5, Art. 62 EuGVVO Rn. 1.

143 OLG Hamm v. 13.03.1989 – 10 WF 76/89, FamRZ 1989, 1331, 1331; OLG Hamm v. 02.05.2001 – 8 WF 27/01, JuS 2002, 616, 616; Musielak/Voit/*Stadler* Art. 4 EuGVVO Rn. 5; Saenger/*Dörner* Art. 62 EuGVVO Rn. 3. Anders der „Wohnsitz" von Gesellschaften und juristischen Personen. Dieser bestimmt sich über Art. 63 EuGVVO und wird unionsrechtsautonom angeknüpft, Musielak/Voit/*Stadler* Art. 63 EuGVVO Rn. 1, siehe auch (i) „Sitz"-Begriff in der EuGVVO, S. 49.

144 Mankowski/Müller/J. Schmidt/*Mankowski* Art. 3 EuInsVO Rn. 119.

faktischer Grundlage.[145] Zum anderen scheitert die Gleichstellung am Wortlaut der EuInsVO. Nicht nur die Erwägungsgründe, sondern auch der verfügende Teil der Verordnung differenzieren zwischen dem „gewöhnlichen Aufenthalt, Wohnsitz oder Sitz in der Union".[146] Würde Art. 3 EuInsVO eine Gleichstellung dieser Begrifflichkeiten beinhalten, stünde dies im Widerspruch zum im Wortlaut des Textes angelegten Willen des Verordnungsgebers. Zudem scheitert die Gleichstellung vom Wohnsitz einerseits und dem gewöhnlichen Aufenthalt andererseits noch an einem weiteren Punkt. Der gewöhnliche Aufenthalt einer natürlichen Person wird aus europäischer Sicht als derjenige Ort verstanden, der den Schwerpunkt der Lebensverhältnisse einer Person darstellt und der somit für eine gewisse Dauer deren tatsächlichen Lebensmittelpunkt bildet.[147] Der tatsächliche Lebensmittelpunkt einer natürlichen Person kann sich nur an einem Ort befinden,[148] mehrere Lebensmittelpunkte widersprechen dem Wortsinn. Anders der Wohnsitz. Dieser ist nicht zwingend nur an einen einzigen Ort gebunden; vielmehr kann ein und dieselbe Person zugleich mehrere Wohnsitze haben.[149] Dem Kläger bzw. Antragsteller steht sodann das Wahlrecht offen, an welchem dieser Wohnsitze er Klage erhebt bzw. seinen Antrag stellt.[150] Folge mehrerer möglicher Wohnsitze ist somit eine etwaige Mehrfachanknüpfung, die aufgrund der zwingenden Singularität des gewöhnlichen Aufenthalts für die EuInsVO vermieden wird.[151]

Die insolvenzrechtliche Qualifizierung eines Einzelverfahrens führt demnach zu einer eindeutig feststellbaren internationalen Zuständigkeit, die sich, wenn die Vermutung des Art. 3 Abs. 1 Unterabs. 4 EuInsVO nicht widerlegt wird, am gewöhnlichen Aufenthalt des Insolvenzschuldners ausrichtet. Anders, wenn die Qualifizierung zu einer sonst zivilrechtlichen Einordnung des Einzelverfahrens führt. Aufgrund der Anknüpfung an den Wohnort der natürlichen Person kann

---

145 Kindler/Nachmann/*Kindler* 1. Teil § 2 Rn. 19.

146 So Erw.Gr. 63, 64, Art. 2 Nr. 12 EuInsVO.

147 K. Schmidt/*Brinkmann* Art. 3 EuInsVO a.F. Rn. 8; vgl. MüKo BGB/*Junker* Art. 23 Rom II Rn. 16; vgl. MüKo BGB/*Martiny* Art. 19 Rom I Rn. 12; vgl. auch Hausmann/Odersky/*Hausmann* § 2 B. Rn. 60.

148 Kindler/Nachmann/*Kindler* 1. Teil § 2 Rn. 18; vgl. Hausmann/Odersky/*Hausmann* § 2 B. Rn. 64.

149 Kindler/Nachmann/*Kindler* 1. Teil § 2 Rn. 18; Saenger/*Dörner* Art. 62 EuGVVO Rn. 6; Musielak/Voit/*Stadler* Art. 4 EuGVVO Rn. 5.

150 Saenger/*Dörner* Art. 62 EuGVVO Rn. 6;

151 *Taupitz*, ZZP 111 (1998), 315, 326; Kindler/Nachmann/*Kindler* 1. Teil § 2 Rn. 20; DKDC/*Duursma-Kepplinger* Art. 3 Rn. 21.

sich zum einen eine andere internationale Zuständigkeit als nach der EuInsVO ergeben, zum anderen besteht aufgrund der Pluralität des Wohnortbegriffs seitens des Klägers bzw. Antragstellers eine Wahlmöglichkeit, wo er Klage erhebt und welcher internationalen Zuständigkeit er sich damit unterwirft mit der hieraus folgenden Möglichkeit des unter der EuInsVO einzudämmenden forum shoppings[152].[153]

Die Einordnung des Einzelverfahrens hat im Rahmen der internationalen Zuständigkeit ferner noch eine weitere Bedeutung. Während die EuInsVO für die Bestimmung der Gerichtszuständigkeit den Insolvenzschuldner und dessen COMI als maßgeblichen Ausgangspunkt vorschreibt, stellt die EuGVVO auf den Beklagten und dessen Wohnsitz ab. Bei letzterer ist somit die Rollenverteilung der Parteien im Prozess ausschlaggebend, die internationale Zuständigkeit bestimmt sich nach der passiven Prozesspartei. Anders im Fall einer insolvenzrechtlichen Qualifizierung. Nach der EuInsVO ist es nicht entscheidend, ob der Insolvenzschuldner[154] oder der Insolvenzverwalter auf der aktiven Seite des Klägers oder der passiven Seite des Beklagten steht. Maßgeblich zur Bestimmung der internationalen Zuständigkeit ist immer der COMI des Insolvenzschuldners.

Mit der Frage der internationalen Zuständigkeit verbunden sind zudem bestimmte Annehmlichkeiten: Seitens der EuGVVO für den Beklagten, unabhängig von dessen konkreter Person, seitens der EuInsVO für den Insolvenzschuldner. Aufgrund der örtlichen Nähe des Verfahrens zu einer der beteiligten Personen dürften dieser zeitliche, finanzielle sowie organisatorische Vorteile zu Gute kommen. Ebenso können sich möglicherweise Vorteile daraus generieren,

---

152 Es gilt hier jedoch zu unterscheiden: Das forum shopping im Rahmen der EuGVVO wird seitens des Klägers bzw. Antragstellers betrieben und stellt sich nicht als rechtsmissbräuchlich dar. Ist im Rahmen der EuInsVO von forum shopping die Rede meint dies die Erschleichung einer anderen internationalen Zuständigkeit durch Handeln des Insolvenzschuldners, welches als missbräuchlich zum Schutz der Gläubiger unterbunden werden soll. (2) Kurzfristige Verlegung des COMI, S. 99.

153 Vgl. *Kropholler/v. Hein* Art. 59 EuGVVO a.F. Rn. 6; Saenger/*Dörner* Art. 62 EuGVVO Rn. 6; Rauscher/*Staudinger* Art. 62 EuGVVO Rn. 7.

154 Nur durch die Eröffnung des Insolvenzverfahrens verliert der Insolvenzschuldner nicht seine Parteifähigkeit. Da jedoch gem. § 80 Abs. 1 InsO die Verwaltungs- und Verfügungsbefugnis auf den Insolvenzverwalter übergeht, ist auch dieser hinsichtlich des Insolvenzvermögens für den Schuldner prozessführungsbefugt, Uhlenbruck/*Mock* § 80 Rn. 18; vgl. RG v. 01.07.1890 – II 116/90 RGZ 26, 66, 68; RG v. 30.03.1892 – V 255/91 RGZ 29, 29, 30; BGH v. 29.05.2008 – V ZB 3/08, NZI 2008, 613, 613 Rn. 8; BGH v. 11.12.2008 – IX ZB 232/08, NJW-RR 2009, 566, 567 Rn. 7; Kayser/Thole/*Kayser* § 80 Rn. 23.

dass für eine Partei deren „Heimatrecht" zur Anwendung gelangt, in dem im Gegensatz zu fremden Rechtsordnungen ein wohl besseres Verständnis vorherrschen wird, trotz genereller Gebotenheit oder gar Pflicht der Einschaltung anwaltlicher Vertretung.

(ii) Natürliche Personen im Sinne des Art. 3 Abs. 1 Unterabs. 3 EuInsVO: Hauptniederlassung vs. Wohnsitz

Hinsichtlich gewerblich oder selbstständig tätiger natürlicher Personen gelingt die Differenzierung zwischen Wohnsitz und der Vermutung des Ortes des COMI, der Hauptniederlassung, noch leichter. Die in Art. 3 Abs. 1 Unterabs. 3 EuInsVO genannte Hauptniederlassung des Insolvenzschuldners knüpft bereits vom logischen Wortverständnis her an denjenigen Ort an, an dem der Schuldner seiner beruflichen Tätigkeit nachgeht. Der Hintergrund, gerade an diesem Ort den COMI des Schuldners zu vermuten liegt darin, dass sich ein Großteil der Schulden in der Regel nicht im Privatleben des Schuldners bildet, sondern aufgrund dessen beruflicher Aktivität entsteht.[155] Um diesen Zusammenhang nicht auseinanderzureißen, knüpft die Vermutungsregelung des Art. 3 Abs. 1 Unterabs. 3 EuInsVO genau hieran an. Der im Rahmen der EuGVVO maßgebliche Wohnort bezieht sich im Gegensatz hierzu nicht auf den wirtschaftlichen Interessenmittelpunkt, sondern den privaten Lebensmittelpunkt des Schuldners. Wirtschaftlicher und privater Mittelpunkt müssen jedoch nicht am gleichen Ort, ja nicht einmal im gleichen Mitgliedstaat liegen. Zur Bestimmung der Hauptniederlassung des Schuldners im Rahmen der EuInsVO spielt der für die EuGVVO entscheidende Wohnort daher wenn überhaupt eine lediglich untergeordnete Rolle.[156]

Die Möglichkeit, dass je nach Qualifizierung des Einzelverfahrens andere internationale Zuständigkeiten auftreten können, zeigt sich hier ebenfalls deutlich.

ii. Gültige Verfahrensgrundsätze

Neben einem Einfluss auf die Anknüpfungspunkte zur Bestimmung der internationalen Zuständigkeit wirkt sich die Bindungswirkung des Art. 6 Abs. 1 EuInsVO auch – wenn auch mit nur untergeordneter Bedeutung – auf Ebene der geltenden Verfahrensgrundsätze aus.

Das Insolvenzverfahren unterliegt im Vergleich zu sonstigen zivil- und handelsrechtlichen Verfahren teils modifizierten Verfahrensgrundsätzen. So gilt im

155 Mankowski/Müller/J. Schmidt/*Mankowski* Art. 3 EuInsVO Rn. 113.

156 Mankowski/Müller/J. Schmidt/*Mankowski* Art. 3 EuInsVO Rn. 114.

eröffneten Insolvenzverfahren beispielsweise nicht der im allgemeinen Zivilprozessrecht anwendbare Beibringungsgrundsatz, sondern gem. § 5 Abs. 1 InsO vielmehr die Ermittlung von Amts wegen. Aufgrund der engen Verbindung von Insolvenz- und Annexverfahren, kann der Gedanke aufkommen, auch Annexverfahren unter den modifizierten Verfahrensgrundsätzen zu verhandeln. Diese Idee vermag jedoch nicht zu überzeugen. Einzelverfahren sind, auch bei insolvenzrechtlicher Qualifikation, ihrem Inhalt und Charakter nach von der Durchführung des Insolvenzverfahrens an sich grundverschieden. Das Insolvenzverfahren dient in seinem klassischen Anwendungsbereich der ordnungsgemäßen und geregelten Abwicklung des Schuldners unter gemeinschaftlicher Befriedigung dessen Gläubiger, vgl. § 1 S. 1 InsO. Genauso dient es in anderer Ausprägung der Rettung und Reorganisation des Schuldners. Das Insolvenzverfahren selbst betrifft daher keinen streitigen Sachverhalt, sondern richtet seinen Fokus vielmehr auf die Verwaltung der Vermögensgegenstände und (Neu-) Organisation der wirtschaftlichen und rechtlichen Beziehungen des Schuldners. Anders gelagert ist der Schwerpunkt von Einzelverfahren, die keine verwaltungstechnischen Fragen zum Inhalt haben, sondern die (gerichtliche) Klärung streitiger Sachverhalte zum Gegenstand haben.

Einzelverfahren werden daher auch nicht von der in § 2 InsO geregelten sachlichen Zuständigkeit des Insolvenzgerichts umfasst; es besteht mithin, wie bereits angesprochen, keine vis attractiva concursus.[157] Materiell-rechtliche Entscheidungen, die außerhalb des eigentlichen Insolvenzverfahrens ergehen, fallen somit in die allgemeinen Zuständigkeitsregelungen der ZPO, mithin in den Zuständigkeitsbereich der Prozessgerichte. Eine deutliche Unterscheidung zwischen Insolvenzgericht einerseits und Streitgericht andererseits nimmt auch der BGH vor, der eine Unterordnung eines Einzelverfahrens in Form einer Anfechtungsklage zu letzteren vornimmt.[158]

Diese voneinander grundsätzliche Unabhängigkeit zwischen der Zuständigkeit für das Insolvenzverfahren einerseits und der Zuständigkeit für außerhalb dessen liegende Streitigkeiten andererseits wird nur durch die in § 180 Abs. 1 S. 2 InsO und § 19a ZPO normierten Ausnahmen partiell durchbrochen: bei ersterem – inhaltlich betreffend Streitigkeiten bzgl. der Feststellung von Forderungen zur Insolvenztabelle – ist, abhängig vom Streitwert, entweder dasjenige Amtsgericht örtlich zuständig, bei dem das entsprechende Insolvenzverfahren anhängig ist bzw. das am Sitz des Insolvenzgerichts zuständige Landgericht.[159]

---

157 III. Vis attractiva concursus, S. 26.

158 BGH v. 19.05.2009 – IX ZR 39/06, EuZW 2009, 590, 591 Rn. 15.

159 BeckOK InsO/*Madaus* § 2 Rn. 7.

Bei letzterem werden die Zuständigkeiten dadurch örtlich angenähert, dass im Fall von Klagen, die sich gegen die Insolvenzmasse richten, sogenannte Passivprozesse, nicht jedoch gerade Aktivprozesse mit umgekehrter Besetzung der Parteien, der allgemeine Gerichtsstand des Verwalters dieser Masse am Sitz des Insolvenzgerichts festgesetzt wird.[160] Trotz dieser Annäherung im Rahmen der Zuständigkeiten bleibt deutlich erkennbar, dass es sich beim Insolvenzgericht und dem für Annexverfahren zuständigen Streitgericht nicht um ein und denselben gesetzlichen Spruchkörper handelt.

Hieraus lässt sich der Rückschluss ziehen, dass Einzelverfahren der streitigen Gerichtsbarkeit untergeordnet werden müssen und daher die dementsprechenden Verfahrensgrundsätze dieser einschlägig sind. Dies ist unabhängig von der Einordnung in den insolvenzrechtlichen oder allgemein zivilrechtlichen Bereich.

Auch Art. 6 Abs. 1 EuInsVO vermag hieran nichts zu ändern. Bei insolvenzrechtlichen Annexverfahren bestimmt sich hiernach lediglich die internationale Zuständigkeit in Abhängigkeit zum Insolvenzverfahren. Nur insofern die unterschiedlichen Verfahrensgründe im Rahmen der Bestimmung dieser Zuständigkeit eine Rolle spielen, unterfällt das Annexverfahren durch die Bindungswirkung des Art. 6 Abs. 1 EuInsVO diesen mittelbar. Für das restliche Verfahren macht die Einordnung des Einzelverfahrens im Hinblick auf die zu beachtenden Verfahrensgrundsätze keinen Unterschied, da unabhängig von der Qualifikation ein streitiges Verfahren zur Entscheidung ansteht.

iii. Geltendmachung einer fehlerhaften internationalen Zuständigkeit: Anfechtung gem. Art. 5 EuInsVO

Im Rahmen der internationalen Zuständigkeit bei Insolvenzverfahren fällt ferner Art. 5 Abs. 1 EuInsVO auf. Hiernach kann der Schuldner oder jeder Gläubiger die Entscheidung zur Eröffnung des Hauptverfahrens aus Gründen der internationalen Zuständigkeit anfechten. Abs. 2 erstreckt die Anfechtungsbefugnis auf weitere Personen sowie weitere Anfechtungsgründe, sofern die nationalen Rechtssysteme dies vorsehen. Die EuGVVO enthält keine vergleichbare Anfechtungsbefugnis, um sich gegen eine vermeintlich fehlerhafte internationale Zuständigkeit zur Wehr zu setzen. Kommt dem Recht der Zuständigkeitsanfechtung auch im Hinblick auf Annexverfahren eine Bedeutung zu, erhöht

---

160 BGH v. 27.05.2003 – IX ZR 203/02, NJW 2003, 2916, 2916; LG Lübeck v. 20.04.2000 – 8 O 40/00, DZWIR 2001, 220, 220; LG Marburg v. 22.09.2010 – 2 O 209/04, BeckRS 2009, 2980; *Herbst*, DZWIR 2001, 190, 191; BeckOK InsO/*Madaus* § 2 Rn. 7; **a.A.** *Wessel*, DZWIR 2000, 196, 197.

dies das Interesse an einer strikten Abgrenzung von insolvenzrechtlichen und nicht-insolvenzrechtlichen Einzelverfahren.

(1) Direkte Anwendbarkeit des Art. 5 EuInsVO auf Annexverfahren

Die internationale Zuständigkeit von Annexverfahren fällt zunächst nicht unter die Regelung des Art. 5 EuInsVO. Weder nach dem Wortlaut, der ausdrücklich nur von der Entscheidung zur Eröffnung des Hauptinsolvenzverfahrens spricht, noch von der Systematik der Verordnung, die erst einen Artikel später, in Art. 6 EuInsVO, überhaupt auf Annexverfahren eingeht, besteht im Rahmen von Annexverfahren ein gesondertes Anfechtungsrecht.[161] Auch die Lektüre des Art. 6 EuInsVO spricht für sich genommen gegen eine Auswirkung des Art. 5 EuInsVO auf diesen. Art. 6 Abs. 1 EuInsVO erfordert lediglich, dass das Insolvenzverfahren nach Art. 3 „eröffnet worden ist". Der Verordnungsgeber wählt hier explizit – und nicht nur in der deutschen Fassung[162] – die Vergangenheitsform. Dass die internationale Zuständigkeit bzgl. des Hauptverfahrens, an die sich die des Annexverfahren anknüpft, auch im laufenden Verfahren unverändert bleibt, verlangt Art. 6 Abs. 1 EuInsVO nicht. Dem Wortlaut nach lässt sich somit gut begründen, dass die einmal für das Annexverfahren zu Beginn bejahte internationale Zuständigkeit durch eine nachträgliche Veränderung der Zuständigkeit für das Hauptverfahren nicht beeinflusst wird. Art. 6 Abs. 1 EuInsVO begründet damit seinem direkten Wortlaut nach eine perpetuatio fori, auf die Art. 5 EuInsVO keine direkte Anwendung findet.

(2) Indirekte Anwendbarkeit über die Folgen der Anfechtung

Aufgrund der zwingenden Verbindung des Annexverfahrens mit dem eigentlichen Insolvenzverfahren und dessen internationaler Zuständigkeit stellt sich trotz der im Wortlaut von Art. 6 Abs. 1 EuInsVO angelegten perpetuatio fori die Frage, ob eine Anfechtung nach Art. 5 EuInsVO nicht doch zumindest eine indirekte Auswirkung auf das Annexverfahren hat.

Da Annexverfahren gem. Art. 6 Abs. 1 EuInsVO nur diejenigen Verfahren sind, die unmittelbar aus dem Insolvenzverfahren hervorgehen und in engem Zusammenhang damit stehen, ist die Anpassung ihres internationalen Gerichtsstands an den des Hauptverfahrens zur effizienten Durchführung

161 Vgl. ebenso FK InsO/*Wenner/Schuster* Art. 5 EuInsVO Rn. 2.

162 Vgl. ebenso bspw. die englische und französische sowie spanische Fassung des Art. 6 Abs. 1 EuInsVO.

beider Verfahren nur konsequent.[163] Gerade die effiziente Abwicklung eines Verfahrens und mit ihr verbunden das Funktionieren des Binnenmarkts hebt die EuInsVO als ihr Hauptanliegen und Hintergrund ihres Regelwerks hervor.[164] Die Erreichung dieses Ziels wird jedenfalls dadurch vereinfacht, auch diejenigen Verfahren, die einen unmittelbaren Einfluss auf das Insolvenzverfahren ausüben, demselben Staat und damit verbunden demselben Rechtssystem, dem das Hauptverfahren unterliegt,[165] unterzuordnen. Ferner ist zu berücksichtigen, dass der Verordnungsgeber ausdrücklich die Notwendigkeit dazu sah, Maßnahmen, die das Vermögen des Insolvenzschuldners betreffen, zur Stärkung des Binnenmarkts zu koordinieren.[166] Die Verhängung derartiger Maßnahmen muss jedoch nicht alleine im Rahmen des Insolvenzverfahrens erfolgen, sondern kann auch durch Annexverfahren beeinflusst sein, was eine Koordinierung dieser beiden Verfahren erforderlich macht.

Um dieses Ziel nachhaltig zu fördern ist es notwendig, eine vermeintlich bestehende perpetuatio fori dann zu durchbrechen, wenn das Insolvenzverfahren selbst einer neuen internationalen Zuständigkeit unterfällt. Der Wortlaut des Art. 6 Abs. 1 EuInsVO darf aus diesem Grund gerade nicht im Sinne einer perpetuatio fori verstanden werden. Das Erfordernis eines eröffneten Insolvenzverfahrens stellt vielmehr lediglich die Verbindung dar, um an die tatsächlich bestehende Zuständigkeit des jeweiligen Insolvenzverfahrens anzuknüpfen. Die Formulierung in der Vergangenheitsform ist dahingehend zu verstehen, dass in chronologischer Hinsicht zunächst die Eröffnung des Insolvenzverfahrens erfolgt, bevor sich hieran überhaupt etwaige insolvenzrechtliche Einzelverfahren anknüpfen können.[167]

Die Folgen einer erfolgreichen Anfechtung nach Art. 5 EuInsVO wirken sich damit mittelbar auch auf das Annexverfahren aus. Wird die ursprüngliche Verfahrenseröffnung durch die erfolgreiche Anfechtung als unwirksam erklärt und sodann ein neues Hauptverfahren im zuständigen Staat eröffnet, muss dies auch eine Verlagerung des Annexverfahrens mit sich ziehen; nicht ausreichend wäre es, das Annexverfahren weiterhin laufen zu lassen, dem Gericht nur

---

163 EuGH v. 12.02.2009 – C-339/07 (*Deko Marty*), NJW 2009, 2189, 2189 Rn. 22; vgl. MüKo InsO/*Thole* Art. 6 EuInsVO Rn. 1.

164 Vgl. Erw.Gr. 1, 3 EuInsVO.

165 Zum anwendbaren Sachrecht siehe genauer 3. Anwendbares Sachrecht, S. 41.

166 Erw.Gr. 4 EuInsVO.

167 Diese Formulierung führt dazu, dass eine insolvenzrechtliche Qualifikation nur bei einem bereits eröffneten Insolvenzverfahren bejaht werden kann, vgl. 1. Allgemein, S. 39.

die internationale Zuständigkeit zu entziehen und die Verfahrensparteien auf etwaige Rechtsbehelfe zu verweisen. Diese Rechtsbehelfe würden weiterhin vom international unzuständigen Staat behandelt.

In prozessualer Hinsicht bleiben sodann weitere – zum Zwecke dieser Arbeit nicht notwendigerweise zu beantwortende – Fragen offen. Bei veränderter internationaler Zuständigkeit und damit einhergehender fehlender Zulässigkeit einer Annexklage, müsste sich das angerufene Gericht für unzuständig erklären. Im Anschluss daran stellt sich jedoch die Frage, ob das Verfahren von Amts wegen an die Gerichte des neuen international zuständigen Staats verwiesen wird oder ob eine Verweisung lediglich auf Antrag stattzufinden hat. Überdies bedarf es einer Klärung dahingehend, ob derjenige Verfahrensstand, der im Zeitpunkt der Zuständigkeitsveränderung bestanden hat, auch im neuen Verfahren Verwendung finden kann.

(3) Anfechtungsberechtigte

Weiterhin stellt sich die Frage, wer überhaupt zur Anfechtung der internationalen Zuständigkeit berechtigt ist. Dem Wortlaut nach sind dies 1. der Schuldner selbst, 2. jeder Gläubiger und 3. andere Verfahrensbeteiligte, wenn dies nach nationalem Recht vorgesehen ist, Art. 5 Abs. 1 und 2 EuInsVO. Handelt es sich bei dem Beteiligten eines Annexverfahrens gleichzeitig um einen Gläubiger des Insolvenzschuldners, ergibt sich seine Anfechtungsbefugnis ohne Weiteres aus Art. 5 Abs. 1 EuInsVO, der sämtliche Gläubiger aus dem Insolvenzverfahren umfasst.[168] Problematisch gestaltet sich der Fall, dass eine Person nicht am Insolvenzverfahren teilnimmt, demnach kein Gläubiger im Sinne des Art. 5 Abs. 1 EuInsVO ist, jedoch am Annexverfahren beteiligt ist. Beispielshaft genannt sei ein Fall der Insolvenzanfechtung basierend auf § 134 Abs. 1 InsO. Ist der Beschenkte kein Gläubiger des Insolvenzschuldners, wird die unentgeltliche Leistung des Schuldners jedoch durch den Insolvenzverwalter angefochten, findet sich der Beschenkte als Beklagter des Annexverfahrens wieder, ohne am eigentlichen Insolvenzverfahren teilzunehmen.

Wenn die Annexzuständigkeit nun aber nicht direkt angegriffen werden kann, muss sich der Beteiligte gegen die Zuständigkeit im eigentlichen Insolvenzverfahren wenden. Art. 5 Abs. 1 EuInsVO scheidet hierbei jedoch als Grundlage einer Anfechtungsberechtigung aus. Es verbleibt lediglich die Möglichkeit des Art. 5 Abs. 2 EuInsVO. Dieser Absatz bewirkt im Unterschied zu Absatz 1 nicht selbst die Schaffung eines Rechtsbehelfs, sondern gibt lediglich den deklaratorischen Hinweis

168 Mankowski/Müller/J. Schmidt/*Mankowski* Art. 5 EuInsVO Rn. 8.

darauf, dass unter der EuInsVO dann auch andere Beteiligte anfechtungsbefugt sind, wenn dies im entsprechenden nach der EuInsVO anwendbaren nationalen Recht vorgesehen ist.[169] Wer hierbei als Verfahrensbeteiligter gilt und über nationale Vorschriften in den Genuss eines Anfechtungsrechts kommt, richtet sich nach dem anwendbaren nationalen Recht.[170] Grundsätzlich ist der Begriff der Verfahrensbeteiligten hierbei weiter zu verstehen als der Gläubigerbegriff in Art. 5 Abs. 1 EuInsVO. Beteiligt am Verfahren sind letztlich auch alle an einem Annexverfahren Beteiligten (Annexbeteiligte), da sich die Entscheidung hierin unmittelbar auf das Insolvenzverfahren als solches auswirkt. Deutschland hat von der Möglichkeit des Art. 5 Abs. 2 EuInsVO keinen Gebrauch gemacht. Alleine nach deutschem Recht ist die Anfechtungsbefugnis eines bloß am Annexverfahren Beteiligten somit zu verneinen. Je nach Ausgestaltung anderer Rechtssysteme kann hieraus eine uneinheitliche Behandlung von Annexbeteiligten folgen. Zur Vermeidung einer derartigen Diskrepanz im Rahmen der Anfechtungsbefugnis ist daran zu denken, eine europaweit einheitliche Regelung zu den Rechten der am Annexverfahren Beteiligten zu schaffen und ihnen einheitlich eine Anfechtungsbefugnis zuzugestehen. Hierfür besteht jedoch kein zwingend notwendiger Anlass. Zwar hängt das Annexverfahren unmittelbar mit dem Insolvenzverfahren zusammen, nichtsdestotrotz bildet es einen bloßen Anhang zum Hauptverfahren, welches zudem nur einen eng begrenzten Personenkreis betrifft. Das Insolvenzverfahren als Hauptverfahren hat bereits von vornherein sowohl in personeller als auch in sachlicher Hinsicht einen viel größeren Wirkungskreis. Art. 6 Abs. 1 EuInsVO dient dazu, die einheitliche Abwicklung von Insolvenz- und Annexverfahren zu fördern, indem es die internationalen Zuständigkeiten aneinander bindet. Das Annexverfahren selbst bleibt aber dennoch ein eigenständiges Verfahren, welches es unter Anwendung eigener Regelungen im streitigen Verfahren zu lösen gilt.

b. Gerichtsstandsvereinbarung

Ein weiterer Punkt, der eine genaue Differenzierung von Einzelverfahren notwendig macht, hängt ebenfalls mit den Gerichtszuständigkeiten zusammen: die Frage nach der Berücksichtigung von Gerichtsstandsvereinbarungen. Auch hier ergibt sich ein Unterschied zwischen der EuInsVO einerseits und der EuGVVO andererseits. Die EuGVVO erkennt Vereinbarungen zwischen den Parteien zur Wahl eines Gerichtsstandes gem. Art. 25 Abs. 1 S. 1 EuGVVO ausdrücklich an und schreibt diesen gar eine ausschließliche Geltung zu, Art. 25 Abs. 1 S. 2 EuGVVO. Hierdurch

---

169 Braun/*Tashiro* Art. 5 EuInsVO Rn. 9; MüKo InsO/*Thole* Art. 5 Rn. 9.
170 Braun/*Tashiro* Art. 5 EuInsVO Rn. 10.

wird die Wahrung der Vertragsfreiheit zwischen den Parteien bezweckt.[171] Art. 25. Abs. 1 EuGVVO spricht ausdrücklich von den „Parteien“ eines Rechtsstreits und des zugrunde liegenden Rechtsverhältnisses. Streng genommen stellt sich daher die Frage, ob der Insolvenzverwalter im Fall eines Einzelverfahrens nach der EuGVVO überhaupt an eine Gerichtsstandsvereinbarung gebunden werden kann, schließlich ist er nicht die originäre Partei des Rechtsverhältnisses. Jedenfalls nach deutschem Verständnis stellt der Insolvenzverwalter selbst eine eigene Partei kraft Amtes dar.[172] Es ist jedoch für die EuGVVO anerkannt, dass auch der Insolvenzverwalter durch die vom späteren Insolvenzschuldner getroffenen Gerichtsstandsvereinbarungen gebunden wird.[173] Auch wenn dies im deutschen Recht für Gerichtsstandsvereinbarungen nach § 38 ZPO gerade nicht gilt,[174] ist der Vorrang der europäischen Regelung zu beachten.[175]

---

171 Erw.Gr. 19 EuGVVO.

172 RG v. 30.03.1892 – V 255/91, RGZ 29, 29, 30; BGH v. 27.10.1983 – I ARZ 334/83, BGHZ 88, 331, 334 = NJW 1984, 739; BGH v. 14.04.1987 – IX ZR 260/86, BGHZ 100, 346, 351 = NJW 1987, 3133; BGH v. 26.01.2006 – IX ZR 282/03, ZInsO 2006, 260, 260; Uhlenbruck/*Mock* § 80 Rn. 170.

173 MüKo ZPO/*Gottwald* Art. 25 EuGVVO Rn. 55; Reithmann/Martiny/*Hausmann* Rn. 8.123; vgl. auch Court of Appeal v. 21.12.1993, unalex Case UK-220 (abrufbar unter: https://www.unalex.eu/Judgment/Judgment.aspx?FileNr=uk-220, zuletzt aufgerufen am 20.09.2018).

174 Trifft der spätere Insolvenzschuldner eine Gerichtsstandsvereinbarung gem. § 38 ZPO gilt diese gerade nicht gegenüber dem Insolvenzverwalter. Zunächst lässt sich dies anhand des Parteienbegriffs erklären. Der Insolvenzverwalter ist nicht etwa bloßer Vertreter des Insolvenzschuldners, wodurch sich an den eigentlichen Parteien eines Rechtsstreits nichts ändern würde (Uhlenbruck/*Mock* § 80 InsO Rn. 170 ff.). Vielmehr ist er gerade Partei kraft Amtes und bildet daher eine vom Insolvenzschuldner unabhängige Partei, die nicht an der Vereinbarung eines Gerichtsstands beteiligt war. Es könnte jedoch sodann daran gedacht werden, dass der Insolvenzverwalter als eine Art Rechtsnachfolger durch die Prorogation des Insolvenzschuldners gebunden wird. Voraussetzung hierfür ist aber, dass der Insolvenzverwalter selbst prorogationsbefugt ist, vgl. LG Trier v. 22.10.1981 – 6 O 95/81, NJW 1982, 286, 286 f. Diese Proragationsbefugnis verneinend: OLG Bamberg v. 07.01.1998 – 7 U 30/97, BeckRS 1998, 15848 Rn. 6; Musielak/Voit/*Heinrich* § 38 ZPO Rn. 10; Saenger/*Bendtsen* § 38 ZPO Rn. 10. **A.A.**: LG Gießen v. 06.05.2009 – 5 O 35/09, BeckRS 2014, 10148; Zöller/*Schultzky* § 38 ZPO Rn. 13. Mit der Prorogationsbefugnis des Insolvenzverwalters ausführlich auseinandergesetzt haben sich auch *Wexler-Uhlich/Wagner*, ZIP 2015, 1213 ff. und kommen zu einem differenzierenden Ergebnis dahingehend, ob der Insolvenzschuldner Kaufmann ist oder nicht.

175 Musielak/Voit/*Heinrich* § 38 ZPO Rn. 14; MüKo ZPO/*Patzina* § 38 ZPO Rn. 25; Saenger/*Bendtsen* § 38 ZPO Rn. 2.

Die Berücksichtigung einer derartigen Prorogation gem. Art. 25 Abs. 1 S. 1 EuGVVO kann allerdings nur dann erfolgen, wenn die EuGVVO die anwendbare Rechtsverordnung darstellt.[176] Ist jedoch nicht die EuGVVO zur Anwendung berufen, sondern fällt der streitige Sachverhalt unter den Anwendungsbereich der EuInsVO zeigt sich ein gerade gegenteiliges Bild. Die EuInsVO enthält keine dem Art. 25 EuGVVO vergleichbare Regelung. Zwar sind Gerichtsstandsvereinbarungen auch der EuInsVO nicht vollkommen fremd, wie sich an der Regelung des Art. 66 EuInsVO zeigt, doch betrifft diese nur den Sonderfall eines Gruppen-Koordinationsverfahrens.

Der Ausschluss eines frei zu wählenden Gerichtsstands innerhalb der EuInsVO ist durchaus begründet und schlüssig, da das Insolvenzverfahren als Gesamtverfahren allen Gläubigern des Insolvenzschuldners gleichermaßen Befriedigung verschaffen soll. Schon rein praktisch stellt sich daher die Frage, wie all diese Beteiligten für eine gemeinsame Gerichtsstandsvereinbarung unter einen gemeinsamen Nenner zu fassen sein sollen. Vor diesem Hintergrund muss ausgeschlossen sein, dass eine Gerichtsstandsvereinbarung zugunsten eines oder weniger Gläubiger und zu Lasten der restlichen Gläubigergemeinschaft geschlossen wird. Allerdings muss nicht jedes Verfahren, dass unter der EuInsVO abgewickelt wird, ein derartiges Gesamtverfahren sein. Gerade im Fall der Annexverfahren liegt ein kontradiktorisches Verfahren zwischen den Beteiligten vor, dass nicht die gesamte Gläubigergemeinschaft in dessen Entscheidungswirkungen mit einbezieht.

Doch auch für Einzelverfahren, die als insolvenzrechtliche Annexverfahren einzuordnen sind, besteht keine Möglichkeit der Wahl eines bestimmten Gerichtsstandes, maßgeblich ist für diese die *lex fori concursus*.[177] Zwar besteht die Möglichkeit, dass der Verordnungsgeber die Anerkennung von Gerichtsstandsvereinbarungen für Einzelklagen schlichtweg nicht weiter bedacht hat, da die Regelungen bzgl. derartiger Klagen im Verhältnis zum Gesamtumfang der EuInsVO ohnehin sehr knapp ausfallen. Allerdings darf nicht die enge Verbundenheit der Annexklagen mit dem eigentlichen Insolvenzverfahren außer Acht gelassen werden. Einzelverfahren, die unter die EuInsVO fallen, müssen eine besonders enge Verbindung zum dazugehörigen Hauptverfahren aufweisen.[178] Um dieser engen Verbundenheit gerecht zu werden ist es nur konsequent zwischen dem Gerichtsstand des Hauptverfahrens und dem des Annexverfahrens

---

176 *Stürner*, IPRax 2005, 416, 416; vgl. *Mankwoski*, NZI 2012, 53, 53.

177 *Stürner*, IPRax 2005, 416, 422.

178 Ausführlich 2. Neuvorschlag, S. 150.

einen Gleichlauf zu erzwingen, insbesondere da dieser durch die EuInsVO nur auf die internationale Zuständigkeit beschränkt ist; welches inländische Gericht sodann örtlich und sachlich zuständig ist, hängt vom nationalen Prozessrecht ab.[179] Durch die größtenteils erfolgende Konzentration[180] von insolvenzbezogenen Streitigkeiten soll die effektive Durchführung des Insolvenzverfahrens ebenso gefördert werden wie eine zentrale und für alle Gläubiger einheitliche Abwicklung.[181] Die Anerkennung einer etwaig anderslautenden Gerichtsstandsvereinbarung würde einen zusammengehörenden Sachverhalt entzweireißen. Überdies steht das Verständnis der in Art. 6 Abs. 1 EuInsVO verankerten internationalen Zuständigkeit als ausschließliche Zuständigkeit der Möglichkeit einer abweichenden Gerichtsstandsvereinbarung entgegen.[182]

Eine klare Zuordnung von Streitfragen in den Anwendungsbereich der EuInsVO oder der EuGVVO ist damit auch unter dem Gesichtspunkt der Wirksamkeit von Gerichtsstandsvereinbarungen geboten. Zu beachten gilt es hierbei, dass eine weite Ausdehnung der insolvenzrechtlichen Qualifikation die negative Folge nach sich ziehen könnte, dass die Parteien des internationalen Rechtsverkehrs ihr Vertrauen in die wirksame Vereinbarung eines bestimmten Gerichtsstands verlieren.[183]

2. Torpedoklagen

Ferner lohnt es einen Blick auf die sogenannten Torpedoklagen zu werfen. Wird beispielsweise eine negative Feststellungsklage dahingehend erhoben, dass gerade das Nichtbestehen einer drohenden Insolvenzanfechtungsklage festgestellt werden soll, so stellt sich zunächst die Frage, die Gerichte welchen Mitgliedstaats international zuständig sind. Handelt es sich bei der abzuwendenden Klage, wie sodann hier der Insolvenzanfechtungsklage, um ein insolvenzrechtliches Annexverfahren im Sinne von Art. 6 Abs. 1 EuInsVO, so ergibt sich nicht nur für das Annexverfahren selbst die internationale Zuständigkeit aus dieser Norm, sondern auch für die entgegengesetzte Feststellungsklage, die das bloße

---

179 Erw.Gr. 26 EuInsVO; *Haubold*, IPRax 2002, 157, 160.

180 Ausnahmen von dieser Konzentrationswirkung ergeben sich bspw. aus Art. 8 ff. EuInsVO.

181 *Stürner*, IPRax 2005, 416, 418.

182 BeckOK InsO/*Mock* Art. 6 EuInsVO Rn. 10; Mankowski/Müller/J. Schmidt/*Mankowski* Art. 6 EuInsVO Rn. 27 ff.

183 *Haubold*, IPRax 2002, 157, 163; *Stürner*, IPRax 2005, 416, 419.

kontradiktorische Gegenteil zur Leistungsklage darstellt.[184] Zuständig sind somit die Gerichte des für die Verfahrenseröffnung gem. Art. 3 Abs. 1 EuInsVO zuständigen Mitgliedstaats. Die Tatsache, dass im Rahmen der Feststellungsklage die Parteien des Klägers und des Beklagten getauscht werden, macht nicht die Voraussetzungen einer insolvenzrechtlichen Qualifizierung zunichte.[185] Auch für die negative Feststellungsklage gilt daher die vis attractiva concursus.

Die Problematik der Torpedoklage besteht in der Verzögerung von Verfahren bei Geltung des Prioritätsgrundsatzes. Um zwei parallele Verfahren über letztlich ein und dieselbe Sache in unterschiedlichen Mitgliedstaaten zu verhindern, regelt Art. 29 Abs. 1 EuGVVO die Priorität der zuerst erhobenen Klage.[186] Es entsteht damit eine über die Landesgrenzen hinausreichende Rechtshängigkeitssperre.[187] Im Rahmen dieser Norm hat das später angerufene Gericht seine Entscheidung grundsätzlich solange auszusetzen, bis die Zuständigkeit des zuerst angerufenen Gerichts feststeht. Wird nun zunächst eine – mitunter gar bewusst unzulässige[188] – negative Feststellungsklage erhoben, so kann, bis die Zuständigkeit des angerufenen Gerichts geklärt ist, keine Entscheidung über die später erhobene inhaltsgleiche Leistungsklage ergehen. Erst die Entscheidung

184 LG Innsbruck v. 12.12.2013 – 14 CG 56/13z, NZI 2014, 286, 287; *Thole*, ZIP 2012, 605, 608 f.; Braun/*Tashiro* Art. 6 EuInsVO Rn. 7.

185 Vgl. EuGH v. 25.10.2012 – C-133/11, NJW 2013, 287, 289 Rn. 43 ff.; LG Innsbruck v. 12.12.2013 – 14 CG 56/13z, NZI 2014, 286, 287 mit Anm. *Mäsch*, NZI 2014, 287, 288.

186 Beachtlich ist hierbei, dass – anders als im deutschen nationalen Recht – kein Vorrang der Leistungs- gegenüber einer Feststellungsklage besteht und letztere dadurch nicht aufgrund eines Wegfalls des Rechtsschutzbedürfnisses als unzulässig zu verwerfen ist. Hintergrund hierfür ist ein auf europäischer Ebene anderes Verständnis für den Begriff des Streitgegenstands. Siehe hierzu BGH v. 06.02.2002 – VIII ZR 106/01, NJW 2002, 2795, 2796; Musielak/Voit/*Stadler* Art. 29 EuGVVO Rn. 6; Saenger/*Dörner* Art. 29 EuGVVO Rn. 5.

187 Vgl. BGH v. 06.02.2002 – VIII ZR 106/01, NJW 2002, 2795, 2796. Dem Wortlaut nach müsste es sich eigentlich um eine Anhängigkeitssperre handeln. Die Anhängigkeit im Sinne von Art. 29 EuGVVO ist allerdings im Sinne einer Rechtshängigkeit zu verstehen, EuGH v. 07.06.1984 – Rs. 129/83, NJW 1984, 2759, 2759; Saenger/*Dörner* Art. 29 EuGVVO Rn. 7.

188 Dieselbe Problematik besteht auch, wenn die Feststellungsklage gar nicht in bewusst unzulässiger Weise erhoben wird. Nach dem Grundsatz von Art. 4 Abs. 1 EuGVVO bildet der Wohnsitz des jeweiligen Beklagten den Anknüpfungspunkt der internationalen Zuständigkeit. Die Partei des Beklagten wird jedoch je nach Klage, der drohenden Leistungs- oder der Feststellungsklage, gerade getauscht. Bei Wohnsitzen in unterschiedlichen Mitgliedstaaten ergäben sich hiermit unterschiedliche

über die Zuständigkeit ermöglicht die Fortsetzung des Verfahrens – bei erklärter Unzuständigkeit des ersten Gerichts – oder führt – bei erklärter Zuständigkeit des Erstgerichts – dazu, dass das Zweitgericht gem. Art. 29 Abs. 3 EuGVVO seine Unzuständigkeit zu erklären und die Klage durch Prozessurteil abzuweisen hat.[189] Wird im Rahmen der Feststellungsklage ein sehr ausgelastetes und damit langsames Gericht angerufen, führt dies zu bisweilen erheblichen Verzögerungen. Der in Art. 29 Abs. 1 EuGVVO verankerte Prioritätsgrundsatz wird nur dann durchbrochen, wenn eine Gerichtsstandsvereinbarung gem. Art. 25 EuGVVO zugunsten des Zweitgerichts eingreift, vgl. Art. 31 Abs. 2 EuGVVO, oder eine ausschließliche Zuständigkeit gem. Art. 24 Nr. 1 EuGVVO besteht.[190] Hiernach hat dasjenige Gericht das Verfahren auszusetzen, das nicht in der Gerichtsstandsvereinbarung genannt ist und zwar unabhängig davon, ob es als erstes oder zweites Gericht angerufen wurde, wodurch zumindest in manchen Fällen der Möglichkeit einer Torpedoklage entgegengewirkt wird. Für die anderen Fälle enthält die EuGVVO zumindest eine Regelung zu deren Handhabe.

Anders als die EuGVVO enthält die EuInsVO keine den Art. 29 Abs. 1 oder Art. 31 Abs. 2 EuGVVO vergleichbare Regelung. Auch findet sich in der EuInsVO kein Verweis auf die entsprechenden Normen der EuGVVO. Der in Art. 3 Abs. 3 EuInsVO enthaltene Prioritätsgrundsatz bezieht sich ausweislich seines Wortlautes und der systematischen Eingliederung in der Verordnung nur auf das Insolvenzverfahren an sich. Zwar könnte man anbringen, dass sich die Problematik von parallel rechtshängiger Leistungs- und Feststellungsklage aufgrund der identischen internationalen Zuständigkeit und den damit anwendbaren nationalen Regelungen zu Rechtshängigkeitssperren – wie in Deutschland § 261 Abs. 3 Nr. 1 ZPO – nicht stellt. Hierdurch würde jedoch die Gefahr einer am international unzuständigen Gerichtsstand erhobenen Feststellungsklage ignoriert.[191] Zwar wäre eine im falschen Mitgliedstaat erhobene insolvenzrechtliche negative Feststellungsklage mit Bezug auf Art. 6 Abs. 1 EuInsVO

---

internationale Zuständigkeiten, vgl. BGH v. 29.01.2013 – KZR 8/10, GRUR-RR 2013, 228, 229 Rn. 11.

189 MüKo ZPO/*Gottwald* Art. 29 EuGVVO Rn. 26.

190 EuGH v. 03.04.2014 – C-438/12, NJW 2014, 1871, 1873 Rn. 53 ff.; Musielak/Voit/*Stadler* Art. 29 EuGVVO Rn. 8; MüKo ZPO/*Gottwald* Art. 29 EuGVVO Rn. 18, 21. Nicht sicher ist, ob sich die Entscheidung des EuGH bzgl. Art. 24 Nr. 1 EuGVVO auch auf die anderen Fälle des Art. 24 EuGVVO ausweiten lässt.

191 Die Erhebung einer negativen Feststellungsklage am international unzuständigen Gericht kommt insbesondere im Hinblick auf die schwierige Qualifikation zwischen insolvenzrechtlicher und nicht-insolvenzrechtlicher Einzelklage in Betracht. Ist zwar das Insolvenzverfahren eröffnet und steht damit die internationale Zuständigkeit

verhältnismäßig schnell abzuweisen, allerdings nur dann, wenn die insolvenzrechtliche Qualifizierung feststeht oder eindeutig zu bejahen ist. Diese Qualifizierung anzunehmen bedarf aber einer vorherigen ausführlichen Prüfung im Einzelfall, die wohl einige Zeit in Anspruch nehmen wird.

Bis hier eine Zuständigkeit verneint wird, stellt sich somit mangels den EuGVVO Regelungen vergleichbaren Festsetzungen in der EuInsVO die Frage, wie mit der Gefahr zweier paralleler Klagen desselben Inhalts in unterschiedlichen Mitgliedstaaten umzugehen ist.[192] Es besteht mithin eine gewisse Rechtsunsicherheit.

II. Auslands-/Drittstaatenbezug

Ein weiterer Grund, der die Differenzierung zwischen einer insolvenzrechtlichen und einer nicht-insolvenzrechtlichen Klage notwendig machen könnte, liegt in der Ausgestaltung, die die jeweilige Verordnung an die Voraussetzung eines grenzüberschreitenden Bezugs stellt.

1. Auslandsbezug in der EuInsVO

Im Rahmen der unter die EuInsVO fallenden Annexverfahren gestaltet sich der Umgang mit dieser Voraussetzung teils schwierig, was insbesondere an zwei Gründen liegt. Erstens hängt die Anwendung des Art. 6 EuInsVO für insolvenzrechtliche Klagen mit der generellen Anwendbarkeit der EuInsVO auf das Insolvenzverfahren zusammen. Um diese Anwendbarkeit bejahen zu können, stellt sich daher im Rahmen der Eröffnung des Insolvenzverfahrens selbst die Frage, welche Art eines grenzüberschreitenden Bezugs erforderlich ist. Wird der entsprechende notwendige grenzüberschreitende Bezug nicht erfüllt, kann mangels Anwendbarkeit der EuInsVO auch Art. 6 EuInsVO nicht eingreifen und es ist für die Entscheidung der Einzelklage auf nationale Rechtssysteme zurückzugreifen. Zweitens stellt sich auch konkret für die streitige Einzelklage die Frage, inwiefern diese eines eigenen grenzüberschreitenden Bezugs bedarf.

---

für Annexklagen fest – und könnte daher seitens eines angerufenen unzuständigen Gerichts an und für sich schnell verneint werden –, besteht ungeachtet dessen die Schwierigkeit, die erhobene Klage überhaupt dem insolvenzrechtlichen Bereich zuzuordnen. Erst wenn die Qualifikation feststeht kann Art. 6 Abs. 1 EuInsVO eingreifen und die internationale Zuständigkeit an den Staat der Insolvenzverfahrenseröffnung binden.

192 Zu möglichen Lösungswegen siehe I. Problempunkt: Torpedoklagen, S. 241.

a. Grenzüberschreitender Bezug im Rahmen des Insolvenzverfahrens

Die EuInsVO selbst sieht einen grenzüberschreitenden Bezug nicht ausdrücklich vor, sogar Art. 3 Abs. 1 EuInsVO setzt seinem strengen Wortlaut nach überhaupt keinen Auslandsbezug voraus.[193] Dass die EuInsVO jedoch nicht in dieser Weise verstanden werden soll, gar kann, lässt sich einfach begründen. Verzichtet man vollständig auf die Notwendigkeit eines grenzüberschreitenden Bezugs, entstünde ein europäisches Regelwerk, welches das nationale Insolvenzrecht der einzelnen EU-Mitgliedstaaten nicht nur selbst regeln und ergänzen, sondern dieses aufgrund des grundsätzlichen Anwendungsvorrangs des EU-Rechts in seinem Regelungsinhalt verdrängen würde.[194] Dies kann weder Ziel des Verordnungsgebers gewesen sein noch bestünde hierfür eine Kompetenz der EU. Ausweislich der Verordnung selbst stützt sich diese insbesondere auf Art. 81 AEUV, der jedoch explizit von einem grenzüberschreitenden Bezug spricht.

Im Gegensatz zum Staat des COMI, welcher unzweifelhaft ein Mitgliedstaat der EU sein muss, ist es jedoch nicht eindeutig zu bestimmen, aus dem Verhältnis zu welchem anderen Staat der grenzüberschreitende Bezug herrühren muss. Strittig ist, ob Art. 3 Abs. 1 EuInsVO einen sogenannten „qualifizierten Gemeinschaftsbezug" voraussetzt oder auch einen nur einfachen Auslandsbezug ausreichen lässt.[195] Während ersterer sich daraus ergibt, dass neben dem Mitgliedstaat, in dem der COMI liegt, ein weiterer Mitgliedstaat involviert ist, reicht für letzteren der Bezug des Verfahrens zu überhaupt irgendeinem anderen Staat als dem, der den COMI beheimatet – ob Mitgliedstaat der EU oder nicht ist hierbei irrelevant.[196] Geht man vom Erfordernis eines qualifizierten und daher zwingend mitgliedstaatlichen Auslandsbezugs aus, so ist Art. 3 Abs. 1 EuInsVO in einer Konstellation mit bloßem Drittstaatenbezug unanwendbar; die internationale Zuständigkeit bestimmt sich sodann, trotz COMI im europäischen

---

193 Vgl. High Court of Justice v. 07.02.2003, [2003] EWHC (Ch) 128 Rn. 24 mit Anm. *Herchen,* ZInsO 2003, 742, 743.

194 *Herchen,* ZInsO 2003, 742, 745.

195 Haß/Huber/Gruber/Heiderhoff/*Huber* Kap. I IV. Rn. 17; DKDC/*Duursma-Kepplinger* Art. 1 EuInsVO Rn. 6 ff.; Nerlich/Römermann/*Nerlich/Hübler* (34. EL) Vorbem. EuInsVO a.F. Rn. 35 f.

196 Nerlich/Römermann/*Nerlich/Hübler* (34. EL) Vorbem. EuInsVO a.F. Rn. 35 f.; für ersteres sprechen sich wohl aus *Leible/Staudinger*, KTS 2000, 533, 538; *Eidenmüller,* IPRax 2001, 2, 5; *Becker,* ZEuP 2002, 287, 292. Nicht geregelt wird sodann jedoch die Wirkung des eröffneten europäischen Insolvenzverfahrens im außereuropäischen Ausland, *Leible/Staudinger*, KTS 2000, 533, 539 sowie *Virgós/Schmit*, Erläuternder Bericht Rn. 11.

Raum, nach nationalem internationalem Insolvenzrecht.[197] Mangels Anwendbarkeit von Art. 3 Abs. 1 EuInsVO ist in der Konsequenz auch Art. 6 EuInsVO für Annexverfahren gesperrt.

Anders sieht es aus lässt man jeglichen Auslandsbezug des Schuldners ausreichen: Art. 3 Abs. 1 EuInsVO und damit verbunden Art. 6 EuInsVO kommen sodann zur Anwendung.

Da sich dem Wortlaut von Art. 3 Abs. 1 EuInsVO selbst keinerlei Hinweise zur genauen Reichweite des Auslandsbezugs entnehmen lassen, ist auf andere Anhaltspunkte zur Beantwortung dieser Frage zurückzugreifen.

i. Qualifizierter Gemeinschaftsbezug

Wird ein qualifizierter Gemeinschaftsbezug gefordert, so wird dies insbesondere auf Sinn und Zweck der EuInsVO gestützt.[198] Die Verordnung dient dazu, ein reibungsloses Funktionieren des Binnenmarkts zu unterstützen, was durch eine möglichst hohe Effektivität und Wirksamkeit grenzüberschreitender Insolvenzverfahren erreicht werden soll.[199] Ausdrücklich spricht die Verordnung hierbei vom Binnenmarkt der EU, also gerade deren internen und nicht eines örtlich über die Grenzen der EU hinausgehenden weiteren Markts.[200] Die Verordnung gilt nur gegenüber den Mitgliedstaaten und kann daher auch nur gegenüber diesen auf die Effektivität grenzüberschreitender Insolvenzen Einfluss nehmen; die mit ihrer Wirkung verbundenen Vorteile kommen bei einem bloß drittstaatlichen Bezug nicht zum Tragen.[201] Auch den Erwägungsgründen der EuInsVO entnimmt diese Ansicht Argumente für das Erfordernis eines qualifizierten Gemeinschaftsbezugs.[202]

---

197 Vgl. Nerlich/Römermann/*Nerlich/Hübler* (34. EL) Vorbem. EuInsVO a.F. Rn. 39.

198 *Arts*, IPRax 2014, 390, 392; DKDC/*Duursma-Kepplinger* Art. 1 EuInsVO Rn. 8; Nerlich/Römermann/*Nerlich/Hübler* (34. EL) Vorbem. EuInsVO a.F. Rn. 43; MüKo BGB/*Kindler* Art. 1 EuInsVO Rn. 28 f.

199 Vgl. Erw.Gr. 3 EuInsVO; auch *Fritz/Bähr*, DZWIR 2001, 221, 221.

200 Vgl. hinsichtlich dieses Arguments auch Nerlich/Römermann/*Nerlich/Hübler* (34. EL) Vorbem. EuInsVO a.F. Rn. 39; vgl. auch *Herchen*, ZInsO 2003, 742, 746.

201 Haß/Huber/Gruber/Heiderhoff/*Huber* Kap. I IV. Rn. 18; vgl. auch DKDC/*Duursma-Kepplinger* EuInsVO Art. 1 Rn. 8.

202 Der Formulierung des vierten Erwägungsgrunds wird entnommen, dass der Verordnungsgeber die Effektivität des Binnenmarkts gerade durch solche Geschäftstätigkeiten als möglicherweise gefährdet oder gar bereits gestört ansieht, die den Regelungen des Unionsrechts unterliegen. Geschäftstätigkeiten mit reinem Drittstaatenbezug werden von dieser Formulierung und daher der EuInsVO generell nicht erfasst, denn in diesen Fällen ist der Zweck der EuInsVO, die Effektivität des europäischen Binnenmarkts

ii. Drittstaatlicher Bezug

Die Bejahung eines bloßen drittstaatlichen Bezugs als ausreichenden grenzüberschreitenden Zusammenhang scheitert nicht an einer fehlenden Kompetenz der Europäischen Union, die sich aus Art. 81 AEUV ergibt.[203] Konkret wird die EuInsVO hierbei – auch wenn dies nicht aus der Verordnung selbst hervorgeht – auf Art. 81 Abs. 2 lit. a), c) und f) AEUV gestützt.[204] Art. 81 Abs. 2 AEUV gibt dem Europäischen Parlament und dem Rat hierbei die Kompetenz, die in Abs. 1 genannte Aufgabe der Union verwirklichen zu können.[205] Die Kompetenzen dieser EU-Organe werden insoweit eingegrenzt, als dass sie nur im Fall eines nach Abs. 1 vorliegenden grenzüberschreitenden Bezugs bestehen.[206] Wie genau dieser grenzüberschreitende Bezug zu verstehen ist, ist dahingehend umstritten, ob ein unmittelbarer Auslandsbezug des Rechtssetzungsakts erforderlich ist oder ob die bloße Tatsache genügt, dass jeder Titel potenziell grenzüberschreitend vollstreckt werden kann.[207] Unabhängig von dieser Problematik, schließt Art. 81 Abs. 1 AEUV jedoch nicht aus, dass auch das Verhältnis zu einem Drittstaat einen grenzüberschreitenden Bezug in diesem Sinne darstellen kann.[208] Auch die einzelnen Kompetenztitel des Art. 81 Abs. 2 AEUV erfordern selbst keinen strengeren Maßstab im Sinne eines zwingenden EU-internen grenzüberschreitenden Bezugs.

Wenn nicht aus Art. 3 EuInsVO selbst und der dahinterstehenden Kompetenz aus Art. 81 AEUV, scheint sich ein qualifizierter Gemeinschaftsbezug unter Beachtung von Art. 2 Nr. 12 EuInsVO zu ergeben, der den Begriff der ausländischen Gläubiger lediglich auf EU-ausländische Gläubiger erstreckt. Der Auslandsbegriff innerhalb der EuInsVO scheint also ein enger zu sein. Hierin fügt sich auch Erwägungsgrund 64 ein, der die Bedeutung der Information über die Verfahrenseröffnung gerade nur hinsichtlich derartiger Gläubiger statuiert, die ihren gewöhnlichen Aufenthalt, Wohnsitz oder Sitz in der Union haben. Die

---

zu fördern, unerreichbar. Vgl. so noch für die alte Fassung der EuInsVO: Nerlich/Römermann/*Nerlich/Hübler* Vorbem. EuInsVO Rn. 43.

203 Vgl. Verordnung (EU) 2015/848 v. 20.05.2015 (EuInsVO); vgl. *Herchen,* ZInsO 2003, 742, 746; Nerlich/Römermann/*Nerlich/Hübler* Vorbem. EuInsVO Rn. 46.

204 European Commission, Revision of Regulation (EC) No 1346/2000 on insolvency proceedings, S. 29; Europäische Kommission Begleitunterlagen zum Vorschlag zur Änderung der Verordnung (EG) Nr. 1346/2000 des Rates über Insolvenzverfahren, S. 8.

205 Calliess/Ruffert/*Rossi* Art. 81 AEUV Rn. 10.

206 Calliess/Ruffert/*Rossi* Art. 81 AEUV Rn. 11.

207 Ausführlich hierzu Grabitz/Hilf/Nettesheim/*Hess* Art. 81 AEUV Rn. 26 ff.

208 Grabitz/Hilf/Nettesheim/*Hess* Art. 81 AEUV Rn. 30.

Information auch drittstaatlicher Gläubiger findet mit keinem Wort eine Erwähnung. Anders sieht es mit Blick auf Erwägungsgrund 34 aus, wonach allen Gläubigern ein wirksamer Rechtsbehelf gegen die Insolvenzeröffnungsentscheidung zustehen soll, wobei der Wortlaut keine Unterscheidung zwischen inner- und außereuropäischen Gläubigern macht. Dies allein entkräftet jedoch nicht die voranstehende Argumentation für einen qualifizierten Gemeinschaftsbezug. Zwar sind die, den zwingenden Rechtsvorschriften vorangestellten, Erwägungsgründe einer Verordnung keinesfalls zu übergehen, allerdings entfalten diese im Gegensatz zu den ihnen nachfolgenden rechtlichen Bestimmungen keine zwingende Rechtswirkung,[209] sondern sind vielmehr eher deklaratorischer Natur und dienen insbesondere als Hilfsmittel für die teleologische Auslegung der bindenden Bestimmungen.[210] Unter Beachtung dieses Gesichtspunkts, stünde der neue Erwägungsgrund 34 einem engen räumlichen Anwendungsbereich der EuInsVO, wie ihn Art. 2 Nr. 12 EuInsVO durch seine Definition anklingen lässt, nicht entgegen.

Diese Argumentation kann jedoch entkräftet werden. Die Verordnung selbst ist nicht einheitlich gestaltet was ihre Bezugnahme auf die Verbindung zu anderen Mitgliedstaaten angeht. Während beispielsweise die Art. 8 Abs. 1, 10 Abs. 1 und Abs. 2 und Art. 54 Abs. 1 in Verbindung mit Art. 2 Nr. 12 EuInsVO ausdrücklich den Zusammenhang zu einem anderen Mitgliedstaat beinhalten, lässt sich eine derartige Verbindung in anderen Normen – beispielhaft genannt seien Art. 9 Abs. 1 und Art. 17 EuInsVO[211] – nicht finden. Wenn aber die EuInsVO

---

209 Vgl. für den Fall einer Richtlinie die Ansicht des Königreichs Niederlande in EuGH GA *Bot*, Schlussantrag v. 19.01.2012 – C-508/10, BeckRS 2012, 80099 Rn. 20.

210 *Heinze* in FS Kropholler, S. 105, 111; vgl. Calliess/Ruffert/*Wegener* Art. 19 EUV Rn. 15 f.; vgl. auch *Potacs*, EuR 2009, 465, 474, der, zwar konkret bezogen auf die Präambel des EGV, diese ebenfalls als für die Auslegung des Gemeinschaftsrechts nicht unbedeutend ansieht und auch gerade die Möglichkeit aufzeigt, die Präambel als eine rechtlich nicht verbindliche, sondern bloß politische Absichtserklärung zu sehen. Hinsichtlich der Präambel einer Richtlinie bzgl. Humanarzneimittel äußert sich der EuGH, diese sei nicht rechtlich verbindlich, weshalb auf keine Abweichung von den verbindlichen Bestimmungen des jeweiligen Rechtsakts auf ihrer Basis möglich ist, ebenso wenig wie die Präambel zur Auslegung einer Bestimmung entgegen deren Wortlaut herangezogen werden kann, vgl. EuGH v. 28.06.2012 – C-7/11 (*Caronna*) BeckEuRS 2012, 680626 Rn. 40. Dem Umkehrschluss dieser Aussage nach versagt es der EuGH jedoch nicht grundsätzlich, die Präambel als Auslegungshilfe zu Rate zu ziehen. Allein wenn dies nicht mit dem Wortlaut der auszulegenden Bestimmung konform geht, scheidet ein Rückgriff auf die Präambel aus.

211 Diese sprechen entweder nur generell vom „maßgeblichen Recht" (Art. 9 Abs. 1 EuInsVO) oder „dem Recht des Staats, in dessen Hoheitsgebiet sich dieser unbewegliche

so oder so nur im Fall eines qualifizierten Auslandsbezugs, also des Bezugs zu einem anderen Mitgliedstaat, Anwendung finden kann, wieso regelt sie dann in manchen ihrer Normen gerade diesen Bezug zu einem anderen Mitgliedstaat als dem Eröffnungsstaat noch ein zweites Mal? Eine Formulierung wie in den Art. 8 Abs. 1, 10 Abs. 1 und Abs. 2 und Art. 54 Abs. 1 in Verbindung mit Art. 2 Nr. 12 EuInsVO wäre überflüssig. Mit dem Hinzufügen eines mitgliedstaatlichen Bezugs zu nur manchen Normen kann im Umkehrschluss gefolgert werden, dass auch gerade nur diese Normen das Vorliegen eines qualifizierten Auslandsbezugs fordern, die Verordnung an sich aber bei jedwedem Auslandsbezug zur Anwendung kommen kann.[212]

Überzeugen kann auch der Umkehrschluss aus einer weiteren Norm. Art. 85 Abs. 3 lit. a) EuInsVO bestimmt, dass die EuInsVO dann nicht gilt, soweit dies unvereinbar mit einer Übereinkunft zwischen dem betroffenen Mitgliedstaat und einem Drittstaat ist. Der Umkehrschluss, der sich hieraus ziehen lässt, spricht für eine grundsätzliche Anwendbarkeit der EuInsVO in Sachverhalten mit bloßem Drittstaatenbezug:[213] Nur soweit eine spezielle Übereinkunft mit einem Drittstaat entgegensteht, findet die EuInsVO keine Anwendung. Gehen die Regelungen der EuInsVO jedoch mit denen des Übereinkommens konform, so spricht Art. 85 Abs. 3 lit. a) EuInsVO gerade nicht gegen eine Anwendbarkeit der EuInsVO. Diese Argumentation wird auch durch die Wortwahl des Verordnungsgebers unterstützt. Nur „soweit"[214] eine Unvereinbarkeit vorliegt, findet

Gegenstand befindet oder unter dessen Aufsicht Register geführt wird", wobei weder hinsichtlich des angesprochenen Hoheitsgebiets noch hinsichtlich des Registers eine Eingrenzung auf europäische Mitgliedstaaten erfolgt (Art. 17 EuInsVO).

212 Vgl. *Herchen,* ZInsO 2003, 742, 745.

213 EuGH v. 16.01.2014 – C-328/12 (*Schmid/Hertel*), NJW 2014, 610, 611 Rn. 23; so auch *Herchen,* ZInsO 2003, 742, 746.
Vgl. *Eidenmüller,* IPRax 2001, 2, 5. Dieser stellt sich jedoch eigentlich gegen diese Sichtweise mit der Argumentation, dass die Übereinkünfte mit Drittstaaten zusätzlich noch weitere Mitgliedstaaten mit einbeziehen könnten und sodann der gezogene Umkehrschluss nicht zwingend sein muss, *Eidenmüller,* IPRax 2001, 2, 5. Dem ist jedoch entgegen zu setzen, dass der Verordnungsgeber, hätte er unter den Übereinkünften im Sinne des Art. 85 Abs 3 lit. a) EuInsVO Übereinkünfte zwischen einem Drittstaat und mehreren Mitgliedstaaten verstanden, dies auch entsprechend in der Norm formuliert hätte. Die Lesart der Norm wie sie in Kraft getreten ist deutet jedoch mehr darauf hin, dass hiermit tatsächlich nur Übereinkünfte gemeint sind, die auf der einen Seite einen oder mehrere Drittstaaten stehen haben, auf der anderen Seite jedoch gerade nur einen Mitgliedstaat.

214 Ebenso in anderen Sprachfassungen: Englisch: „to the extent"; Französisch: „dans la mesure". Unglücklich der spanische Wortlaut mit „cuando". Im Vergleich mit der

die EuInsVO keine Anwendung. In Bereichen, in denen diese gerade nicht vorliegt, kommt das Europäische Insolvenzrecht auch bzgl. Drittstaatensachverhalten zum Zug.

Daneben sprechen die Ziele und Aufgaben der Europäischen Union, die Verwirklichung bzw. die Garantie eines funktionierenden Binnenmarkts, Art. 26 Abs. 1 AEUV, für einen weit zu verstehenden Auslandsbezug, welcher nicht isoliert betrachtet werden darf. Der europäische Binnenmarkt ist vielmehr in ein weitaus größeres, weltweites System unterschiedlicher Märkte eingegliedert und wird entsprechend auch, durch auf diesen auftretende Geschehnisse, von außen beeinflusst.[215] Charakteristisch für einen Binnenmarkt ist eine Vielzahl autonomer Wirtschaftssysteme, die jedoch nicht unabhängig nebeneinander stehen, sondern durch das Bestehen eines internationalen Handels derart miteinander verflochten sind, dass tatsächliche sowie rechtliche Prozesse eines einzelnen Systems, das miteinander verbundene Gesamtsystem zu beeinflussen vermögen.[216] Im Kleinen betrachtet stellt zwar bereits der europäische Binnenmarkt ein solches Gesamtsystem dar, das sich aus den einzelnen Volkswirtschaften der jeweiligen EU-Mitgliedstaaten zusammensetzt. Tritt man jedoch einen Schritt zurück und erweitert seinen Blickwinkel, so stellt auch der europäische Binnenmarkt nichts Weiteres als ein Teilsystem dar, welches in einem global verzweigten Netzwerk einer Vielzahl weiterer Wirtschaftssysteme integriert ist. Folgerichtig werden die Effektivität des Binnenmarkts und dessen generelles Funktionieren nicht nur durch rein innereuropäische Vorgänge geprägt, sondern auch von außen durch Drittstaaten beeinflusst. Um das Ziel der EuInsVO bestmöglich zu fördern, kann es daher nicht Sinn und Zweck der Verordnung sein, ihren Geltungsbereich lediglich auf das Gebiet der EU-Mitgliedstaaten zu begrenzen.

Auch ein ganz praktisches Problem spricht für dieses Verständnis. Steht die Entscheidung an, ob ein Insolvenzverfahren eröffnet werden soll und mit dieser Frage auch diejenige der Anwendbarkeit der EuInsVO, werden nicht bereits jegliche Rechtsverbindungen des Insolvenzschuldners vollständig offengelegt sein. Somit ist die Art des grenzüberschreitenden Bezugs des in Frage stehenden Insolvenzfalls im Zeitpunkt der Verfahrenseröffnung noch nicht abschließend zu klären. Zeigen sich zu diesem Zeitpunkt womöglich nur drittstaatliche Verbindungen, würde beim Erfordernis eines qualifizierten Auslandsbezugs die

---

deutschen Fassung wird „cuando" sowohl im Sinne eines „soweit" (Art. 85 Abs. lit. a) EuInsVO) als auch im Sinne eines „wenn" (Art. 9 Abs. 1 EuInsVO) genutzt.

215 Vgl. *Arts,* IPRax 2014, 390, 393.

216 *Arts,* IPRax 2014, 390, 393.

Anwendung der EuInsVO abgelehnt, auch wenn tatsächlich innergemeinschaftliche Bezüge bestehen, diese jedoch lediglich noch nicht offen zu Tage getreten sind und sich erst im weiteren Verlauf des Verfahrens zeigen, womit sodann eigentlich nachträglich der Anwendungsbereich der EuInsVO eröffnet wäre. Folge einer Nichtanwendung der EuInsVO wäre sodann, dass die automatische Anerkennung der Verfahrenseröffnung gem. Art. 19 f. EuInsVO und mit ihr eine masseschützende Wirkung verloren gehen würde.[217] Gerade jedoch der Schutz der Insolvenzmasse ist für die gerechte Durchführung eines Insolvenzverfahrens, als Teil eines funktionierenden Binnenmarkts, maßgeblich.[218] Um dieser Problematik zu entgehen sollte die Anwendbarkeit der EuInsVO nicht an einem zu engen Auslandsbezug gemessen und bereits die Verbindung des Insolvenzfalls zu einem Drittstaat als ausreichend angesehen werden.[219]

iii. Folgen eines weiten Auslandsbezugs und Meinung des EuGH

Durch die Anwendung eines weiten grenzüberschreitenden Bezugs werden drittstaatliche Beteiligte nicht vollkommen schutzlos gestellt. Nur weil die internationale Zuständigkeit über die Entscheidung einer Streitfrage besteht, heißt das im Verhältnis zum Drittstaat nicht automatisch, dass hieraus eine Durchsetzungsmöglichkeit erwächst.[220] Die Zusammenschau von Art. 19 Abs. 1 Unterabs. 1 und Art. 32 Abs. 1 EuInsVO bezieht sich lediglich auf die automatische Anerkennung und Vollstreckbarkeit innerhalb der verschiedenen Mitgliedstaaten. Dieser Automatismus besteht nicht gegenüber Drittstaaten.

Das hier vertretene Ergebnis wird überdies so auch von Seiten des EuGH untermauert. Mit seiner Entscheidung aus dem Jahr 2014[221] erteilte der EuGH dem Erfordernis des qualifizierten Gemeinschaftsbezugs eine eindeutige Absage.[222] In der Sache hatte sich der EuGH mit der Auslegung des Art. 3 Abs. 1 EuInsVO a.F. zu befassen. Nach Vorlage seitens des BGH[223] stand die bis dato strittige Frage im Raum, ob Art. 3 Abs. 1 EuInsVO a.F. auch eingreife und sich die internationale Gerichtszuständigkeit eines Annexverfahrens entsprechend

217 *Herchen*, ZInsO 2003, 742, 746.

218 Vgl. *Herchen*, ZInsO 2003, 742, 746.

219 *Herchen*, ZInsO 2003, 742, 744, 746 f.

220 *Schulz*, NZG 2015, 146, 148;

221 EuGH v. 16.01.2014 – C-328/12 (*Schmid/Hertel*), NJW 2014, 610.

222 EuGH v. 16.01.2014 – C-328/12 (*Schmid/Hertel*), NJW 2014, 610, 611 insb. Rn. 29. Diese Rechtsprechung abermals bestätigend in EuGH v. 04.12.2014 – C-295/13, NZI 2015, 88, 91 Rn. 34.

223 BGH v. 21.06.2012 – IX ZR 2/12, WM 2012, 1449.

nach derjenigen des Eröffnungsstaats richtet, wenn sich ein grenzüberschreitender Bezug lediglich aus dem Verhältnis zu einem Drittstaat ergibt. Konkret ging es hierbei um eine Insolvenzanfechtungsklage im Rahmen eines in Deutschland eröffneten Insolvenzverfahrens, wobei die Anfechtungsgegnerin ihren Wohnsitz mit der Schweiz in einem Drittstaat hatte. Dass eine derartige Annexklage auch sachlich überhaupt in den Anwendungsbereich der EuInsVO falle und nicht unter die EUGVVO zu subsumieren sei, bestätigte der EuGH in diesem Urteil mit Hinweis auf seine dahingehend wegweisende *Deko Marty*-Entscheidung[224] aus dem Jahr 2009, auf die im späteren Verlauf der Arbeit noch genauer eingegangen wird.[225] Vorliegend ist nun aber entscheidend, wie der EuGH mit der Anwendungsvoraussetzung des grenzüberschreitenden Bezugs umgeht. Er führt hierbei mehrere Argumente an, die gerade gegen das Erfordernis eines qualifizierten Gemeinschaftsbezugs sprechen. So sei schon dem Wortlaut der Verordnung keine derartig strenge Voraussetzung für das Vorliegen eines grenzüberschreitenden Bezugs zu entnehmen.[226] Vielmehr nimmt Art. 1 EuInsVO a.F., der Ausgangspunkt für die Frage nach der Anwendbarkeit der Verordnung sein muss, keinerlei Einschränkungen zum räumlichen Bezug der Insolvenzverfahren vor.[227] Allein unter Beachtung dessen Wortlauts werden jegliche Insolvenzverfahren als Gesamtverfahren vom Geltungsbereich der Verordnung erfasst. Eingegrenzt wird dies sodann zum einen über Art. 81 AEUV, welcher der Europäischen Union nur für Sachverhalte mit grenzüberschreitendem Bezug als Kompetenzgrundlage dient und somit rein innerstaatliche Sachverhalte aus europäischen Regelungswerken ausschließt, zum anderen über Art. 3 Abs. 1 EuInsVO a.F., der über den Weg der internationalen Zuständigkeit die Anwendbarkeit der EuInsVO dahingehend einschränkt, dass nur solche Insolvenzverfahren von der Verordnung erfasst werden, bei denen der COMI des Schuldners in einem der EU-Mitgliedstaaten liegt.[228]

Auch wenn dieser Gedanke in dem Urteil aus dem Jahre 2014 nicht ausdrücklich zu erkennen ist, so lässt sich der Argumentation des EuGH nichtsdestotrotz ein Verständnis in diese Richtung entnehmen, wenn er anführt, die aus den Erwägungsgründen zu entnehmenden Ziele der Verordnung sprächen nicht

---

224 EuGH v. 12.02.2009 – C-339/07 (*Deko Marty*), NJW 2009, 2189.

225 4. Von der Deko Marty-Entscheidung bis zur Neufassung der EuInsVO, S. 141.

226 EuGH v. 16.01.2014 – C-328/12 (*Schmid/Hertel*), NJW 2014, 610, 611 Rn. 20.

227 EuGH v. 16.01.2014 – C-328/12 (*Schmid/Hertel*), NJW 2014, 610, 611 Rn. 21; EuGH GA *Sharpston*, Schlussantrag v. 10.09.2013 – C-328/12, NZI 2013, 947, 947 Rn. 25; *Arts*, IPRax 2014, 390, 391.

228 Ausführlicher vgl. *Arts*, IPRax 2014, 390, 391.

für eine enge Auslegung des Anwendungsbereichs und somit für das Erfordernis eines qualifizierten Gemeinschaftsbezugs.[229] Wenn es in Erwägungsgrund 12 a.F. bzw. 23 n.F. zudem heißt, das Verfahren sei eines mit universaler Geltung, dessen Ziel die Erfassung des gesamten Schuldnervermögens darstelle, sieht der EuGH hierin keine Beschränkung auf rein mitgliedstaatliche Beziehungen und spricht sich für die Erfassung jeglicher grenzüberschreitender Sachverhalte aus.[230] Dies ergibt sich nach seiner Ansicht auch aus der Natur der Sache, was als Hinweis auf die zuvor angeführte Eingliederung des Binnenmarkts in ein globales Wirtschaftssystem gesehen werden kann.[231] Ferner erscheint dem EuGH der Gedanke drittstaatlicher Beeinflussung des europäischen Binnenmarkts auch dahingehend nicht fremd, als dass er bereits vor dem hier maßgeblichen Urteil im Rahmen der Beurteilung des EuGVÜ[232] einen ausreichenden Auslandsbezug bei Einbeziehung eines EU-Mitgliedstaats und eines Drittstaats gesehen hat.[233] Zur Anwendbarkeit der EuInsVO bedarf es folglich keines qualifizierten Gemeinschaftsbezugs. Auch ein bloß drittstaatlicher Bezug ist ausreichend.

b. Grenzüberschreitender Bezug im Rahmen des Annexverfahrens

Auch wenn die Eröffnung eines Insolvenzverfahrens auf Basis der EuInsVO unstreitig zumindest irgendeines grenzüberschreitenden Sachverhalts bedarf, kann dieselbe Aussage in Bezug auf Annexverfahren nicht ohne weiteres wiederholt werden. Aus Art. 6 Abs. 1 EuInsVO selbst – wie allerdings auch aus Art. 3 Abs. 1 EuInsVO – ergibt sich kein Erfordernis eines grenzüberschreitenden Bezugs. Fraglich ist hier generell, ob ein solcher überhaupt noch benötigt wird oder ob vielmehr auch solche Klagen unter Art. 6 Abs. 1 EuInsVO fallen, deren beteiligte Parteien beide im selben Staat ansässig sind.

Art. 6 Abs. 1 EuInsVO setzt keinen grenzüberschreitenden Bezug voraus. Allerdings zeigte sich schon bereits im Rahmen der Betrachtung von Art. 3 Abs. 1 EuInsVO, dass ein solcher auch ohne konkreten Anhaltspunkt im Normtext erforderlich sein kann.[234] Ferner könnte sich aus dem Verhältnis von Art. 6

---

229 EuGH v. 16.01.2014 – C-328/12 (*Schmid/Hertel*), NJW 2014, 610, 611 Rn. 24.

230 EuGH v. 16.01.2014 – C-328/12 (*Schmid/Hertel*), NJW 2014, 610, 611 Rn. 25.

231 Vgl. EuGH v. 16.01.2014 – C-328/12 (*Schmid/Hertel*), NJW 2014, 610, 611 Rn. 25.

232 Übereinkommen über die gerichtliche Zuständigkeit und die Vollstreckung gerichtlicher Entscheidungen in Zivil- und Handelssachen v. 27.09.1968 (72/454/EWG).

233 EuGH v. 13.07.2000 – C-412/98, NJW 2000, 3121, 3122 Rn. 42, 47; EuGH v. 01.03.2005 – C-281/02, EuZW 2005, 345, 347 Rn. 26; *Schulz*, EuZW 2014, 264, 265; *Ders.*, EuZW 2015, 432, 433.

234 a. Grenzüberschreitender Bezug im Rahmen des Insolvenzverfahrens, S. 72.

und Art. 3 EuInsVO ein Verzicht auf einen eigenen grenzüberschreitenden Bezug des Annexverfahrens ergeben. Art. 6 EuInsVO bindet sich aufgrund seines Verweises im ersten Absatz an die nach Art. 3 EuInsVO festgestellte Zuständigkeit und damit auch an dessen Anwendungsvoraussetzungen. Was einmal im Rahmen der Prüfung von Art. 3 EuInsVO ermittelt wurde, gilt mithin auch für Art. 6 EuInsVO ohne weitere Nachprüfungspflicht seitens des zur Entscheidung über die Annexklage angerufenen Gerichts. Besteht im Rahmen des Art. 3 EuInsVO der maßgebliche Auslandsbezug, ist ein weiteres Erfordernis des grenzüberschreitenden Bezugs für Art. 6 EuInsVO nicht mehr notwendig. Auch bei rein nationalen Annexverfahren führt die Verweisung auf Art. 3 EuInsVO damit zur Anwendbarkeit der EuInsVO im Ganzen und daher auch des Art. 6 EuInsVO. Ein derartiges Ergebnis unterstützt zudem das der EuInsVO zugrundeliegende Ziel. Diese will grenzüberschreitende Insolvenzverfahren effizienter machen und besser koordinieren.[235] Hierzu gehört auch die einheitliche Durchführung eines Insolvenzverfahrens. Um diese zu fördern, sollten insolvenzrechtliche Einzelklagen unabhängig von einem grenzüberschreitenden Bezug unter Art. 6 EuIsnVO fallen. Hierdurch wird eine automatische Anerkennung gem. Art. 19 Abs. 1 Unterabs. 2 und 1 EuInsVO in allen Mitgliedstaaten erwirkt und es kommt gerade nicht darauf an, wie die Anerkennung einer Entscheidung außerhalb der EuInsVO nach nationalen Regelungen abzulaufen hätte. Eine europaweite Rechtssicherheit wird damit gestärkt. Ein eigener grenzüberschreitender Bezug des Annexverfahrens wäre somit nicht von Nöten.

Es finden sich jedoch auch Argumente, die für das genau gegenteilige Ergebnis sprechen. Zunächst stellt sich die Frage, ob der europäische Verordnungsgeber überhaupt die Kompetenz hätte, rein nationale Annexverfahren mit einer Subsumtion unter Art. 6 EuInsVO zu regeln. Die Kompetenzgrundlage zum Erlass der EuInsVO bildet ausweislich der Verordnung insbesondere Art. 81 AEUV. Dieser allerdings spricht ausdrücklich vom Erfordernis eines grenzüberschreitenden Bezugs. Bei rein national gelagerten Streitigkeiten würde es hieran gerade fehlen und der Europäischen Union keine Regelungskompetenz zustehen. Zwar könnte man argumentieren, dass das Annexverfahren eben gerade nur ein Anhängsel des eigentlichen Insolvenzverfahrens – welches das Erfordernis des Auslandsbezugs erfüllt – darstellt und daher nicht selbst das notwendige Kompetenzerfordernis erfüllen muss. Hierbei ließe man jedoch außer Acht, dass das Annexverfahren trotz seines Namens ein eigenständiges Verfahren darstellt und eben gerade nicht nur ein bloßes Anhängsel des Insolvenzverfahrens ist.

235 Erw.Gr. 3, 4 EuInsVO.

Damit bedürfte auch das Annexverfahren selbst eines grenzüberschreitenden Bezugs. Hierfür spricht ferner, dass die EuInsVO eben gerade auch aufgrund ihrer Kompetenzgrundlage generell nur für grenzüberschreitende Verfahren erlassen worden ist.[236] Allerdings bildet den Schwerpunkt der EuInsVO das eigentliche Insolvenzverfahren, nicht das Annexverfahren. Wenn die EuInsVO also von grenzüberschreitenden Verfahren spricht und damit die Voraussetzung des Art. 81 AEUV erfüllen will, dann spricht sie hiervon im Rahmen des Insolvenz- nicht des Annexverfahrens. Entgegen einem eher restriktiven Verständnis seitens Kommission, Parlament und Rat[237] ist die Voraussetzung des grenzüberschreitenden Bezugs in Art. 81 AEUV zudem großzügig auszulegen.[238] Aufgrund der Bedingungen für die Einordnung eines Einzelverfahrens als insolvenzrechtlich wird diese Voraussetzung erfüllt, denn ein Annexverfahren im Sinne der EuInsVO kann nur dann als gegeben bejaht werden, wenn es einen unmittelbaren Bezug zur Insolvenzmasse aufweist.[239] Hierdurch wirkt sich die Entscheidung im Annexverfahren folglich immer auch unmittelbar auf die Gläubiger des Insolvenzschuldners und das Insolvenzverfahren als solches aus. Letzteres wiederum erfüllt ohne Zweifel die Anforderungen eines Auslandsbezugs, wäre ansonsten die EuInsVO schon gar nicht das einschlägige Regelwerk. Durch diese enge Verbindung von Insolvenz- und Annexverfahren lässt sich auch für letzteres der grenzüberschreitende Bezug bejahen.

Es ist somit festzuhalten, dass die EuInsVO auch dann für insolvenzrechtliche Einzelverfahren anzuwenden ist, wenn das Einzelverfahren selbst nur zwischen Parteien geführt wird, die im selben Mitgliedstaat ansässig sind.

2. Auslandsbezug in der EuGVVO

Auch die EuGVVO erfordert als Grundlage des Europäischen Zivilverfahrensrechts einen grenzüberschreitenden Bezug. Die strittige Frage, wie genau dieser grenzüberschreitende Bezug ausgestaltet sein muss, stellt sich hierbei aber nicht. Eine Differenzierung wie im Rahmen der EuInsVO entfällt.[240] Nach

236 Vgl. bspw. die Erw.Gr. 1 und 3 EuInsVO.

237 Vgl. Grabitz/Hilf/Nettesheim/*Hess* Art. 81 AEUV Rn. 27; vgl. bspw. auch Art. 3 Abs. 1 EuMVO oder Art. 3 Abs. 1 EuBagatellVO.

238 Vgl. EuGH v. 01.02.3005 – C-281/02, EuZW 2005, 345, 347 Rn. 34; vgl. Grabitz/Hilf/Nettesheim/*Hess* Art. 81 AEUV Rn. 28; Calliess/Ruffert/*Rossi* Art. 81 AEUV Rn. 12.

239 Vgl. hierzu genauer 2. Neuvorschlag, S. 150.

240 Vgl. EuGH v. 01.03.2005 – C-281/02, EuZW 2005, 345, 347 Rn. 26; EuGH v. 17.11.2011 – C-327/10, NJW 2012, 1199, 1200 Rn. 29 ff.; EuGH v. 19.12.2013 – C-9/12, EuZW 2014, 181, 182 Rn. 18, in der der EuGH in Bezug auf EuGH v. 17.11.2011 – C-327/10, NJW

der Grundnorm des Art. 4 Abs. 1 EuGVVO ist für die Anwendbarkeit der EuGVVO grundsätzlich der (Wohn-)Sitz des Beklagten entscheidend.[241] Dieser muss sich auf dem Gebiet eines EU-Mitgliedstaats befinden. Woher sodann der Kläger kommt ist irrelevant, solange ein Anknüpfungspunkt zum Hoheitsgebiet der Mitgliedstaaten besteht.[242] Ein bloßer drittstaatlicher Auslandsbezug ist damit ausreichend.[243]

III. Versagung der Anerkennung, insbesondere der ordre public-Vorbehalt

Die automatische Anerkennung von Einzelentscheidungen erfolgt im Fall einer insolvenzrechtlichen Qualifikation über Art. 31 Abs. 1 Unterabs. 2 i.V.m. Unterabs. 1 EuInsVO, im Fall einer nicht-insolvenzrechtlichen Qualifikation über Art. 36 Abs. 1 EuGVVO. Je nach Einordnung des Verfahrens halten die europäischen Verordnungen unterschiedliche Anerkennungsversagungsgründe zur Verfügung, die einer EU-ausländischen Entscheidung entgegengehalten werden können. Als wesentliche Grundnorm ist hierbei Art. 45 EuGVVO zu beachten, der inhaltlich größtenteils auf das Übereinkommen über die gerichtliche Zuständigkeit und die Vollstreckung gerichtlicher Entscheidungen in Zivil- und Handelssachen (EuGVÜ) von 1968 zurückgeht, konkret auf dessen Art. 27, und der als zentraler Ausgangspunkt und Vergleichsmaßstab für die Betrachtung anderer Anerkennungssysteme herangezogen werden sollte.[244] Auch die insolvenzrechtlichen Anerkennungsversagungsgründe sind somit am Maßstab von Art. 45 EuGVVO zu analysieren.[245] Dass dieser von gewichtiger Bedeutung ist lässt sich ferner durch die Rechtsprechung des EuGH verdeutlichen, der die Vorgängernorm des Art. 45 Abs. 1 lit. a) EuGVVO, Art. 27 Nr. 1 EuGVÜ, zur

---

2012, 1199 pauschal von einem Auslandsbezug ohne weitere Konkretisierung desselben spricht.

241 Erw.Gr. 13, 15 EuGVVO.

242 Erw.Gr. 13 EuGVVO; vgl. für die alte Fassung der EuGVVO Erw.Gr. 8 und *Piltz*, NJW 2002, 789, 790.

243 Musielak/Voit/*Stadler* Art. 4 EuGVVO Rn. 2; Saenger/*Dörner* Art. 4 EuGVVO Rn. 5; noch zum EuGVÜ, deren Art. 2 sich jedoch fast identisch zum Wortlaut des Art. 4 EuGVVO präsentiert und für diesen daher nichts anderes gelten kann, die folgenden Urteile: EuGH v. 13.07.2000 – C-412/98, NJW 2000, 3121, 3122 f. insb. Rn. 57, 59; EuGH v. 01.03.2005 – C-281/02, EuZW 2005, 345, 347 Rn. 24, 26 ff.; BGH v. 29.01.2013 – KZR 8/10, GRUR-RR 2013, 228, 228 f. Rn. 10.

244 *Mankowski*, KTS 2011, 185, 191.

245 Vgl. auch *Mankowski*, BB 2006, 1753, 1759.

Auslegung des entsprechenden insolvenzrechtlichen Pendants, Art. 26 EuInsVO a.F., herangezogen hat.[246]

1. Versagungsgründe in der EuInsVO

Die EuInsVO in ihrer Neufassung enthält nur einen einzigen Grund, dessen Eingreifen die Anerkennung einer EU-ausländischen Entscheidung abzulehnen vermag. Art. 33 EuInsVO eröffnet für jeden der EU-Mitgliedstaaten die Möglichkeit, die Anerkennung einer in einem anderen Mitgliedstaat ergangenen Insolvenzverfahrenseröffnung aufgrund eines offensichtlichen Verstoßes gegen die eigene öffentliche Ordnung zu verweigern. Mit anderen Worten beinhaltet Art. 33 EuInsVO einen ordre public-Vorbehalt zu Gunsten des heimischen Rechtssystems des anerkennenden Staates. Die in der alten Fassung der EuInsVO enthaltene Möglichkeit, gem. Art. 25 Abs. 3 EuInsVO a.F. Entscheidungen nicht anzuerkennen bzw. zu vollstrecken, wenn diese eine Einschränkung der persönlichen Freiheit oder des Postgeheimnisses zur Folge hätten, lässt sich in der Neufassung der Verordnung nicht wiederfinden. Im Europäischen Insolvenzrecht stellt ein Verstoß gegen den ordre public daher tatsächlich den einzigen Weg dar, einer automatischen Anerkennung ausländischer Entscheidungen zu entkommen. Ausgehend vom Wortlaut und seiner systematischen Stellung im Text der Verordnung erfasst Art. 33 EuInsVO sowohl den verfahrensrechtlichen als auch den materiell rechtlichen ordre public, lediglich ein kollisionsrechtlicher ordre public-Vorbehalt scheint in diesem Rahmen auszuscheiden.[247] Maßgeblich zum Gegenstand der Kontrolle gemacht wird mithin die Insolvenzentscheidung des Erststaates an sich mit der Frage, ob dieser Entscheidung aufgrund der Wirkungserstreckung tatsächlich Konsequenzen im Zweitstaat zukommen.[248]

Das System der EuInsVO ist geprägt von gegenseitigem Vertrauen der EU-Mitgliedstaaten in deren Rechtssysteme sowie von grenzüberschreitender Solidarität.[249] Nicht nur die Europäische Insolvenzverordnung, sondern auch andere Regelungsgebiete des Europäischen Zivilprozessrechts legen dem Automatismus

---

246 EuGH v. 02.05.2006 – C-341/04 (*Eurofood*), NZI 2006, 360, 363 Rn. 62 ff.

247 *Virgós/Schmit*, Erläuternder Bericht Rn. 206; MüKo InsO/*Thole* Art. 26 EuInsVO a.F Rn. 1, 11 f.; Uhlenbruck/*Lüer* Art. 26 EuInsVO a.F. Rn. 5; sehr deutlich zur Ablehnung eines kollisionsrechtlichen ordre public *Mankowski*, KTS 2011, 185, 188 wie auch MüKo InsO/*Thole* Art. 26 EuInsVO a.F. Rn. 5 und K. Schmidt/*Brinkmann* Art. 26 EuInsVO a.F. Rn. 10. Vgl. aber c. Auslegung, S. 90.

248 *Mankowski*, KTS 2011, 185, 188.

249 Erw.Gr. 22 EuInsVO a.F.; Erw.Gr. 65 EuInsVO;; vgl. *Virgós/Schmit*, Erläuternder Bericht Rn. 202; *Mankowski*, KTS 2011, 185, 186; *Laukemann*, IPRax 2014, 258, 259 f.;

der Entscheidungsanerkennung das gegenseitige Vertrauen hinsichtlich der richtigen Anwendung Europäischen Zivilprozessrechts zugrunde,[250] welches sich naturgemäß auch auf die richtige Anwendung der Zuständigkeitsregelungen erstreckt und mithin eine einmal vom Eröffnungsstaat angenommene internationale Zuständigkeit nicht einer zusätzlichen Überprüfung durch den Anerkennungsstaat unterzogen werden kann.[251]

Dies zum Hintergrund genommen erklärt sich die Anerkennung mitgliedstaatlicher Entscheidungen auf automatischen Weg. Um diesen Automatismus nicht zu konterkarieren muss der ordre public-Vorbehalt konsequenterweise einem eingegrenzten Anwendungsbereich unterfallen. Er ist eine restriktiv anzuwendende Ausnahmevorschrift, von der nur im äußersten Fall Gebrauch gemacht werden kann; der ordre public-Vorbehalt ist somit als bloße ultima ratio zu verstehen.[252] Eine andere Sichtweise würde die durch die Verordnung zu stärkende Freizügigkeit von Urteilen erheblich beeinträchtigen und der effektiven Rechtsanwendung auf europäischem Gebiet unsichtbare Grenzen entgegen halten.[253]

a. Der ordre public-Vorbehalt im Rahmen des Annexverfahrens

Die Frage, die sich zunächst stellt, ist, inwiefern Annexverfahren in den Anwendungsbereich des Art. 33 EuInsVO einbezogen sein sollen, mithin ob diesen aufgrund eines ordre public-Verstoßes die Anerkennung versagt werden kann. Dem Wortlaut nach erfasst Art. 33 EuInsVO nur das eröffnete Insolvenzverfahren an sich sowie im Rahmen dessen ergangene Entscheidungen. Hiermit gemeint sein können jedoch lediglich Maßnahmen zur Durchführung und Beendigung des Insolvenzverfahrens im Sinne des Art. 32 Abs. 1 Unterabs. 1 EuInsVO. Entscheidungen, die im Wege eines Annexverfahrens ergehen sind

---

DKDC/*Duursma-Kepplinger* Art. 26 EuInsVO a.F. Rn. 1; Pannen/*Riedemann* Art. 26 EuInsVO a.F. Rn 11.

250 So neben Erw.Gr. 65 EuInsVO eben auch Erw.Gr. 26 EuGVVO, Erw.Gr. 18 EuVTVO.

251 EuGH v. 27.06.1991 – C-351/89, NJW 1992, 3221, 3222 Rn. 23 ff.; EuGH v. 09.12.2003 – C-116/02, EuZW 2004, 188, 192 Rn. 72; EuGH v. 27.04.2004 – C -159/02, EuZW 2004, 468, 469 Rn. 24 ff.; *Freitag/Leible*, RIW 2006, 641, 644.

252 EuGH v. 21.01.2010 – C-444/07 (*MG Probud*), NZI 2010, 156, 157 Rn. 34; vgl. *Virgós/Schmit*, Erläuternder Bericht Rn. 204; *Mankowski*, BB 2006, 1753, 1758; *ders.*, KTS 2011, 185, 186 f. m.w.N.; MüKo InsO/*Thole* Art. 26 EuInsVO a.F. Rn. 1.

253 EuGH v. 28.03.2000 – C-7/98, NJW 2000, 1853, 1853 f. Rn. 19, 21; EuGH v. 02.05.2006 – C-341/04 (*Eurofood*), NZI 2006, 360, 363 Rn. 62; EuGH v. 21.01.2010 – C-444/17 (*MG Probud*), NZI 2010, 156, 157 Rn. 34.

zwar mit dem Hauptverfahren in Zusammenhang stehende, jedoch für sich genommen trotzdem eigenständige Entscheidungen, die in einem selbstständigen Verfahren ergangen sind. Mit Blick auf eine Anerkennungsversagung gilt es im Rahmen des ordre public-Vorbehalts zu differenzieren, in welcher inhaltlichen Ausgestaltung dieser herangezogen wird. Unterschieden werden muss zwischen Fragen hinsichtlich der internationalen Zuständigkeit einerseits sowie sonstigen Verstößen gegen den ordre public, insbesondere der Missachtung rechtlichen Gehörs, andererseits. Während die sonstigen Verstöße gegen den ordre public auch gesondert vorkommen können und daher diesbezüglich eigentlich eine eigenständige Versagungsmöglichkeit im Hinblick auf das entsprechende Annexverfahren möglich sein muss, gestaltet sich die Situation in der Gestalt eines auf die Zuständigkeit gestützten ordre public-Verstoßes schwieriger. Die internationale Zuständigkeit im Rahmen eines Annexverfahrens wird nicht gesondert geprüft und festgestellt. Was vielmehr untersucht wird ist die Frage nach der Qualifikation des Verfahrens: insolvenzrechtlich oder sonst zivil- bzw. handelsrechtlich. Erfolgt eine insolvenzrechtliche Qualifizierung, so liegt die internationale Zuständigkeit gem. Art. 6 Abs. 1 EuInsVO automatisch kraft Sachzusammenhangs im Staat der Hauptverfahrenseröffnung.[254] Das Annexverfahren folgt also dem Hauptverfahren. Würde man nun die Möglichkeit eröffnen, die Entscheidung eines Annexverfahrens aufgrund fehlerhafter internationaler Zuständigkeit über den ordre public-Vorbehalt zu versagen, so würde sich diese Versagung auf einen Punkt stützen, der im Rahmen des Verfahrens überhaupt keiner gesonderten Prüfung mehr unterzogen wurde, sondern vielmehr als durch das Hauptverfahren gegeben anzunehmen war. Des Weiteren würde die Abhängigkeit der Verfahren ins Gegenteil gekehrt. Wäre ein ordre public-Verstoß im Rahmen des Annexverfahrens zu bejahen, müsste dies automatisch zu einer Bejahung eines ordre public-Verstoßes beim Hauptverfahren führen: Ist die Zuständigkeit für das Annexverfahren erschlichen worden, ist sie dies zwingend auch für das Hauptverfahren, da hierher erst die Zuständigkeit im Rahmen des Annexverfahren herrührt. Folge wäre, dass das eigentlich tonangebende Hauptverfahren nun als Anhängsel des Annexverfahrens ebenfalls nicht anerkannt werden dürfte. Dies erscheint zum einen im Hinblick auf Art. 6 Abs. 1 EuInsVO schwierig, der die Abhängigkeit gerade anders herum anordnet. Zum anderen bereitet eine derartige Anerkennungsversagung des Annexverfahrens auch unter dem Gesichtspunkt Bedenken, dass dieses Verfahren, welches sich inhaltlich lediglich auf einen oder mehrere wenige streitige Punkte erstreckt,

254 Vgl. MüKo InsO/*Thole* Art. 6 EuInsVO Rn. 1.

dem wesentlich weitreichenderen Regelungsgehalt und den Konsequenzen des Hauptverfahrens die Grundlage zur Anerkennung entzieht.

Der ordre public-Vorbehalt kann sich im Rahmen des Annexverfahrens daher nur auf sonstige Verstöße gegen die öffentliche Ordnung beziehen. Warum der Wortlaut des Art. 33 EuInsVO diese Möglichkeit nicht mit einbezieht ist nicht ersichtlich. Erklärbar wäre dies mit einem Redaktionsversehen im Rahmen der Neufassung der Verordnung. In der alten Fassung wurden Annexverfahren nicht ausdrücklich geregelt, Art. 6 EuInsVO richtet sich an keiner entsprechenden Vorgängernorm aus. Vielmehr wurden die Zuständigkeit und daher die Einschlägigkeit der EuInsVO für insolvenzrechtlich qualifizierte Einzelverfahren überwiegend aus Art. 3 EuInsVO a.F. hergeleitet.[255] Für Art. 3 EuInsVO a.F. bestand die Möglichkeit einer Nichtanerkennung aufgrund eines ordre public-Verstoßes.

Steht der ordre public-Verstoß im Zusammenhang mit der internationalen Zuständigkeit, kann dieser für das Annexverfahren somit nur indirekt über die internationale Zuständigkeit im Insolvenzverfahren geltend gemacht werden. Hierbei ergibt sich jedoch nicht dieselbe Problematik wie im Rahmen der in Art. 5 EuInsVO geregelten Zuständigkeitsanfechtung. Während die Anfechtung nur bei ihrer Geltendmachung eine Wirkung entfalten kann, entfaltet Art. 33 EuInsVO auch ohne Antrag zur Anerkennungs- oder Vollstreckungsversagung seine Wirkung.

Überdies greift auch ein weiteres Argument für Art. 33 EuInsVO nicht ein, das noch bei Art. 5 EuInsVO angebracht war: die systematische Stellung im Gesetz. Während Art. 5 EuInsVO vor der Zuständigkeitsnorm des Art. 6 EuInsVO zu finden ist, wird die öffentliche Ordnung mit Art. 33 EuInsVO erst geregelt, nachdem Art. 32 Abs. 1 Unterabs. 2 EuInsVO die automatische Anerkennung und Vollstreckung von Annexverfahren festsetzt. Der in Art. 32 Abs. 1 Unterabs. 1 EuInsVO zu findende Verweis auf die EuGVVO, der durch Unterabs. 2 auch für Annexverfahren gilt, bezieht sich ferner ausdrücklich nicht auf die Versagungsmöglichkeiten nach der EuGVVO. Hiermit ist der Weg für die Anwendung des Art. 33 EuInsVO in Bezug auf Annexverfahren in direkter bzw. indirekter Weise eröffnet.

b. Maßstab des europäischen insolvenzrechtlichen ordre public

Wenn in der zu diesem Abschnitt einleitenden Darstellung davon die Rede ist, Art. 45 EuGVVO sei die nicht außer Acht zu lassende Grundnorm der

---

255 a. Das Problem der Annexzuständigkeit - drei Lösungswege, S. 130.

Anerkennungsversagung, deren Regelungsgehalt als Vergleichsmaßstab für die Analyse und Auslegung anderer Anerkennungsversagungsgründe heranzuziehen ist, so gilt dies für Art. 45 EuGVVO als ganzen und nicht lediglich für diejenigen Teile, die sich auf den ersten Blick inhaltlich wortgleich oder jedenfalls ähnlich in anderen Anerkennungssystemen wiederfinden lassen. Konkret auf die EuInsVO bezogen bedeutet dies, dass, auch wenn Art. 33 EuInsVO nur einen ordre public-Vorbehalt zum Gegenstand hat, nicht alleine auf einen Abgleich mit lit. a) des Art. 45 Abs. 1 EuGVVO abgestellt werden darf,[256] auch wenn dies der einzige Buchstabe des Art. 45 EuGVVO ist, der den ordre public-Vorbehalt zu seinem Inhalt macht und sich somit die Norm des Art. 33 EuInsVO auf den ersten Blick alleine in dessen Regelungspendant erschöpft.[257] Einfach erklären lässt sich dies, wenn man die Verletzung des Rechts auf rechtliches Gehör betrachtet, welches im nationalen Recht in Art. 103 Abs. 1 GG seine Verankerung gefunden hat. Während dieses im Rahmen des internationalinsolvenzrechtlichen ordre public-Vorbehalt des Art. 33 EuInsVO gerade dessen wohl klassischsten Anwendungsfall darstellt,[258] wird die Missachtung dieses Verfahrensgrundrechts in der EuGVVO nicht unter den eigentlich mit Art. 33 EuInsVO vom Wortlaut her ähnlichen internationalzivilprozessrechtlichen ordre public-Vorbehalt des Art. 45 Abs. 1 lit. a) EuGVVO subsumiert, sondern erfährt in lit. b) eine gesonderte Regelung. Nähme man alleine Art. 45 Abs. 1 lit. a) EuGVVO als Maßstab für das Verständnis des Art. 33 EuInsVO, so ergäben sich aus zweierlei möglichen Ausgangspunkten einer Betrachtung problematische Fragestellungen. Wählt man einerseits als Basis seiner Untersuchung Art. 45 Abs. 1 lit. a) EuGVVO und legt Art. 33 EuInsVO dessen Maßstab zugrunde, ist fraglich, warum der insolvenzrechtliche ordre public die Verletzung des Rechts auf rechtliches Gehör enthalten sollte, während der ordre public des Art. 45 Abs. 1 lit. a) EuGVVO dies ausweislich, aufgrund des Umkehrschlusses aus der Existenz des lit. b), gerade nicht tut.[259] Ändert man andererseits seine Betrachtungsweise und dreht diese um 180 Grad, nimmt somit also Art. 33 EuInsVO als Basis für eine Untersuchung des Art. 45. Abs. 1 lit. a) EuGVVO, stellt sich die Frage, warum die

256 **A.A.** wohl BGH v. 08.05.2014 – IX ZB 35/12, NJW-RR 2014, 1135, 1136 Rn. 8, der sich jedoch im Rahmen seiner Begründung selbst widerspricht, wenn er auf Art. 45 EuGVVO generell abstellt (NJW-RR 2014, 1135, 1136 Rn. 7); vgl. auch *Schinkels*, LMK 2014, 361189.

257 *Mankowski*, KTS 2011, 185, 191.

258 EuGH v. 02.05.2006 – C-341/04 (*Eurofood*), NZI 2006, 360, 363 Rn. 66 f.; *Mankowski*, KTS 2011, 185, 191; MüKo InsO/*Thole* Art. 26 EuInsVO a.F. Rn. 11.

259 So auch *Mankowski*, KTS 2011, 185, 191.

Verletzung des Rechts auf rechtliches Gehör nicht auch von Art. 45 Abs. 1 lit. a) EuGVVO erfasst wird, wenn dies für Art. 33 EuInsVO gerade unstreitig angenommen wird. Bei letzterer gilt es jedoch zu berücksichtigen, dass diese durch ihre Perspektivwahl eigentlich den elementaren Charakter des Art. 45 Abs. 1 lit. a) EuGVVO als Ausgangsnorm für die Auslegung anderweitig festgeschriebener ordre public-Vorbehalte übergeht. Unabhängig hiervon kann auch diese Blickrichtung auf die beiden ordre public-Vorbehalte das Spannungsverhältnis dieser verdeutlichen, stellt man nur auf lit. a) des Art. 45 Abs. 1 EuGVVO und nicht auf den kompletten Absatz 1 ab.

Teilweise ist die Aussage, der Versagungsgrund der Verletzung des rechtlichen Gehörs finde sich in Art. 45 Abs. 1 lit. b) EuGVVO wieder, jedoch zu revidieren. Art. 45 Abs. 1 lit. b) EuGVVO enthält diesen Versagungsgrund nicht exklusiv, vielmehr gilt es zu beachten, dass lit. b) ausdrücklich von der Verletzung des rechtlichen Gehörs im Zusammenhang mit „verfahrenseinleitenden Schriftstück[en]“ spricht. Nur für den Fall vor Verfahrenseinleitung stellt somit lit. b) den maßgeblichen Anerkennungsversagungsgrund dar, die Missachtung des Rechts auf rechtliches Gehör im Rahmen eines laufenden Verfahrens, das heißt gerade nach Verfahrenseinleitung, wird von lit. b) nicht erfasst; als hierfür einschlägigen Versagungsgrund ist auf lit. a), den ordre public-Vorbehalt, zurückzugreifen.[260] Um nun beiden dieser Fälle im Insolvenzrecht die ihnen gebührende Beachtung zu schenken, reicht, wie gesehen, jedenfalls keine isolierte Beachtung des Art. 45 Abs. 1 lit. b) EuGVVO, sondern zumindest auch derer des lit. a), da Art. 33 EuInsVO mangels weiterer Differenzierung sowohl die Gewährung rechtlichen Gehörs vor als auch nach Verfahrenseröffnung in seinem Anwendungsbereich vereint.

Die isolierte Analyse alleine des ordre public-Vorbehalts zeigt somit, dass dieser im insolvenzrechtlichen Sinne weiter zu verstehen ist als im zivilprozessrechtlichen,[261] obwohl bei einer Gesamtbetrachtungsweise der generellen Möglichkeiten zur Anerkennungsversagung das internationale Zivilprozessrecht in Art. 45 Abs. 1 EuGVVO mehr Möglichkeiten liefert als das internationale Insolvenzrecht mit Art. 33 EuInsVO. Unter der Maßgabe, dass sich die Auslegung und Anwendung des Art. 33 EuInsVO am Maßstab des Art. 45 Abs. 1 EuGVVO

---

260 Vgl. BGH v. 18.09.2001 – IX ZB 104/00, NJW-RR 2002, 1151, 1151; Musielak/Voit/*Stadler* Art. 45 EuGVVO Rn. 6; vgl. hinsichtlich § 328 Abs. 1 Nr. 2 und 4 ZPO, die in ihrem Regelungsgehalt Art. 45 Abs. 1 lit. b) und a) EuGVVO ähneln: BGH v. 29.04.1999 – IX ZR 263–97, BGHZ 141, 286, 295 f. = NJW 1999, 3198.

261 *Mankowski*, KTS 2011, 185, 191.

orientiert, dem gerichtlich bestätigt ein nur sehr restriktiver Gebrauch zugestanden wird,[262] sei noch einmal erwähnt, dass letzterer somit ebenfalls nur in eng eingeschränkten Ausnahmefällen zur Anwendung gelangen kann.

c. *Auslegung*

Die Auslegung des ordre public-Vorbehalts hat aufgrund unterschiedlicher Anknüpfungspunkte zweispurig zu erfolgen. Zum einen stellt sich die Frage, ob Art. 33 EuInsVO tatsächlich nur den verfahrens- und materiell-rechtlichen ordre public-Vorbehalt abdeckt oder ob nicht doch auch der kollisionsrechtliche ordre public erfasst sein kann. In Frage steht mithin die generelle Reichweite der Regelung des Art. 33 EuInsVO. Zum anderen stellt sich im hierzu untergeordneten Kontext die Frage nach den inhaltlichen Ausgestaltungen dieser unterschiedlichen Vorbehaltsklassifizierungen des ordre public.

Wie bereits erwähnt scheint der kollisionsrechtliche ordre public dem Wortlaut und der systematischen Stellung nach keinen Einzug in die Vorbehaltsregelung des Art. 33 EuInsVO gefunden zu haben.[263] Diese eingeschränkte Reichweite des Art. 33 EuInsVO lässt sich jedoch durch eine entsprechende Auslegung auch auf eben diesen Fall des ordre public erweitern, schließlich enthält die EuInsVO auch kollisionsrechtliche Normen.[264] Folge des eingreifenden Art. 33 EuInsVO in seiner kollisionsrechtlichen Interpretation ist sodann die Nicht-Anwendbarkeit der ausländischen Norm.[265] Würde man den ordre public-Vorbehalt wie *Mankowski*[266] nicht auch auf seine kollisionsrechtliche Ausprägung hin ausweiten, so würden Sachverhalte außer Acht bleiben, in deren Rahmen eine Kollisionsnorm der EuInsVO die inländischen Gerichte dazu anhält, ausländisches Recht mit einem Ergebnis anzuwenden, welches unvereinbar mit der heimischen Rechtsordnung und dem dortigen Rechtsverständnis ist.[267] Ein derartiges Ergebnis

---

262 Vgl. (wenn auch noch hinsichtlich des EuGVÜ) u.a. EuGH v. 04.02.1988 – 145/86, NJW 1989, 663, 664 Rn. 21; EuGH 10.10.1996 – C-78/95, NJW 1997, 1061, 1062 Rn. 23; EuGH v. 28.03.2000 – C-7/98, NJW 2000, 1853, 1854 Rn. 21.

263 1. Versagungsgründe in der EuInsVO, S. 84.

264 MüKo InsO/*Reinhart* (2008) Art. 26 EuInsVO a.F. Rn. 2, 15; K. Schmidt/*Brinkmann* Art. 26 EuInsVO a.F. Rn. 10; vgl. Gottwald/*Kolmann/Keller* § 134 Rn. 33; MüKo BGB/*Kindler* Art. 33 EuInsVO Rn. 10; Rauscher/*Mäsch* Art. 26 EuInsVO a.F. Rn. 23.

265 MüKo InsO/*Reinhart* (2008) Art. 26 EuInsVO a.F. Rn. 2, 15; K. Schmidt/*Brinkmann* Art. 26 EuInsVO a.F. Rn. 10.

266 *Mankowski*, KTS 2011, 185, 188; ebenso MüKo InsO/*Thole* Art. 26 EuInsVO a.F. Rn. 1, 5.

267 MüKo InsO/*Reinhart* (2008) Art. 26 EuInsVO a.F. Rn. 15; K. Schmidt/*Brinkmann* Art. 26 EuInsVO a.F. Rn. 10.

durch die Verneinung des kollisionsrechtlichen Aspekts des ordre public-Vorbehalts zu erzielen und ohne Anerkennungsversagungsmöglichkeit akzeptieren zu müssen, stünde im Widerspruch zum übrigen Verständnis des ordre public, insbesondere dessen materiell-rechtlicher Ausprägung, nämlich dem Ziel, mit dem Recht des Anerkennungsstaats offensichtlich unvereinbare Ergebnisse zu vermeiden. Sinn und Zweck der unterschiedlichen Erscheinungsformen des ordre public-Vorbehalts sind somit identisch, während nur die Anknüpfungspunkte zur Überprüfung des Vorliegens einer Unvereinbarkeit variieren.

Weiterhin gilt es für die Anwendung des Art. 33 EuInsVO zu beachten, dass dessen Kernelement, die öffentliche Ordnung, einen unbestimmten Rechtsbegriff darstellt, der einer inhaltlichen Ausgestaltung durch Auslegung und Ausfüllung bedarf. Maßgebend ist hierbei keine unionsrechtliche Auslegung, die die öffentliche Ordnung für alle Mitgliedstaaten gleichermaßen konkretisiert. Vielmehr sind die einzelnen Rechtsordnungen der Mitgliedstaaten jeweils selbst autonom heranzuziehen, schließlich stellt Art. 33 EuInsVO für jeden Mitgliedstaat die Möglichkeit der Anerkennungsversagung dar, wenn eine Entscheidung mit der öffentlichen Ordnung gerade des Anerkennungsstaats nicht vereinbar ist und schützt hierdurch die dessen Rechtsordnung prägenden Grundwertungen.[268] Wann diese Unvereinbarkeit vorliegt kann sich einzig und allein nur an der Rechtsordnung dieses Anerkennungsstaats messen lassen. Je nachdem, welcher Mitgliedstaat zur Anerkennung einer Entscheidung oder Maßnahme angehalten ist, erfährt Art. 33 EuInsVO also eine andere inhaltliche Ausgestaltung. Den Mitgliedstaaten stehen jedoch keine unendlichen Ausfüllungsmöglichkeiten zur Verfügung. Um den restriktiven Charakter der Norm als ultima ratio zu gewährleisten, setzt das Unionsrecht der Ausfüllung durch die Mitgliedstaaten inhaltliche Grenzen, für deren Einhaltung dem EuGH die Prüfungskompetenz zukommt.[269] Entscheidend ist, dass „die Anerkennung oder Vollstreckung der in einem anderen Vertragsstaat erlassenen Entscheidung gegen einen wesentlichen Rechtsgrundsatz verstieße und deshalb in einem nicht hinnehmbaren Gegensatz zur Rechtsordnung des Vollstreckungsstaates stünde“[270]. Für die Ausfüllung des

268 *Virgòs/Schmit*, Erläuternder Bericht, Rn. 205; K. Schmidt/*Brinkmann* Art. 26 EuInsVO a.F. Rn. 3; Uhlenbruck/*Lüer* Art. 26 EuInsVO a.F. Rn. 3; Kübler/Prütting/Bork/*Kemper* Art. 26 EuInsVO a.F. Rn. 3.

269 EuGH v. 28.03.2000 – C-7/98, NJW 2000, 1853, 1854 Rn. 23 i.V.m. EuGH v. 02.05.2006 – C-341/04 (*Eurofood*), NZI 2006, 360, 363 Rn. 63; *Freitag/Leible*, RIW 2006, 641, 645; MüKo InsO/*Thole* Art. 26 EuInsVO a.F. Rn. 8; K. Schmidt/*Brinkmann* Art. 26 EuInsVO a.F. Rn. 3.

270 EuGH v. 02.05.2006 – C-341/04 (*Eurofood*), NZI 2006, 360, 363 Rn. 63.

Begriffs der öffentlichen Ordnung im deutschen Recht kann dabei auf Grundsätze zurückgegriffen werden, die sich im Rahmen des § 343 Abs. 1 Nr. 2 InsO entwickelt haben,[271] der seinem Wortlaut nach dem des Art. 33 EuInsVO beinahe gleicht.

d. Inhalt des Rechts auf rechtliches Gehör im Sinne von Art. 33 EuInsVO

Das von Art. 33 EuInsVO insbesondere geschützte Verfahrensgrundrecht des rechtlichen Gehörs bedarf zu seiner inhaltlichen Konkretisierung einer vertiefenden Betrachtung. Vorweg sei zudem bereits anzumerken, dass sich eine ordre public-Verletzung aufgrund dessen engen Anwendungsbereichs nur dann als gegeben ansehen lässt, wenn tatsächlich eine schwerwiegende Verletzung des Rechts auf rechtliches Gehör vorliegt; ein bloßer Verdacht diesbezüglich vermag die hohen Hürden des ordre public-Vorbehalts nicht zu erfüllen.[272]

Wie bereits kurz erwähnt, findet dieses Recht im nationalen Regelungswerk seinen Niederschlag in Art. 103 Abs. 1 GG. Auch auf europäischer Ebene lässt sich das Recht auf rechtliches Gehör wiederfinden. So ist dieses im Recht auf ein faires Verfahren, welches Art. 6 EMRK verlangt, enthalten.[273] Zwar steht die EMRK als völkerrechtlicher Vertrag in der Rangordnung unter dem deutschen Grundgesetz und ihr kommt nur der Rang eines einfachen Bundesgesetzes zu, vgl. Art. 59 Abs. 2 GG, doch finden sowohl die in ihr festgeschriebenen Garantien als auch die zur EMRK ergangene Rechtsprechung des EGMR bei der Auslegung der deutschen Grundrechte immer größere Beachtung.[274] Eine völkerrechtsfreundliche Auslegung gebietet, dass nationale Rechtsvorschriften derart auszulegen und anzuwenden sind, dass die Bundesrepublik Deutschland ihre Verpflichtung, die Rechte der Konvention zu sichern, erfüllt und somit die Ergebnisse nationaler Entscheidungen im Einklang mit dem Inhalt der EMRK stehen.[275]

---

271 *Freitag/Leible*, RIW 2006, 641, 645.

272 *Mankowski*, BB 2006, 1753, 1758; *ders.*, KTS 2011, 185, 197.

273 M-L/N/vR/*Meyer-Ladewig/Harrendorf/König* Art. 6 EMRK Rn. 96 ff.; Grabenwarter/Pabel/*Grabenwarter/Pabel* § 24 Rn. 66, 72.

274 BVerfG v. 26.03.1987 – 2 BvR 589/79 u.a., BVerfGE 74, 358, 370 f. = NJW 1987, 2427; BVerfG v. 14.10.2004 – 2 BvR 1481/04, BVerfGE 111, 307, 315 f. = NJW 2004, 3407; Grabenwarter/Pabel/*Grabenwarter/Pabel* § 3 Rn. 8, 10.

275 BVerfG v. 14.10.2004 – 2 BvR 1481/04, BVerfGE 111, 307, 315 f. = NJW 2004, 3407; M-L/N/vR/*Meyer-Ladewig/Nettesheim*, Einleitung Rn. 13.

Im Hinblick auf das Verhältnis zwischen EU und EMRK ergibt sich ein etwas anderes Bild: die EU ist kein Mitglied der EMRK[276] und somit der EuGH innerhalb seiner Rechtsprechung eigentlich gerade nicht zu einer völkerrechtskonformen Rechtsprechung angehalten. Hier greift jedoch Art. 6 Abs. 3 EUV ein, der die in der EMRK garantierten Grundrechte als allgemeine Grundsätze in das Unionsrecht inkludiert, weshalb dem in Art. 6 EMRK enthaltenen Anspruch auf rechtliches Gehör auch im Rahmen der europäischen Rechtsprechung Bedeutung zukommt.[277] Doch auch schon vor der Einführung des Art. 6 Abs. 3 EUV in seiner heutigen Form durch den Vertrag von Lissabon 2009 kam dem Recht auf rechtliches Gehör im Wege der Anerkennungs- und Vollstreckungsversagung eine zentrale Rolle zu. Der EuGH hat den fair trial Grundsatz als allgemein gemeinschaftlichen, aus den Grundrechten hervorgehenden Rechtsgrundsatz in seiner Rechtsprechung ausdrücklich anerkannt.[278] Die Entwicklung dieses Rechtsgrundsatzes ist zudem geprägt von gemeinsamen Verfassungstraditionen der EU-Mitgliedstaaten sowie den Hinweisen, die sich in den völkerrechtlichen Verträgen zum Schutz der Menschenrechte wiederfinden.[279]

Unabhängig von seiner Niederschrift im Gesetz und seiner Verankerung als allgemeiner aus den Grundrechten hervorgegangener Rechtsgrundsatz spielt das Recht auf rechtliches Gehör auch vor dem Hintergrund der Waffengleichheit eine zentrale Rolle im Insolvenzverfahren und ebenso im Annexverfahren.[280] Beiden Seiten des Verfahrens muss eine, den einzelfallentsprechenden Umständen angepasste, Möglichkeit zur Äußerung gegeben werden, unabhängig davon, ob es sich um den reinen Ablauf eines Insolvenzverfahrens und dessen Beteiligte – insbesondere Insolvenzschuldner und –gläubiger – handelt oder aber ein kontradiktorisches Verfahren – wie gerade die in dieser Arbeit genauer

---

276 Eine entsprechende Beitrittsübereinkunft wurde durch den EuGH mit einem Gutachten vom 18.12.2014 für unvereinbar mit Art. 6 Abs. 2 EUV und somit als EU-vertragswidrig gesehen, Gutachten 2/13 des Gerichtshofs. **Kritisch zum EuGH**: *Breuer*, EuR 2015, 330, 330 ff.; M-L/N/vR/*Meyer-Ladewig/Nettesheim*, Einleitung Rn. 21.

277 *Paulus*, ZIP 2003, 1725, 1728 f.; Grabitz/Hilf/Nettesheim/*Schorkopf* Art. 6 EUV Rn. 51; Calliess/Ruffert/*Kingreen* Art. 6 EUV Rn. 6 f.

278 EuGH v. 28.03.1996 – 2/94, EuZW 1996, 307, 309 Rn. 33; EuGH v. 17.12.1998 – C-185/95 P, EuZW 1999, 115, 117 Rn. 21; EuGH v. 28.03.2000 – C-7/98, NJW 2000, 1853, 1854 Rn. 25 f.; EuGH v. 02.05.2006 – C-341/04 (*Eurofood*), NZI 2006, 360, 363 Rn. 65.

279 EuGH v. 28.03.2000 – C-7/98, NJW 2000, 1853, 1854 Rn. 25; EuGH v. 02.05.2006 – C-341/04 (*Eurofood*), NZI 2006, 360, 363 Rn. 65.

280 EuGH v. 02.05.2006 – C-341/04 (*Eurofood*), NZI 2006, 360, 363 Rn. 66; vgl. auch Nerlich/Römermann/*Nerlich/Hübler* Art. 26 EuInsVO a.F. Rn. 13.

betrachteten Einzelverfahren – mit zwei sich streitenden Parteien – Kläger und Beklagter – zur Entscheidung im Raum steht. Durch die Berücksichtigung der genauen Umstände des Einzelfalls kann es hierbei jedoch, beispielsweise durch die Eilbedürftigkeit einer Entscheidung, zu Einschränkungen des rechtlichen Gehörs kommen, wobei diese einerseits ordnungsgemäß gerechtfertigt sein müssen und andererseits der betroffenen nicht gehörten oder nicht ausreichend gehörten Person eine effektive Anfechtungsmöglichkeit der getroffenen Entscheidung offenstehen muss.[281]

Inhaltlich meint das Recht auf rechtliches Gehör zunächst einmal nichts Weiteres, als dass den Beteiligten eines Verfahrens die Möglichkeit eingeräumt werden muss, effektiv ihre Rechte wahrnehmen zu können.[282] Hierunter darf allerdings nicht verstanden werden, dass das rechtliche Gehör im Verfahrensstaat in derselben Form gewährt werden muss, wie im Staat der Anerkennung.[283] Zur Wahrung dieses Rechts ist es ferner nicht ausschlaggebend, dass die vom Verfahren Betroffenen bzw. die (un)mittelbar Beteiligten im Vorgang zur Entscheidung gehört werden, wenn diesen im Eröffnungsstaat jedenfalls eine effektive Rechtsschutzmöglichkeit gegen die ergangene Entscheidung im Erlassstaat offensteht.[284] Der Hintergrund dieser Gehörsgewährung liegt in der Möglichkeit der Durchführung von Eilverfahren: Sinn und Zweck eines Eilverfahrens ist es, eine schnellstmögliche Entscheidung herbeizuführen. Diesem würde die verbindliche Pflicht zur vorangehenden Wahrung rechtlichen Gehörs jedoch gerade entgegenstehen. Um indes hieraus nicht zu einer ständigen Rechtswidrigkeit und damit verbunden einer ständigen Anerkennungsversagung derartig verfügter Entscheidungen zu gelangen, muss eine Einschränkung dieses Verfahrensrechts insofern hingenommen werden, als eine im Rahmen von Rechtsbehelfsmöglichkeiten bestehende Gelegenheit zur Beteiligung am Verfahren und

---

281 EuGH v. 02.05.2006 – C-341/04 (*Eurofood*), NZI 2006, 360, 363 Rn. 66.

282 Vgl. *Paulus*, ZIP 2003, 1725, 1728 f.; vgl. *Herchen*, ZInsO 2004, 61, 64; *Mankowski*, BB 2006, 1753, 1758; *ders.*, KTS 2011, 185, 194.

283 Vgl. EuGH v. 28.03.2000 – C-7/98, NJW 2000, 1853, 1854 Rn. 36; *Mankowski*, BB 2006, 1753, 1758.

284 *Mankowski*, BB 2006, 1753, 1759 und KTS 2011, 185, 194, der die Wahrung des rechtlichen Gehörs durch effektive Rechtsbehelfsmöglichkeiten aus der Norm des – nunmehr – Art. 34 Nr. 2 EuGVVO zieht; vgl. *Laukemann*, IPRax 2012, 207, 213; MüKo InsO/*Thole* Art. 26 EuInsVO a.F. Rn. 19; K. Schmidt/*Brinkmann* Art. 26 EuInsVO a.F. Rn. 6.

zur Darlegung eigener Ansichten und Argumente zur Wahrung des Rechts auf rechtliches Gehör genügt.[285]

Insbesondere im Annexverfahren muss das rechtliche Gehör Beachtung finden. Der Ursprung dieses Rechts liegt im Individualverfahren, um der Gegenseite eines kontradiktorischen Verfahrens die Möglichkeit zur Äußerung zu geben und hiermit insbesondere deren Verteidigungsrechte zu wahren.[286] Das Annexverfahren stellt nunmehr gerade ein derartiges kontradiktorisches Verfahren dar.

e. *Die Verletzung des ordre public aufgrund fehlerhafter internationaler Zuständigkeit*

Ein Aspekt, der im Rahmen des ordre public-Verstoßes Schwierigkeiten bereitet, ist die fehlerhafte Annahme der internationalen Zuständigkeit. Hierbei gilt es immer zu berücksichtigen, dass der Umgang mit der internationalen Zuständigkeit aufgrund der Bindungswirkung des Art. 6 Abs. 1 EuInsVO zwischen dem Haupt- und dem Annexverfahren parallel abläuft. Für die Verletzung des ordre public aufgrund fehlerhafter internationaler Zuständigkeit im Rahmen des Annexverfahrens ist somit auf eine etwaige ordre public-Verletzung im Hauptverfahren abzustellen,[287] welche daher Inhalt der nachfolgenden Ausführungen sein wird.

i. *Die fehlerhafte internationale Zuständigkeit als eigener Versagungsgrund der Anerkennung bzw. Zuständigkeit*

Bevor die internationale Zuständigkeit jedoch in diesem Rahmen betrachtet wird, ist darauf einzugehen, inwiefern diese möglicherweise alleine, das heißt ohne die Subsumtion unter den ordre public-Vorbehalt, bereits zu einer Versagung der Anerkennung bzw. gar bereits Versagung der Zuständigkeit führen kann. Wie bereits zuvor erwähnt, ist ein prägendes Charakteristikum der automatischen Anerkennung darin zu sehen, dass der anerkennende Staat die Zuständigkeitsentscheidung des Erststaates hinzunehmen verpflichtet ist und keine eigene Überprüfung diesbezüglich vornehmen kann.[288] Außer dass die automatische

---

285 Vgl. EuGH v. 02.05.2006 – C-341/04 (*Eurofood*), NZI 2006, 360, 363 Rn. 66; *Mankowski*, KTS 2011, 185, 194; MüKo InsO/*Thole* Art. 26 EuInsVO a.F. Rn. 19.

286 *Mankowski*, KTS 2011, 185, 194 f.

287 a. Der ordre public-Vorbehalt im Rahmen des Annexverfahrens, S. 85.

288 *Mansel* in FS v. Hoffmann, S. 683, 686. Siehe auch 1. Versagungsgründe in der EuInsVO, S. 84.

Anerkennung den innerhalb der Europäischen Union vorherrschenden Vertrauensgrundsatz widerspiegelt und fördert, führt ihre konsequente Durchsetzung auch zu einer schnelleren sowie rechtssicheren und effektiveren Durchführung des eröffneten Verfahrens. Die Überprüfung der korrekten Annahme der internationalen Zuständigkeit durch jeden einzelnen betroffenen Anerkennungsstaat würde zu zeitlichen Verzögerungen führen und bis zum Ende dieser Überprüfungsphase die Verfahrensbeteiligten in einer für sie unsicheren Schwebelage lassen, erstens, ob ein auch im Zweitstaat anzuerkennendes Insolvenzverfahren wirksam eröffnet wurde, zweitens – hieran anknüpfend –, ob sodann das geltende nationale Recht des Eröffnungsstaats für die Durchführung und Folgen dieser Verfahrenseröffnung anzuwenden ist oder ob beispielsweise drittens, mangels Eingreifen des Prioritätsgrundsatzes im überprüfenden Staat, die Eröffnung eines weiteren Hauptverfahrens möglich erscheint. Legt man hierbei beispielsweise die in § 1 InsO festgeschriebenen Ziele des deutschen Insolvenzverfahrens, die gemeinschaftliche Befriedigung der Gläubiger, zugrunde, wird durch die eben beschriebene Verzögerung und Rechtsunsicherheit gerade diese eigentlich besonders zu schützende Gruppe erheblich benachteiligt. Doch auch wenn andere Insolvenzordnungen neben der gerechten Gläubigerbefriedigung eine Sanierung des Schuldners zum Ziel haben, wird diese durch die bereits genannten Punkte erschwert. Ja der Schuldner würde möglicherweise sogar für jeden Tag der Schwebephase weiteren finanziellen Verlusten ausgesetzt, während aufgrund der Rechtsunsicherheit keine mit Sicherheit wirksame oder jedenfalls wirksam anerkannte Maßnahme zur Restrukturierung und mithin auch in Richtung Abbau seiner Schulden getroffen und vollzogen werden kann. Mit Blick hierauf lässt sich eine Ansicht widerlegen, die eine automatische Anerkennung nur dann als einschlägig betrachtet, wenn das richtige international zuständige Gericht entschieden hat.[289] Gestützt wird diese Sichtweise auf den Wortlaut von Art. 19, 20 EuInsVO, die von der Anerkennung einer Entscheidung, die durch „ein nach Artikel 3 zuständiges Gericht" ergangen ist, sprechen.[290] Dies wird dahingehend interpretiert, dass hierin die korrekte Zuständigkeitsannahme als der Anerkennung vorausgehende Bedingung erfüllt sein muss und diese daher vom Anerkennungsstaat überprüft werden kann, ja sogar überprüft werden muss.[291] Diesem kann jedoch zum einen aufgrund der bereits angeführten

289 *Mankowski*, EWiR 2003, 767, 768; *ders.*, EWiR 2003, 1239, 1240.
290 *Mankowski*, EWiR 2003, 767, 768; *ders.*, EWiR 2003, 1239, 1240.
291 *Mankowski*, EWiR 2003, 767, 768; *ders.*, EWiR 2003, 1239, 1240.

Folgeprobleme einer derartigen Überprüfung nicht zugestimmt werden.[292] Zum anderen geht dies nicht mit dem Gedanken der EuInsVO konform, die als einzige Möglichkeit einer Anerkennungsversagung den ordre public-Vorbehalt des Art. 33 EuInsVO kennt. Die grundsätzliche Überprüfbarkeit der internationalen Zuständigkeit würde einen zusätzlichen Versagungsgrund begründen, der die Gefahr birgt, die durch die restriktive Anwendung von Art. 33 EuInsVO sehr eng gehaltene Anerkennungsversagung zu unterlaufen.[293] Des Weiteren würde eine derartige Überprüfungskompetenz des anerkennenden Staats den Grundsatz des gegenseitigen Vertrauens der Mitgliedstaaten, der der EuInsVO zugrunde liegt und diese maßgeblich prägt, hintergehen.[294] Überdies spricht bereits die Existenz des zuvor besprochenen Art. 5 EuInsVO[295] dagegen, die internationale Zuständigkeit grundsätzlich einer Überprüfung zu unterziehen. Art. 5 EuInsVO eröffnet die Möglichkeit der Anfechtung einer Eröffnungsentscheidung. Im Umkehrschluss kann hieraus entnommen werden, dass die internationale Zuständigkeit von den Gerichten der Mitgliedstaaten in der Regel so angenommen werden muss, wie diese durch das Erstgericht angenommen wurde.

---

292 Ebenfalls ablehnend EuGH v. 02.05.2006 – C-341/04 (*Eurofood*), NZI 2006, 360, 362 Rn. 42 ff.; OLG Nürnberg v. 15.12.2011 – 1 U 2/11, NJW 2012, 862, 862 f.; *Freitag/Leible*, RIW 2006, 641, 644; *Mansel/Thorn/Wagner*, IPRax 2013, 1, 32.

293 Vgl. hierzu beispielhaft auch BAG v. 25.04.2013 – 6 AZR 49/12, NZI 2013, 758, 760 das aus dem Grundsatz des gegenseitigen Vertrauens einerseits darauf schließt, dass das angerufene Gericht seine internationale Zuständigkeit nach Art. 3 Abs. 1 EuInsVO zu überprüfen hat und hierfür entsprechend den COMI des Schuldners bestimmen muss und andererseits, dass diese Zuständigkeitsbeurteilung nicht durch die anerkennenden EU Mitgliedstaaten nochmals zu kontrollieren ist (Rn. 44). Liegt nach Ansicht eines Beteiligten der COMI des Schuldners in einem anderen Mitgliedstaat, so folgt hieraus keine Anerkennungsversagung, vielmehr ist der Beteiligte auf die im Eröffnungsstaat verfügbaren nationalen Rechtsbehelfe verwiesen (Rn. 44). Auch der österreichische OGH sieht eine fälschlicherweise angenommene Zuständigkeit nicht als einen eigenen Anerkennungsversagungsgrund, sondern bringt einen derartigen Fehler unmittelbar mit der Frage eines ordre public-Verstoßes in Zusammenhang, OGH v. 17.03.2005 – 8 Ob 135/04t, NZI 2005, 465, 466; vgl. auch AG Göttingen v. 10.12.2012 – 74 IN 28/12, NZI 2013, 206, das aus einem Vergleich zu § 343 Abs. 1 S. 2 Nr. 1 InsO zu erkennen gibt, dass die internationale Zuständigkeit nicht extra Voraussetzung einer Anerkennung ist.

294 BGH v. 10.09.2015 – IX ZR 304/13, NZI 2016, 93, 94 Rn. 8, 12 f.; *Priebe*, ZInsO 2016, 601, 609.

295 iii. Geltendmachung einer fehlerhaften internationalen Zuständigkeit: Anfechtung gem. Art. 5 EuInsVO, S. 61.

ii. *Die fehlerhafte internationale Zuständigkeit im Rahmen des ordre public-Vorbehalts*

(1) Zuständigkeitserschleichung

Für sich genommen stellt die fehlerhafte Annahme einer internationalen Zuständigkeit keinen in solchem Ausmaß grundlegenden Verstoß gegen die öffentliche Ordnung des Anerkennungsstaats dar, dass Art. 33 EuInsVO der Anerkennung einer durch das international falsche Gericht getroffenen Entscheidung entgegenstünde.[296] Eine fehlerhafte Zuständigkeit doch als ausreichenden ordre public-Verstoß anzusehen wird teilweise dann befürwortet, wenn die falsche internationale Zuständigkeit nicht aufgrund einer fehlerhaften Würdigung des Sachverhalts durch das Eröffnungsgericht angenommen, sondern vielmehr die Zuständigkeit seitens des Schuldners erschlichen wurde.[297] Kritische Stimmen lassen eine Zuständigkeitserschleichung hingegen nicht als schwerwiegend genug ausreichen.[298] Sie fordern hinzukommend, dass die Zuständigkeitserschleichung überdies das Recht auf ein faires Verfahren verletzt.[299]

Das AG Göttingen nahm einen ordre public-Verstoß aufgrund einer Zuständigkeitserschleichung für den Fall an, dass das eröffnende Gericht trotz der Kenntnis von seit Jahren auftretenden missbräuchlichen Verlegungen des COMI

---

296 OLG Wien v. 09.11.2004 – 28 R 225/04w, NZI 2005, 56, 58; OLG Nürnberg v. 15.12.2011 – 1 U 2/11, NJW 2012, 862, 863; OLG Celle v. 27.11.2012 – 2 U 147/12, ZIP 2013, 945, 946; *Virgós/Schmit*, Erläuternder Bericht Rn. 202; *Herchen*, ZInsO 2004, 61, 65; *Mock*, KTS 2013, 423, 448; K. Schmidt/*Brinkmann* Art. 26 EuInsVO a.F. Rn. 9.

297 Vgl. BGH v. 18.09.2001 – IX ZB 51/00, NJW 2002, 960, 961; AG Nürnberg v. 15.08.2006 – 8004 IN 1326 bis 1331/06, NZI 2007, 185, 186; LG Köln v. 14.10.2011 – 82 O 15/08, NZI 2011, 957, 957 Rn. 80, 82; AG Göttingen v. 10.12.2012, 74 IN 28/12, NZI 2013, 206, 206 f. kritisiert von *Laukemann*, IPRax 2014, 258, 261; LG Berlin v. 09.07.2013 – 16 O 455/12, NZI 2014, 581, 581; **a.A.** OLG Nürnberg v. 15.12.2011 – 1 U 2/11, NJW 2012, 862, 863; *Mansel/Thorn/Wagner*, IPRax 2013, 1, 32.

298 Vgl. *Goslar*, NZI 2012, 912, 915; vgl. Rauscher/*Mäsch* Art. 26 EunsVO a.F. Rn. 3, 20; MüKo InsO/*Thole* Art. 26 EuInsVO a.F. Rn. 1; vgl. auch *Paulus*, NZI 2008, 1, 3, der ausdrücklich die Entscheidung des AG Nürnberg v. 15.08.2006 – 8004 IN 1326 bis 1331/06, NZI 2007, 185, 186 bedauert.

299 Vgl. *Goslar*, NZI 2012, 912, 915; MüKo InsO/*Reinhart* (2008) Art. 26 EuInsVO a.F. Rn. 7; K. Schmidt/*Brinkmann* Art. 26 EuInsVO a.F. Rn. 9; vgl. auch *Laukemann*, IPRax 2014, 258, 262 f., der zwar nicht ausdrücklich von der Verletzung des Rechts auf ein faires Verfahren spricht, jedoch ebenfalls eine Zuständigkeitserschleichung auch erst unter weiteren Voraussetzungen als ordre public-Verstoß ansieht.

in sein Staatsgebiet keine Plausibilitätsprüfung dergleichen vornahm.[300] In einem derartigen Fall müssen sich die beteiligten Gläubiger dieses Verfahrens nicht auf Rechtsmittel im Eröffnungsstaat verweisen lassen, denn der über Art. 14 GG garantierte Eigentumsschutz verbietet bei einer Zuständigkeitserschleichung in solchem Ausmaß die Entscheidungsanerkennung unabhängig von konkreten Einzelfallbeeinträchtigungen.[301]

(2) Kurzfristige Verlegung des COMI

Auch alleine eine kurzfristige Verlegung des COMI in einen anderen, vermeintlich schuldnerfreundlicheren Eröffnungsstaat, reicht objektiv betrachtet an sich nicht aus, um eine Verletzung des ordre public des Anerkennungsstaats anzunehmen.[302] Für sich stehend gibt diese Verhaltensweise noch keinen ausreichenden Rückschluss darauf, dass der Schuldner hierdurch in betrügerischer oder missbräuchlicher Art und Weise die Feststellung seines COMI zu seinen Gunsten in einen anderen Mitgliedstaat verlegen wollte (sog. forum shopping), um in der Konsequenz hierdurch das auf das Verfahren anwendbare nationale Recht beeinflussen zu können. Insbesondere im Fall einer natürlichen Person können auch einfache private oder berufliche Gründe für eine kurzfristige Verlagerung des COMI verantwortlich sein. Aber auch Gesellschaften könnten bereits zuvor eine Verlagerung ihres COMI, durch insbesondere die Verlagerung ihres Sitzes, vgl. Art. 3 Abs. 1 Unterabs. 2 EuInsVO, geplant haben, deren Vollzug objektiv unglücklich sodann einer Insolvenzantragsstellung kurz bevorgeht. Alleine die Verlegung des COMI reicht somit nicht für einen ordre public-Verstoß aus; die anerkennenden Staaten müssen die angenommene Zuständigkeit des Eröffnungsstaats aufgrund des neuen COMI akzeptieren und können diese nicht überprüfen.[303]

(3) Missbräuchliche Verlegung des COMI

Erfolgt die scheinbare COMI Verlegung jedoch beispielsweise nur aus dem missbräuchlichen Grund, in einem anderen Staat unter weniger schwierigen Bedingungen eine Restschuldbefreiung zu erzielen, so kann der ordre public-Vorbehalt

300 AG Göttingen v. 10.12.2012 – 71 IN 28/12, NZI 2013, 206 f.

301 AG Göttingen v. 10.12.2012 – 71 IN 28/12, NZI 2013, 206, 207.

302 BFH v. 27.01.2016 – VII B 119/15, NZI 2016, 929, 930 Rn. 20; *Vallender*, ZInsO 2009, 616, 620; vgl. auch *Goslar*, NZI 2012, 912, 915.

303 BFH v. 27.01.2016 – VII B 119/15, NZI 2016, 929, 930 Rn. 20 m.w.N.; *Priebe*, ZInsO 2016, 601, 609 f. Siehe auch 1. Versagungsgründe in der EuInsVO, S. 84.

durchaus zur Anwendung gelangen.[304] Eine Person, die wahrheitswidrig ihren COMI an einem anderen Ort zu haben vorgibt, kann nicht darauf vertrauen, dass ihre Insolvenz tatsächlich unter dem für sie günstigeren Recht abgehandelt wird und aus ihrer bevorzugten Behandlung im Umkehrschluss Nachteile für die Gläubiger entstehen, die ohne die missbräuchliche Erschleichung einer anderen internationalen Zuständigkeit durch die COMI Verlagerung nicht entstanden wären.[305] Um dies am effizientesten zu erreichen, kann es nicht ausreichen, etwaige Gläubiger lediglich auf die einfache Einlegung eines Rechtsmittels im Eröffnungsstaat zu verweisen und eine weitere Entscheidung der Gerichte des Eröffnungsstaats, die ja bereits ursprünglich die Missbräuchlichkeit der COMI Verlagerung übersehen haben, abzuwarten. Ein effektiveres Schutzniveau und damit einhergehend auch eine größere Rechtssicherheit lässt sich jedenfalls durch eine daneben mögliche Anerkennungsversagung realisieren, die sodann auch beispielsweise im Anerkennungsstaat belegenes Vermögen des Schuldners zugunsten der Gläubiger vor einem Zugriff schützt.

(a) Eingreifen des ordre public-Vorbehalts bei fehlender Schlechterstellung der Gläubiger

Wenn man den ordre public-Verstoß auf die missbräuchliche Begründung eines fingierten COMI mit dem Argument stützt, dass hierdurch die Gläubiger derart benachteiligt werden, dass eine Anerkennungsversagung tatsächlich ausnahmsweise zur Wirkung gelangt, so muss man sich konsequenterweise die Frage stellen, ob auch dann eine Verletzung des ordre public und mithin die Basis einer Anerkennungsversagung zu bejahen ist, wenn trotz missbräuchlicher Verlagerung des COMI keine Schlechterstellung der Gläubiger dahingehend eintritt, dass sowohl das „erschlichene" Rechtssystem als auch das eigentlich anzuwendende Rechtssystem die Gläubiger entweder von vornherein in gleicher Art und Weise oder jedenfalls unter dem Strich in vergleichbarer Art und Weise behandelt und somit nicht die Rede von einer Benachteiligung dieser sein kann. Zunächst scheint ein derartiger Fall, dass der Insolvenzschuldner einen COMI in einem anderen Mitgliedstaat vortäuscht, ohne dass hierdurch eine Gläubigerbenachteiligung entsteht, unwahrscheinlich: Wie sollen auf einer Seite – der des Schuldners – Vorteile erwachsen, wenn sich nicht als Folge auf der anderen Seite – der der Gläubiger – auch Nachteile ergeben? Zur Verdeutlichung sei

304 LG Köln v. 14.10.2011 – 82 O 15/08, NZI 2011, 957, 957; BFH v. 27.01.2016 – VII B 119/15, NZI 2016, 929, 930 Rn. 23.

305 Vgl. LG Köln v. 14.10.2011 – 82 O 15/08, NZI 2011, 957 Rn. 82.

hierbei das bereits angesprochene Beispiel der Restschuldbefreiung genannt.[306] Wenn der Schuldner in diesem Fall seinen COMI dem Anschein nach in einen Staat verlegt hat, in dem die Restschuldbefreiung unter für ihn vereinfachten Bedingungen zu erreichen ist – zum Beispiel aufgrund des schnelleren Eintritts derselben, also einer kürzeren Wohlverhaltensperiode –, so leiden hierunter die Bedürfnisse der Gläubiger.[307] Konkret festmachen lässt sich dies gut am Beispiel des Zeitpunkts des Wirksamwerdens der Restschuldbefreiung: je früher diese eintritt, umso weniger Zeit verbleibt den bis dahin un- oder nicht vollständig befriedigten Gläubigern, ihre noch bestehenden Ansprüche gegen den Schuldner geltend zu machen, dem Schuldner hingegen wird ein früherer Abschluss mit den angehäuften Schulden ermöglicht. Was also der Vorteil des Schuldners ist, spiegelt sich auf Seiten der Gläubiger als deutlicher Nachteil wider. Die Vortäuschung des COMI in einem anderen Staat macht von Seiten des Schuldners jedoch gerade nur dann Sinn, wenn für diesen hiermit Vorteile, für die Gläubiger

306 Vgl. hierzu beispielsweise *Frege/Keller/Riedel* Teil 5 Kap. 1. Rn. 2091: während sich die deutsche und österreichische Restschuldbefreiung ähnelt, sind Restschuldbefreiungen in England, Teilen Frankreichs und Irland wesentlich schuldnerfreundlicher ausgestaltet. Lediglich wenn ein Sekundärinsolvenzverfahren vor Eintritt der Restschuldbefreiung eröffnet wurde, besteht für Gläubiger über die kurze Verfahrensdauer dieser hinaus die Möglichkeit einer Geltendmachung ihrer Forderungen durch entsprechende Anmeldung. Vgl. auch BGH v. 18.09.2014 – VII ZR 58/13, NJW-RR 2014, 1512, 1514 f.

307 Vgl. hierzu beispielsweise die französische Restschuldbefreiung (MüKo InsO/*Stephan* Vorbem. Vor §§ 286 bis 303 Rn. 67). Natürlichen Personen, die nach französischem Recht unter das Regelinsolvenzverfahren fallen, kommt in der Regel mit Abschluss des Insolvenzverfahrens eine unmittelbare Restschuldbefreiung zugute, sofern nicht im Gesetz genannte Ausnahmen hinsichtlich einzelner Forderungen greifen, Art. L.643-11 Ccom. Dem Regelinsolvenzverfahren unterfallen hierbei grundsätzlich nur natürliche Personen, die Kaufleute, Handwerker oder Landwirte sind, Art. L.620-2 Ccom. Sonstige natürliche Personen unterfallen nur unter der Bedingung dem Regelinsolvenzverfahren und damit einer sofortigen Restschuldbefreiung, wenn sie ihren Wohnsitz in den Départements Bas-Rhin, Haut-Rhin oder Moselle, mithin Elsass-Lothringen, haben, Art. L.670-1 Ccom. Im Rahmen einer günstigeren Restschuldbefreiungsmöglichkeit für den Schuldner sei ebenso auf das englische Recht verwiesen, welches oftmals als Ziel des Insolvenztourismus gewählt wurde (vgl. *Frege/Keller/Riedel* Teil 5 Kap. 1 Rn. 2091), jedoch hier aufgrund der Folgen des Brexit und damit auch der Abkehr von der europäischen Insolvenzordnung außer Acht gelassen wird.
Vgl. generell für einen Überblick über den Ablauf der Restschuldbefreiung in unterschiedlichen EU Mitgliedstaaten: *Allemand u.a.*, NZI 2014, 1 ff.

also entsprechend Nachteile, verbunden sind. Eine Vortäuschung, welche die Situation der Gläubiger und somit auch die des Schuldners unbeeinträchtigt lässt, dürfte in der Praxis daher quasi ausgeschlossen sein. Nichtsdestotrotz soll dieser Fall nicht außer Acht gelassen und untersucht werden, inwiefern das Eingreifen des ordre public-Vorbehalts gerechtfertigt wäre.

Verneinte man das Eingreifen des ordre public, so würde ein missbräuchliches Verhalten des Schuldners keinerlei Konsequenzen nach sich ziehen. Das als bestimmtes Ziel gesetzte Verhindern des betrügerischen oder missbräuchlichen forum shopping würde lediglich als leere Hülle fortbestehen. Die Gerichte würden sich selbst ihre Seriosität und ihren Respekt absprechen, wenn sie eine als missbräuchlich erkannte COMI Verlagerung keiner Konsequenz unterwerfen würden. Es wäre nicht auszuschließen, dass eine Reihe nachfolgender Schuldner ihr Glück versuchen und ihren COMI verlegen würden, in der Hoffnung, die Gerichte sowohl des (vermeintlichen) Eröffnungsstaats als auch der Anerkennungsstaaten würden eine Gläubigerbenachteiligung nicht erkennen und daher einen eigentlich falschen COMI weiterhin als Maßstab der internationalen Zuständigkeit zugrunde legen. Ferner dürfte auch ein rein praktisches Problem dafürsprechen, trotz fehlender Gläubigerbenachteiligung die missbräuchliche COMI Verlagerung dem ordre public-Vorbehalt zu unterwerfen. Nur wenn tatsächlich eine Gläubigerbenachteiligung mit Sicherheit ausgeschlossen werden kann, könnte man eine COMI Verlagerung als nicht ordre public-widrig ansehen. Um jedoch jegliche Zweifel hinsichtlich einer derartigen Benachteiligung ausschließen zu können, müssten die Gerichte nicht nur ihr eigenes nationales Insolvenzrecht fehlerfrei beherrschen, sondern zusätzlich auch das des anderen Staates bis ins letzte Detail kennen. Hieran dürften jedoch Zweifel bestehen.

Gegen die Anwendung des ordre public-Vorbehalts spricht jedoch dessen restriktive Anwendbarkeit als bloße ultima ratio. Was, wenn zwar eine Verlegung des COMI stattgefunden hat, diese jedoch nicht als missbräuchlich anzusehen ist? Beispielsweise wenn, wie im problematisierten Fall, keine Gläubigerbenachteiligung hieraus folgt.[308] Eine COMI Verlagerung ist dann als missbräuchlich

---

308 Im Fall Deutschlands als Anerkennungsstaat muss hierbei § 1 S. 1 InsO Beachtung geschenkt werden. Dieser schreibt die gemeinschaftliche Befriedigung aller Gläubiger vor. Den Gläubigern kommt im Rahmen des Insolvenzverfahrens somit ein besonderer Schutz vor ungerechter Behandlung und Übervorteilung zu. Inwiefern ist jedoch dieser geforderte Schutz überhaupt gefährdet, wenn die missbräuchliche COMI Verlagerung nicht zu einem Nachteil der Gläubiger führt? Wenn mangels Gläubigerbenachteiligung bereits das Ziel des Insolvenzverfahrens keiner Gefahr

zu bejahen, wenn diese gerade aus dem Grund erfolgt, einen anderen Gerichtsstand als den international maßgeblichen zu erreichen und wenn gerade durch diesen Gerichtsstand eine wesentliche Beeinträchtigung der Gläubigerinteressen erfolgt.[309] Das Vorliegen einer Missbräuchlichkeit wäre in der Folge zwar nicht auf den subjektiven Willen des Insolvenzschuldners, seine Gläubiger bewusst schädigen zu wollen, zu stützen, allerdings ebenso wenig auf eine weit objektivierte Betrachtungsweise, dass alleine die Täuschung über den angeblich verlegten COMI zur Qualifizierung als missbräuchlich ausreicht. Vielmehr würde eine enge objektivierte Betrachtungsweise dahingehend angewandt, dass zur Täuschung über den Ort des COMI als zusätzliche Voraussetzung eine wesentliche Beeinträchtigung der Gläubiger hieraus resultieren muss, die jedoch auch nur objektiv sowie potenziell zu bestimmen sein kann; ob tatsächlich eine Gläubigerbenachteiligung gegeben ist, wird erst nach Ablauf bzw. während des Verfahrens mit Sicherheit festgestellt werden können.[310] Unter Berücksichtigung

---

ausgesetzt ist, kann auch der ordre public-Vorbehalt nicht greifen. Nur wenn die öffentliche Ordnung derart in ihren Grundprinzipien betroffen und gefährdet ist, kommt dieser als ultima ratio zur Anwendung. Wenn aber das wesentlichste Ziel des § 1 InsO nicht betroffen ist, wo soll dann Platz für eine derartige Ausnahmeregelung des Art. 33 EuInsVO sein?

309 Erw.Gr. 30 EuInsVO a.E.; Beck/Depré/*Kammel* § 39 Rn. 10.

310 Allerdings könnte eine Gläubigerbenachteiligung durch das Vorspiegeln eines falschen COMI auch bereits pauschal mit dem Argument bejaht werden, dass sich die Gläubiger nunmehr auf ein neues, ihnen in der Regel fremdes Rechtssystem einstellen müssen, was mit einem Mehraufwand an Zeit und eventuell extra anfallenden Kosten für eine ausländische Rechtsberatung zu Buche schlagen würde. Die meisten Gläubiger des Insolvenzschuldners werden in der Regel in dem Staat ansässig sein, in dem auch der COMI des Schuldners vor dessen Verlagerung zu finden gewesen wäre und mithin dessen Rechtssystem Anwendung hätte finden müssen. Die Einlassung auf das Recht eines anderen Mitgliedstaats könnte den Aufwand der Gläubiger beispielsweise hinsichtlich der wirksamen Anmeldung ihrer Forderungen oder einer möglichen Geltendmachung zwischen Ende des Insolvenzverfahrens und Eintritts der Restschuldbefreiung nachteilig beeinträchtigen. Indes darf nicht die Tatsache übergangen werden, dass selbst im eigentlich richtigen Staat der Verfahrenseröffnung ein Großteil der Gläubiger nicht derart fundierte Kenntnisse vom Ablauf der Insolvenz haben wird, dass diese ohne jegliche Hinzuziehung eines rechtlichen Beraters handeln werden; entsprechende Kosten würden mithin anfallen, unabhängig in welchem Staat das Insolvenzverfahren eröffnet würde. Dies gilt insbesondere auch für die Durchführung von Neben- oder Annexklagen. Ferner kann auch nicht von vornherein ohne jegliche Nachprüfung die Behauptung aufgestellt werden, dass ein Geltendmachen der eigenen Forderung – sei es nun über die Anmeldung zur Tabelle oder eine Geltendmachung zwischen Verfahrensende und Restschuldbefreiung – oder die Erhebung einer

dieser Herangehensweise würde der bereits dargestellte Fall, dass die COMI Verlagerung nicht zu einer Benachteiligung der Gläubiger führt, bereits mangels Missbräuchlichkeit nicht zum Eingreifen des ordre public-Vorbehalts führen. Die vorangegangene Argumentation wäre mithin hinfällig.

Nach einer anderen Ansicht wird eine Missbräuchlichkeit hingegen bereits dann angenommen, wenn der Insolvenzschuldner das Insolvenzgericht täuscht und sich einen anderen COMI erschleicht.[311] Eine Beeinträchtigung von Gläubigerinteressen wird nicht als zusätzliche Bedingung vorausgesetzt; ausreichend ist, dass der Verfahrensgegner die von ihm behauptete Täuschung nachweist.[312] Diese Ansicht lässt also einen weiten objektiven Maßstab und somit niedrigere Voraussetzungen für die Bejahung der Missbräuchlichkeit genügen. In diesem Fall wäre sodann wieder auf die gerade aufgezeigte Argumentation zurückzugreifen, um das Eingreifen des ordre public-Vorbehalts abzuklären.

(b) Maßstab einer missbräuchlichen COMI Verlagerung

Es stellt sich somit die Frage, wie eng die Voraussetzungen der Missbräuchlichkeit tatsächlich zu ziehen sind. Unter Beachtung einer restriktiven Anwendung des ordre public-Vorbehalts müsste man hierbei zu dem Ergebnis kommen, dass nur die enge objektivierte Betrachtungsweise dieser Genüge tun kann. Wenn der Vorbehalt der öffentlichen Ordnung bei Missbräuchlichkeit der COMI Verlagerung eingreift, müsste zu dessen restriktiver Anwendung gerade diese Missbräuchlichkeit ebenfalls restriktiv ausgelegt werden, um den ordre public-Vorbehalt in dieser Form nicht zu unterlaufen. Eine derartige restriktive Auslegung wird durch das – zur weit objektiven Betrachtung zusätzlichen – Erfordernis einer zumindest potenziellen Gläubigerbenachteiligung gesichert.

Klage in einem anderen Staat immer als nachteilig zu betrachten ist; möglicherweise enthalten anderen Rechtssysteme gläubigerfreundlichere Regelungen als im eigenen Herkunftsstaat. Eine solche Behauptung wäre jedoch notwendig, um eine pauschale Gläubigerbenachteiligung durch die COMI Verlagerung zu begründen.

311 LG Berlin v. 09.07.2013 – 16 O 455/12, NZI 2014, 581, 581; *Mankowski*, KTS 2011, 185, 205; Uhlenbruck/*Lüer* Art. 26 EuInsVO a.F. Rn. 6; AG Göttingen v. 10.12.2012 – 74 IN 28/12, NZI 2013, 206, 206 f., das jedenfalls zunächst nicht davon spricht, dass die Erschleichung des COMI missbräuchlich sein muss. Vgl. Abschnitt III, der nicht auf die Missbräuchlichkeit eingeht, und hierauf Bezug nehmend Abschnitt IV. 1. a.E. Diese Aussage wird jedoch später wieder revidiert, wenn das Gericht sagt, die „grundlegende Aufgabe eines Gerichtes [sei] das Verhindern gezielten Erschleichens und Missbrauchs seiner Zuständigkeit", vgl. Abschnitt IV. 3.

312 BGH v. 10.09.2015 – IX ZR 304/13 = NZI 2016, 93, 95 Rn. 20.

Trotz der generell begrenzten Anwendbarkeit des ordre public-Vorbehalts darf jedoch – für den Fall Deutschlands als Anerkennungsstaat – nicht das Ziel des deutschen nationalen Insolvenzrechts außer Acht gelassen werden: die gemeinschaftliche und gleichmäße Befriedigung der Gläubiger, mithin die Schaffung und Erhaltung eines hohen Gläubigerschutzniveaus. Dieses, der Insolvenzordnung vorrangige, Ziel muss aufgrund seiner Bedeutung und prägenden Wirkung für das Insolvenzverfahren als Teil der deutschen öffentlichen Ordnung angesehen werden und mithin im Rahmen des Art. 33 EuInsVO Berücksichtigung finden.

Ein solches Schutzniveau kann aber gerade nur dann erreicht werden, wenn der Schutzwirkung ein großer Anwendungsbereich zukommt, das heißt wenn nicht bereits zu Beginn des Verfahrens positiv die Kenntnis über eine Gläubigerbenachteiligung vorliegen muss. Der Schutz der Gläubiger wäre nicht effektiv, wenn dieser erst nach Bejahung einer Gläubigerbenachteiligung, also während oder nach Ende des Insolvenzverfahrens, zu wirken beginnen würde und damit eine Rückabwicklung bisheriger Maßnahmen durch das späte Eingreifen des ordre public-Vorbehalts anzudenken wäre. Effektiver ist es, etwaige Gläubigerbenachteiligungen erst gar nicht aufkommen zu lassen. Dies ist jedoch nur dadurch sicherzustellen, dass die Gefahr für ein Auftreten solcher bereits von Anfang an gebannt wird. Dies wiederum ist dadurch zu erreichen, dass die Missbräuchlichkeit unter einer weiten objektivierten Betrachtungsweise analysiert wird und somit das Eingreifen des ordre public-Vorbehalts in zeitlicher Hinsicht bereits an die Eröffnung des Insolvenzverfahrens und nicht erst an etwaige tatsächlich den Gläubiger benachteiligende Maßnahmen in dessen Verlauf anknüpft.

Trotzdem würde durch eine weite objektivierte Betrachtung der Ausnahmecharakter des Art. 33 EuInsVO umgangen; zwar reicht nicht allein die COMI Verlagerung zur Annahme eines ordre public-Verstoßes aus, sondern es muss ein täuschendes Element seitens des Insolvenzschuldners vorliegen. Ungeachtet dessen ist eine derartige Sichtweise zu weitgreifend. Begründen lässt sich dies zum einen mit Art. 33 EuInsVO selbst. Dieser verlangt, dass die Verfahrensanerkennung oder –vollstreckung mit der öffentlichen Ordnung, „insbesondere mit den Grundprinzipien oder den verfassungsmäßig garantierten Rechten und Freiheiten des Einzelnen", nicht zu vereinen ist. Diese nicht abgeschlossene, beispielhafte Aufzählung der Rechte des Einzelnen deutet darauf hin, dass das Vorliegen dieses Versagungsgrunds nicht allein von der Vortäuschung eines anderen COMI abhängig gemacht werden darf. Vielmehr bedarf es darüber hinaus einer Betrachtung insoweit, dass durch ein Handeln des Schuldners – wie eben das Vortäuschen eines anderen COMI – auch eine tatsächlich spürbare Auswirkung für einzelne Verfahrensbeteiligte zu messen sein muss. Diese derartige

Auswirkung lässt sich allerdings nur dann feststellen, wenn, wie im Rahmen der engen objektiven Betrachtung, eine Gläubigerbenachteiligung durch die COMI Verlagerung geprüft und bejaht wird. Zum anderen spricht auch die Existenz des Art. 5 Abs. 1 EuInsVO für eine enge objektive Auslegung. Dieser bietet Gläubigern die Möglichkeit, im Wege der Anfechtung gegen eine Verfahrenseröffnung vorzugehen. Als Grund der Anfechtung wird ausdrücklich die internationale Zuständigkeit genannt und damit auch gerade der hier problematisierte Fall einer betrügerischen oder missbräuchlichen COMI Verlagerung erfasst.[313] Aufgrund dieses Art. 5 Abs. 1 EuInsVO wird der Gläubiger also auf ein Vorgehen im Staat der Verfahrenseröffnung verwiesen.[314] Sofern aber Rechtsmittel im Erststaat bestehen, muss sich der Gläubiger aufgrund des zwischen den Mitgliedstaaten bestehenden Grundsatzes des gegenseitigen Vertrauens auf gerade diese Rechtsmittel verweisen lassen.[315] Wenn aber die Einlegung von Rechtsmitteln möglich ist, kann demzufolge nicht auf den ordre public-Vorbehalt zurückgegriffen werden, der, wie bereits betont, nur in Ausnahmefällen als ultima ratio Geltung entfalten kann.

Es ist somit, insbesondere aufgrund letzterer Argumente, festzuhalten, dass nur dann eine die Anerkennung versagende Verletzung der öffentlichen Ordnung vorliegt, wenn die Täuschung über den Mitgliedstaat des COMI in einer rechtsmissbräuchlichen Art und Weise vollzogen wurde. Um diese Missbräuchlichkeit festzustellen bedarf es, entsprechend der engen objektivierten Betrachtung, einer Benachteiligung der Gläubiger. Diese fehlt, wenn die Gläubiger jedenfalls unter dem Strich durch die Anwendung eines anderen Rechtssystems nicht schlechter stehen, als wenn das eigentlich, ohne das Vorschieben eines anderen COMI Standorts, anwendbare Recht zur Anwendung gekommen wäre. Liegt also keine Benachteiligung der Gläubiger vor, so ist die Missbräuchlichkeit der COMI Verlagerung und infolgedessen auch die Anwendbarkeit des ordre public-Vorbehalts zu verneinen. Bei einer bloßen Täuschung sind die Gläubiger auf Art. 5 Abs. 1 EuInsVO verwiesen; der Maßstab einer weiten objektiven Betrachtung reicht nicht, um einen ordre public-Verstoß zu bejahen.

---

313 BGH v. 10.09.2015 – IX ZR 304/13 = NZI 2016, 93, 95 Rn. 22; Erw.Gr. 29 EuInsVO.

314 Vgl. Erw.Gr. 34 EuInsVO.

315 EuGH v. 02.05.2006 – C-341/04 (*Eurofood*), NZI 2006, 360, 362 Rn. 43; BGH v. 10.09.2015 – IX ZR 304/13 = NZI 2016, 93, 95 Rn. 21.

f. Versagung der Vollstreckung

Neben der Möglichkeit, die Anerkennung eines ausländischen Verfahrens zu versagen, beinhaltet Art. 33 EuInsVO ebenso die Möglichkeit, die Vollstreckung in diesem Verfahren ergangener Entscheidungen aufgrund eines ordre public-Verstoßes zu verweigern. Aufgrund der Formulierung des Art. 33 EuInsVO muss es sich bei der Vollstreckungsversagung um eine von der Anerkennungsversagung unabhängige Entscheidung des Zweitstaats handeln. So wird nicht davon gesprochen, dass jeder Mitgliedstaat die Verweigerungsmöglichkeit habe, „ein von einem anderen Mitgliedstaat eröffnetes Insolvenzverfahren anzuerkennen und eine in einem solchen Verfahren ergangene Entscheidung zu vollstrecken", was auf eine einheitliche Versagung hindeuten würde. Art. 33 EuInsVO spricht vielmehr davon, die Anerkennung oder die Vollstreckung zu verweigern. Dies schließt mithin natürlich nicht die Verweigerung beider aus. Gleichwohl ist hieraus erkennbar, dass der Verordnungsgeber sowohl die Anerkennungs- als auch die Vollstreckungsversagung als jeweils eigenständige Versagungsmöglichkeiten anerkennt, deren Voraussetzungen sich jedoch jeweils nach dem ordre public richten. Es darf hierbei allerdings nicht pauschal von einer inhaltlichen Übereinstimmung dieses Begriffs ausgegangen werden. Sowohl das ursprüngliche Verfahren als auch das auf diesem beruhende Vollstreckungsverfahren können im nationalen Recht unterschiedlichen Verfahrensregelungen unterliegen, die jeweils zur Ausfüllung des entsprechenden ordre public Begriffs im konkreten Einzelfall herangezogen werden müssen.

Im Rahmen der Vollstreckungsversagung der EuInsVO ist zudem Art. 32 Abs. 1 Unterabs. 1 S. 2 EuInsVO Beachtung zu schenken. Gemäß dieser Regelung wird die Vollstreckung nach dem in der EuGVVO festgeschriebenen Verfahren der Art. 39 bis 44 EuGVVO vollzogen bzw. gemäß den in Art. 47 bis 57 EuGVVO enthaltenen Voraussetzungen versagt. Die Art. 45 und 46 EuGVVO sind aus dieser Verweisung ausgenommen, was verdeutlicht, dass als Gründe für eine Vollstreckungsversagung nicht diejenigen der EuGVVO herangezogen werden können.[316] Vielmehr bleibt der einzige Versagungsgrund der des Art. 33 EuInsVO, ein offensichtlicher Verstoß gegen die öffentliche Ordnung des Zweitstaats. Durch das als Rechtsgrundverweisung[317] zu verstehende Normzitat wird

---

316 Braun/*Ehret* Art. 32 EuInsVO Rn. 11; vgl. zur alten Fassung der EuInsVO: *Stürner*, IPRax 2005, 416, 418 f.; K. Schmidt/*Brinkmann* Art. 25 EuInsVO a.F. Rn. 13; MüKo InsO/*Thole* Art. 25 EuInsVO a.F. Rn. 13.

317 Braun/*Ehret* Art. 32 EuInsVO Rn. 9; Nerlich/Römermann/*Nerlich/Hübler* Art. 25 EuInsVO a.F. Rn. 24.

die Vollstreckungsversagung allerdings zu einem antragsbedürftigen Instrument ausgestaltet.[318] Der Ausschluss des Art. 46 EuGVVO ist nicht in der Weise zu verstehen, dass die Antragstellung als solche entfällt, sondern lediglich hinsichtlich der Gründe eines solchen Antrags. Anderenfalls würde die Verweisung auf die Normen der Art. 47 ff. EuGVVO, die nur bei Bestehen eines Antragserfordernisses Sinn ergeben, abwegig sein. Fraglich wird hierbei wer Berechtigter hinsichtlich einer derartigen Antragsstellung ist. Art. 46 EuGVVO nennt als einzigen Berechtigten den Schuldner selbst, im Fall eines klassischen Verfahrens nach der EuInsVO mithin den Insolvenzschuldner. Gerade diese Norm ist aber für insolvenzrechtliche Verfahren, wie soeben gesehen, nicht anwendbar. Denkbar wäre daher, dass im Umkehrschluss hieraus für Fälle der EuInsVO alle Berechtigen[319] befugt sind, einen Antrag auf Versagung der Vollstreckung zu stellen. Dies kann hiermit jedoch nicht gemeint sein. Sinngemäß meint auch Art. 47 EuGVVO den Antrag des Schuldners im Sinne von Art. 46 EuGVVO. Da für die Art. 46 ff. EuGVVO generell Anträge anderer Personen gem. Art. 46 EuGVVO ausgeschlossen sind, ist es nicht notwendig, dass jede weitere Norm diese Voraussetzung nochmals wiederholt. Der Verweis in Art. 31 Abs. 1 Unterabs. 1 S. 2 EuInsVO schließt auch Art. 46 EuGVVO nicht deshalb aus seiner Verweisung aus, weil hierdurch die Einschränkung der Antragsbefugnis auf den Schuldner umgangen werden soll. Sinn und Zweck dieses Ausschlusses ist vielmehr der in Art. 46 EuGVVO enthaltene Verweis auf die Versagungsgründe des Art. 45 EuGVVO, denn diese sollen in insolvenzrechtlichen Sachverhalten ja gerade nicht zur Anwendung gelangen. Der Unterschied zur Anerkennungsversagung findet sich somit nicht auf inhaltlicher Ebene wieder, sondern in der Geltendmachung der Versagung.

2. Versagungsgründe in der EuGVVO

a. Überblick

Im Gegensatz zur EuInsVO findet sich in der EuGVVO nicht nur ein Grund, auf den die Versagung einer Anerkennung gestützt werden kann. Maßgebliche Norm für Entscheidungen in Zivil- und Handelssachen ist Art. 45 Abs. 1 EuGVVO. Vergleichbar mit Art. 33 EuInsVO enthält Art. 45 Abs. 1 lit. a) EuGVVO ebenfalls einen ordre public-Vorbehalt. Wie bei der EuInsVO erstreckt sich dieser sowohl auf den verfahrens- als auch den materiell-rechtlichen ordre

318 Vgl. K. Schmidt/*Brinkmann* Art. 25 EuInsVO a.F. Rn. 13.

319 Was unter „alle Berechtigten“ zu verstehen ist, siehe c. Antragserfordernis, S. 114.

public Begriff und soll als ultima ratio nur in Ausnahmefällen einer Anerkennung entgegenstehen.[320]

Mit der Möglichkeit einer Anerkennungsversagung über den ordre public-Vorbehalt endet Art. 45 Abs. 1 EuGVVO jedoch nicht. Vielmehr enthält dieser noch weitere, gegenüber Art. 45 Abs. 1 lit. a) EuGVVO speziellere und diesen daher verdrängende,[321] Anerkennungshindernisse. Art. 45 Abs. 1 lit. b) EuGVVO macht die fehlende Gewährung rechtlichen Gehörs im Stadium vor der Verfahrenseröffnung zu seinem Inhalt; eine Missachtung des Rechts auf rechtliches Gehör in einem späteren Verfahrensstadium wird nicht von lit. b) erfasst, sondern ist unter die Auffangnorm des lit. a) zu subsumieren.[322] Grundlegend für lit. b) ist, wie sich naturgemäß bereits daraus ergibt, dass die EuGVVO den Fall der Anerkennung einer mitgliedstaatlichen Entscheidung in einem anderen Mitgliedstaat zum Gegenstand hat, dass eine in einem Mitgliedstaat ergangene Entscheidung in einem anderen anerkannt oder vollstreckt werden soll. Als verfahrenseinleitende Schriftstücke sind hierbei Schriftstücke zu bezeichnen, die den Beklagten durch ihre Zustellung in Kenntnis hinsichtlich der Eröffnung eines Rechtsstreits versetzen und ihm damit die Möglichkeit der Ausübung seiner Rechte in diesem Rechtstreit geben.[323] Art. 45 Abs. 1 lit. b) EuGVVO bedarf zu seiner Einschlägigkeit ferner eines kontradiktorischen Verfahrens.[324]

Als weiteren Versagungsgrund enthält Art. 45 Abs. 1 lit. c) EuGVVO die Möglichkeit, eine Ablehnung der Anerkennung auf eine bereits zwischen denselben Parteien ergangene inländische Entscheidung zu stützen, deren Inhalt mit dem der anzuerkennenden Entscheidung eines EU-Drittstaats unvereinbar ist. Dies ist dann der Fall, wenn die Rechtsfolgen dieser beiden Entscheidungen in einer

---

320 *Sujecki*, ZEuP 2008, 458, 462 f.; Saenger/*Dörner* Art. 45 EuGVVO Rn. 2, 3; Musielak/Voit/*Stadler* Art. 45 EuGVVO Rn. 3.

321 Saenger/*Dörner* Art. 45 EuGVVO Rn. 2.

322 Vgl. *Sujecki*, ZEuP 2008, 458, 463; Saenger/*Dörner* Art. 45 EuGVVO Rn. 13.

323 EuGH v. 13.07.1995 – C-474/93, IPRax 1996, 262, 263; Musielak/Voit/*Stadler* Art. 45 EuGVVO Rn. 8; Saenger/*Dörner* Art. 45 EuGVVO Rn. 14.

324 Vgl. schon EuGH v. 21.05.1980 – RS 125/79, IPRax 1981, 95, 96; Saenger/*Dörner* Art. 45 EuGVVO Rn. 13. Wenn *Dörner* hierbei zudem davon spricht, Art. 45 Abs. 1 lit. b) EuGVVO betreffe nur selbstständige Hauptverfahren und keine Annexentscheidungen, so sind hiermit nicht Annexentscheidungen im Sinne der vorliegenden Arbeit gemeint. Die in diesem Rahmen untersuchten Annexverfahren stellen selbst vielmehr eigenständige Hauptverfahren im Sinne von *Dörner* dar und nicht bloße Anhängsel des vordergründig eröffneten Insolvenzverfahrens, welches bereits nicht in den Anwendungsbereich der EuGVVO und insbesondere mangels kontradiktorischen Charakters nicht unter Art. 45 Abs. 1 lit. b) EuGVVO fällt.

Art und Weise kollidieren, dass eine parallele Geltung derselben ausgeschlossen ist.[325] Ausschlaggebende Kriterien sind hierbei nicht die Voraussetzungen oder der Streitgegenstand der zu untersuchenden Entscheidungen, sondern vielmehr deren Wirkungen, die ihnen nach dem Recht des erkennenden Staats zukommen und die sich für die anzuerkennende EU-ausländische Entscheidung aufgrund der Wirkungserstreckung auch so im anerkennenden Staat auswirken.[326] Art. 45 Abs. 1 lit. c) EuGVVO ist somit im Zusammenspiel mit dem in Art. 29 Abs. 1 EuGVVO festgehaltenen Prioritätsgrundsatz sowie den weiteren Regelungen zur Berücksichtigung der Rechtshängigkeit in Art. 30, 31 EuGVVO zu sehen. Die Art. 29 bis 31 EuGVVO dienen dazu, unvereinbare Entscheidungen im Sinne des Art. 45 Abs. 1 lit. c) EuGVVO zu verhindern.[327] Kommt es doch einmal zu einer derartigen Konstellation, gewährt Art. 45 Abs. 1 lit. c) EuGVVO der inländischen Entscheidung den Vorrang.[328]

Ein dem vorherig beschriebenen Anerkennungsversagungsgrund ähnlicher Versagungsgrund findet sich in Art. 45 Abs. 1 lit. d) EuGVVO; auch hier kommt es maßgeblich auf die Unvereinbarkeit der zur Anerkennung in Frage stehenden Entscheidung mit einer bereits zuvor ergangenen Entscheidung an. Anders als in lit. c) handelt es sich bei der früheren Entscheidung jedoch nicht um eine nationale Entscheidung des nun anerkennenden Staats, sondern um eine weitere ausländische Entscheidung – unabhängig davon, ob von einem anderen Mitgliedstaat oder einem Drittstaat –, die zusätzlich hierzu inhaltlich denselben Anspruch voraussetzt, wie die nun zu betrachtende Entscheidung. Nicht von lit. d) erfasst wird der Fall, wenn sowohl die erste als auch die zweite Entscheidung aus ein und demselben Mitgliedstaat herrühren.[329] Der Wortlaut dieses Versagungsgrunds verlangt in inhaltlich engerer Formulierung als lit. c), dass die kollidierenden Entscheidungen denselben streitigen Anspruch zum Inhalt haben müssen. Nichtsdestotrotz setzt sich die herrschende Meinung hierüber hinweg

---

325 Vgl. EuGH v. 04.02.1988 – 145/86, NJW 1989, 663, 664 Rn. 22; EuGH v. 06.06.2002 – C-80/00, NJW 2002, 2087, 2087 Rn. 40, 44; Saenger/*Dörner* Art. 45 EuGVVO Rn. 23; Musielak/Voit/*Stadler* Art. 45 EuGVVO Rn. 14.

326 Vgl. EuGH v. 06.06.2002 – C-80/00, NJW 2002, 2087, 2087 Rn. 44; Musielak/Voit/*Stadler* Art. 45 EuGVVO Rn. 14; Saenger/*Dörner* Art. 45 EuGVVO Rn. 23; Rauscher/*Leible* Art. 45 EuGVVO Rn. 63.

327 MüKo ZPO/*Gottwald* Art. 29 EuGVVO Rn. 1.

328 Musielak/Voit/*Stadler* Art. 45 EuGVVO Rn. 12.

329 EuGH v. 26.09.2013 – C-157/12, NJW 2014, 203, 204, Rn. 30, 40; so auch bereits die Vorlageentscheidung BGH v. 08.03.2012 – IX ZB 144/10, ZIP 2012, 996; Saenger/*Dörner* Art. 45 EuGVVO Rn. 26.

und bestimmt das Vorliegen der Unvereinbarkeit der maßgeblichen Entscheidungen in paralleler Weise zum Versagungsgrund des lit. c).[330] Folge des Art. 45 Abs. 1 lit. d) EuGVVO ist die Geltung eines Prioritätsprinzips dahingehend, dass die Anerkennung sich nur auf die frühere der beiden kollidierenden Entscheidungen erstreckt und diese somit vorrangige Geltung genießt.[331]

Zu guter Letzt eröffnet die EuGVVO noch die Möglichkeit einer Nichtanerkennung, wenn die in Frage stehende Entscheidung mit bestimmten Teilen des Gesetzestextes der EuGVVO selbst unvereinbar ist, Art. 45 Abs. 1 lit. e) EuGVVO. Dieser Versagungsgrund ist im Zusammenhang mit Abs. 3 desselben Artikels zu betrachten. Hiernach unterliegt die Zuständigkeit des eröffnenden Gerichts grundsätzlich keiner Nachprüfung durch das anerkennende Gericht, wobei sich die Zuständigkeit hier auf die internationale beschränkt.[332] Dies erklärt sich daraus, dass die EuGVVO in Art. 4 EuGVVO nur eine Regelung hinsichtlich der internationalen Zuständigkeit trifft; die Zuordnung der örtlichen und sachlichen Zuständigkeit bleibt Aufgabe der nationalen Regelungen. Wenn aber die EuGVVO somit nur eine dieser drei Zuständigkeiten zu regeln vermag, kann nicht in Art. 45 Abs. 3 EuGVVO mit einem Mal ein erweitertes Verständnis zum Begriff der Zuständigkeit herangezogen werden. Die EuGVVO basiert, wie auch die EuInsVO, auf dem gegenseitigen Vertrauen der Mitgliedstaaten in die Rechtssysteme der anderen sowie deren Anwendung. Fehler des eröffnenden Staats hinsichtlich der Anwendung der Zuständigkeitsregelungen können daher grundsätzlich nicht vom anerkennenden Gericht geltend gemacht und gerügt werden.[333] Hier greift Art. 45 Abs. 1 lit. e) EuGVVO ein und macht eine Ausnahme von diesem Grundsatz. Im Fall ausschließlicher Zuständigkeiten (lit. e) ii)) sowie bei Zuständigkeiten, deren Festsetzung die schwächere Partei eines Verfahrens zu schützen bestimmt ist (lit. e) i)), kann die Anerkennung einer Entscheidung auf Antrag versagt werden, wenn diese unter Verletzung dieser besonderen Zuständigkeiten zustande gekommen sind.[334] Gleichzeitig schließt Abs. 3 S. 2 ausdrücklich aus, dass die Annahme einer falschen Zuständigkeit durch das

---

330 *Kropholler/v. Hein* Art. 34 EuGVVO a.F. Rn. 58; Musielak/Voit/*Stadler* Art. 45 EuGVVO Rn. 15; Rauscher/*Leible* Art. 45 EuGVVO Rn. 69; **offen gelassen, jedoch wohl eher a.A.:** Thomas/Putzo/*Hüßtege* Art. 45 EuGVVO Rn. 25.

331 Musielak/Voit/*Stadler* Art. 45 EuGVVO Rn. 15; Saenger/*Dörner* Art. 45 EuGVVO Rn. 26.

332 Musielak/Voit/*Stadler* Art. 45 EuGVVO Rn. 16.

333 Musielak/Voit/*Stadler* Art. 45 EuGVVO Rn. 16.

334 Musielak/Voit/*Stadler* Art. 45 EuGVVO Rn. 16.

eröffnende Gericht allgemein unter einen ordre public-Vorbehalt im Sinne des lit. a) fallen kann und bekräftigt somit die Ausnahmestellung von lit. e).

b. Ausschluss der Zuständigkeit vom ordre public

Mit Art. 45 Abs. 3 S. 2 hält die EuGVVO in ihrer Regelungssystematik eine Vorschrift bereit, die sich so nicht in der EuInsVO finden lässt: ein ausdrücklicher Ausschluss der internationalen Zuständigkeit vom Begriffsumfang des ordre public. Das Fehlen einer derartigen Norm führte in der Folge zu den zuvor bereits ausgeführten Überlegungen[335], erstens, inwiefern eine falsche Zuständigkeit überhaupt zur Versagung der Anerkennung führen kann und zweitens, wie die Anerkennungsversagung anlässlich dieses Grundes im Verhältnis zur Anfechtungsmöglichkeit des Art. 5 Abs. 1 EuInsVO steht. All dies scheint im Rahmen der EuGVVO nicht im gleichen Umfang von Relevanz zu sein. Die Existenz und der Wortlaut von Art. 45 Abs. 3 S. 2 EuGVVO machen unmissverständlich klar, dass nicht nur grundsätzlich – wie auch in der EuInsVO – die Annahme der internationalen Zuständigkeit des Eröffnungsgerichts unüberprüfbar ist, vielmehr können auch die schwerwiegendsten Verstöße dies nicht durchbrechen und anhand des ordre public-Vorbehalts einer Anerkennung im Wege stehen.[336] Andere Stimmen sprechen sich jedoch dafür aus, dass zumindest bei extremen Verstößen, die sich auch gegen Art. 6 EMRK wenden, eine ordre public-Kontrolle der internationalen Zuständigkeit möglich sein soll.[337] Es wird hierdurch eine teleologische Reduktion von Art. 45 Abs. 3 S. 2 EuGVVO verlangt.[338] Allerdings gilt es zu beachten, dass diese Ansicht noch zu Zeiten des EuGVÜ geprägt wurde, das die Vorgängerregelung zur alten Fassung der EuGVVO darstellt. Dessen Art. 28 Abs. 3 EuGVÜ wurde aber weder durch die EuGVVO a.F. noch durch

---

335 Siehe e. Die Verletzung des ordre public aufgrund fehlerhafter internationaler Zuständigkeit, S. 95 und iii. Geltendmachung einer fehlerhaften internationalen Zuständigkeit: Anfechtung gem. Art. 5 EuInsVO, S. 61 und (b) Maßstab einer missbräuchlichen COMI Verlagerung, S. 104.

336 Saenger/*Dörner* Art. 45 EuGVVO Rn. 28; vgl. Musielak/Voit/*Stadler* Art. 45 EuGVVO Rn. 2; vgl. auch Dauses/Ludwigs/*Kreuzer*/*Wagner* Q. Rn. 673; EuGH v. 28.03.2000 – C-7/98, NJW 2000, 1853, 1854 Rn. 33, in der der EuGH auch beim falschen Berufen auf das Kriterium der Staatsangehörigkeit keinen ordre public-Verstoß anerkennt.

337 *Piekenbrock*, IPRax 2000, 364, 365; vgl. *Matscher*, IPRax 2001, 428, 433; vgl. *Schlosser* in FS Heldrich, S. 1007, 1010 f.; *Kropholler/v. Hein* Art. 34 EuGVVO a.F. Rn. 8; Schlosser/Hess/*Hess* Art. 45 EuGVVO Rn. 37; Rauscher/*Leible* Art. 45 EuGVVO Rn. 74.

338 Vgl. *Matscher*, IPRax 2001, 428, 433; **a.A.** MüKo ZPO/*Gottwald*, Art. 45 EuGVVO Rn. 58.

die EuGVVO n.F. wesentlich geändert. Das Festhalten des Verordnungsgebers in seinem Ausschluss der internationalen Zuständigkeit vom ordre public trotz anderslautender Stimmen zeugt davon, dass die Formulierung des Art. 45 Abs. 3 S. 2 EuGVVO bewusst gewählt ist und somit auch tatsächlich ihrem Wortlaut gemäß verstanden werden muss. Das Fordern einer teleologischen Reduktion geht somit ins Leere; innerhalb von zwei Neuregelungen hat der Verordnungsgeber keine wesentlichen Änderungen geschaffen und damit eindeutig seinem Willen Ausdruck verliehen, die bisherige Regelung nicht zu ändern. Ferner kann auch die Reichweite der hier gegenüber gestellten Verordnungen ein Argument liefern, welches den strikten Ausschluss der internationalen Zuständigkeit aus dem ordre public zu unterstreichen vermag. Lässt man einmal den besonderen Fall der Einzelverfahren außen vor, so hat die EuInsVO mit Insolvenzverfahren derartige Verfahren zum Gegenstand, die sich in der Regel auf eine Vielzahl von Personen auswirken. Vollkommen voneinander unabhängige Personen, die nichts miteinander verbindet außer der Tatsache eines gemeinsamen Schuldners, werden durch die Eröffnung eines Insolvenzverfahrens in der Art ihrer Individualität beraubt, dass sich eine Gläubigergemeinschaft bildet, deren Befriedigung aufgrund einer – je nach konkreter Qualifikation der Gläubigerstellung – einheitlichen Vermögensverteilung erfolgt. Neben diesen bereits bestehenden Gläubigern können durch Rechtsgeschäft mit dem Insolvenzverwalter auch neue Gläubiger nach Verfahrenseröffnung hinzukommen. Der Schuldner an sich und die Menge all seiner rechtlichen Verbindungen, mithin eine große Anzahl Beteiligter, bilden den Gegenstand eines Verfahrens nach der EuInsVO. Anders stellt sich die Situation beim typischen Verfahren nach der EuGVVO dar. Gegenstand dieser sind kontradiktorische Verfahren, bei denen sich, geht man von der einfachsten Konstellation aus, zwei Parteien gegenüberstehen. Ein in diesem Verfahren ergangenes Urteil oder ein ergangener Beschluss betreffen und binden nur die direkt am Verfahren Beteiligten. Das Verhältnis zu beispielsweise anderen Gläubigern eines Beklagten wird hierdurch nicht beeinträchtigt. Den Auswirkungen eines unter die EuInsVO fallenden Verfahrens kommt somit grundsätzlich eine größere Reichweite zu, als denen eines Verfahrens unter der EuGVVO. Entsprechend dieser größeren Reichweite schränkt sich nun der Umfang der Versagungsmöglichkeit aufgrund fehlerhafter internationaler Zuständigkeit ein. Während diese in der EuInsVO nicht ausdrücklich vom Begriff der öffentlichen Ordnung ausgeschlossen wird, geschieht gerade dies jedoch im Rahmen der EuGVVO. Dieses engere Begriffsverständnis geht auch mit der Reichweite der EuGVVO konform. Aufgrund der stark personell eingegrenzten Bindungswirkung eines Urteils wirken sich potenzielle Fehler nur auf die beteiligten Parteien aus. Andere mit den Parteien in rechtlicher

Verbindung stehende Personen werden von einem Fehler nicht betroffen und erleiden hierdurch keinerlei Schäden. Da das Schädigungspotenzial daher geringer ist als im Rahmen der EuInsVO lässt sich erklären, warum die EuGVVO ein niedrigeres Schutzniveau ansetzt. Dementsprechend muss auch keine teleologische Reduktion vorgenommen werden und die internationale Zuständigkeit entgegen des eindeutigen Wortlauts des Art. 45 Abs. 3 S. 2 EuGVVO als Teil der öffentlichen Ordnung verstanden werden.

Wenn aber nun soeben angemerkt wurde, dass sich Verfahren nach der EuGVVO und der EuInsVO dahingehend unterscheiden, dass erstere in der Regel eine kleinere Anzahl von Personen betreffen und hinsichtlich der Rechtswirkung der Entscheidung binden, letztere hingegen diesbezüglich einen wesentlich größeren Auswirkungsbereich haben, so stellt sich im Hinblick auf diese Arbeit die Frage, wie Einzelverfahren unter Beachtung dieser Unterschiede zu behandeln sind. Prägend für solche Verfahren ist nämlich gerade, dass Einzelverfahren unter diesem Aspekt generell eine wesentlich engere Ähnlichkeit zu Verfahren nach der EuGVVO aufweisen als zum klassischen Fall der EuInsVO mit der Durchführung eines Insolvenzverfahrens unter der Beteiligung einer Vielzahl von Personen. Obwohl es sich somit unabhängig von der Qualifikation um ein streitiges Einzelverfahren zwischen nur wenigen Beteiligten handelt, besteht unter der EuInsVO die Möglichkeit – wenn auch über den Umweg des Hauptverfahrens – die internationale Zuständigkeit des entscheidenden Gerichts im Rahmen des ordre public anzugreifen. Die EuGVVO bietet diese Möglichkeit gerade nicht.

c. *Antragserfordernis*

Nach Art. 45 Abs. 1 EuGVVO erfolgt die Versagung der Anerkennung nur auf Antrag eines Berechtigten. Unter Berechtigte sind zum einen der im Prozess unterlegene Schuldner, zum anderen die andere Partei des Verfahrens sowie deren jeweilige Rechtsnachfolger zu verstehen, mithin diejenigen gegenüber denen eine Entscheidung Rechtswirkung entfaltet.[339] Zudem können auch Dritte berechtigt sein, denen ein legitimes Rechtsschutzinteresse an der Feststellung zukommt.[340] Im Gegensatz hierzu steht Erwägungsgrund 29, der nur von einer Antragsberechtigung des Schuldners spricht. Da dieser Erwägungsgrund allerdings schlichtweg nur die Verteidigungsrechte des Schuldners zum Inhalt hat, wird in diesem Rahmen auch nur auf gerade dessen Antragsbefugnis

339 Saenger/*Dörner* Art. 45 EuGVVO Rn. 33; BeckOK ZPO/*Thode* § 1115 Rn. 17.
340 BeckOK ZPO/*Thode* § 1115 Rn. 17.

eingegangen. Erwägungsgrund 29 schließt somit andere Personen nicht von der Antragsbefugnis aus. Überdies würde auch eine abschließende Nennung dieser Befugnis aufgrund der Unverbindlichkeit der Erwägungsgründe gegenüber dem eigentlich verbindlichen Rechtstext der Verordnung zurückstehen.[341]

d. Anfechtungsmöglichkeit

Die EuGVVO sieht neben der Anerkennungsversagung über Art. 45 EuGVVO keine (zusätzliche) Möglichkeit vor, die Anerkennung einer Entscheidung durch Anfechtung zu verhindern. Lediglich in Art. 54 Abs. 2 EuGVVO spricht die Verordnung in ihrem Gesetzestext von einer Anfechtung. Deren Anwendungsbereich beschränkt sich jedoch auf den Fall der Anpassung einer Vollstreckungsmaßnahme im anerkennenden Staat im Sinne des Art. 54 Abs. 1 EuGVVO. Weder kann also die Vollstreckung an sich noch die vorher stattfindende Anerkennung nach der EuGVVO angefochten werden.

e. Zusätzliche Norm für die Vollstreckungsversagung

Neben Art. 45 EuGVVO, der sich mit der Versagung der Anerkennung einer EU-ausländischen Entscheidung befasst, beinhaltet die EuGVVO im nächsten Unterabschnitt desselben Abschnitts eigene Regelungen zur Versagung der Vollstreckung einer solchen Entscheidung. Als Hintergrund dieser Norm muss die Abschaffung des in der Vorgängerversion der EuGVVO noch geltenden Exequaturverfahrens gesehen werden.[342] Während Art. 38 Abs. 1 EuGVVO a.F. noch ausdrücklich eine gesonderte, auf entsprechenden Antrag eines Berechtigten hin erklärte Vollstreckbarkeit verlangt, streicht Art. 39 EuGVVO dieses Erfordernis und normiert die Vollstreckbarkeit ohne das Erfordernis einer gesonderten Vollstreckbarerklärung in den anderen Mitgliedstaaten.[343] Folge hiervon ist, dass eine Überprüfung etwaiger Versagungsgründe nur nachträglich auf Antrag des Schuldners gem. Art. 46 EuGVVO möglich gemacht und gewährt wird. Letztlich ähnlich steht hierzu auch die Vorgängerversion der EuGVVO. Gem. Art. 41 EuGVVO a.F. hing der Erfolg der gesonderten Vollstreckbarerklärung nur von formellen Voraussetzungen ab, eine Überprüfung etwaiger Versagungsgründe erfolgte explizit nicht.[344] Diese konnten lediglich ebenfalls nachträglich im

---

341 Siehe. ii. Drittstaatlicher Bezug, S. 74.

342 Vgl. Musielak/Voit/*Stadler* Art. 39 EuGVVO Rn. 1.

343 Vgl. hierzu auch Erw.Gr. 26 EuGVVO.

344 *Wagner*, IPRax 2002, 75, 83; *Stein*, WiRO 2003, 289, 292; *Mankowski*, RIW 2004, 481, 493 f.; Dauses/Ludwigs/*Kreuzer*/*Wagner*, Q. Rn. 733.

Rahmen eines Rechtsbehelfsverfahrens geltend gemacht werden, Art. 45 Abs. 1 S. 1 EuGVVO a.F.[345]

Die Versagung der Vollstreckung ist gem. Art. 46 EuGVVO abhängig von der Versagung der Anerkennung. Nur wenn ein Grund, der die Anerkennungsversagung herbeiführen kann gegeben ist, kann auch die Vollstreckung dieser Entscheidung versagt werden. Dies allerdings nur, wenn der Schuldner einen entsprechenden Antrag dahingehend stellt; das Gericht ermittelt etwaige Versagungsgründe des Art. 45 EuGVVO nicht von Amts wegen.[346] Ausdrücklich wird hier der Schuldner genannt und nicht – wie im Rahmen des Art. 45 Abs. 1 EuGVVO – der Antrag eines „Berechtigten" gefordert. Gläubiger und Dritte sind mithin nicht antragsberechtigt.[347] Der Ablauf des Verfahrens richtet sich sodann nach nationalen Rechtsvorschriften, in Deutschland nach § 1115 ZPO.[348] Folge eines erfolgreichen Verfahrens ist die Einstellung einer Vollstreckung mit territorial begrenzter Wirkung; im Erststaat sowie den übrigen Unionsstaaten wird die Vollstreckung nicht gehindert.[349]

f. Art. 36 Abs. 2 EuGVVO

Neben der Option, die Versagung einer Anerkennung zu erwirken, eröffnet die EuGVVO mit Art. 36 Abs. 2 EuGVVO auch die gegensätzliche Möglichkeit, positiv feststellen zu lassen, dass keine Anerkennungsversagungsgründe vorliegen.[350] Wird eine derartige Feststellung erreicht, ist gleichfalls einer Versagung der Vollstreckung der Boden entzogen, da diese nur auf dieselben Gründe gestützt werden kann, wie eine Versagung der Anerkennung. Wie auch in Art. 45 EuGVVO liegt die Antragsbefugnis bei allen Berechtigten, mithin der im Rahmen der fraglichen Entscheidung beteiligten Parteien sowie deren Rechtsnachfolgern oder Dritten.[351] Dies ist auch nur konsequent, stellen diese beiden Normen doch gerade jeweils eine Seite ein und derselben Medaille dar. Zwar

---

345 *Stein*, WiRO 2003, 289, 292; Dauses/Ludwigs/*Kreuzer/Wagner*, Q. Rn. 740 ff.

346 Musielak/Voit/*Stadler* Art. 46 EuGVVO Rn. 2.

347 Musielak/Voit/*Stadler* Art. 46 EuGVVO Rn. 1.

348 *Hau*, MDR 2014, 1417, 1419; Musielak/Voit/*Stadler* Art. 46 EuGVVO Rn. 1.

349 *Hau*, MDR 2014, 1417, 1419; Musielak/Voit/*Stadler* Art. 46 EuGVVO Rn. 2; Schlosser/Hess/*Hess* Art. 47 EuGVVO Rn. 9; Zöller/*Geimer* Art. 47 EuGVVO Rn. 11.

350 Auch interessant ist diese Feststellungsmöglichkeit für Entscheidungen, die nicht der Vollstreckung unterliegen, wie Gestaltungsurteile, Musielak/Voit/*Stadler* Art. 36 EuGVVO Rn. 3.

351 Saenger/*Dörner* Art. 36 EuGVVO Rn. 12; Musielak/Voit/*Stadler* Art. 36 EuGVVO Rn. 4; Zöller/*Geimer* Art. 36 EuGVVO Rn. 65.

kann das Nichteingreifen von Anerkennungsversagungsgründen auch inzident als Vorfrage im Wege eines weiteren Rechtsstreits behandelt werden (Art. 36 Abs. 3 EuGVVO), doch wird diese Entscheidung nicht von der Rechtskraft des ergangenen Urteils umfasst.[352] Die Möglichkeit, dass ein Gericht desselben Mitgliedstaats in einem anderen Verfahren die gegenteilige Ansicht vertritt und Nichtanerkennungsgründe für einschlägig hält wäre hierdurch nicht gebannt.[353] Genau hierüber hilft die Durchführung eines gesonderten Feststellungsverfahrens hinweg.

In analoger Anwendung des Art. 36 Abs. 2 EuGVVO ist auch an eine negative Feststellungsklage zu denken, die darauf gerichtet ist, das Eingreifen von Versagungsgründen, mithin die Nichtanerkennung festzustellen,[354] nicht hingegen bereits die Nichtanerkennung zu erreichen. Hintergrund dieser Analogie ist es, potenzielle Antragsgegner nicht zu zwingen, auf ein Tätigwerden ihres Gegenübers, der die positive Feststellung der Anerkennung anstrebt, warten zu müssen.[355] Problematisch gestaltet sich im Fall der negativen Feststellungsklage allerdings das Erfordernis eines Rechtsschutzbedürfnisses. Diesem wird durch eine auf Art. 45 Abs. 4 EuGVVO beruhende Gestaltungsentscheidung in größerem Maße Rechnung getragen als durch eine bloße Feststellung, die selbst noch keine eigene gestaltende Rechtswirkung entfaltet.[356]

3. Überblick über die Unterschiede zwischen EuInsVO und EuGVVO im Rahmen der Anerkennung

Bereits durch die vorstehenden Darstellungen wird ersichtlich, dass die EuInsVO und die EuGVVO nicht nur Gemeinsamkeiten verbinden, sondern dass sich in deren Grundlagen auch Unterschiede festmachen lassen können.

---

352 Saenger/*Dörner* Art. 36 EuGVVO Rn. 13; Musielak/Voit/*Stadler* Art. 36 EuGVVO Rn. 5.

353 Saenger/*Dörner* Art. 36 EuGVVO Rn. 13.

354 Geimer/Schütze/*Geimer* Art. 33 EuGVVO a.F. Rn. 85 ff.; Saenger/*Dörner* Art. 36 EuGVVO Rn. 12; Zöller/*Geimer* Art. 36 EuGVVO Rn. 52 ff.; Musielak/Voit/*Stadler* Art. 36 EuGVVO Rn. 4.

355 Geimer/Schütze/*Geimer* Art. 33 EuGVVO a.F. Rn. 85 f.; Saenger/*Dörner* Art. 36 EuGVVO Rn. 12; Schlosser/Hess/*Hess* Art. 36 EuGVVO Rn. 9; Zöller/*Geimer* Art. 36 EuGVVO Rn. 53.

356 Saenger/*Dörner* Art. 36 EuGVVO Rn. 12; Zöller/*Geimer* Art. 36 EuGVVO Rn. 58 sowie Thomas/Putzo/*Hüßtege* Art. 36 EuGVVO Rn. 5, die aufgrund des Art. 45 Abs. 4 EuGVVO die analoge Anwendung des Art. 36 Abs. 2 EuGVVO ablehnen.

a. Versagungsgründe

Zunächst fällt auf, dass die EuGVVO im Vergleich zur EuInsVO einen wesentlich größeren Katalog an Gründen zur Verfügung stellt, auf die eine Anerkennungs- und Vollstreckungsversagung gestützt werden kann.[357] Art. 33 EuInsVO enthält als einzigen Versagungsgrund nur den Vorbehalt der öffentlichen Ordnung. Diesen kennt auch die EuGVVO. Darüber hinaus finden sich jedoch in Art. 45 Abs. 1 EuGVVO zahlreiche weitere Gründe zur Anerkennungsversagung. Auch wenn beide Verordnungen eine sehr restriktive Anwendung der Anerkennungsversagung als bloße ultima ratio beabsichtigen und sich daher die tatsächlichen Auswirkungen in der Praxis, das heißt eine tatsächliche Bejahung der Nichtanerkennung, auf ein Minimum an Fällen beschränken wird, dürfen auch die vermeintlich bloß theoretischen Unterschiede der Versagungsmöglichkeiten nicht außer Acht gelassen werden.

Im Rahmen der Vollstreckung ergibt sich dasselbe Bild: Über den Verweis in Art. 46 EuGVVO werden alle Anerkennungsversagungsgründe aus Art. 45 Abs. 1 EuGVVO auch zu Gründen der Vollstreckungsversagung erklärt, während der EuInsVO wiederum nur der ordre public-Vorbehalt nach Art. 33 EuInsVO offensteht. Die unterschiedlich weiten Versagungsmöglichkeiten führen dazu, dass eine Vollstreckung nach der EuInsVO weniger Voraussetzungen unterliegt und daher einfacher vollzogen werden kann als nach der EuGVVO.[358] Beispielshaft genannt werden kann hier das Erfordernis, das verfahrenseinleitende Schriftstück rechtzeitig dem Schuldner zuzustellen. Während dies nach der EuGVVO einen Versagungsgrund darstellt (Art. 46, 45 Abs. 1 lit. b) EuGVVO) und somit entsprechend im Rahmen der Vollstreckung berücksichtigt werden muss, ist dieses Erfordernis nach einer auf der EuInsVO basierenden Vollstreckung weniger beachtenswert, da auch ohne rechtzeitige Zustellung keine Versagung der Anerkennung droht.[359]

b. Geltendmachung der Versagungsgründe

Im Hinblick auf die Geltendmachung eines Versagungsgrunds ist zwischen der Versagung der Anerkennung von Entscheidungen und deren Vollstreckung zu differenzieren.

---

357 Vgl. *Oberhammer*, ÖBA 2002, 698, 707.

358 *Haubold*, IPRax 2002, 157, 159.

359 Vgl. *Haubold*, IPRax 2002, 157, 159.

Die EuGVVO enthält in Art. 45 Abs. 1 EuGVVO ausdrücklich ein Antragserfordernis, das den Berechtigten unabhängig vom Anstreben eines weiteren, auf der Anerkennung aufbauenden Verfahrens dazu ermächtigt, die Anerkennung überprüfen und bei Eingreifen entsprechender Gründe nach Art. 45 Abs. 4, 46 EuGVVO i.V.m. § 1115 ZPO versagen zu lassen.[360] Anders das Vorgehen im Rahmen der EuInsVO. Hier findet sich kein entsprechendes Antragserfordernis, ergo auch keine Antragsbefugnis, eine eigenständige Anerkennungsversagung prüfen zu lassen. Die Anerkennungsversagung kann daher nicht direkt angestrebt werden, sondern nur innerhalb einer anderen Klage, für die aber zunächst die entsprechenden Voraussetzungen, insbesondere der Klagegrund, vorliegen müssen.[361] Zudem hat die nur inzidente Überprüfung der Anerkennungsfähigkeit die negative Folge, dass die Entscheidung hierüber nicht von der Rechtskraft der Gesamtentscheidung erfasst wird.[362] Im Fall eines weiteren Verfahrens im selben Mitgliedstaat – unabhängig davon, ob dieselbe Partei auch nochmals beteiligt ist – steht somit die Frage nach der Anerkennung erneut im Raum. Auch dieses Problem erfährt im Rahmen der EuGVVO Beachtung, denn gem. Art. 36 Abs. 2, 46 ff. EuGVVO besteht die Möglichkeit, positiv feststellen zu lassen, dass keiner der möglichen Anerkennungsversagungsgründe vorliegt. In der EuInsVO findet sich keine vergleichbare Norm. Auch einen Verweis auf Art. 36 Abs. 2 EuGVVO sucht man in der EuInsVO vergeblich.

Ein anderes Bild ergibt sich im Rahmen der Vollstreckung gefällter Entscheidungen. Durch den Verweis in Art. 32 Abs. 1 Unterabs. 1 S. 2 EuInsVO auf Art. 47 EuGVVO wird ein Gleichlauf zwischen diesen beiden Verordnungen gebildet. Auf Antrag hin kann die Versagung der Vollstreckung bewirkt werden.[363] Einzig die Versagungsgründe unterscheiden sich, je nachdem welche der Verordnungen die auf das Verfahren originär anwendbare ist.[364]

Ob diese unterschiedliche Handhabe der Anerkennungs- und Vollstreckungsversagung im Rahmen der EuInsVO sinnvoll ist, mag stark bezweifelt werden.

---

360 Saenger/*Dörner* Art. 45 EuGVVO Rn. 1; Musielak/Voit/*Stadler* Art. 45 EuGVVO Rn. 1.

361 Die EuGVVO spricht eine inzidente Entscheidung über die Anerkennung ausdrücklich in Art. 36 Abs. 3 EuGVVO an. Diese inzidente Entscheidungsbefugnis steht allerdings hinter anhängigen Feststellungs- oder Versagungsverfahren zurück, Art. 38 lit. b) EuGVVO. Vgl. auch *Hau*, MDR 2014, 1417, 1418.

362 BGH v. 08.02.1965 – VIII ZR 121/63, BGHZ 43, 144, 145 = NJW 1965, 693; vgl. BGH v. 11.11.1993 – IX ZR 35/93, BGHZ 124, 86, 95 = NJW 1994, 453; vgl. MüKo ZPO/*Gottwald* § 322 Rn. 83.

363 f. Versagung der Vollstreckung, S. 107.

364 f. Versagung der Vollstreckung, S. 107.

Sie ist allerdings das Ergebnis einer konsequenten Anwendung des Verordnungswortlauts. Hier empfiehlt sich eine Überarbeitung der EuInsVO in Anpassung an die EuGVVO, um das seltsam anmutende Ergebnis zu vermeiden, eine Einzelentscheidung anerkennen zu müssen, allerdings die Vollstreckung durch einen entsprechenden Antrag evtl. abwenden zu können.

c. *Internationale Zuständigkeit*

Ferner ist die Handhabung der internationalen Zuständigkeit im Rahmen der Anerkennungsversagung unterschiedlich ausgestaltet. Art. 45 Abs. 3 S. 2 EuGVVO stellt ausdrücklich klar, dass die Vorschriften über die Zuständigkeit nicht Teil des ordre public-Begriffs nach dieser Verordnung sind. Hierzu findet sich in der EuInsVO kein entsprechendes Gegenstück. Zwar ist durchaus fraglich, ob Fehler im Rahmen der internationalen Zuständigkeit über Art. 33 EuInsVO geltend gemacht werden können oder nicht vielmehr ausschließlich unter das Anfechtungsrecht des Art. 5 Abs. 1 EuInsVO fallen,[365] doch enthält Art. 33 EuInsVO keinen ausdrücklichen Hinweis zum Ausschluss der internationalen Zuständigkeit vom ordre public-Vorbehalt. Es lässt sich somit durchaus begründen, dass die internationale Zuständigkeit neben dem Anfechtungsrecht auch innerhalb des insolvenzrechtlichen ordre public Berücksichtigung finden kann, wenn auch aufgrund der restriktiven Anwendung zumeist nur nachrangig zur Anfechtung.[366] Praktisch dürfte somit eine vermeintlich falsche internationale Zuständigkeit nicht im Wege des ordre public-Vorbehalts zur Klärung anstehen.

d. *Sonstige Unterschiede*

Letztlich soll auch ein weiterer, bisher nicht angesprochener Punkt nicht ohne Beachtung bleiben. Vergleicht man den Wortlaut von Art. 33 EuInsVO und Art. 45 Abs. 1 EuGVVO, fallen zwei vermeintlich unterschiedliche Anknüpfungspunkte für das Vorliegen eines ordre public-Verstoßes auf. Während Art. 33 EuInsVO ausdrücklich davon spricht, dass eine Anerkennungs- und Vollstreckungsversagung dann möglich ist, wenn diese ihrem *Ergebnis* nach nicht mit der öffentlichen Ordnung des Zweitstaats zu vereinbaren ist,[367] findet sich in Art. 45 Abs. 1 EuGVVO keinerlei derartige Formulierung. Art. 45 Abs. 1 lit. a) EuGVVO, der dem Wortlaut des Art. 33 EuInsVO noch am nächsten kommt, spricht

---

365 Vgl. auch (b) Maßstab einer missbräuchlichen COMI Verlagerung, S. 104.

366 Vgl. auch (b) Maßstab einer missbräuchlichen COMI Verlagerung, S. 104.

367 *Laukemann*, IPRax 2012, 207, 207; *ders.*, IPRax 2014, 258, 260.

lediglich davon, die Anerkennung zu versagen, „wenn [diese] der öffentlichen Ordnung (ordre public) des ersuchten Mitgliedstaates offensichtlich widersprechen würde". Eine ausdrückliche Anknüpfung nur an das Ergebnis einer andersstaatlichen Entscheidung findet sich zwar nicht, nichtsdestotrotz ist auch Art. 45 Abs. 1 EuGVVO derart zu verstehen.[368] Der restriktiven Anwendung des ordre public-Vorbehalts wird man nur so gerecht. Wenn das Ergebnis vertretbar ist, ist es im Rahmen des ordre public nicht angemessen, das Verfahren bis dorthin zu rügen. Dies schließt nationale Rechtsbehelfe beispielsweise aufgrund von Verfahrens- oder Formfehlern freilich nicht aus. Ein Unterschied lässt sich hier trotz des leicht voneinander abweichenden Wortlauts nicht feststellen.

Aufgrund vorangegangener Ausführungen ist sodann einer Meinung zu widersprechen, die es für unerheblich betrachtet, ob für die Entscheidung über eine insolvenzbezogene Streitigkeit die EuGVVO oder die EuInsVO und somit für deren Versagungsanerkennung Art. 33 EuInsVO oder Art. 45 EuGVVO heranzuziehen sind.[369] Als Argument hierfür wird angeführt, dass sich aufgrund des lückenlosen Ineinandergreifens dieser beiden Verordnungen im Fall eines kontradiktorischen Verfahrens der insolvenzrechtliche ordre public anhand der Maßstäbe des Art. 45 Abs. 1 lit. a) EuGVVO orientiert.[370] Die BGH-Entscheidung, die diese Meinung anführt, ist jedoch bereits insoweit inkonsequent, als dass in den Gründen nicht mehr nur auf Art. 45 Abs. 1 lit. a) EuGVVO Bezug genommen wird, sondern der gesamte Art. 45 EuGVVO als Maßstab dem Verständnis des Art. 33 EuInsVO zugrunde gelegt werden muss.[371] Genau letzteres stellt auch das richtige Verständnis dar.[372] Der ordre public aus der EuInsVO kann nicht alleine dem ordre public des Art. 45 Abs. 1 lit. a) EuGVVO gegenübergestellt werden. Zudem kann sodann eine Gleichstellung von EuInsVO und EuGVVO hinsichtlich der Versagung einer kontradiktorischen Einzelfallentscheidung nicht aus dem Grunde erfolgen, dass die EuGVVO neben dem ordre

368 EuGH v. 16.07.2015 – C-681/13, EuZW 2015, 713, 714 Rn. 43, 49; *Schnichels/Stege*, EuZW 2016, 728, 732; vgl. Saenger/*Dörner* Art. 45 EuGVVO Rn. 4.

369 BGH v. 08.11.2012 – IX ZB 120/11, WM 2013, 45, 46; BGH v. 08.05.2014 – IX ZB 35/12, NJW-RR 2014, 1135. Dem BGH in seiner Gleichstellung von Art. 33 EuInsVO und Art. 45 Abs. 1 lit. a) EuGVVO zustimmend, *Schinkels*, LMK 2014, 361189.

370 BGH v. 08.11.2012 – IX ZB 120/11, WM 2013, 45, 46; BGH v. 08.05.2014 – IX ZB 35/12, NJW-RR 2014, 1135, 1136 Rn. 6; alleine von Art. 45 Abs. 1 lit. a) EuGVVO als Maßstab für das Verständnis von Art. 33 EuInsVO spricht auch *Schinkels*, LMK 2014, 361189.

371 BGH v. 08.05.2014 – IX ZB 35/12, NJW-RR 2014, 1135, 1136 Rn. 7.

372 Vgl.b. Maßstab des europäischen insolvenzrechtlichen ordre public, S. 87.

public noch weitere Anerkennungsversagungsgründe bereitstellt.[373] Auch das lückenlose Ineinandergreifen kann nicht als Argument dienen, eine Zuordnung des streitigen Verfahrens zu einer der Verordnungen zu umgehen.

Grundsätzlich zu beachten ist überdies, dass das Insolvenzrecht im Gegensatz zum allgemeinen Zivil- und Handelsrecht modifizierten Verfahrensgrundsätzen unterliegt.[374] Auch Sinn und Zweck des Insolvenzverfahrens, ein kränkelndes Wirtschaftssubjekt vom Markt zu nehmen, um damit sowohl den Markt wie auch die Gläubiger dieses Wirtschaftsubjekts zu schützen und insbesondere letzteren im Verhältnis ihrer Ansprüche eine anteilig gleichmäßige Befriedigung zu verschaffen, darf nicht ungeachtet bleiben. Die Vorrangigkeit der Gläubigerinteressen im Insolvenzrecht und eine damit verbundene „Über- und Unterordnung" verschiedener Interessen findet sich so im allgemeinen Zivilrecht nicht. Zwar unterscheiden sich die ordre public-Vorbehalte aus den unterschiedlichen Rechtsgrundlagen kaum,[375] doch ist nicht auszuschließen, dass sich die Modifizierung der allgemeinen Verfahrensgrundsätze nicht auch in der inhaltlichen Ausgestaltung des insolvenzrechtlichen ordre public niederschlägt. Dies verdeutlicht sich auch daran, dass sich die ordre public-Vorbehalte der EuInsVO und EuGVVO, trotz gleichlautender Bezeichnung, eben gerade nicht als identisch darstellen.[376] Unter diesem Gesichtspunkt kann es grundsätzlich gerade nicht egal sein, der ordre public welcher EU-Verordnung Anwendung findet. Allenfalls kann – in Übereinstimmung mit dem BGH[377] – eine strikte Unterscheidung im Rahmen von Einzelverfahren dahingehend aufgelockert werden, dass derartige Verfahren, wie bereits gezeigt,[378] nicht den modifizierten Verfahrensgrundsätzen des Insolvenzverfahrens, sondern eher den allgemeinen Verfahrensgrundsätzen angenähert unterfallen. Die Kernelemente der für den ordre public maßgeblichen Grundprinzipien werden entsprechend im Gleichlauf

---

373 a. Überblick, S. 108.

374 ii. Gültige Verfahrensgrundsätze, S. 59.

375 Dies hängt insbesondere damit zusammen, dass der ordre public als ultima ratio unabhängig von seiner einzelfallspezifischen Rechtsgrundlage nur im Ausnahmefall zur Anwendung gelangt, wenn die grundlegenden Prinzipien des Zweistaats durch die anzuerkennende ausländische Entscheidung bzw. das anzuwendende ausländische Recht in ihren Grundfesten erschüttert würden. Diese grundlegenden Prinzipien bestehen jedoch jedenfalls ihrem Gerüst nach unabhängig von dem durch den konkreten Fall tangierten Rechtsbereich.

376 b. Maßstab des europäischen insolvenzrechtlichen ordre public, S. 87.

377 BGH v. 08.05.2014 – IX ZB 35/12, NJW-RR 2014, 1135.

378 ii. Gültige Verfahrensgrundsätze, S. 59.

ausgefüllt. Nichtsdestotrotz muss auch für Einzelstreitigkeiten im insolvenzrechtlichen Bereich die Vorrangstellung der Gläubigerinteressen beachtet werden. Diese besteht unabhängig von der Einordnung des entsprechenden Verfahrens zum Bereich der kontradiktorischen Verfahren, mithin streitigen Gerichtsbarkeit, oder der freiwilligen Gerichtsbarkeit.

Auch wenn die Anerkennungsversagungsgründe, im speziellen der ordre public-Vorbehalt, zum einen große inhaltliche Ähnlichkeiten zwischen der EuInsVO einerseits und der EuGVVO andererseits aufweist und ihm zum anderen aufgrund seiner Charakterisierung als bloße ultima ratio nur schwache praktische Relevanz zuzuschreiben ist, darf dies trotzdem nicht dazu führen, die EuInsVO und die EuGVVO über einen Kamm zu scheren und eine Differenzierung der beiden für obsolet zu erklären.

5. Teil: Einzelverfahren

Wie in den obigen Ausführungen gesehen, wird deutlich, dass sich trotz der Ähnlichkeit auch wesentliche Unterschiede im Hinblick auf Einzelverfahren zwischen der EuGVVO und der EuInsVO offenbaren. Die Einordnung dieser Verfahren ist somit insbesondere im Hinblick auf das ihnen sodann zugeordnete Regelwerk von Bedeutung und wird daher den nächsten Teil dieser Arbeit prägen.

I. Entwicklung im Umgang mit Einzelverfahren – Internationale Zuständigkeit und insolvenzrechtliche Qualifikation

Bereits mehrfach hatten sich die Gerichte mit Einzelverfahren und der Frage ihrer Qualifikation zu beschäftigen. Insbesondere im Geltungszeitraum der alten Fassung der EuInsVO gestaltete sich dies mitunter schwierig, da weder die EuInsVO noch die EuGVVO den Fall der Einzelverfahren in ihren Regelungstexten aufgenommen hatten. Eine wirkliche Veränderung dieser Lage findet jedoch auch durch die Neufassung der EuInsVO nicht statt. Zusätzlich hierzu bereiteten Einzelverfahren noch in anderer Hinsicht Schwierigkeiten: Die alte Fassung der EuInsVO enthielt keinerlei Zuständigkeitsnorm für derartige Verfahren. Dies ist jedoch mit der Neuauflage der Verordnung geändert worden. Im Folgenden wird zunächst die Entwicklung in Bezug auf Einzelverfahren bis hin zum bereits eingangs dargestellten Art. 6 EuInsVO dargestellt, bevor sodann eine Regel zur Differenzierung in insolvenzrechtliche und nicht-insolvenzrechtliche Einzelverfahren aufgestellt und anhand einiger konkreter Beispiele durchgespielt wird.

1. Die Gourdain/Nadler-Rechtsprechung

Die Altfassung der EuInsVO enthielt in Art. 25 Abs. 1 Unterabs. 2 EuInsVO a.F. bereits eine Klarstellung dahingehend, was unter Einzelverfahren mit insolvenzrechtlicher Qualifizierung zu verstehen ist. Hiernach sind Annexverfahren solche Verfahren, deren Entscheidungen „unmittelbar aufgrund des Insolvenzverfahrens ergehen und in engem Zusammenhang damit stehen". Irrelevant ist von welchem Gericht die Entscheidung getroffen wird, insbesondere muss es sich nicht um das mit der Insolvenzverfahrenseröffnung befasste Gericht handeln. Es besteht keine zwingende vis attractiva concursus. Die Regelung des

Art. 25 Abs. 1 Unterabs. 2 EuInsVO a.F. geht auf die Rechtsprechung des EuGH im Fall *Gourdain/Nadler*[379] zurück. In diesem Urteil ging es um die Frage, ob eine Entscheidung, die gem. Art. 99 des französischen Gesetzes Nr. 67–563 (sog. Ausfallhaftung) den faktischen Leiter einer juristischen Person zur Zahlung in die Konkursmasse verpflichtet und dadurch über das Vermögen der juristischen Person hinaus auch das Vermögen des Leiters zur Gläubigerbefriedigung heranzieht, als insolvenzrechtlich zu betrachten ist und mithin gem. Art. 1 Abs. 2 Nr. 2 des damals geltenden EuGVÜ von dessen Anwendungsbereich ausgeschlossen ist. Während das OLG Frankfurt (Main) dieser Meinung war und daher das EuGVÜ als nicht anwendbar erachtete,[380] strebte der französische Konkursverwalter Gourdain eine Vollstreckungsklausel dieser Entscheidung auf Grundlage des EuGVÜ an. Dies begründete er mit dem Argument, die Zahlungspflicht des faktischen Leiters gem. Art. 99 des französischen Gesetzes Nr. 67–563 sei ein Sonderfall zivilrechtlicher Haftung und falle daher gem. Art. 1 Abs. 1 EuGVÜ in den Anwendungsbereich dieses Übereinkommens.[381] Auf Vorlage des BGH[382] hatte sich der EuGH mit der Qualifizierung des in Frage stehenden Anspruchs auseinanderzusetzen und schloss sich der Ansicht des OLG Frankfurt (Main) an. Zunächst stellte er klar, dass „Konkurse, Vergleiche und ähnliche Verfahren" im Sinne des Art. 1 Abs. 2 Nr. 2 EuGVÜ Verfahren sind, „die nach den verschiedenen Rechtsordnungen der Vertragsstaaten auf der Zahlungseinstellung, der Zahlungsunfähigkeit oder der Erschütterung des Kredits des Schuldners beruhen und ein Eingreifen der Gerichte beinhalten, das in eine zwangsweise kollektive Liquidation der Vermögenswerte des Schuldners oder zumindest in eine Kontrolle durch die Gerichte mündet"[383]. Hierbei handelt es sich um eine vertragsautonome Auslegung, ohne Beeinflussung durch nationale Begriffsverständnisse.[384] Da der Anwendungsbereich des EuGVÜ als ein weitreichender zu verstehen ist, müssen seine Ausnahmebereiche, so also auch Art. 1 Abs. 2 Nr. 2 EuGVÜ, entsprechend eng interpretiert werden.[385]

---

379 EuGH v. 22.02.1979 – Rs. 133/78 (*Gourdain/Nadler*), RIW 1979, 273, 274 Rn. 4.

380 OLG Frankfurt (Main) v. 07.09.1977 – 20 W 466/77, NJW 1978, 501, 502.

381 EuGH v. 22.02.1979 – Rs. 133/78 (*Gourdain/Nadler*), RIW 1979, 273, 273 Rn. 2.

382 BGH v. 22.05.1978 – VIII ZB 41/77, NJW 1978, 1768 = BeckRS 1978, 31119463.

383 EuGH v. 22.02.1979 – Rs. 133/78 (*Gourdain/Nadler*), RIW 1979, 273, 274 Rn. 4.

384 EuGH v. 22.02.1979 – Rs. 133/78 (*Gourdain/Nadler*), RIW 1979, 273, 274 Rn. 3; *Junker*, RIW 1986, 337, 344 f.; *Haubold*, IPRax 2002, 157, 158.

385 *H. Schmidt*, EuZW 1990, 219, 219; *Taupitz*, ZZP 105 (1992), 218, 220; vgl. auch *Stürner*, IPRax 2005, 416, 419; **a.A.** *Mankowski*, NZI 2010, 508, 510. Dieser kritisiert eine derartige Aufspaltung in enges und weites Verständnis hinsichtlich des Nachfolgers des EuGVÜ. Zwar erkennt *Mankowski* an, dass der EuGH teilweise versucht von einem

Im Anschluss hieran folgt die Formulierung, die Grundlage des Art. 25 Abs. 1 Unterabs. 2 EuInsVO a.F. war und bis heute in Art. 6 Abs. 1 EuInsVO wiederzufinden ist.[386] Einzelentscheidungen sind hiernach dann als insolvenzrechtlich zu sehen und unterfallen daher nicht dem EuGVÜ bzw. der EuGVVO,[387] wenn sie „unmittelbar aus diesen Verfahren [Anm.: Insolvenzverfahren] hervorgehen und sich eng innerhalb des Rahmens eines Konkurs- oder Vergleichsverfahrens

---

„Enger-Weiter-System" auszugehen, doch rügt er gleichzeitig, dass diese Bemühungen des EuGH im konkreten Einzelfall meist erfolglos bleiben und die Einzelergebnisse sich einer generellen Einteilung in weites und enges Verständnis gerade verwehren. Vgl. hierzu ebenfalls bspw.: EuGH v. 09.06.1994 – C-292/93, NJW 1995, 37, 37 Rn. 12; EuGH v. 05.04.2001 – C-518/99, EuR 2001, 563, 565 Rn. 14; EuGH v. 10.06.2004 – C-168/02, NJW 2004, 2441, 2442 Rn. 14, 19, die sich allesamt jedoch nur auf den „Ort, an dem das schädigende Ereignis eingetreten ist" (Art. 5 Nr. 3 EuGVÜ) oder den Wohnsitz im Sinne von Art. 16 EuGVÜ beziehen, nicht jedoch eine generelle Aussage zum Verständnis des EuGVÜ treffen; In *German Graphics* spricht der EuGH von einer grundsätzlich weiten Auslegung des Anwendungsbereichs der EuGVVO: EuGH v. 10.09.2009 – C-292/08 (*German Graphics*), EuZW 2009, 785, 786 Rn. 23.
Entsprechendes lässt sich nunmehr auch hinsichtlich EuGVVO und EuInsVO sagen. In *German Graphics* bringt der EuGH sein enges Verständnis vom sachlichen Anwendungsbereich der EuInsVO und – aufgrund desselben insolvenzrechtlichen Begriffsverständnisses – des Ausschlussgrunds des Art. 1 Abs. 2 lit. b) EuGVVO zum Ausdruck, vgl. EuGH v. 10.09.2009 – C-292/08 (*German Graphics*), EuZW 2009, 785, 786 Rn. 23 ff. So auch EuGH v. 09.22.2017 – C-641/16, NZI 2018, 45, 45 Rn. 19; EuGH v. 04.09.2014 – C-157/13 (*Nickel*), NZI 2014, 919, 920 Rn. 22; EuGH v. 11.06.2015 – C-649/13 EuZW 2015, 593, 594 Rn. 27. Aufgrund dieses engen Verständnisses des Insolvenzbegriffs ist daher im Zweifel der EuGVVO Vorrang einzuräumen, vgl. *Mankowski*, NZI 2010, 508, 510. Aussagen und Auslegungsergebnisse, die hierbei für das EuGVÜ getroffen werden, gelten entsprechend auch insoweit für die EuGVVO, wie diese gleichbedeutende Vorschriften zur Vorgängerregelung des EuGVÜ enthält, EuGH v. 02.07.2009 – C-111/08 (*Alpenblume*), EuZW 2009, 610, 611 Rn. 22; EuGH v. 19.04.2012 – C-213/10, EuZW 2012, 427, 428 Rn. 23. Für die in dieser Arbeit maßgeblichen Normen ist dies der Fall.

386 Neben dem verbindlichen Verordnungstext lässt sich eine entsprechende Formulierung auch in Erwägungsgrund 6 der Neufassung finden.

387 Da die EuGVVO das EuGVÜ ersetzt hat, gelten Ausführungen und vorgenommene Auslegungen im Rahmen des EuGVÜ nunmehr insofern gleichermaßen für die EuGVVO fort, wie die jeweiligen Vorschriften als gleichwertig angesehen werden können, EuGH v. 23.04.2009 – C-167/08, NJW 2009, 1937, 1937 Rn. 20; EuGH v. 10.09.2009 – C-292/08 (*German Graphics*), EuZW 2009, 785, 786 Rn. 27. Erwägungsgrund 19 der alten Fassung der EuGVVO betont zudem die Kontinuität zwischen EuGVÜ und EuGVVO, EuGH v. 23.04.2009 – C-167/08, NJW 2009, 1937, 1937 Rn. 20.

in dem vorgenannten Sinne halten"[388], mithin die Rechtsgrundlage des streitigen Verfahrens im Konkursrecht zu finden ist.[389]

Eine weitere Präzisierung dieser Formulierung im Text der EuInsVO erfolgte jedoch nicht.[390] Die Einordnung eines Einzelverfahrens aufgrund dieser Formel des EuGH hat, wie die Ausfüllung des Konkurs- bzw. Insolvenzbegriffs auch, auf unionsautonomer Ebene zu erfolgen.[391] Da jedoch mit einer insolvenzrechtlichen Qualifizierung gem. Art. 7 Abs. 1 EuInsVO das Recht des Eröffnungsstaats anwendbar ist, ist es nur folgerichtig, das Verständnis dieses Rechtssystems zur Bestimmung der richtigen Qualifikation zur Hilfe zu nehmen.[392] Das europäische Verständnis gibt den grundsätzlichen Rahmen vor,[393] die konkrete Ausfüllung erfolgt auf nationaler Ebene. So bedient sich der EuGH sodann wesentlicher Eigenheiten des Verfahrens nach Art. 99 des französischen Gesetzes Nr. 67–563 und deren Verständnis im französischen Recht, um eine Feststellung bezüglich der Qualifikation treffen zu können.[394] Der EuGH spricht hierbei nicht ausdrücklich vom Erfordernis eines kumulativen Vorliegens dieser Eigenheiten.[395] Vielmehr dürften die Ausführungen des EuGH dahingehend verstanden werden, dass die insolvenzrechtlichen Eigenheiten in der Gesamtbetrachtung die allgemein zivil- oder handelsrechtlichen Voraussetzungen überwiegen müssen.[396]

Zunächst stellt der EuGH auf die Gerichtszuständigkeit der Ausfallhaftung ab. Diese Klage unterliegt einer ausschließlichen Zuständigkeit und zwar desjenigen Gerichts, welches auch das Konkurs- oder Vergleichsverfahren eröffnet

---

388 EuGH v. 22.02.1979 – Rs. 133/78 (*Gourdain/Nadler*), RIW 1979, 273, 274 Rn. 4.

389 Nicht überzeugt hiervon zeigt sich *Oberhammer* in ZInsO 2004, 761, 764, der schon beinahe sarkastisch erklärt, *Gourdain/Nadler* sei „nicht gerade ein Glanzstück europäischer Rechtsprechung". Kritisch sieht *Oberhammer* die *Gourdain/Nadler*-Formel insbesondere unter dem Aspekt, dass diese nichts weiter zur Klärung der Frage einer insolvenzrechtlichen Einordnung beiträgt, als die grundsätzlich einzelfallbezogene Argumentation des EuGH in verkürzender Weise zusammen zu fassen, ebenfalls in ZInsO 2004, 761, 764.

390 Und ist auch im Rahmen der Neufassung der EuInsVO nicht erfolgt.

391 Vgl. EuGH v. 22.02.1979 – Rs. 133/78 (*Gourdain/Nadler*), RIW 1979, 273, 274 Rn. 3; *Stürner*, IPRax 2005, 416, 417.

392 Vgl. *Stürner*, IPRax 2005, 416, 417.

393 Vgl. *Mankowski*, EWiR 2015, 93, 94.

394 Vgl. für eine kurze Aufzählung dieser einzelnen Indizien *Stürner*, IPRax 2005, 416, 418.

395 Vgl. EuGH v. 22.02.1979 – Rs. 133/78 (*Gourdain/Nadler*), RIW 1979, 273, 274 Rn. 5; ebenso *Thole*, ZEuP 2010, 907, 918.

396 Vgl. EuGH v. 22.02.1979 – Rs. 133/78 (*Gourdain/Nadler*), RIW 1979, 273, 274 Rn. 5 f.

hat.[397] Dieses Gericht kann überdies von Amts wegen eine auf Art. 99 des französischen Gesetzes Nr. 67–563 gestützte Klage erheben, vgl. Art. 99 Abs. 1 Gesetz Nr .67–563.[398] Daneben eröffnet Art. 99 Abs. 1 des Gesetzes Nr. 67–563 lediglich dem Konkurs- oder Vergleichsverwalter das Recht auf eine entsprechende Entscheidung nach dieser Norm hinzuwirken.[399] Durch diese persönlich stark begrenzte Klagebefugnis und die zwingende Zuständigkeit des Eröffnungsgerichts lässt sich bereits hier ein nicht zu missachtender Zusammenhang, gar enger Zusammenhang, zwischen dieser Klage und dem Insolvenzverfahren ausmachen. Fraglich bleibt hierbei jedoch, wann ein Zusammenhang als im Sinne der Qualifizierung des Einzelverfahrens geforderter enger Zusammenhang zu verstehen ist. Ferner macht sich der EuGH die Wirkung einer erfolgreichen Klage nach Art. 99 des französischen Gesetzes Nr. 67–563 zu Nutze, um zum Ergebnis der insolvenzrechtlichen Qualifizierung zu gelangen. Diese ist vergleichbar mit einer Feststellung bezüglich des Bestehens einer Forderung zugunsten der Gläubigergemeinschaft: Beide Vorgehensweisen führen in gleicher Weise zu einer Mehrung derjenigen Vermögensmasse, die der Gesamtheit der Gläubiger als Haftungsmasse dient.[400] Zudem kann das Gericht über das Vermögen der zur Haftung verurteilten faktischen Leiter das Konkurs- oder Vergleichsverfahren eröffnen, wenn diese ihre Schuld aus der Haftung nicht begleichen.[401] Der Hintergrund der Ausfallhaftung beruht ferner darauf, dass eine Schadenskompensation nicht über andere gewinnbringende Handlungen erreicht werden kann und hierdurch die Haftung des faktischen Leiters für diesen Ausfall zur Gläubigerbefriedigung benötigt wird. Voraussetzung für einen solchen Ausfall ist das Bestehen einer Überschuldung, die gerade im Insolvenzverfahren festgestellt wird, mithin die Ausfallhaftung schon der Begrifflichkeit nach mit diesem Insolvenzverfahren verknüpft.[402] Auch den maßgeblichen Anknüpfungspunkt des

397 EuGH v. 22.02.1979 – Rs. 133/78 (*Gourdain/Nadler*), RIW 1979, 273, 274 Rn. 5.

398 Vgl. auch EuGH v. 22.02.1979 – Rs. 133/78 (*Gourdain/Nadler*), RIW 1979, 273, 274 Rn. 5.

399 Vgl. auch EuGH v. 22.02.1979 – Rs. 133/78 (*Gourdain/Nadler*), RIW 1979, 273, 274 Rn. 5.

400 EuGH v. 22.02.1979 – Rs. 133/78 (*Gourdain/Nadler*), RIW 1979, 273, 274 Rn. 5.

401 EuGH v. 22.02.1979 – Rs. 133/78 (*Gourdain/Nadler*), RIW 1979, 273, 274 Rn. 5.

402 *Junker*, RIW 1986, 337, 345, der sich dieses Arguments bediente, um auch nach Änderungen der französischen Ausfallhaftung, die sich auch auf die vom EuGH zu Rate gezogenen Merkmale dieser Haftung stützt, eine insolvenzrechtliche Qualifizierung zu begründen.

Verjährungsbeginns nahm das Gericht in seine Überlegungen auf, denn diese beginnt mit dem Zeitpunkt der endgültigen Forderungsfeststellung.[403]

Nicht nur von den Voraussetzungen, sondern auch von der Rechtsfolge her besteht somit eine große Ähnlichkeit zum Insolvenzverfahren, gleichzeitig wird hierdurch die Abweichung vom allgemeinen Deliktsrecht – in das der Konkursverwalter übereinstimmend mit der französischen Sicht der Dinge die Ausfallhaftung einzuordnen mag – verdeutlicht.[404] Daneben bekräftigt ferner ein systematisches Argument die insolvenzrechtliche Qualifizierung, denn deren Regelung findet sich in einem Bereich wieder, in dem sich Insolvenz- und Gesellschaftsrecht überschneiden.[405]

Die dargestellten Eigenschaften einer Klage nach Art. 99 des französischen Gesetzes Nr. 67–563 nahm der EuGH zum Anlass für seine insolvenzrechtliche Einordnung. Die von ihm geforderte Voraussetzung, dass insolvenzrechtlich zu qualifizierende Entscheidungen unmittelbar aus dem dazugehörigen Insolvenzverfahren hervorgehen und sich eng innerhalb des Rahmens eines Konkurs- oder Vergleichsverfahrens halten müssen, sah der EuGH in diesem Fall erfüllt.

Trotz einiger hilfreicher Aussagen dieser Entscheidung hinsichtlich des Umgangs mit Einzelverfahren, die auch heute noch über den auf dieser Entscheidung basierenden Wortlaut des nunmehr Art. 6 Abs. 1 EuInsVO Geltung beanspruchen können, gestaltete sich weiterhin problematisch, dass die EuInsVO a.F. keine Zuständigkeitsnorm für Annexverfahren enthielt. Dieses Problem wird auch nicht mit Hilfe der *Gourdain/Nadler*-Entscheidung gelöst, weshalb noch immer eine Regelungslücke zurückblieb, deren Ausfüllung zunächst hoch umstritten war und sich erst Jahre später durch die Neufassung der EuInsVO endgültig lösen sollte.[406]

2. Zwischen Gourdain/Nadler und Deko Marty

a. Das Problem der Annexzuständigkeit- drei -Lösungswege

Die Regelungslücke bezüglich der internationalen Zuständigkeit musste nichtsdestotrotz überwunden werden, um nicht Entscheidungen über Einzelverfahren unmöglich zu machen. Zur Lösung dieses Ziels ließ sich auf unterschiedliche Möglichkeiten zurückgreifen.[407]

---

403 EuGH v. 22.02.1979 – Rs. 133/78 (*Gourdain/Nadler*), RIW 1979, 273, 274 Rn. 5.

404 *Junker*, RIW 1986, 337, 345.

405 *Junker*, RIW 1986, 337, 345 Fn. 121.

406 MüKo InsO/*Thole* Art. 3 EuInsVO a.F. Rn. 100.

407 Vgl. *Oberhammer*, ZInsO 2004, 761, 765.

1. Angedacht wurde die auf europäischer Ebene bestehende Lücke über den Rückgriff auf nationales Recht zu schließen.[408] Voraussetzung hierfür war die Annahme, dass die internationale Zuständigkeit innerhalb der EuInsVO a.F. nicht nur nicht ausdrücklich geregelt war, sondern auch in keiner der vorhandenen Normen mitgeregelt zu sein schien.[409] Lag ein insolvenzrechtlich qualifiziertes Einzelverfahren vor, so würde sich dessen internationale Zuständigkeit nach einem autonomen Zuständigkeitsrecht richten.[410] Als Folge wären die Gerichte desjenigen Mitgliedstaats international zuständig gewesen, bei dem für ein Gericht die örtliche Zuständigkeit begründet war;[411] die internationale Zuständigkeit folgte also der örtlichen nach.
   Dieser Ansicht waren jedoch einige Argumente entgegenzuhalten. Zum einen durfte nicht die Absicht des Verordnungsgebers unterlaufen werden EuInsVO und EuGVVO lückenlos[412] ineinander greifen zu lassen und

408 Hierfür sprechen sich bspw. aus BGH v. 11.01.1990 - IX ZR 27/89, NJW 1990, 990, 991; BGH v. 27.05.2003 - IX ZR 203/02, NJW 2003, 2916, 2917; BT-Drs. 15/16, S. 21; vgl. *Oberhammer*, ÖBA 2002, 698, 707; *ders.*, ZInsO 2004, 761, 765; *ders.*, KTS 2009, 27, 42.

409 So *Lüke*, ZZP 111 (1998), 275, 291 f.

410 *Taupitz,* ZZP 105 (1992), 218, 222; *Haubold,* IPRax 2002, 157, 160.

411 BGH v. 14.06.1965 - GSZ 1/65, BGHZ 44, 46, 47 = NJW 1965, 1665; BGH v. 30.10.1974 - IV ZR 18/73, BGHZ 63, 219, 220 = NJW 1975, 114; BGH v. 28.01.1987 - IVb ZR 10/86, NJW 1987, 2161, 2161; BGH v. 22.11.1988 - VI ZR 226/87, NJW 1989, 1154, 1155; vgl. BGH v. 11.01.1990 - IX ZR 27/89, NJW 1990, 990, 991; BT-Drs. 15/16, S. 21.

412 Diese Lückenlosigkeit kann sich auch daran erkennen lassen, dass der Insolvenzbegriff im Rahmen der EuGVVO, genauer in Art. 1 Abs. 2 lit. b) EuGVVO, genauso zu verstehen ist, wie im Rahmen der EuInsVO. Es handelt sich um einen einheitlichen Insolvenzbegriff, weshalb die Qualifikation im Rahmen einer Verordnung derjenigen im Rahmen der anderen entsprechen muss, *Mankowski,* NZI 2010, 508, 510 f.; nicht vollends überzeugen *Bittmann/Gruber*, GmbHR 2008, 867, 870, die es für möglich halten, dass der Verordnungsgeber „das genaue Verhältnis von EuGVVO und EuInsVO nicht vollends zu Ende gedacht hat." Diese Möglichkeit stützen *Bittmann/Gruber*, wie aus ihrer Fußnote hervorgeht, insbesondere darauf, dass die EuInsVO a.F. keine internationale Zuständigkeit für Einzelverfahren vorgesehen hat. Jedenfalls gerade dies wurde durch die Neufassung der EuInsVO allerdings geändert. Im Fall eines Insolvenzbezugs, sei dieser unmittelbar und eng oder nur mittelbar und weit, werden streitige Sachverhalte immer unter entweder die EuInsVO oder die EuGVVO fallen. Entscheidungen, die aus dem Anwendungsbereich beider europäischer Verordnungen hinausfallen und somit möglicherweise nach nationalem Recht geregelt werden müssen, kann es nicht geben.

gleichfalls Überschneidungen zwischen den beiden zu vermeiden.[413] Fiel ein Sachverhalt nicht unter die EuInsVO, so war aufgrund des deklaratorischen Rechtsgrundverweises des Art. 25 Abs. 2 EuInsVO a.F.[414] die EuGVVO die maßgebliche Rechtsverordnung, wenn die Sache auch tatsächlich unter deren Anwendungsbereich zu fassen war, was zunächst noch einer gerichtlichen Prüfung bedurfte.[415] Handelte es sich nicht um eine der EuGVVO unterfallende Zivil- oder Handelssache oder war der streitige Sachverhalt gem. Art. 1 Abs. 2 EuGVVO von deren Anwendungsbereich ausgenommen, so führte auch der Verweis des Art. 25 Abs. 2 EuInsVO a.F. a.E. nicht automatisch zur Anwendbarkeit der EuGVVO. Zum anderen wären sodann Entscheidungen automatisch, das heißt gegenüber nationalem Recht privilegiert anerkannt und vollstreckt worden, deren Zuständigkeitsbegründung nicht einer einheitlichen europäischen Norm folgte, sondern unvereinheitlichten nationalen Vorstellungen.[416]

---

413 EuGH v. 19.04.2012 – C-213/10 (*Jadecloud-Vilma*) EuZW 2012, 427, 427 Rn. 21; EuGH v. 11.06.2015 – C-649/13 EuZW 2015, 593, 594 Rn. 26; EuGH v. 09.11.2017 – C-641/16, NZI 2018, 45, 45 Rn. 17; *H. Schmidt*, EuZW 1990, 219, 220; *Haubold*, IPRax 2002, 157, 160; *Schwarz*, NZI 2002, 290, 291 f.; *Mankowski/Willemer*, RIW 2009, 669, 670 f.; Geimer/Schütze/*Geimer* Art. 1 EuGVVO a.F. Rn. 128; Schlosser/Hess/*Schlosser*, Art. 1 EuGVVO Rn. 21d; Rauscher/*Mankowski*, Art. 1 EuGVVO Rn. 63; vgl. ausführlich auch *Mankowski*, NZI 2010, 508, 511: Dieser verdeutlicht die gewollte und auch notwendige Lückenlosigkeit von EuInsVO und EuGVVO anhand der Vollstreckbarerklärung. Egal, ob es sich um eine rein insolvenzrechtliche Entscheidung im Rahmen eines eröffneten Insolvenzverfahrens (die Eröffnungsentscheidung selbst ist nicht vollstreckbar), eine eindeutig nicht-insolvenzrechtliche Entscheidung, die von vornherein der EuGVVO unterliegt oder um eine Entscheidung handelt, deren Inhalt sowohl insolvenzrechtliche als auch nicht-insolvenzrechtliche Inhalte aufweist, die Vollstreckbarerklärung erfolgt immer nach der EuGVVO, vgl. Art. 25 Abs. 1 und 2 EuInsVO a.F., nunmehr Art. 32 Abs. 1 und 2 EuInsVO. Würde es unausgefüllte Regelungsräume zwischen der EuInsVO und der EuGVVO geben, so müsste für diese mangels europäischer Regelung das nationale Recht eingreifen. Bei der Vollstreckbarerklärung verdeutlicht *Mankowski*, dass dies gerade nicht der Fall ist.

414 Maßgeblich ist hierbei wie auch für die nachfolgenden beiden Ansichten die alte Fassung der EuInsVO, denn nur in dieser bestand der Streit um die Begründung der internationalen Zuständigkeit für Annexverfahren. Mit Neufassung der EuInsVO und Einführung des Art. 6 Abs. 1 EuInsVO ist dieser Streit endgültig geklärt.

415 EuGH v. 10.09.2009 – C-292/08 (*German Graphics*), EuZW 2009, 785 f. Rn. 17 ff.; *Haubold*, IPRax 2002, 157, 160; MüKo InsO/*Thole* Art. 25 EuInsVO a.F. Rn. 28; zum deklaratorischen Charakter auch *Mankowski*, NZI 2010, 508, 509.

416 *Haubold*, IPRax 2002, 157, 160; vgl. auch *Thole*, ZIP 2006, 1383, 1385; MüKo InsO/*Thole* Art. 3 EuInsVO a.F. Rn. 103.

2. Ginge man, wie in der vorherigen Ansicht, weiterhin davon aus, dass die EuInsVO keinerlei Zuständigkeitsregelungen hinsichtlich der Fallgruppe der Annexverfahren enthielt und hielte man den Rückgriff auf nationales Recht im Rahmen eines doch eigentlich auf europäischer Ebene geregelten Sachverhalts für nicht überzeugend, verblieb die Möglichkeit, einen Ausweg über die Anwendung der EuGVVO zu finden und über deren Normen die internationale Zuständigkeit zu begründen.[417] Als Folge dessen musste die Ausnahmeregelung des Art. 1 Abs. 2 lit. b) EuGVVO einem engen Verständnis unterworfen und tatsächlich nur das Insolvenzverfahren an sich vom Anwendungsbereich der EuGVVO ausgeschlossen werden.[418] Auch dieser Weg konnte jedoch nicht vollends überzeugen. Im Fall einer insolvenzrechtlichen Qualifizierung sollten die Normen der EuGVVO nach dem Willen des Verordnungsgebers gerade nicht anwendbar sein.[419] Wie hätte man dies auch begründen sollen, schloss Art. 1 Abs. 2 lit. b) EuGVVO a.F. doch die Anwendbarkeit dieser Verordnung auf insolvenzrechtliche Sachverhalte ausdrücklich aus. Diese Ansicht stand im Widerspruch zur Systematik der EuGVVO.[420] Entweder war die EuGVVO in ihrem gesamten Regelungsbereich anzuwenden, mithin hinsichtlich sowohl der Zuständigkeitsregelungen als auch der Anerkennung und Vollstreckbarkeit getroffener Entscheidungen, oder sie war nicht anzuwenden und dies sodann auch in ihrem vollen Umfang.[421]
3. Eine weitere Möglichkeit knüpfte daher an die Zuständigkeitsnorm des Art. 3 Abs. 1 EuInsVO a.F. an.[422] Zwar enthielt dieser keine ausdrückliche Zuständigkeitsregelung für den Fall von Annexverfahren, doch konnte die Zuständigkeitsbegründung für die Eröffnung eines Insolvenzverfahrens über den Wortlaut hinaus als allgemeine Zuständigkeitsnorm gelesen werden, wonach Annexverfahren sodann den Gerichten desselben Staats unterlagen, denen auch die Eröffnung des Insolvenzverfahren zukam.[423] Diese Ansicht

417 OLG Frankfurt (Main) v. 26.01.2006 – ZIP 2006, 769, 770 f.; *Schwarz*, NZI 2002, 290, 294; *Thole*, ZIP 2006, 1383, 1386; *Klöhn/Berner*, ZIP 2007, 1418, 1419; **kritisch** *Haubold*, IPRax 2002, 157, 160.

418 OLG Frankfurt (Main) v. 26.01.2006 – ZIP 2006, 769, 770; *Thole*, ZEuP 2010, 907, 908.

419 *Virgós/Schmit*, Erläuternder Bericht Rn. 77; *Haubold*, IPRax 2002, 157, 160.

420 *Oberhammer*, ZInsO 2004, 761, 765.

421 *Oberhammer*, ZInsO 2004, 761, 765.

422 Vgl. beispielsweise *Leipold* in FS für Ishikawa, S. 221, 234 ff., insb. 235; zustimmend *Haubold*, IPRax 2002, 157, 160; *Weller*, ZHR 169 (2005), 570, 577; *Paulus*, ZInsO 2006, 295, 298; *Willemer*, S. 90 ff.; DKDC/*Duursma-Kepplinger*, Art. 25 EuInsVO Rn. 36 ff.

423 Vgl. *Leipold* in FS Ishikawa, S. 221, 234 ff.; *Haubold*, IPRax 2002, 157, 160; vgl. *Haubold*, EuZW 2003, 703, 704; *Willemer*, S. 90; vgl. auch EuGH v. 11.06.2015 – C-649/13

überzeugte nicht nur bereits aus dem Grund, dass genau dieses Ergebnis mit der Aufnahme des Art. 6 Abs. 1 EuInsVO der Neufassung ausdrücklich im neuen Verordnungstext erreicht wird.[424] Auch der damalige Erwägungsgrund 6 der EuInsVO a.F. verdeutlichte den Willen des Verordnungsgebers, die Zuständigkeit über Annexverfahren im Rahmen der EuInsVO zu regeln.[425] Zudem musste die bestehende Eröffnungszuständigkeit eines Mitgliedstaats als logische Folge auch dessen Zuständigkeit zum weiteren Verfahrensablauf in Form von Durchführungs- und Beendigungsmaßnahmen nach sich ziehen, auch wenn die EuInsVO dies nicht ausdrücklich regelte, insbesondere Art. 3 Abs. 1 EuInsVO a.F. hierzu keine Hinweise enthielt.[426] Entsprechend war bereits diesbezüglich festzustellen, dass der Wortlaut des Art. 3 Abs. 1 EuInsVO a.F. nicht zu streng verstanden werden durfte. Des Weiteren wurde nur diese Ansicht dem Umstand gerecht, dass die Anerkennung einer insolvenzrechtlichen Einzelentscheidung über die EuInsVO erfolgt. Durch die analoge Anwendung des Art. 3 Abs. 1 EuInsVO a.F. wurde ein Gleichlauf des Zuständigkeits- und Anerkennungsregimes erzeugt.[427] Der Wortlaut dieser Norm war folglich generell als zu eng geraten anzusehen und einer großzügigeren Lesart stand nichts im Wege, womit das Problem der dargestellten Regelungslücke überwunden werden konnte.

EuZW 2015, 593, 594 f. Rn. 31 f. In dieser Entscheidung benennt der EuGH auch das Zuständigkeitsproblem, wenn ein insolvenzrechtliches Annexverfahren nicht im Rahmen des Hauptinsolvenzverfahrens, sondern im Rahmen eines Sekundärverfahrens stattfindet. Der EuGH spricht sich für die analoge Anwendung von Art. 3 Abs. 2 EuInsVO a.F. aus, womit der Eröffnungsstaat des Sekundärverfahrens für insolvenzrechtliche Annexklagen zuständig ist, soweit sich diese Klagen auf Vermögen bezieht, das sich im Staatsgebiet des Sekundärstaats befindet, EuGH v. 11.06.2015 – C-649/13 EuZW 2015, 593, 595 Rn. 32 ff.

424 I. Art. 6 Abs. 1 EuInsVO, S. 39.

425 Vgl. Erw.Gr. 6 EuInsVO a.F.: „[…] sollte sich diese Verordnung auf Vorschriften beschränken, die die Zuständigkeit […] für Entscheidungen regeln, die unmittelbar aufgrund des Insolvenzverfahrens ergehen und in engem Zusammenhang damit stehen.“ Diese Formulierung entspricht der der Rechtssache *Gourdain/Nadler* entspringenden „Definition“ von Annexverfahren.

426 *Haubold*, IPRax 2002, 157, 160.

427 Vgl. DKDC/*Duursma-Kepplinger*, Art. 25 EuInsVO Rn. 36; vgl. *Willemer*, S. 98 f.; MüKo InsO/*Thole* Art. 3 EuInsVO a.F. Rn. 104.

b. Das Problem der Qualifizierung

Wie gesehen[428] gab die *Gourdain/Nadler*-Entscheidung des EuGH zwar eine Leitlinie vor, wann Einzelverfahren als insolvenzrechtlich zu qualifizieren sind, nichtsdestotrotz beinhaltete dies keine Patentlösung für die Frage, wann ein Verfahren unter den Anwendungsbereich des EuGVÜ bzw. heute der EuGVVO falle und wann gerade nicht. Auch die Einführung der EuInsVO a.F. änderte hieran nichts, war sie zwar durch die *Gourdain/Nadler*-Formel geprägt,[429] führte diese aber nicht im Wege der Präzisierung weiter aus.[430] Während manche der EuInsVO chronologisch vorangehende Entwürfe zu einem internationalen Insolvenzrecht auf das Vorliegen insolvenzrechtlicher Einzelverfahren eingingen, verblieb unter dem Regime der EuInsVO keine andere Möglichkeit, als für jeden Einzelfall eine Auslegung und neue Subsumtion der *Gourdain/Nadler*-Formel vorzunehmen und die Einzelverfahren entsprechend autonom zu qualifizieren.[431] Wenn die Verordnung selbst also nicht hilft, liegt es an der Rechtsprechung und Wissenschaft, die Reichweite der EuInsVO für Einzelverfahren zu bestimmen.[432] Sicher sein dürfte jedoch, dass eine Gesamtbetrachtung des in Frage stehenden Verfahrens vorzunehmen ist und nicht entweder auf lediglich materiell-rechtliche oder formelle Besonderheiten abzustellen ist.[433]

---

428 1. Die Gourdain/Nadler-Rechtsprechung, S. 125.

429 Vgl. Art. 25 Abs. 1 Unterabs. 2 EuInsVO a.F.; Erw.Gr. 6, 22 EuInsVO a.F.

430 *Haubold,* IPRax 2002, 157, 161.

431 Es gilt hierbei darauf zu achten, wann eine europäische und wann eine nationale Perspektive dieser Qualifizierung zugrunde zu legen ist. Von einem autonomen europäischen Blickpunkt aus wird bestimmt, wann überhaupt generell der erforderliche unmittelbare und enge Zusammenhang zum Insolvenzverfahren vorliegt. Die konkrete Ausgestaltung dieses Erfordernisses erfolgt auf nationaler Basis. Die Frage, die sich damit stellt, ist die, wie sich das konkrete streitige Einzelverfahren nach dessen nationalem Recht darstellt, nicht wie sich generell diese Art des Einzelverfahrens einordnen lässt, beispielsweise: Wie stellt sich eine deutsche Anfechtungsklage dar, nicht, wie stellen sich Anfechtungsklagen generell dar? Vgl. *Haubold,* IPRax 2002, 157, 162; *Mankowski/Willemer*, RIW 2009, 669, 671.

432 *Haubold,* IPRax 2002, 157, 161.

433 *Haubold,* IPRax 2002, 157, 162; vgl. EuGH GA *Reischl*, Schlussantrag v. 07.02.1979 – Rs. 133/78, Slg. 1979, 746, 752 f., 756. Zu erkennen ist dies auch an der Vielzahl unterschiedlicher Kriterien, der sich der EuGH in der *Gourdain/Nadler*-Entscheidung zur Qualifizierung der französischen Ausfallhaftung bedient. Diese finden sich sowohl im materiellen als auch im Verfahrensrecht, EuGH v. 22.02.1979 – Rs. 133/78 (*Gourdain/Nadler*), RIW 1979, 273, 274 Rn. 5.

In einem Urteil des BGH aus dem Jahre 1990[434] stand die Frage der Anwendbarkeit des EuGVÜ hinsichtlich einer Insolvenzanfechtungsklage im Raum. In seiner Begründung legte der BGH die Rechtsprechung des EuGH in der Sache *Gourdain/Nadler* und dessen hierin ergangene Formel zur Qualifikation von Einzelverfahren zugrunde.[435] Erforderlich ist somit, dass die Anfechtungsklage unmittelbar aus dem Insolvenzverfahren hervorgeht und sich eng innerhalb dessen Rahmens hält.[436] Der BGH sah diese Voraussetzung als erfüllt an.[437] Wie auch der EuGH bediente er sich hierbei unter anderem der Anfechtungsbefugnis als Argument. Diese liege gem. § 36 der damals geltenden KO[438] ausschließlich beim Konkursverwalter.[439] Des Weiteren griff der BGH auf das ebenfalls durch die *Gourdain/Nadler*-Entscheidung bekannte Argument der Rechtsfolge einer bestimmten Handlung zurück. Eine erfolgreiche Anfechtungsklage komme der gesamten Gläubigergemeinschaft zugute und zwar in derselben Art und Weise, wie auch die Feststellung des Bestehens einer Forderung gegen Dritte.[440] Hieran übt *Schmidt* durchaus berechtige Kritik.[441] Zum einen kann dieselbe Rechtsfolge zugunsten der Gläubigergesamtheit der Anfechtungsklage auch über eine erfolgreich durchgeführte Klage auf Herausgabe des Besitzes gem. § 985 BGB erreicht werden, welche nicht aufgrund ihrer Rechtsfolge sodann als entsprechend konkursrechtlich qualifiziert wird.[442] Auch die Tatsache, dass der Konkursverwalter aufgrund des § 6 KO[443] anstelle des Konkursschuldners Forderungen, die aus der Zeit vor Konkurseröffnung herrühren, geltend macht und diese im Erfolgsfall den Gläubigern zukommen, führt alleine nicht zu einer Einordnung dieses Vorgehens in den Bereich des Konkursrechts; vielmehr sei hier das EuGVÜ für

434 BGH v. 11.01.1990 – IX ZR 27/89, NJW 1990, 990.

435 BGH v. 11.01.1990 – IX ZR 27/89, NJW 1990, 990, 991.

436 1. Die Gourdain/Nadler-Rechtsprechung, S. 125.

437 BGH v. 11.01.1990 – IX ZR 27/89, NJW 1990, 990, 991.

438 Für die heutige Rechtslage vgl. § 129 Abs. 1 InsO.

439 BGH v. 11.01.1990 – IX ZR 27/89, NJW 1990, 990, 991; *H. Schmidt*, EuZW 1990, 219, 219.

440 BGH v. 11.01.1990 – IX ZR 27/89, NJW 1990, 990, 991; *H. Schmidt*, EuZW 1990, 219, 219.

441 *H. Schmidt*, EuZW 1990, 219, 219 f.; ebenfalls kritisch sieht *Taupitz* die pauschale Einstufung von Anfechtungsklagen in den insolvenzrechtlichen Bereich, *Taupitz*, ZZP 105 (1992), 218, 220.

442 *H. Schmidt*, EuZW 1990, 219, 219.

443 Entsprechend § 80 Abs. 1 InsO für die heutige Rechtslage.

etwaige Streitigkeiten maßgeblich.[444] Zum anderen machte sich der BGH seine Argumentation über die ausschließliche Anfechtungsbefugnis des Konkursverwalters zu leicht. Würde man diese pauschale Argumentation zu Ende denken, wäre jede Klage des Konkursverwalters als eine insolvenzrechtliche zu qualifizieren, denn nach Eröffnung des Konkursverfahrens lag die alleinige Verwaltungs- und Verfügungsbefugnis gem. § 6 KO grundsätzlich beim Konkursverwalter, weshalb generell auch nur dieser klagebefugt war.[445] Zwar ist richtig, dass sich auch der EuGH in *Gourdain/Nadler* des Arguments der ausschließlichen Klagebefugnis des Konkursverwalters bedient hat, doch liegt der hierbei streitigen Rechtssache noch die weitere Besonderheit zugrunde, dass ein Anspruch aus Ausfallhaftung für sein Entstehen zwingend einen Gesellschaftskonkurs voraussetzt.[446] Im Fall der Anfechtungsklage nach der KO war dies nicht notwendigerweise der Fall. Es galt, eine Grenze zu ziehen zwischen der Anfechtung nach § 30 KO[447] und §§ 31, 32 KO[448]. Während die Konkursanfechtung gem. § 30 KO, wie bereits der Name indiziert, tatsächlich nur im Fall eines Konkurses möglich war, fanden sich im damals geltenden Anfechtungsgesetz parallele Anfechtungsmöglichkeiten zu §§ 31, 32 KO: §§ 3, 4 AnfG. Die Absichts- und Schenkungsanfechtung der Konkursordnung sowie die Gläubigeranfechtung des Anfechtungsgesetzes dienen alle der grundsätzlichen Befriedigungsmöglichkeit der Gläubiger, nicht jedoch zielen erstere auf die gleichmäßige Befriedigung der Gläubigergesamtheit ab.[449] Diese zwei Tatsachen zugrunde gelegt, scheint es durchaus denkbar, eine insolvenzrechtliche Qualifikation für Absichts- und Schenkungsanfechtungsklagen ausscheiden zu lassen. Allerdings führt eine derartige Einordnung zu dem unschönen Ergebnis, dass die in der Konkursordnung festgehaltenen Anfechtungsgründe aufgespalten würden. Diese Spaltung dürfte eher unwillkommen sein und wird zudem dadurch wenig überzeugend, dass sich die verschiedenen Anfechtungsgründe in der KO nicht gegenseitig ausschlossen, sondern unabhängig nebeneinander bestehen und geltend gemacht werden konnten.[450] Eine Trennung der verschiedenen Anfechtungsgründe wäre

---

444 OLG Koblenz v. 01.06.1989 – 6 U 1946/87, ZIP 1989, 1327, 1329; *Taupitz*, ZZP 105 (1992), 218, 220.
445 *H. Schmidt*, EuZW 1990, 219, 219.
446 *H. Schmidt*, EuZW 1990, 219, 219.
447 Für die heutige Rechtslage vgl. §§ 130, 131 InsO.
448 Für die heutige Rechtslage vgl. §§ 133, 134 InsO.
449 *H. Schmidt*, EuZW 1990, 219, 220.
450 BGH v. 15.03.1972 – VIII ZR 159/70, BGHZ 58, 240, 241 = NJW 1972, 870; *H. Schmidt*, EuZW 1990, 219, 220.

sodann erst recht seltsam und kaum zu rechtfertigen, da der Konkursverwalter sich auch auf mehrere Anfechtungsgründe stützen konnte, was je nach Anfechtungsgrund zu einer Behandlung durch ein unterschiedliches Regelungs- und Anerkennungsregime geführt hätte.[451] Gegen eine Auftrennung spricht ferner der allen Insolvenzanfechtungsgründen immanente Zweck und die übereinstimmende Art der Geltendmachung eines Anfechtungsanspruchs.[452]

Auch wenn das BGH Urteil aus dem Jahr 1990 zur Qualifizierung eines Einzelverfahrens Stellung nehmen musste, führte dies nicht zu einer weiteren Klärung der Frage der Qualifizierung und die bestehende Rechtssicherheit setze sich fort.

Auf die Qualifikation heutiger Anfechtungen nach der Insolvenzordnung wird sodann im späteren Verlauf dieser Arbeit eingegangen.[453]

3. Die alte Fassung der EuInsVO, insbesondere Art. 25 Abs. 1 und 2 EuInsVO a.F.

Der Erlass einer europäischen Verordnung über Insolvenzverfahren im Jahr 2000[454] half ebenfalls nicht, die bisherigen Unklarheiten aus dem Weg zu räumen. Der Verordnungstext enthielt keine zuständigkeitsbegründende Norm für Annexverfahren, weshalb nach wie vor mehrere Lösungsansätze bestanden. Auch kodifizierte die EuInsVO a.F. zwar die Formel zur insolvenzrechtlichen Einordnung von Annexverfahren aus der *Gourdain/Nadler*-Entscheidung mit deren Aufnahme in Art. 25 Abs. 1 Unterabs. 2 EuInsVO a.F., eine weitere Auseinandersetzung, was dies inhaltlich konkret zu bedeuten hat, suchte man

---

451 *Taupitz,* ZZP 105 (1992), 218, 221: Gegen eine getrennte Behandlung spricht zu dieser Zeit zudem – wenn auch aufgrund der fehlenden Verbindlichkeit desselben nur vorsichtig – der Entwurf eines EG-Konkursabkommens, welches die Konkursanfechtungsklagen des deutschen Rechts allesamt unter Art. 15 Nr. 1 und 2 fasst und damit deren ausschließliche Gerichtszuständigkeit regelt, ohne auf eine weitere Differenzierung der einzelnen Anfechtungsmöglichkeiten einzugehen und somit die Anwendung des EuGVÜ aufgrund des Art. 1 Abs. 2 Nr. 2 EuGVÜ ausschließt. Vgl. *H. Schmidt,* EuZW 1990, 219, 220; *Taupitz,* ZZP 105 (1992), 218, 221; vgl. *Kropholler/v. Hein* Art. 1 EuGVVO a.F. Rn. 36 bzgl. der insolvenzrechtlichen Qualifizierung von gesellschaftsrechtlichen Anfechtungsklagen gem. § 135 InsO.

452 *Taupitz,* ZZP 105 (1992), 218, 221; vgl. auch (1) Rechtsgrundlage, S. 159 und (2) Beeinflussung der Insolvenzmasse, S. 161.

453 1. Die Insolvenzanfechtung, S. 156.

454 Verordnung (EG) Nr. 1346/2000 des Rates vom 29. Mai 2000 über Insolvenzverfahren (EuInsVO a.F.).

allerdings vergebens. Art. 25 Abs. 1 Unterabs. 2 EuInsVO a.F. regelte in Verbindung mit Unterabs. 1 allein die automatische Anerkennung von Annexentscheidungen und unterwarf die Vollstreckung derartiger Entscheidungen den Regelungen der EuGVVO.

Nichtsdestotrotz ließ sich Art. 25 Abs. 1 und Abs. 2 EuInsVO a.F. ein gewisses Grundverständnis der möglichen Entscheidungen im Zusammenhang mit der EuInsVO, oder eben gerade ohne einen derartigen Zusammenhang, entnehmen. *Mankowski* spricht hierbei von einem fünfstufigen System und teilt die Gesamtheit der denkbaren Entscheidungen wie folgt auf: (1) die Entscheidung zur Insolvenzeröffnung, (2) Entscheidungen innerhalb eines eröffneten Insolvenzverfahrens, (3) insolvenznahe, das heißt anhand der *Gourdain/Nadler*-Formel als insolvenzrechtlich zu qualifizierende Einzelentscheidungen, (4) entferntere Einzelentscheidungen und (5) Entscheidungen die direkt ohne weitere Probleme der EuGVVO unterfallen (nicht direkt insolvenzbezogene Entscheidungen).[455] Während sich viele Sachverhalte eindeutig der einen oder anderen Kategorie unterordnen lassen, besteht insbesondere zwischen Stufe (3) und (4), den insolvenznahen und den entfernteren Einzelentscheidungen, eine Abgrenzungsproblematik, welche auch Gegenstand dieser Abhandlung ist. Normativ einzuordnen sind diese unter Art. 25 Abs. 1 Unterabs. 2 EuInsVO a.F. (Entscheidungen der Stufe (3)) bzw. Art. 25 Abs. 2 EuInsVO a.F. (Entscheidungen der Stufe (4)).[456] Nicht ganz zu missachten ist auch die Abgrenzung zu Entscheidungen der Stufe (5), die ohne den „Umweg"[457] des Art. 25 Abs. 2 EuInsVO a.F. direkt unter den sachlichen Anwendungsbereich der EuGVVO fallen. Mit aufsteigender Stufe wird der Bezug, den die Entscheidung zum eröffneten Insolvenzverfahren aufweist, schwächer. Eine Abgrenzung zwischen entfernt insolvenzbezogenen und nicht direkt insolvenzbezogenen Entscheidungen kann daher auf die Frage heruntergebrochen werden, ob die Insolvenz zumindest eine Vorfrage des zu entscheidenden Sachverhalts bildet.[458] Ist dies zu bejahen, liegt eine Entscheidung der Stufe (4) vor, die unter Art. 25 Abs. 2 EuInsVO a.F. fällt, ist dies zu verneinen, liegt eine Entscheidung der Stufe (5) vor, die direkt unter die EuGVVO zu fassen ist.[459] Eine möglicherweise fehlerhafte Unterscheidung ist hier jedoch nicht fallentscheidend und sollte nicht künstlich vergrößert werden, denn letztendlich

455 *Mankowski*, NZI 2010, 508, 509.

456 *Mankowski*, NZI 2010, 508, 509.

457 Art. 25 Abs. 2 EuInsVO a.F. kommt nur eine deklaratorische Bedeutung zu, vgl. a. Das Problem der Annexzuständigkeit - drei Lösungswege, S. 130.

458 *Mankowski*, NZI 2010, 508, 509; vgl. auch *Lüttringhaus/Weber*, RIW 2010, 45, 50.

459 *Mankowski*, NZI 2010, 508, 509.

unterfallen beide Entscheidungen dem Regelungswerk der EuGVVO. Auch wenn der „Umweg" über Art. 25 Abs. 2 EuInsVO a.F. in Kauf zu nehmen ist, besteht Einigkeit darüber, dass diese Norm zum einen nur deklaratorischen Charakter hat,[460] zum anderen grenzen die EuInsVO und die EuGVVO lückenlos aneinander an,[461] was zur Folge hat, dass eine Entscheidung, die mangels ausreichenden insolvenzrechtlichen Bezugs vom Anwendungsbereich der EuInsVO ausgeschlossen ist, gezwungenermaßen unter die EuGVVO fallen muss.

Entscheidender ist die Abgrenzung zwischen insolvenznahen und entfernteren Entscheidungen (Stufe (3) und (4)). Beide dieser Entscheidungen weisen einen Bezug zur Insolvenz auf, doch nur eine davon wird privilegiert und unter den Anwendungsbereich der EuInsVO subsumiert.[462] Ausschlaggebend ist die Frage, wie sehr das Insolvenzverfahren die Entscheidung tatsächlich beeinflusst. Wie dargestellt, stellt das Insolvenzverfahren im Rahmen einer entfernteren Klage (Stufe (4)) eine Vorfrage dar, also ein präjudizielles Rechtsverhältnis im Tatbestand der streitgegenständlichen Norm.[463] Enger muss der Bezug im Fall insolvenznaher Klagen (Stufe (3)) sein. Das Vorliegen der Insolvenz als bloße Vorfrage kann hier nicht ausreichen. Vielmehr ist erforderlich, dass die Insolvenz eine derart zentrale Rolle für das Einzelverfahren einnimmt, dass sie von prägender Bedeutung für den Streitgegenstand ist.[464] Dies ist bei einer bloßen Vorfrage nicht der Fall. Deren Vorliegen ist zwar ein nicht zu bestreitender Bezug der Klage zum Insolvenzverfahren, prägt jedoch den Streitgegenstand nicht.[465] Wenn die Einzelentscheidung hingegen wesentlich vom Insolvenzverfahren geprägt wird, so ist es nur gerechtfertigt, es der Privilegierung der EuInsVO zu unterwerfen. Fehlt dies, besteht auch keine ausreichende Grundlage zur Privilegierung.[466] Um den Streitgegenstand als durch das Insolvenzverfahren geprägt zu erachten, bedarf es mehr als einer bloßen Modifikation allgemeiner zivilrechtlicher Regelungen.[467] Vielmehr muss sich das Insolvenzverfahren als zentraler Punkt der Annexentscheidung darstellen.[468] Mit den Worten *Mankowskis*

---

460 a. Das Problem der Annexzuständigkeit - drei Lösungswege, S. 130.
461 a. Das Problem der Annexzuständigkeit - drei Lösungswege, S. 130.
462 *Mankwoski*, NZI 2010, 508, 509.
463 *Mankwoski*, NZI 2010, 508, 509.
464 *Mankowski*, NZI 2010, 508, 509.
465 *Mankowski*, NZI 2010, 508, 509.
466 Vgl. *Mankowski*, NZI 2010, 508, 509.
467 *Mankowski*, NZI 2010, 508, 509.
468 *Mankowski*, NZI 2010, 508, 509.

erfordert die insolvenzrechtliche Qualifizierung, dass nicht nur der „Faltenwurf des Gewandes“ sich ändert, sondern ein anderes Gewand angezogen wird.[469]

Auchwenn mit Einführung der EuInsVO und der hierauf fußenden Differenzierung nach prägendem und nicht prägendem Bezug weitere Schlagworte in die Debatte geworfen wurden, kam man einer Regel für die Qualifizierung von Einzelentscheidungen kaum näher als nach der *Gourdain/Nadler*-Formel.

4. Von der Deko Marty-Entscheidung bis zur Neufassung der EuInsVO

Die problematische Frage der internationalen Zuständigkeit insolvenzrechtlicher Einzelverfahren fand im Jahr 2009 durch die *Deko Marty*-Entscheidung[470] des EuGH mit Hilfe einer diesbezüglichen vis attractiva concursus eine vorläufige Antwort.[471] Im Rahmen eines Rückzahlungsverlangens durch den Insolvenzverwalter einer deutschen GmbH gegenüber einer belgischen NV[472] – der Deko Marty – legte der BGH dem EuGH die Frage vor, ob „die Gerichte des Mitgliedstaats, in dessen Gebiet das Insolvenzverfahren [...] eröffnet worden ist, für eine Insolvenzanfechtungsklage gegen einen Anfechtungsgegner, der seinen satzungsmäßigen Sitz in einem anderen Mitgliedstaat hat, gem. Art. 3 I EuInsVO international zuständig [sind]“.[473] Entscheidend stand somit die Auslegung des Art. 3 Abs. 1 EuInsVO a.F. im Raum. Zunächst griff der EuGH die Rechtsprechung in der Sache *Gourdain/Nadler* und deren Erfordernis eines unmittelbaren und engen Verhältnisses des Einzel- zum Insolvenzverfahren auf.[474] Mit Hinweis auf Erwägungsgrund 6 der EuInsVO a.F., der von der Zuständigkeit gerade für derartige Einzelentscheidungen spricht, legte der EuGH Art. 3 Abs. 1 EuInsVO a.F. dahingehend aus, dass dieser über seinen Wortlaut hinaus auch die Grundlage für die internationale Zuständigkeit von Annexverfahren enthält.[475] Auch die Ziele der EuInsVO, die Abwicklung grenzüberschreitender

469 *Mankowski*, NZI 2010, 508, 509.

470 EuGH v. 12.02.2009 – C-339/07 (*Deko Marty*), NJW 2009, 2189.

471 *Cranshaw*, DZWIR 2009, 353, 358.

472 Naamloze vennootschap (= Aktiengesellschaft).

473 BGH v. 21.06.2007 – IX ZR 39/06, NZI 2007, 538, 538 1. Vorlagefrage.

474 EuGH v. 12.02.2009 – C-339/07 (*Deko Marty*), NJW 2009, 2189, 2189 Rn. 19; MüKo InsO/*Thole* Art. 3 EuInsVO a.F. Rn. 105.

475 EuGH v. 12.02.2009 – C-339/07 (*Deko Marty*), NJW 2009, 2189, 2189 Rn. 20 f.; in Übereinstimmung hiermit auch EuGH GA *Colomer*, Schlussantrag v. 16.10.2008 – C-339/07, ZIP 2008, 2082, 2089 Rn. 69; **kritisch** hinsichtlich der Begründung des EuGH MüKo InsO/*Thole* Art. 3 EuInsVO a.F. Rn. 108; *Thole*, ZEuP 2010, 907, 910, da Erwägungsgrund 6 nicht im Gesetztestext umgesetzt wurde und zudem das historische Argument gegen eine vis attractiva concursus spreche, dass eine derartige

Insolvenzverfahren effizienter zu gestalten und missbräuchliches forum shopping zu verhindern, dienten dem EuGH als Argumente für seine Auslegung des Art. 3 Abs. 1 EuInsVO a.F.[476] Neben den Erwägungsgründen lieferte Art. 25 Abs. 1 EuInsVO a.F. ebenfalls die Grundlage einer überzeugenden Argumentation und untermauerte die Ansicht des EuGH. Nach dessen Unterabs. 2 wurden im Wege eines Annexverfahrens ergangene Entscheidungen automatisch entsprechend Unterabs. 1 anerkannt. Dieser Unterabsatz, eigentlich betreffend die Regelung der Anerkennung von Durchführungs- und Beendigungsentscheidungen, verlangte das Vorliegen eines nach Art. 16 EuInsVO a.F. automatisch anerkannten Insolvenzeröffnungsverfahrens, wobei dies mangels Überprüfbarkeit der hierbei bejahten internationalen Zuständigkeit des Eröffnungsstaates[477] wiederum voraussetzte, dass die Entscheidung durch das gem. Art. 3 Abs. 1 EuInsVO a.F. international zuständige Gericht gefasst wurde.[478] Art. 25 Abs. 1 Unterabs. 2 EuInsVO a.F. ließ sich eine Gleichstellung von Annexentscheidungen einerseits und Durchführungs- und Beendigungsentscheidungen andererseits entnehmen.[479] Durch die hieraus folgende Verbundenheit von Annexverfahren und Art. 3 Abs. 1 EuInsVO a.F. wurde somit die Möglichkeit eingeräumt, die Gerichte des Eröffnungsstaats als für Annexentscheidungen international zuständig anzusehen.[480] Diese internationale Zuständigkeit von Annexverfahren stellte sich somit als Annex der internationalen Zuständigkeit für die Verfahrenseröffnung dar.[481]

Wenn Art. 25 Abs. 1 Unterabs. 2 EuInsVO a.F. am Ende davon sprach, dass Unterabs. 1 – und damit die automatische Anerkennung – auch dann gelte, „wenn diese Entscheidungen [Anm.: Annexentscheidungen] von einem anderen Gericht getroffen werden", ist dies nicht im Sinne eines anderen international

---

Zuständigkeitsregelung zunächst aufgrund des Scheiterns eines Konkursübereinkommens von 1970 nicht zur Entstehung gelangt ist und hierauf folgend, das – ebenfalls nicht in Kraft getretene – Insolvenzübereinkommen aus dem Jahre 1995 (Text bei *Stoll*, Vorschläge und Gutachten zur Umsetzung des EU-Übereinkommens, S. 3 ff.) schon gar keine ausdrückliche Regelung für die Zuständigkeit in Annexverfahren mehr in seinem Text vorsah.

476 Genaueres vlg. EuGH v. 12.02.2009 – C-339/07 (*Deko Marty*), NJW 2009, 2189, 2189 f. Rn. 22 ff.

477 Vgl. 1. Versagungsgründe in der EuInsVO, S. 84.

478 Vgl. EuGH v. 12.02.2009 – C-339/07 (*Deko Marty*), NJW 2009, 2189, 2190 Rn. 25 f.

479 *Fehrenbach*, ZEuP 2013, 353, 378.

480 Vgl. EuGH v. 12.02.2009 – C-339/07 (*Deko Marty*), NJW 2009, 2189, 2190 Rn. 26.

481 *Oberhammer* in FS Koziol, S. 1239, 1257 f.; *Fehrenbach*, ZEuP 2013, 353, 381, 383.

zuständigen Gerichts zu verstehen, sondern lediglich in Bezug auf die örtliche und sachliche Zuständigkeit im selben international zuständigen Mitgliedstaat.[482] Deren Bestimmung obliegt dem nationalen Recht des gem. Art. 3 Abs. 1 EuInsVO a.F. zuständigen Mitgliedstaats.[483]

Kritische Stimmen werfen dem EuGH vor, dass dieser keine explizite Stellung zur Frage bezieht, ob es sich bei der Annexzuständigkeit nach Art. 3 Abs. 1 EuInsVO a.F. um eine ausschließliche oder lediglich besondere Zuständigkeit handelt.[484] Der EuGH ist wohl dahingehend zu verstehen, dass er von einer ausschließlichen Zuständigkeit ausgeht und die EuInsVO somit exklusiv gegenüber der EuGVVO Geltung für sich beansprucht.[485] Ein Rückgriff auf die EuGVVO wird damit verwehrt, was im Fall einer bloßen besonderen Zuständigkeit möglich gewesen wäre.[486] Folge dieser fehlenden Rückgriffsmöglichkeit ist sodann, dass es tatsächlich entscheidend auf die Abgrenzung von insolvenzrechtlichen und sonstigen Einzelverfahren ankommt.[487] Nur so kann der Regelung des Art. 1 Abs. 2 lit. b) EuGVVO tatsächlich gerecht werden. Ausdrücklich schließt dieser Insolvenz- und ähnliche Verfahren vom Anwendungsbereich der EuGVVO aus. Im Fall einer insolvenzrechtlichen Qualifizierung müssen derartige Annexverfahren unter letztere Möglichkeit subsumiert werden und somit ausschließlich in den Anwendungsbereich der EuInsVO fallen. Unter dem Gesichtspunkt der Rechtsklarheit und Rechtssicherheit kann es nicht der Wille

---

482 Vgl. EuGH v. 12.02.2009 – C-339/07 (*Deko Marty*), NJW 2009, 2189, 2190 Rn. 27; vgl. Nerlich/Römermann/*Nerlich/Hübler* Art. 25 EuInsVO a.F. Rn. 13; **kritisch**: *Thole*, ZEuP 2010, 907, 911; MüKo InsO/*Thole* Art. 3 EuInsVO a.F. Rn. 108 f.

483 EuGH v. 12.02.2009 – C-339/07 (*Deko Marty*), NJW 2009, 2189, 2190 Rn. 27; BGH v. 19.05.2009 – IX ZR 39/06, NJW 2009, 2215, 2216 Rn. 9; vgl. *Cranshaw*, DZWIR 2009, 353, 358 ff.

484 *Thole*, Gläubigerschutz, S. 933 ff.; MüKo InsO/*Thole* Art. 3 EuInsVO a.F. Rn. 107, 110. Der Generalanwalt spricht sich in seinem Schlussantrag für eine „relativ ausschließliche" Zuständigkeit aus, EuGH GA *Colomer*, Schlussantrag v. 16.10.2008 – C-339/07, ZIP 2008, 2082, 2089 Rn. 65, 69; diesem zustimmend *Lüttringhaus/Weber*, RIW 2010, 45, 46 sowie *Thole*, ZIP 2012, 605, 608.

485 BGH v. 19.05.2009 – IX ZR 39/06, NJW 2009, 2215, 2216 Rn. 16; zustimmend *Mankowski/Willemer*, RIW 2009, 669, 675; *Weber*, S. 71; **kritisch** zu einer ausschließlichen Zuständigkeit MüKo InsO/*Thole* Art. 3 EuInsVO a.F. Rn. 110; anders auch: *Thole*, ZEuP 2010, 907, 916 f. sowie *Thole*, Gläubigerschutz, S. 935 ff., der sich für das Verständnis als besondere Zuständigkeit ausspricht; MüKo BGB/*Kindler* Art. 6 EuInsVO Rn. 12.

486 *Thole*, Gläubigerschutz, S. 935 ff.; MüKo InsO/*Thole* Art. 3 EuInsVO a.F. Rn. 110.

487 *Thole*, ZEuP 2010, 907, 917; MüKo InsO/*Thole* Art. 3 EuInsVO a.F. Rn. 110.

des Verordnungsgebers gewesen sein, einen parallelen Anwendungsbereich von EuGVVO und EuInsVO zu schaffen.

Während die *Deko Marty*-Entscheidung somit zwar die bis dato strittige Frage der Grundlage der internationalen Zuständigkeit bei insolvenzrechtlichen Einzelverfahren klärte – wenn auch nicht für jeden mit voller Zufriedenheit – und die *Gourdain/Nadler*-Formel hinsichtlich der Qualifizierung derartiger Verfahren bestätigend aufgriff, blieb eine Präzisierung dieser Formel weiterhin aus. Für den Fall, dass der EuGH die internationale Zuständigkeit für Annexverfahren nicht in Art. 3 Abs. 1 EuInsVO a.F. begründet sehen würde, enthielt die Vorlage des BGH die weitere Frage, ob eine Insolvenzanfechtungsklage wie im streitigen Verfahren unter Art. 1 Abs. 2 lit. b) EuGVVO zu fassen sei oder ob sich jedenfalls die internationale Zuständigkeit für Insolvenzanfechtungsklagen nach der EuGVVO richte.[488] Wäre der EuGH noch zur Entscheidung dieser Vorlagefrage gekommen, wäre nicht auszuschließen gewesen, dass hierdurch ein vertiefteres Eingehen auf die *Gourdain/Nadler*-Formel erfolgt wäre. Entsprechend der Bejahung bereits der ersten Vorlagefrage musste der EuGH jedoch auf die zweite nicht mehr eingehen.[489] Die vagen Begriffe der Unmittelbarkeit und der Voraussetzung der engen Verbindung zum Insolvenzverfahren blieben also weiterhin unbestimmt und von Einzelfall zu Einzelfall ausfüllungsbedürftig zurück. Hieran änderte auch die weitere Rechtsprechung des EuGH nichts. Weder in den sich widersprechenden[490] Entscheidungen in den Rechtssachen *SCT Industri/Alpenblume*[491] und *German Graphics*[492] noch in der Sache *Jadecloud-Vilma*[493]

---

488 BGH v. 21.06.2007 – IX ZR 39/06, NZI 2007, 538 2. Vorlagefrage. Mit seiner 2. Alternative spielt der BGH also an die 2. Lösung der unter a. Das Problem der Annexzuständigkeit - drei Lösungswege, S. 130 dargestellten Möglichkeiten zur Begründung einer internationalen Zuständigkeit für insolvenzrechtlich qualifizierte Annexverfahren an.

489 Vgl. EuGH v. 12.02.2009 – C-339/07 (*Deko Marty*), NJW 2009, 2189, 2190 Rn. 29.

490 *Mankowski*, NZI 2010, 508, 510; *Oberhammer*, IPRax 2010, 317, 324. Der Widerspruch ergibt sich daraus, dass der EuGH im Rahmen von *Alpenblume* seine insolvenzrechtliche Qualifizierung auf die Anwendbarkeit materiellen Insolvenzrechts stützt (EuGH v. 02.07.2009 – C-111/08 (*Alpenblume*), EuZW 2009, 610, 611 f. Rn. 27 ff.), im Rahmen von *German Graphics* allerdings macht der EuGH die verfahrensrechtliche Qualifikation unabhängig vom kollisionsrechtlichen anzuwendenden Recht (EuGH v. 10.09.2009 – C-292/08 (*German Graphics)*, EuZW 2009, 785, 787 Rn. 31 ff.), *Fehrenbach*, ZEuP 2013, 353, 380.

491 EuGH v. 02.07.2009 – C-111/08 (*Alpenblume*), EuZW 2009, 610.

492 EuGH v. 10.09.2009 – C-292/08 (*German Graphics)*, EuZW 2009, 785.

493 EuGH v. 19.04.2012 – C-213/10 (*Jadecloud-Vilma*), EuZW 2012, 427.

erfolgte eine genauere Klärung, wie sich abstrakt das Vorliegen eines insolvenzrechtlichen Einzelverfahrens bejahen lässt.

Im Jahr 2015 wurde durch den Erlass der Neufassung der EuInsVO, deren Großteil seit dem 26. Juni 2017 gilt, die Frage nach der internationalen Zuständigkeit für Annexverfahren durch Einfügen des Art. 6 EuInsVO endgültig gesetzlich geregelt.[494] Die Frage nach der Qualifikation von Einzelverfahren hingegen blieb weiterhin unbestimmt, denn Art. 6 Abs. 1 EuInsVO übernimmt lediglich die vagen Ausführungen der *Gourdain/Nalder*-Rechtsprechung.[495]

II. Indizien für eine Qualifikation

Die viel zitierte *Gourdain/Nadler*-Formel, die mit Art. 6 Abs. 1 EuInsVO ihren Niederschlag im Verordnungstext gefunden hat, kann nicht bereits alleine ausreichen, um eine Differenzierung in insolvenzrechtliche und nicht-insolvenzrechtliche Einzelverfahren vorzunehmen. Die Voraussetzungen des „unmittelbar aus dem Insolvenzverfahren Hervorgehens" und dem „engen Zusammenhang" zu demselben bedürfen einer am Einzelfall ausgerichteten weiteren Ausfüllung. Hierfür kann mit Indizwirkung auf mehrere Anhaltspunkte zurückgegriffen werden, um zu einer insolvenzrechtlichen Einordnung zu gelangen.[496]

So kann beispielsweise die Bestellung eines Insolvenzverwalters und dessen Tätigwerden anstatt des Schuldners Hinweis für eine insolvenzrechtliche Qualifizierung sein.[497] Abgestellt wird also auf die Prozessführungsbefugnis.[498] Diese formelle Beteiligung des Insolvenzverwalters kann für sich allerdings keinen ausreichenden Zusammenhang zum Insolvenzverfahren begründen.[499] Wesentlich für die Eröffnung und Durchführung des Insolvenzverfahrens ist – abgesehen vom Fall der Insolvenz in Eigenverwaltung –, dass der Insolvenzschuldner die Verwaltungs- und Verfügungsbefugnis über sein Vermögen verliert und diese nunmehr beim Insolvenzverwalter liegen, vgl. 80 Abs. 1 InsO. Folge hiervon ist, dass im Verlauf des Insolvenzverfahrens nicht mehr der Schuldner selbst

494 Ausführlich 3. Teil: Regelungsgehalt des Art. 6 EuInsVO, S. 39.

495 *Mankowski*, NZI 2018, 46, 47.

496 Vgl. *Haas*, NZG 2013, 1161, 1162, der deutlich die Ausfüllungsbedürftigkeit der *Gourdain/Nadler*-Formel anhand von Indizien anspricht und diese auch aufzählt.

497 Siehe 1. Die Gourdain/Nadler-Rechtsprechung, S. 125.

498 Mankowski/Müller/J. Schmidt/*Mankowski* Art. 6 EuInsVO Rn. 9; vgl. EuGH v. 22.02.1979 – Rs. 133/78 (*Gourdain/Nadler*), RIW 1979, 273, 274 Rn. 5.

499 Vgl. auch EuGH v. 10.09.2009 – C-292/08 (*German Graphics*), EuZW 2009, 785, 787 Rn. 33; *Mankowski*, NZI 2010, 508, 511; Rauscher/*Mankowski* Art. 1 EuGVVO Rn. 66.

rechtswirksam handeln, etwa Forderungen einziehen, Verbindlichkeiten begleichen oder Klage erheben kann, sondern dies nun dem Verwalter vorbehalten bleibt. Dieser Übergang der Verwaltungs- und Verfügungsbefugnis ist hierbei als umfassend zu verstehen und ist gerade nicht auf insolvenztypische Sachverhalte beschränkt. Auch die Einklagung einer bloßen, bisher nicht erfüllten Zahlungsforderung, wie beispielsweise aus einem Kaufvertrag, wird durch den Insolvenzverwalter besorgt.[500] Hierdurch wird eine Klage auf Kaufpreiszahlung allerdings kein speziell insolvenzrechtliches Problem.

Als weiterer Anknüpfungspunkt einer insolvenzrechtlichen Qualifizierung kann die Voraussetzung dienen, dass das Annexverfahren die Eröffnung eines Insolvenzverfahrens voraussetzt.[501] Wäre der in Frage stehende Anspruch auch ohne dieses entstanden, so kann es sich nicht um einen unmittelbar aus dem Insolvenzverfahren hervorgehenden Anspruch handeln, der entsprechend insolvenzrechtlich zu qualifizieren ist.[502] Dieser Gedanke kann mit demjenigen verknüpft werden, dass eine insolvenzrechtliche Qualifizierung dann indiziert wird, wenn in Rechtsfolge oder Tatbestand auf das Insolvenzverfahren Bezug genommen wird.[503] Wenn das eröffnete Insolvenzverfahren Voraussetzung ist, so wird es sich auch an irgendeiner Stelle im Annexverfahren finden lassen müssen. Die Kritik an diesem Indiz liegt jedoch auf der Hand. Bedient man sich der von *Mankowski* vorgenommenen Differenzierung im Rahmen von Art. 25 Abs. 1 und Abs. 2 EuInsVO a.F. bzw. nunmehr Art. 32 Abs. 1 und Abs. 2 EuInsVO und verlangt für eine insolvenzrechtliche Qualifizierung, dass das Bestehen des eröffneten Insolvenzverfahrens die Einzelstreitigkeit prägt,[504] so ist zweifelsohne klar, dass sich sodann das Insolvenzverfahren in Tatbestand oder Rechtsfolge des Einzelverfahrens zeigen muss. Dies ist jedoch gleichermaßen der Fall, wenn nur eine Modifikation des Einzelverfahrens aufgrund des eröffneten Insolvenzverfahrens stattfindet. Wie sollte sonst die Modifikation begründet werden, ohne dass – wenigstens kurz – der Zusammenhang zum Insolvenzverfahren zur Sprache kommt. Stellt somit das Insolvenzverfahren lediglich eine Vorfrage im Sinne von *Mankowski* dar, so findet sich diese ebenfalls in der Entscheidung über die Einzelstreitigkeit wieder. Alleine die Tatsache, dass die Insolvenz in

500 *Oberhammer*, ZInsO 2004, 761, 764; *Haubold*, IPrax 2002, 157, 162; vgl. *Mankowski*, NZI 2010, 508, 512.

501 Vgl. EuGH v. 10.09.2009 – C-292/08 (*German Graphics*), EuZW 2009, 785, 787 Rn. 32; Mankowski/Müller/J. Schmidt/*Müller* Art. 32 EuInsVO Rn. 22.

502 *Mankowski*, NZI 2010, 508, 512; vgl. Rauscher/*Mankowski* Art. 1 EuGVVO Rn. 66.

503 Mankowski/Müller/J. Schmidt/*Mankowski* Art. 6 EuInsVO Rn. 9.

504 3. Die alte Fassung der EuInsVO, insbesondere Art. 25 Abs. 1 und 2 EuInsVO a.F., S. 138.

einem Einzelverfahren genannt wird, kann damit kein überzeugender Anhaltspunkt sein.

Ein weiteres denkbares Indiz ist die Zielrichtung des Einzelverfahrens, die Insolvenzmasse zu vergrößern.[505] Ein enger Zusammenhang des Einzelverfahrens zum Insolvenzverfahren besteht in diesem Fall darin, dass die im Insolvenzverfahren zentrale gemeinschaftliche Gläubigerbefriedigung, jedenfalls die Insolvenzquote mit der die Befriedigung eintritt, dadurch gefördert wird, dass mit dem Einzelverfahren das zu verteilende Vermögen vermehrt wird.

Ferner werden die Voraussetzungen der *Gourdain/Nadler*-Formel dahingehend untersucht, ob die Einzelklage ihre Rechtsgrundlage im Insolvenzrecht hat.[506] Betrachtet werden muss demnach, ob der in Frage stehende Anspruch oder die in Frage stehende Verpflichtung aus dem allgemeinen Zivil- und Handelsrecht herrührt oder ob nicht vielmehr abweichende Sonderregelungen des Insolvenzrechts bestehen.[507]

Im Rahmen seiner *Alpenblume*-Entscheidung[508] legte der EuGH überdies ein großzügiges Verständnis hinsichtlich des engen Zusammenhangs einer Streitigkeit zum Insolvenzverfahren an den Tag. Stehen die besonderen Befugnisse des Insolvenzverwalters im Rahmen des vom ihm betreuten Insolvenzverfahrens zur Debatte, so sieht der EuGH bereits einen genügenden Zusammenhang zu letzterem gegeben und spricht sich für die Anwendung der EuInsVO aus.[509]

---

505 EuGH v. 22.02.1979 – Rs. 133/78 (*Gourdain/Nadler*), RIW 1979, 273, 274 Rn. 5; EuGH v. 12.02.2009 – C-339/07 (*Deko Marty*), NJW 2009, 2189, 2189 Rn. 17; EuGH v. 02.07.2009 – C-111/08 (*Alpenblume*), EuZW 2009, 610, 611 f. Rn. 29; EuGH v. 19.04.2012 – C-213/10 (*Jadecloud-Vilma*), EuZW 2012, 427, 429 Rn. 44; **kritisch:** Mankowski/Müller/J. Schmidt/*Mankowski* Art. 6 EuInsVO Rn. 9.

506 Vgl. EuGH v. 10.09.2009 – C-292/08 (*German Graphics*), EuZW 2009, 785, 787 Rn. 32; EuGH v. 11.06.2015 – C-649/13 = EuZW 2015, 593, 594 Rn. 28; Mankowski/Müller/J. Schmidt/*Mankowski* Art. 6 EuInsVO Rn. 9; vgl. entsprechend zu Art. 1 Abs. 2 lit. b) LugÜ, Bundesgericht Schweiz v. 08.05.2014 – 4A_740/2012 (*Swissair/Sabena*), ZIP 2014, 2095, 2097 Rn. 6.3.

507 EuGH v. 20.12.2017 – C-649/16, NJW 2018, 843, 844 Rn. 29; EuGH v. 04.09.2014 – C-157/13 (*Nickel*), NZI 2014, 919, 921 Rn. 27; EuGH v. 11.06.2015 – C-649/13 = EuZW 2015, 593, 594 Rn. 28.

508 EuGH v. 02.07.2009 – C-111/08 (*Alpenblume*), EuZW 2009, 610.

509 EuGH v. 02.07.2009 – C-111/08 (*Alpenblume*), EuZW 2009, 610, 612 Rn. 30; **kritisch:** *Thole*, ZEuP 2010, 907, 919; *Oberhammer*, IPRax 2010, 317, 322 ff.; *Freitag*, ZIP 2014, 302, 306.

Der EuGH geht jedoch nicht soweit, dass bereits die Beteiligung des Insolvenzverwalters am streitigen Verfahren für eine insolvenzrechtliche Qualifizierung genügt.[510]

III. Konkrete Modifikationen und Neuvorschlag

Es ist kein Geheimnis, wenn man sagt, dass die vom EuGH in der Rechtssache *Gourdain/Nadler* geprägte Formel für das Vorliegen eines insolvenzrechtlichen Einzelverfahrens nicht ausschließlich auf Zustimmung gestoßen ist, da die Definition des EuGH derart unpräzise und mit fließenden Grenzen ausgestattet ist, dass sie in praktischer Hinsicht kaum einer Klärung der schwierigen Abgrenzungsfrage von EuInsVO und EuGVVO zu helfen vermochte. Als Folge dessen wurde die *Gourdain/Nadler*-Formel bereits mehrfach – wie im nächsten Abschnitt zu sehen – genauer ausgefüllt oder modifiziert, um die Grenzen einer insolvenzrechtlichen Qualifizierung zu schärfen und den Gerichten und anderen Beteiligten eines Verfahrens eine klare Leitlinie an die Hand zu geben. Dies bewirkt nicht zuletzt auch einen großen Schritt in Richtung höherer Rechtssicherheit. Bei all diesen Ausfüllungen und Modifizierungen fällt jedoch – negativ – auf, dass zum einen meist in nur sehr kurzen Ausführungen auf die eigens aufgestellten Kriterien einer insolvenzrechtlichen Qualifizierung eingegangen wird und diese in ihrer Existenz begründet werden, zum anderen diese Analyse oftmals eine intensive Auseinandersetzung mit einzelnen problematischen Verfahrensgegenständen vermissen lässt und diesen so nicht in vollem Umfang gerecht werden kann. Genau hieran wird im nachfolgenden Teil dieser Arbeit angeknüpft und die soeben geübte Kritik zum Anlass einer umfassenden Untersuchung ausgewählter Einzelverfahren genommen.

1. Bisherige Modifikationen der Gourdain/Nadler-Formel

Zunächst werden jedoch einige dieser Modifikationen übersichtsweise kurz dargestellt, um die bisherigen Entwicklungen aufzuzeigen.

So wird die Anwendbarkeit der EuInsVO nach der Meinung von *Albrecht* anhand dreier Kriterien bestimmt: der Anspruchsgrund muss sich im spezifischen Insolvenzrecht finden, die auf allgemeinen zivilrechtlichen Rechtsprinzipien

---

510 Vgl. EuGH v. 10.09.2009 – C-292/08 (*German Graphics*), EuZW 2009, 785, 787 Rn. 32 f.; *Thole*, ZEuP 2010, 907, 920. Dass die Qualifizierung von Absonderungsrechten, wie im Fall von *German Grahpics* eines Eigentumsvorbehalts, wesentlich detaillierter erfolgen muss, vgl. b. Absonderungsrechte, §§ 49 ff. InsO, S. 176.

beruhende Rechtshandlung wird durch lex specialis-Regelungen des Insolvenzrechts modifiziert und Ziel der Rechtshandlung ist eine Besserstellung der Gläubiger in ihrer Gesamtheit.[511] Diese Merkmale stellen grundsätzlich bereits eine gute Basis für die Qualifizierung von Einzelverfahren dar, bedürfen jedoch nichtsdestotrotz noch genauerer Betrachtung. So können die ersten beiden Kriterien auf einen gemeinsamen Nenner heruntergebrochen werden und auch das dritte Kriterium lässt sich dahingehend konkreter formulieren, wann eine maßgebliche Gläubigerbesserstellung zu bejahen ist.[512]

Fehrenbach schlägt vor, die Qualifizierung eines Einzelverfahrens als insolvenzrechtliches Annexverfahren daran auszurichten, „dass der prozessuale Zusammenhang zwischen Einzel- und Stammverfahren so eng ist, dass die Auftrennung der internationalen Zuständigkeiten sinnvollerweise nicht in Betracht kommt"[513]. Eine weitere Aufklärung, wann genau eine Auftrennung der internationalen Zuständigkeiten sinnvoll ist und wann nicht, bleibt er jedoch schuldig.

Kindler/Sakka subsumieren in Übereinstimmung mit dem EuGH in der Rechtssache *Deko Marty* eine Klage, die die Insolvenzmasse mehrt unter den Anwendungsbereich der EuInsVO, ohne jedoch hieraus eine allgemeine abstrakte Voraussetzung herzuleiten.[514] Insgesamt sprechen sich diese ferner für eine generelle Erweiterung der Annexzuständigkeit auch auf Klagen aus, die keine insolvenzspezifische Rechtsgrundlage haben, um für den Insolvenzverwalter so die Möglichkeit zu schaffen, mehrere Klagen miteinander zu verbinden.[515]

In Ausfüllung der *Gourdain/Nadler*-Rechtsprechung bringt *Haas* mit der „Allseitigkeit der insolvenzrechtlichen Haftungsordnung" ein weiteres Schlagwort für die Qualifizierung von Einzelverfahren ins Gespräch.[516] Maßgebliches Kriterium für eine insolvenzrechtliche Einordnung ist hiernach nicht die Rechtsnatur des geltend gemachten Anspruchs,[517] sondern vielmehr die das

---

511 *Albrecht*, ZInsO 2015, 1077, 1081.

512 Vgl. 2. Neuvorschlag, S. 150.

513 *Fehrenbach*, ZEuP 2013, 353, 382.

514 Vgl. *Kindler*, EuZW 2015, 143, 143; *Kindler/Sakka*, EuZW 2015, 460, 463.

515 *Kindler/Sakka*, EuZW 2015, 460, 463; zu dieser Thematik – jedoch gerade aus gegenteiliger Perspektive – vlg. *Oberhammer*, KTS 2009, 27, 45 f., der zwar anerkennt, dass die Anwendung der EuGVVO auf alle Fälle, die nicht das eigentliche Insolvenzverfahren betreffen, eine größere Rechtssicherheit schaffen würde, sich jedoch aufgrund dessen, dass die EuGVVO keine insolvenzspezifischen Besonderheiten beachtet, gegen diesen Weg ausspricht.

516 *Haas*, NZG 1999, 1148, 1152; vgl. auch *Haas*, ZIP 2013, 2381, 2388.

517 Taupitz, ZZP 105 (1992), 212, 220 f.; *Haas*, NZG 1999, 1148, 1151.

Insolvenzrecht prägende Tatsache eines universellen Interessenkonflikts, der die Allgemeinheit und insbesondere die Gläubigergesamtheit berührt und hierdurch über einen lediglich zweiseitigen Interessenkonflikt hinausgeht.[518] Für die Qualifizierung des Art. 99 des französischen Gesetzes Nr. 67–563 im Rahmen der *Gourdain/Nadler*-Entscheidung bedeutet dies, dass eine insolvenzrechtliche Qualifizierung unter anderem daraus folgt, dass Inhaber des Haftungsanspruchs nicht die Gesellschaft selbst, sondern die Gläubigergesamtheit ist und ein Schaden zu ersetzen ist, der dieser gemeinschaftlich entstanden ist.[519] Später spricht *Haas* davon, die insolvenzrechtliche Qualifikation eines Einzelverfahrens hänge davon ab, dass ein insolvenzspezifisches „Vorrecht“[520] des Insolvenzverwalters im Streit steht, das heißt Befugnisse, die einem Insolvenzorgan aufgrund des Insolvenzverfahrens zustehen.[521] Diese Befugnisse müssen den prägenden Teil des Rechtsstreits bilden.[522]

2. Neuvorschlag

Wie durch die vorherigen Ausführungen gesehen, besteht ein großer Pool an Indizien, derer man sich zur Einordnung eines selbstständigen Annexverfahrens bedienen kann.[523] Während manche von diesen sich mehr zur Bestimmung der richtigen Einordnung eignen, kommt anderen eher wenig Aussagekraft zu. Gemein ist allen Indizien jedoch, dass sie eben nur als bloße Indizien betrachtet werden, um die nach wie vor herangezogene *Gourdain/Nadler*-Formel inhaltlich auszufüllen. Dieser Ausfüllung bedarf es auch, bietet die *Gourdain/*

---

518 *Haas*, NZG 1999, 1148, 1152.

519 *Haas*, NZG 1999, 1148, 1152. Nach der in dieser Arbeit vertretenen Ansicht kann der Argumentation von *Haas* hier nicht vollends gefolgt werden. Für die insolvenzrechtliche Qualifikation kommt es unter anderem darauf an, dass ein direkter Bezug zur Insolvenzmasse besteht. Im Fall der Anspruchsinhaberschaft auf Seiten der Gläubigergemeinschaft erfolgt eine Befriedigung durch Leistung an die Masse, da nur so der Grundsatz der *par conditio creditorum* gewahrt werden kann. Doch auch wenn die Gesellschaft selbst Inhaber des Haftungsanspruchs ist, besteht der notwendige direkte Massebezug. Die Leistung erfolgt an die Gesellschaft, das heißt deren Vermögens- im eröffneten Insolvenzverfahren Insolvenzmasse. Durch die Mehrung der Masse erfolgt konsequenterweise eine entsprechend höhere Befriedigung aller Insolvenzgläubiger, was wiederum der von *Haas* geforderten Allseitigkeit nahekommt.

520 EuGH v. 02.07.2009 – C-111/08 (*Alpenblume*), EuZW 2009, 610, 611 Rn. 28.

521 *Haas*, ZIP 2013, 2381, 2384.

522 *Haas*, ZIP 2013, 2381, 2387 f.

523 *Haas*, NZG 2013, 1161, 1162.

Nadler-Formel mit ihren Voraussetzungen des unmittelbar aus dem Insolvenzverfahren Hervorgehens sowie der engen Verbundenheit zu diesem selbst nur vage Anhaltspunkte für eine genaue Qualifizierung. Insbesondere das Merkmal der engen Verbundenheit stellt einen nur unbestimmten Rechtsbegriff dar, der für sich genommen keinen großen Schritt zur Einordnung von Einzelverfahren beizutragen vermag. Eine numerische Aufzählung möglicher Annexverfahren, vergleichbar mit Anhang A der EuInsVO, kann nicht erfolgen. Während die Anzahl an möglichen Insolvenzverfahren in einer abgrenzbaren und insbesondere überschaubaren Art und Weise festgestellt werden kann, fehlt es bei Annexverfahren hieran. Für eine numerische Aufzählung von Annexverfahren, die insbesondere nur bei einer abschließenden Aufzählungswirkung tatsächlich sinnhaft ist, sind die Möglichkeiten entstehender Streitigkeiten zu unübersichtlich und vielseitig. Diese unüberschaubar große Vielzahl von möglichen Annexverfahren erlaubt daher zwar grundsätzlich ein recht offen gehaltenes Verständnis, um den jeweils landesspezifischen Auffassungen des eigenen Rechtssystems und Insolvenzverfahrens gerecht zu werden. Jedoch bedeutet dies nicht, dass eine derart weite Auffassung, wie in der *Gourdain/Nadler*-Formel angelegt, der einzige Weg ist, eine europaweit einheitliche Handhabung von Einzelverfahren zu erzielen. Vielmehr würde dies durch klar nach außen hin markierte Grenzsteine erfolgen, wobei es am Verständnis des anwendbaren Rechts liegt, ob sich ein Verfahren innerhalb dieser Grenzen befindet und somit als insolvenzrechtliches Annexverfahren unter die EuInsVO fällt oder außerhalb derer und innerhalb des Anwendungsbereichs der EuGVVO einzuordnen ist.[524] Das anwendbare Recht, im Rahmen dessen Verständnis die Qualifizierung stattfinden muss, ist hierbei dasjenige Recht, welches auf das Insolvenzverfahren an sich Anwendung findet. Nur über diesen Weg entsteht für alle beteiligten oder potenziell beteiligten Parteien ein durch Rechtssicherheit geprägter Verfahrensschauplatz.

Indizien geben den Gerichten in ihren Entscheidungen Anhaltspunkte, in welche Richtung sich die Qualifizierung eines Einzelverfahrens bewegt. Eine sichere Richtschnur kann ihnen hingegen nicht entnommen werden. Insbesondere bestehen Probleme dahingehend, auf wie viele Indizien es überhaupt ankommt, das heißt wie viele Indizien, die für eine insolvenzrechtliche Qualifizierung sprechen, Indizien, die gegen eine solche Qualifizierung sprechen, gegenüberstehen müssen. Ebenso bleibt es fraglich, wie die verschiedenen Indizien untereinander zu gewichten sind oder ob allen eine gleich starke Wirkung zukommt.

---

524 Vgl. hierzu bereits 1. Die Gourdain/Nadler-Rechtsprechung, S. 125.

Um die nach wie vor bestehende Problematik der Qualifizierung von Einzelverfahren zu beheben und die vagen Inhalte der – inzwischen auch schon älteren – *Gourdain/Nadler*-Formel in eine konkrete Vorgabe zu überführen, sollten ausdrückliche und insbesondere klare Voraussetzungen geschaffen werden, die die Qualifizierung fraglicher Verfahren bestimmen. Hierbei muss nicht vollends von der *Gourdain/Nadler*-Formel Abstand genommen werden. Ihr Inhalt hat durchaus seine Begründung. Nicht jedes Verfahren, das irgendwie mit der Insolvenz zusammenhängt, muss gleich als insolvenzrechtliches Verfahren verstanden werden. Auch im Rahmen der Insolvenz ist der Insolvenzschuldner weiterhin Teil des Rechtsverkehrs und kann nicht schlichtweg pauschal als Objekt eines Insolvenzverfahrens betrachtet werden. Die zuvor aufgeführten Unterschiede zwischen der EuInsVO einerseits und der EuGVVO andererseits zeigen jedoch auf, inwiefern eine Einordnung unter die eine oder andere Verordnung unterschiedliche Folgen nach sich zieht.

Um einen zukünftig einheitlichen Maßstab zur Bestimmung der Qualifikation von Einzelverfahren zu erreichen, muss die Einordnung anhand zweier kumulativ erforderlicher Voraussetzungen vorgenommen werden:

1. dem Vorliegen einer insolvenzrechtlichen Rechtsgrundlage und
2. einem wirtschaftlichen Zusammenhang des Einzelverfahrens zum Insolvenzverfahren in der Form, dass das Einzelverfahren in seiner Rechtsfolge direkt Einfluss auf die Netto-Insolvenzmasse nimmt.[525]

Liegen diese Voraussetzungen beide vor, handelt es sich mit den Worten des EuGH um ein Verfahren, das unmittelbar aus dem Insolvenzverfahren hervorgeht und eng mit diesem verbunden ist.

Für das Erfordernis einer insolvenzrechtlichen Rechtsgrundlage muss betrachtet werden, „ob der Anspruch oder die Verpflichtung, die der Klage als Grundlage dient, den allgemeinen Regelungen des Zivil- und Handelsrechts entspringt oder aber den abweichenden Spezialregelungen für Insolvenzverfahren.“[526] Die

---

525 Hierdurch erfolgt, wie unter 1. Bisherige Modifikationen der Gourdain/Nadler-Formel, S. 148 von *Albrecht* gefordert, eine Besserstellung der Gläubiger. Der Vorteil am Abstellen auf die Vergrößerung der Insolvenzmasse liegt, im Vergleich zur Ansicht *Albrechts*, in einer wesentlich konkreteren und damit rechtssichereren Voraussetzung. **Kritisch:** *Mankowski*, NZI 2009, 571, 572; *Oberhammer*, IPRax 2010, 317, 323 (wobei dieser den Massebezug schlicht zu weit versteht); *Thole*, ZEuP 2010, 907, 919; *Haas*, ZIP 2013, 2381, 2384.

526 EuGH v. 04.09.2014 – C-157/13 (*Nickel*), NZI 2014, 919, 921 Rn. 27, wiederholend EuGH v. 04.12.2014 – C-295/13, NZI 2015, 88, 90 Rn. 21; vgl. auch EuGH

zu betrachtende Norm muss somit eine insolvenzrechtsspezifische Abweichung beinhalten. Die Frage, die man sich stellen muss, lautet: Wäre die gewählte Anspruchsgrundlage in dieser Form auch dann anwendbar, wenn die Insolvenz bzw. das Insolvenzverfahren hinweggedacht werden würde? Ist diese Frage zu verneinen, liegt keine insolvenzrechtliche Anspruchsgrundlage vor. Beachtet werden muss, dass „die Insolvenz" in diesem Sinne nicht zwingend das Vorliegen eines formell eröffneten Insolvenzverfahrens meint, sondern eine bereits materielle Insolvenzsituation ausreichend ist.[527] Dass bereits in letzterem Fall eine insolvenzrechtliche Einordnung der Rechtsgrundlage zu bejahen sein sollte, ergibt sich unter Zugrundelegung einer deutschen Betrachtung im Zusammenhang mit § 15a Abs. 1 S. 1 InsO. Dieser schreibt bei Vorliegen von Insolvenzgründen die Pflicht zur Antragstellung vor. Bereits in diesem Zeitpunkt erkennt der Gesetzgeber also die Notwendigkeit innerhalb einer möglichst kurzen Zeitspanne vom allgemeinen Zivilrecht in die besonderen Regelungen des Insolvenzrechts überzugehen. Die dem Insolvenzverfahren zugrunde liegende Situation, die insbesondere den besonderen Schutz der späteren Insolvenzgläubiger im Auge hat, besteht schon vor formeller Eröffnung des Insolvenzverfahrens. Eine insolvenzrechtliche Einordnung der Rechtsgrundlage kann daher nicht alleine daran scheitern, dass die formelle Verfahrenseröffnung entweder bewusst hinausgezögert oder aufgrund unbeabsichtigter Verzögerungen zu einem erst sehr späten Zeitpunkt erfolgt.

Durch das Erfordernis einer insolvenzrechtlichen Rechtsgrundlage fallen selbstständige (quasi)neutrale[528] Normen, die alleine als Rechtsgrundlage eines Anspruchs stehen können, aus einer insolvenzrechtlichen Qualifizierung heraus. Solche Normen haben für sich genommen keinen Bezug zu nur einem speziellen Rechtsgebiet. Zu nennen sind hierbei insbesondere §§ 280, 812, 823 Abs. 1 BGB. Anders zu sehen sind unselbstständige (quasi)neutrale Normen, die nicht alleine, sondern erst durch Hinzunahme einer weiteren Norm als Rechtsgrundlage eines Anspruchs dienen können. Aufgrund ihrer Bedeutung

---

v. 10.12.2015 – C-594/14 (*Kornhaas*), NJW 2016, 223, 224 Rn. 16; vgl. EuGH GA *Reischl*, Schlussantrag v. 07.02.1979 – Rs. 133/78, Slg. 1979, 746, 756.

527 Genaueres dazu, warum auch bereits das Vorliegen materieller Insolvenzgründe im Rahmen der Qualifizierung ausreichen sollte, siehe (1) Das Erfordernis materieller Insolvenzreife, S. 206.

528 Als (quasi)neutrale Normen sind hierbei solche Normen zu verstehen, die an sich zwar in einem bestimmten Rechtsgebiet – etwa dem Schuldrecht oder Deliktsrecht – verortet sind, allerdings auch im Zusammenhang mit anderen Rechtsgebieten zur Anwendung kommen.

als rechtsgrundlagengebend beeinflusst diese zweite Norm maßgeblich die Einordnung der gesamten Rechtsgrundlage. Beispielhaft genannt sei hierfür § 823 Abs. 2 BGB.[529]

Hierdurch wird ein klarer Schnitt gezogen zwischen Angelegenheiten, die nur innerhalb des Insolvenzverfahrens auftreten und Angelegenheiten, die sich vollkommen unabhängig vom Vorliegen eines eröffneten Insolvenzverfahrens auch im einfachen Rechtsverkehr abspielen können. Diese Voraussetzung lässt sich als die rechtliche Basis einer insolvenzrechtlichen Qualifizierung verstehen.

Alleine die Rechtsgrundlage als ausschlaggebendes Kriterium zu betrachten, würde der Einordnung in den insolvenzrechtlichen Bereich jedoch nicht gerecht werden. Wäre diese der maßgebliche Punkt zur Qualifizierung, hätte man die *Gourdain/Nadler*-Formel jedenfalls durch einen Zusatz wie „Eine insolvenzrechtliche Streitigkeit liegt jedenfalls dann vor, wenn die Rechtsgrundlage als aus dem Insolvenzrecht hervorgehend anzusehen ist." ergänzen und damit das Problem einer ausfüllungsbedürftigen Unbestimmtheit eingrenzen können.

Daneben tritt eine wirtschaftliche bzw. finanzielle Komponente: der direkte Bezug des Einzelverfahrens zur Netto-Insolvenzmasse. Hintergrund dieser Voraussetzung ist das Verständnis der Insolvenz als ein wirtschaftliches Verfahren. Die gesamte Insolvenz, unabhängig davon, ob diese sodann zur Abwicklung eines Unternehmens oder der Sanierung und Restrukturierung führt, fußt darauf, dass dem Schuldner die finanziellen Mittel ausgegangen sind, seinen finanziellen Verpflichtungen nachzukommen und so als gesunder Teil des Wirtschaftslebens weiterhin am Markt teilzunehmen. Das Insolvenzverfahren wird demnach stark durch wirtschaftliche Gegebenheiten geprägt. Es stellt mit anderen Worten einen in juristisch abstrakte Normen verpackten wirtschaftlichen Prozess dar. Dies muss immer der richtungsweisende Basisgedanke jeder Qualifikationsfrage sein. Ein krankes, weil finanziell angeschlagenes Unternehmen, wird durch die Berücksichtigung des wirtschaftlichen Hintergrunds sodann einerseits davor geschützt, sich selbst den endgültigen Todesstoß zu versetzen, andererseits werden auch tatsächliche oder potenzielle Geschäftspartner und sonstige Marktteilnehmer vor der unbedarften Kontrahierung mit diesem geschützt. Aus dieser wirtschaftlichen Betrachtung entsteht die Grundlage der zweiten Voraussetzung, denn das Vermögen des Schuldners, sprich die Insolvenzmasse, bildet das wirtschaftliche Kernstück eines Insolvenzverfahrens. Ob die Abwicklung des Unternehmens oder die Sanierung, beides steht im direkten Zusammenhang zur Masse. Im ersten Fall dient die Masse durch deren

529 Zur Einordnung von § 823 Abs. 2 BGB i.V.m. § 15a InsO siehe f. Ergebnis, S. 218.

Verteilung der Gläubigerbefriedigung und muss zu deren Gunsten so groß wie möglich gehalten werden. Im zweiten Fall steht zwar nicht die Gläubigerbefriedigung in Form einer Auskehr des Unternehmensvermögens im Vordergrund, sondern der Erhalt des Unternehmens. Auch dieser kann jedoch nur gelingen, wenn im Wege der Sanierung und Restrukturierung die Aktiva und Passiva des insolventen Unternehmens derart miteinander ins Gleichgewicht gebracht werden, dass eine Heilung vom Krankheitsbild der zu geringen Aktivvermögensmasse gelingt und somit auch hier wiederum die Interessen der Gläubiger gewahrt werden. Um aus der Krise zu gelangen, muss das Unternehmen wieder eigenes Vermögen bilden. Nur wenn ein Einzelverfahren auch in direkter Relation zur Insolvenzmasse steht und damit das Herzstück des Insolvenzverfahrens berührt, kann es als ein der Insolvenz zugehöriges Verfahren qualifiziert werden. Gerade weil die Beeinflussung der Vermögensmasse einen derart entscheidenden Punkt einnimmt, kann sie als eine der Kernaufgaben des Insolvenzverwalters,[530] mithin als Kernstück des Insolvenzverfahrens an sich, verstanden werden. Hieraus folgt die Berechtigung, die Qualifikation eines Einzelverfahrens unter anderem an diesem Punkt festzumachen. Aus den bereits zu Beginn dieser Arbeit genannten Gründen ist hierbei auf die dort beschriebene Nettomasse zurückzugreifen.[531]

Der Darstellung der beiden entscheidenden Voraussetzungen folgend, werden im nächsten Teil dieser Arbeit einige (deutsche) Rechtsinstitute, deren Einordnung zur EuInsVO oder der EuGVVO bis dato teilweise nicht abschließend geklärt ist, auf ihre insolvenzrechtliche Qualifikation hin untersucht.

IV. Konkrete Beispiele für Einzelverfahren

Der EuGH hat sich, wie gesehen, noch nicht zu einer generalisierenden Aussage hinreißen lassen, welche allgemeinen Maßstäbe zur Qualifikation eines Einzelverfahrens heranzuziehen sind. Aufgrund dessen ist eine vom konkreten Einzelfall abhängige Betrachtung grundsätzlich – ausgenommen der Anfechtungsklagen,

---

530 *Kindler*, IPRax 2014, 25, 37. Entsprechend wird die Mehrung der Insolvenzmasse meist auf die Klage eines Insolvenzverwalters hinauslaufen. Ausnahmsweise kann jedoch auch die Klage eines einzelnen Gläubigers als insolvenzrechtlich qualifiziert werden, wenn der Gläubiger zur Verfolgung der Interessen der Gesamtheit aller Gläubiger verpflichtet ist und entsprechend aus seiner eigenen Klage eine Mehrung der Masse zugunsten aller folgt, vgl. *Haas*, ZIP 2013, 2381, 2387; *Wedemann*, ZEuP 2014, 867, 870.

531 3. Nettomasse, S. 33.

vgl. Art. 6 Abs. 1 a.E. EuInsVO – weiterhin unabkömmlich.[532] Einige dieser einzelfallabhängigen Einordnungen von Verfahren bzw. Klagen aus dem deutschen Recht werden im Nachfolgenden vorgestellt und analysiert. Zuvor jedoch wird noch einmal auf die nunmehr gem. Art. 6 Abs. 1 EuInsVO eindeutig insolvenzrechtlich qualifizierte Insolvenzanfechtung eingegangen.

1. Die Insolvenzanfechtung

Die EuInsVO äußert sich selbst kaum zu Annexverfahren, die unter ihren Anwendungsbereich fallen. Eine beispielhafte Aufzählung sucht man vergebens. Art. 6 Abs. 1 EuInsVO a.E. nennt als einzigen ausdrücklichen Beispielsfall eines insolvenzrechtlichen Einzelverfahrens die Möglichkeit der Anfechtungsklagen. Nur in deren Fall bedarf es somit keiner einzelfallbezogenen Qualifizierung des Verfahrens mehr. Durch seine ausdrückliche Aufnahme in die EuInsVO macht der europäische Verordnungsgeber klar, dass die Insolvenzanfechtung den Vorgaben der *Gourdain/Nadler*-Rechtsprechung entspricht. Da jedoch die *Gourdain/Nadler*-Formel zur Qualifikation eines Einzelverfahrens zu unspezifisch ist, erfolgt dennoch eine Einordnung der Insolvenzanfechtung anhand der eigens aufgestellten Kriterien. Hierdurch können die eigenen Voraussetzungen auch jedenfalls darauf überprüft werden, ob hinsichtlich der ausdrücklich qualifizierten Anfechtungsklagen ein Gleichlauf mit dem Verständnis des Verordnungsgebers besteht.

Mithilfe der Insolvenzanfechtungen aus unterschiedlichen EU-Mitgliedstaaten kann der eigene Maßstab ferner auf seine generelle Anwendbarkeit für eine insolvenzrechtliche Qualifizierung auch ausländischer Rechtsfragen überprüft werden, denn im Ergebnis muss entsprechend Art. 6 Abs. 1 EuInsVO a.E. auch eine ausländische Insolvenzanfechtung über die eigenen Voraussetzungen als insolvenzrechtliches Einzelverfahren eingeordnet werden können. Ist dies der Fall, können diese Voraussetzungen sodann auf weitere Einzelverfahren angewandt werden.

a. Insolvenzanfechtung im deutschen Recht

Zunächst wird hierbei die Möglichkeit der Insolvenzanfechtung im deutschen Recht genauer untersucht. Die Einordnung derselben beschäftigte den EuGH in dem bereits detaillierter betrachteten Urteil in der Sache *Deko Marty* und

532 Vgl. auch *Sujecki*, EuZW 2012, 430, 430.

hatte deren insolvenzrechtliche Qualifikation zur Folge.[533] Dieses Ergebnis ist unumstritten.[534] Im Rahmen des *Deko Marty*-Urteils, dessen hauptsächlicher Entscheidungsinhalt sich um die Frage der internationalen Zuständigkeit bei Annexverfahren dreht, ging der EuGH jedoch kaum weiter auf die Qualifizierung einer Insolvenzanfechtung ein. Er nannte einzig die Tatsachen, dass zum einen im Rahmen des eröffneten Insolvenzverfahrens nur der Insolvenzverwalter eine entsprechende Klage erheben kann und zum anderen, dass er dies ausschließlich zu dem Zweck tut, die Interessen der Gläubigergesamtheit durch Mehrung der Aktiva des Insolvenzschuldners wahrzunehmen.[535] Eine ausdrückliche Schlussfolgerung, hierin einen insolvenzrechtlichen Charakter im Sinne der EuInsVO zu sehen, zog der EuGH – hier jedenfalls – jedoch nicht. Für den EuGH ausreichend erschien ein Vergleich zur Rechtsprechung in der Sache *Gourdain/Nadler*, da sich nach seiner Auffassung die jeweiligen Klagen derart ähneln, dass sich eine gesonderte und ausführliche Einordnung einer Insolvenzanfechtungsklage wohl erübrigt.[536] Im Folgenden wird die Einordnung des EuGH und des Verordnungsgebers überprüft.

---

533 Vgl. EuGH v. 12.02.2009 – C-339/07 (*Deko Marty*), NJW 2009, 2189, 2190 Rn. 28; 4. Von der Deko Marty-Entscheidung bis zur Neufassung der EuInsVO, S. 141.

534 So spricht der EuGH in seinem Urteil vom 16.04.2015 – C-557/13, EuZW 2015, 429 die Qualifizierung einer Insolvenzanfechtung gar nicht mehr an. Vielmehr wird ohne weitere Erläuterung davon ausgegangen, die Insolvenzanfechtung falle unter die EuInsVO, indem im Rahmen dieser der Frage auf den Grund gegangen wird, ob Art. 13 EuInsVO a.F. und dieser Frage folgend, welches materielle Recht Anwendung findet. Die ausdrückliche Feststellung der Anwendbarkeit der EuInsVO im Fall einer Insolvenzanfechtung wird gar nicht mehr erst getroffen.
Im Rahmen der Entscheidung des EuGH v. 16.01.2014 – C-328/12 (*Schmid/Hertel*), NJW 2014, 610 geht der EuGH an zwei Stellen kurz auf die im Rahmen von Deko Marty erfolgte Qualifikation der Insolvenzanfechtung als insolvenzrechtlich ein – so im Sachverhalt, NJW 2014, 610, 611 und den Gründen, NJW 2014, 610, 612 Rn. 30 f. –, stellt sich dieser Einordnung aber weder entgegen noch geht er mangels Notwendigkeit für seine Entscheidung auf weitere Qualifikations-Anknüpfungspunkte ein.

535 EuGH v. 12.02.2009 – C-339/07 (*Deko Marty*), NJW 2009, 2189, 2189 Rn. 16 f.

536 Vgl. EuGH v. 12.02.2009 – C-339/07 (*Deko Marty*), NJW 2009, 2189, 2189 Rn. 19. Die Einstellung des EuGH ist jedoch zu kritisieren. Völlig zu Recht wird zwar an dieser Stelle auf die *Gourdain/Nadler*-Rechtsprechung und insbesondere deren Formel zur insolvenzrechtlichen Qualifizierung einer Klage Bezug genommen. Dies allein kann jedoch keine einzelfallabhängige Beurteilung der vorliegend in Frage stehenden Insolvenzanfechtung ersetzen, zumal diese nicht pauschal als vergleichbar zur Haftung des faktischen Leiters einer in die Insolvenz geratenen Gesellschaft gem. Art. 99 des französischen Gesetztes Nr. 67–563 bezeichnet werden kann. Für eine derartige

i. Differenzierungsbedarf zwischen den verschiedenen Möglichkeiten einer Insolvenzanfechtung

Bevor die Einordnung der Insolvenzanfechtung anhand der eigens entwickelten Kriterien jedoch vorgenommen wird – und hierdurch zugleich die insolvenzrechtliche Einordnung des Verordnungsgebers auf seine Korrektheit überprüft wird –, stellt sich mit *Thole* die Frage, ob im Rahmen des deutschen Rechts überhaupt pauschal von „der Insolvenzanfechtung" gesprochen werden kann oder ob vielmehr eine Differenzierung zwischen den verschiedenen Anfechtungsmöglichkeiten der §§ 130 ff. InsO erfolgen muss.[537] Diese unterscheiden einerseits zwischen der Deckungsanfechtung gem. den §§ 130 f. InsO und andererseits zwischen der Schenkungs- und Vorsatzanfechtung gem. den §§ 133 f. InsO.[538] Ferner geht § 135 InsO gesondert auf die Anfechtungsregeln zu Gesellschafterdarlehen ein. Für die Deckungsanfechtung sieht *Thole* einen engeren insolvenzrechtlichen Zusammenhang gegeben als im Fall der Schenkungs- und Vorsatzanfechtung.[539] Ebenso ist die Anfechtung im Hinblick auf die Sicherung oder Befriedigung von Gesellschafterdarlehen als Fall der Deckungsanfechtung zu verstehen und daher insolvenznah.[540]

Hintergrund der Deckungsanfechtung und der Anfechtung gem. § 135 InsO ist die Besserstellung eines bestimmten Insolvenzgläubigers oder darlehensgebenden Gesellschafters – gem. § 39 Abs. 1 Nr. 5 InsO nachrangiger Insolvenzgläubiger – gegenüber den übrigen Gläubigern und hierdurch folgend eine Verletzung des Gebots der gleichmäßigen Gläubigerbefriedigung.[541] Anders hingegen § 133 und § 134 InsO. In diesen ist Anknüpfungspunkt nicht zuvorderst eine Besserstellung einzelner Gläubiger, sondern die Benachteiligung der Gläubigergesamtheit durch eine Rechtshandlung zugunsten einer beliebigen Partei; nicht zwingend muss ein Insolvenzgläubiger Profiteur der vorsätzlichen Benachteiligung oder unentgeltlichen Leistung sein. Entsprechend ist, anders als im Rahmen der Deckungsanfechtung, auch der Anfechtungsgegner nicht zwingend ein Insolvenzgläubiger.[542] Grundsätzlich kann einer Aufspaltung der Insolvenzanfechtungsmöglichkeiten in zwei Gruppen – der gezielten Besserstellung

---

Aussage bedürfte es jedenfalls einer genaueren Begründung, die der EuGH jedoch vermissen lässt.

537 *Thole*, ZEuP 2010, 904, 914 f., 921 f.; *Thole*, Gläubigerschutz, S. 287 ff.

538 *Thole*, ZEuP 2010, 904, 914 f.

539 *Thole*, ZEuP 2010, 904, 914 f.

540 *Thole*, ZEuP 2010, 904, 921 f.; *Thole*, Gläubigerschutz, S. 927 ff.

541 *Thole*, ZEuP 2010, 904, 914.

542 *Thole*, ZEuP 2010, 904, 915.

eines einzelnen Insolvenzgläubigers einerseits und der bewusst auf die Schlechterstellung des Gläubigerkollektivs abgezielten Rechtshandlung andererseits – zugestimmt werden. Inwiefern jedoch diese Differenzierung einen Unterschied im Rahmen der Qualifizierung entsprechender Einzelverfahren macht, wird sich im Folgenden zeigen.

ii. Qualifizierung der Anfechtung anhand der eigenen Kriterien

Nach den eigens entwickelten Kriterien bedarf die Insolvenzanfechtung – unabhängig von ihrer konkreten Ausgestaltung im Rahmen einer der beiden Gruppen – einer insolvenzrechtlichen Rechtsgrundlage sowie einer unmittelbar vermögensbezogenen Rechtsfolge im Hinblick auf die Nettomasse.

(1) Rechtsgrundlage

Zum Bestehen einer derartigen Rechtsgrundlage müssen die maßgeblichen Normen in insolvenztypischer Art und Weise vom allgemeinen Zivilrecht abweichen, sodass ohne die Insolvenz das Eingreifen der maßgeblichen Normen ausgeschlossen wäre. Einen Hinweis hierauf kann bereits die Stellung der Insolvenzanfechtungsregelungen in der Insolvenzordnung geben, wenngleich alleine aus dem formalen Standort innerhalb der Gesetzesmaterialien nicht zwingend auf eine entsprechende sachliche Einordnung geschlossen werden darf.[543]

Das Vorliegen einer insolvenzspezifischen Rechtsgrundlage wird jedoch bereits durch den in § 129 InsO für alle Arten der Insolvenzanfechtung enthaltenen Grundsatz unterstützt, der ausdrücklich eine Benachteiligung der Insolvenzgläubiger fordert. Hier offenbart sich der im Vergleich zur allgemein zivilrechtlichen Anfechtung unterschiedliche Zweck dieser Normen. Ohne das Bestehen eines Insolvenzverfahrens gäbe es zudem überhaupt nicht die Möglichkeit, gerade Insolvenzgläubiger zu benachteiligen.

Daneben bestehen noch weitere Besonderheiten, die das Vorliegen einer insolvenzrechtlichen Rechtsgrundlage unterstützen. Bei der Frage, Rechtshandlungen welchen zeitlichen Rahmens überhaupt der Anfechtung zugänglich sind, bildet für alle Arten der Anfechtung immer der Antrag auf Eröffnung des Insolvenzverfahrens den Fixpunkt, vgl. allgemein § 129 Abs. 1 InsO sowie für die speziellen Zeiträume die §§ 130 ff. InsO. Handlungen innerhalb einer bestimmten Zeitspanne vor Stellung dieses Antrags können durch den Insolvenzverwalter angefochten werden. Ganz ausdrücklich nehmen die Regelungen

543 Rauscher/*Mankowski* Art. 1 EuGVVO Rn. 84; vgl. auch unter (1) Das Erfordernis materieller Insolvenzreife, S. 206 m.w.N.

der §§ 130 ff. InsO Bezug auf das Insolvenzverfahren: Ohne Eröffnungsantrag steht dem Insolvenzverwalter – den es im Übrigen ohne Insolvenz ebenfalls gar nicht gibt – kein Anfechtungsrecht zu.

Im Gegensatz zur Anfechtung aus dem BGB muss das insolvenzrechtliche Anfechtungsrecht ferner überhaupt nicht geltend gemacht werden.[544] Mit Eröffnung des Insolvenzverfahrens entsteht der fällige Anfechtungsanspruch gem. § 143 InsO, wenn eine der in den §§ 130 ff. InsO aufgeführten anfechtbaren Handlungen vorliegt.[545] Ferner hat das Insolvenzanfechtungsrecht keine Nichtigkeit der anfechtbaren Rechtshandlung zur Folge, wie dies entsprechend § 142 Abs. 1 BGB für allgemein zivilrechtliche Anfechtungen mit ex tunc-Wirkung der Fall ist.[546] Vielmehr ist der Anfechtungsanspruch ein bloßer Rückgewähranspruch und der Anfechtungsgegner bleibt bis zum Zeitpunkt der Rückgewähr dinglich Berechtigter des durch die anfechtbare Rechtshandlung Erlangten.[547] Der in der konkreten Rechtsfolge des § 143 Abs. 1 InsO enthaltene Verweis auf das Bereicherungsrecht des BGB, insbesondere aufgrund seiner Einstufung als bloßer Rechtsfolgenverweis,[548] ändert nichts daran, dass die Voraussetzungen, derer es bedarf, bevor man schlussendlich zur Rechtsfolge gelangt, insolvenzspezifische Merkmale aufweisen.

Gerade diese Merkmale zeigen die Notwendigkeit einer Differenzierung von Insolvenzanfechtung einerseits und zivilrechtlicher Anfechtung des BGB andererseits. Ebenso wie der Verweis auf das Bereicherungsrecht des BGB ändert auch der Verweis des § 146 InsO auf die Verjährungsregeln des BGB nichts an der Insolvenzbezogenheit der §§ 129 ff. InsO. Eine insolvenzrechtliche

---

544 BGH v. 20.03.1997 – IX ZR 71/96, BGHZ 135, 140, 149 = NJW 1997, 1857; BGH v. 11.12.2003 – IX ZR 336/01, NJW-RR 2004, 696, 696; BGH v. 01.02.2007 – IX ZR 96/04, BGHZ 171, 38 Rn. 20 = NJW-RR 2007, 557; BeckOK InsO/*Schoon* § 143 Rn. 2.

545 BGH v. 01.02.2007 – IX ZR 96/04, BGHZ 171, 38 Rn. 20 = NJW-RR 2007, 557; BGH v. 11.02.2010 – VII ZR 225/07, NJW-RR 2010, 1351, 1352 Rn. 8; BeckOK InsO/*Schoon* § 143 Rn. 2; MüKo InsO/*Kirchof* § 143 Rn. 9; Uhlenbruck/*Ede/Hirte* § 143 Rn. 6.

546 BGH v. 21.09.2006 – IX ZR 235/04, NJW-RR 2007, 121, 121 Rn. 10; Braun/*Riggert* § 143 Rn. 3.

547 Braun/*Riggert* § 143 Rn. 2 f.; BeckOK InsO/*Schoon* § 143 Rn. 1; der BGH bezeichnet diesen Rückgewähranspruch als „schuldrechtliche[n] Verschaffungsanspruch", BGH v. 21.09.2006 – IX ZR 235/04, NJW-RR 2007, 121, 122 Rn. 14; wiederholend BGH v. 24.05.2007 – IX ZR 105/05, NJW-RR 2007, 1275, 1276 Rn. 10.

548 BGH v. 01.02.2007 – IX ZR 96/04, BGHZ 171, 38 Rn. 14 = NJW-RR 2007, 557; BGH v. 13.12.2007 – IX ZR 116/06, NJW-RR 2008, 918, 918 Rn. 7; BAG v. 19.05.2011 – 6 AZR 736/09, NZI 2011, 644, 646 Rn. 21; BeckOK InsO/*Schoon* § 143 Rn. 1.

Rechtsgrundlage kann somit unterschiedslos für die Deckungs- wie auch für die Schenkungs- und Vorsatzanfechtung bejaht werden.[549]

(2) Beeinflussung der Insolvenzmasse

Als weitere Voraussetzung einer insolvenzrechtlichen Qualifikation bedarf es einer auf der Anfechtung basierenden unmittelbaren Beeinflussung der Insolvenzmasse. Dies kann ohne größere Umschweife bejaht werden. § 143 Abs. 1 S. 1 InsO konstatiert, dass der durch die anfechtbare Handlung erlittene Vermögensverlust zur Insolvenzmasse zurückgewährt werden muss. Maßgeblich ist hierbei der Vermögenswert, der der Haftungsmasse entzogen wurde, nicht derjenige, der dem Anfechtungsgegner zugeflossen ist.[550] Konkret bedeutet dies, dass beispielsweise ein an einen Dritten übertragener Verschaffungsanspruch gem. § 433 Abs. 1 BGB, der nach der anfechtbaren Rechtshandlung erfüllt wurde, in Form der Rückgewähr des Gegenstands selbst herauszugeben ist.[551] Hat die anfechtbare Handlung nicht zur direkten Übertragung von Geld- oder Sachwerten geführt, sondern wurde dem Dritten eine (dingliche) Sicherheit gewährt, ist diese Sicherheit zurück zu übertragen bzw. das dingliche Recht zu beseitigen, um der Rechtsfolge des § 143 Abs. 1 InsO Genüge zu tun.[552] Die Wirkungen der Insolvenzanfechtung erstrecken sich damit nicht nur auf die Sollmasse, sondern beeinflussen auch die Nettomasse als maßgebliche Vermögensaufstellung im Rahmen der Qualifizierung.

Von der Rückgewähr gem. § 143 Abs. 1 InsO umfasst ist grundsätzlich der gesamte Vermögenswert, unabhängig davon, dass auch der Anfechtungsgegner

---

549 Hieran ändern auch die Ausführungen von *Zenger* nichts, wonach § 143 Abs. 1 S. 1 InsO eine an sich inhaltsleere Vorschrift ist, deren genaue Folge erst durch zivilrechtliche Anspruchsgrundlagen konkretisiert wird, *Zenger*, S. 216 f. Selbst wenn § 143 Abs. 1 S. 1 InsO alleine keine genaue Ausformung seiner Rechtsgrundlage vorgibt, die man als insolvenzrechtlich einordnen könnte, verlangen die der Anwendung des § 143 Abs. 1 S. 1 InsO vorgeschalteten Voraussetzungen insolvenzrechtsspezifische Merkmale, die zur entsprechenden Qualifikation des Insolvenzanfechtungsanspruchs führen.

550 BGH v. 15.10.1969 – VIII ZR 136/67, NJW 1970, 44, 46; BGH v. 13.03.1978 – VIII ZR 241/76, BGHZ 71, 61, 63 = NJW 1978, 1326; BGH v. 24.05.2007 - IX ZR 105/05, NJW-RR 2007, 1275, 1276 Rn. 10; MüKo InsO/*Kirchhof* § 143 Rn. 21; HambKomm/*Rogge/Leptien* § 143 Rn. 8; Uhlenbruck/*Ede/Hirte* § 143 Rn. 21.

551 Vgl. bereits RG v. 03.02.1899, II 369/98, RGZ 43, 83, 84; MüKo InsO/*Kirchhof* § 143 Rn. 23; HambKomm/*Rogge/Leptien* § 143 Rn. 10.

552 MüKo InsO/*Kirchhof* § 143 Rn. 43; vgl. Nerlich/Römermann/*Nerlich* § 143 Rn. 38; K. Schmidt/*Büteröwe* § 143 Rn. 9.

im Rahmen der Masseverteilung berechtigterweise einen Teil der Insolvenzmasse erhält.[553] Nur ausnahmsweise kann ein Teil des Vermögenswerts zurückgehalten werden, sofern die restliche Höhe der Insolvenzmasse ausreicht, um alle vor- oder gleichrangig zum Anfechtungsgegner zu befriedigenden Gläubiger zu befriedigen.[554] Auch gerade hieran zeigt sich, dass Sinn und Zweck des insolvenzrechtlichen Anfechtungsrechts bzw. -anspruchs darin liegen, Vermögensverschiebungen zugunsten Einzelner aus der Zeit vor Insolvenzeröffnung rückgängig zu machen, um das Ziel der par conditio creditorum zu gewährleisten.[555] Hierdurch bildet die Insolvenzanfechtung im Zeitpunkt vor Verfahrenseröffnung den Vermögensschutz, der nach Verfahrenseröffnung durch die Regelungen der §§ 80 ff. InsO und den Übergang der Verfügungs- und Verwaltungsbefugnis erreicht wird.[556]

(3) Ergebnis

Somit kann festgehalten werden, dass beide Bedingungen einer insolvenzrechtlichen Qualifizierung erfüllt sind. Die Einordnung der deutschen Insolvenzanfechtung[557] als insolvenzrechtliches Annexverfahren durch den EuGH sowie den Verordnungsgeber kann damit nur unterstützt werden.

(4) Weitere Anfechtungsmöglichkeiten

Ferner sollen noch zwei weitere Anfechtungsmöglichkeiten nicht völlig unbeachtet bleiben: zum einen die Möglichkeit der Anfechtung nach dem Anfechtungsgesetz, zum anderen die Anfechtung im Rahmen der Eigenverwaltung.

---

553 Vgl. BGH v. 11.06.1992 – IX ZR 147/91, NJW 1992, 2485, 2486; BeckOK InsO/*Schoon* § 143 Rn. 13.

554 Vgl. BGH v. 11.06.1992 – IX ZR 147/91, NJW 1992, 2485, 2486; zustimmend OLG München v. 20.01.2015 – 5 W 1651/14, NZI 2015, 769, 770; BeckOK InsO/*Schoon* § 143 Rn. 13.

555 EuGH GA *Colomer*, Schlussantrag v. 16.10.2008 – C-339/07, ZIP 2008, 2082, 2084 Rn. 27; BGH v. 17.02.2011 – IX ZR 91/10, NJW-RR 2011, 1272, 1272 Rn. 9; BT-Drs. 12/2443, S. 156; *Cranshaw*, DZWIR 2009, 353, 357; BeckOK InsO/*Raupach* § 129 Rn. 1. **Wohl anders:** *Thole*, ZEuP 2010, 904, 914 f., der nur für die Deckungsanfechtung deren Grundlage in der *par conditio creditorum* sieht und die Schenkungs- sowie Vorsatzanfechtung als Äquivalent der *actio pauliana* versteht.

556 BeckOK InsO/*Raupach* § 129 Rn. 1.

557 Korrekterweise kann man hier auch von „der Insolvenzanfechtung" sprechen. Eine Differenzierung, wie sie *Thole* vornimmt, ist im Rahmen der Bestimmung der Qualifikation nicht erforderlich, da bei seinen Anfechtungsgruppen jeweils beide die Bedingungen der insolvenzrechtlichen Qualifikation erfüllen.

(a) Die Anfechtung nach dem Anfechtungsgesetz

Die EuInsVO spricht in Art. 6 Abs. 1 EuInsVO davon, dass beispielsweise „Anfechtungsklagen" als insolvenzrechtliche Annexverfahren zu verstehen sind. Dem Wortlaut nach wird nicht zwischen „Insolvenzanfechtungsklagen" und „sonstigen Anfechtungsklagen" bzw. der „Einzelgläubigeranfechtung" unterschieden. Dies wirft die Frage auf, ob unter den Wortlaut des Art. 6 Abs. 1 EuInsVO auch Anfechtungsklagen nach dem Anfechtungsgesetz zu subsumieren sind. Diese Frage kann jedoch schnell verneint werden. Ausdrücklich konstatiert § 1 Abs. 1 AnfG, dass das Anfechtungsgesetz Regelungen für Klagen „außerhalb des Insolvenzverfahrens" enthält.[558] Damit lässt sich die Eröffnung des sachlichen Anwendungsbereichs der EuInsVO deutlich verneinen. Auch die Rechtsfolge einer Anfechtung nach dem Anfechtungsgesetz steht in keinem Zusammenhang zu einem Insolvenzverfahren, geschweige denn erfüllt sie die Voraussetzungen der zweiten Bedingung einer insolvenzrechtlichen Qualifizierung: § 11 Abs. 1 S. 1 AnfG legt fest, dass der durch die angefochtene Rechtshandlung bewirkte Vermögensverlust dem anfechtenden Gläubiger zur Verfügung gestellt werden muss.[559]

Selbst wenn die EuInsVO somit nicht deutlich von der „Insolvenzanfechtung" als insolvenzrechtliches Einzelverfahren spricht, muss Art. 6 Abs. 1 EuInsVO genau in diesem Sinne gelesen werden.

(b) Die Anfechtung im Rahmen der Eigenverwaltung

Auch die Anfechtung im Rahmen der Eigenverwaltung unterfällt sowohl der vis attractiva concursus des Art. 6 Abs. 1 EuInsVO als auch dem hierauf aufbauenden Wahlrecht aus Art. 6 Abs. 2 Unterabs. 1 EuInsVO.

Art. 6 Abs. 1 EuInsVO schränkt seine Anwendbarkeit nicht auf die Frage ein, wer die in Frage stehende Klage erhoben hat. Unabhängig vom Kläger müssen die Kriterien einer insolvenzrechtlichen Qualifizierung vorliegen. Für die Anfechtungsklage im Rahmen der Eigenverwaltung gelten hierbei keine anderen Argumente, als die bereits in den vorangehenden Abschnitten genannten, insbesondere wurde die dortige Argumentation nicht auf die Aktivlegitimation des Insolvenzverwalters gestützt. Die insolvenzrechtliche Qualifikation folgt vielmehr aus anderen Besonderheiten der Insolvenzanfechtung gem. §§ 129 ff.

---

558 *Mankowski/Willemer*, RIW 2009, 669, 678; vgl. Kindl/Meller-Hannich/Wolf/*Haertlein* Vor §§ 1 ff. Rn. 2.

559 Kindl/Meller-Hannich/Wolf/*Haertlein* Vor §§ 1 ff. Rn. 3. Nur mit dieser Rechtsfolge kann man dem Ziel einer Anfechtung in der *Einzel*zwangsvollstreckung gerecht werden.

InsO. Diese Besonderheiten gelten gleichermaßen auch für die Anfechtung gem. § 280 InsO, verweist dieser doch ausdrücklich auf die Regelungen der §§ 129 ff. InsO. Zudem ist auch das Insolvenzverfahren in Eigenverwaltung als Verfahren im Sinne des Anhang A der EuInsVO zu verstehen,[560] womit deren sachlicher Anwendungsbereich eröffnet ist.

Hinsichtlich der Anwendbarkeit von Art. 6 Abs. 2 Unterabs. 1 EuInsVO gilt es zu beachten, dass der Fall der Eigenverwaltung ausdrücklich von Art. 6 Abs. 2 Unterabs. 2 EuInsVO umfasst wird, nach dem das Wahlrecht aus Unterabs. 1 auch für den Schuldner in Eigenverwaltung gilt. Dies ist allerdings an die Bedingung geknüpft, dass der Schuldner nach dem anwendbaren nationalen Recht selbst dazu befugt ist, Klage für die Insolvenzmasse zu erheben. Nach dem deutschen Recht ist dies gerade nicht der Fall. Gem. § 280 InsO steht diese Befugnis ausschließlich dem Sachwalter zu. Art. 6 Abs. 2 Unterabs. 2 EuInsVO findet damit im Rahmen der deutschen Insolvenzanfechtung keine Anwendung. Nichtsdestotrotz fallen Anfechtungsklagen des Sachwalters unter das Wahlrecht des Art. 6 Abs. 2 Unterabs. 1 EuInsVO, denn als Verwalter im Sinne dieses Unterabsatzes ist gemäß Anhang B der Verordnung ausdrücklich auch der Sachwalter nach der Insolvenzordnung zu verstehen.[561]

b. Insolvenzanfechtung im österreichischen Recht

Ferner wird ein Blick auf die Insolvenzanfechtung im österreichischen Recht gerichtet. In ihren Grundzügen gleicht diese in vielen Teilen der Insolvenzanfechtung im deutschen Recht, was sich insbesondere an Parallelen in den entsprechenden Rechtsnormen offenbart. Das Insolvenzanfechtungsrecht findet

---

560 Erw.Gr. 10 EuInsVO; MüKo InsO/*Reinhart* (2008) Art. 1 EuInsVO a.F. Rn. 9.

561 Auch ohne die Zuhilfenahme von Anhang B gelangt man zu keinem anderen Ergebnis. Sinn und Zweck des Art. 6 Abs. 2 Unterabs. 2 EuInsVO ist es, den Eigenverwalter mit denselben Befugnissen aus Art. 6 Abs. 1 Unterabs. 1 EuInsVO auszustatten wie einen Fremdverwalter (vgl. Mankowski/Müller/J. Schmidt/*Mankowski* Art. 6 EuInsVO Rn. 42). Wenn nun aber dem Schuldner als Eigenverwalter selbst für bestimmte Tätigkeiten gar keine Befugnis zukommt, sondern hierfür ein Fremdverwalter von Nöten ist, kann der Zweck des Art. 6 Abs. 2 Unterabs. 2 EuInsVO gar nicht mehr erfüllt werden, womit dieser Unterabsatz obsolet wird. Es bleibt demnach für diese Fälle bei der Anwendung des Unterabs. 1. Der Fall der Insolvenzanfechtung unter Eigenverwaltung ist nun gerade ein solcher Fall. Hier steht des Recht zur Anfechtung nur dem Sachwalter als Fremdverwalter zu und Unterabs. 1 findet direkte Anwendung, zumal dieser dem Wortlaut nach eben gerade nur vom „Verwalter“ und nicht spezifisch vom „Insolvenzverwalter“ spricht.

sich in den §§ 27 ff. IO geregelt und bezieht sich, wie auch im deutschen Recht, auf Handlungen, die vor der Verfahrenseröffnung vorgenommen wurden. In gleicher Weise finden sich im Rahmen der Arten der anfechtbaren Handlungen vielerlei Parallelen. Beispielsweise kennt die österreichische Insolvenzordnung mit § 28 IO ebenso die Anfechtung von vorsätzlichen[562] Benachteiligungen, wie sich diese mit § 133 InsO im deutschen Recht findet. Ebenso findet sich mit § 134 InsO und § 29 Nr. 1 IO in beiden Rechtsordnungen die Anfechtbarkeit von unentgeltlichen Leistungen (InsO) bzw. Verfügungen (IO) und mit § 131 InsO und § 30 IO die Problematik der inkongruenten Deckung wieder. Alleine diese Vergleichbarkeiten können jedoch nicht dazu führen, für die österreichische Insolvenzanfechtung ebenso wie für die deutsche Insolvenzanfechtung eine insolvenzrechtliche Qualifikation zu bejahen. Es bedarf einer gesonderten Untersuchung der §§ 27 ff. IO.

i. Rechtsgrundlage

Zunächst gilt es wieder der Frage nachzugehen, ob die Regelungen der Insolvenzanfechtung als insolvenzspezifische zu verstehen sind, die im allgemeinen Rechtsverkehr ohne eröffnetes Insolvenzverfahren so nicht ohne weiteres anwendbar sind.[563]

Die österreichische Insolvenzordnung stellt einen insolvenzrechtlichen Bezug dadurch her, dass sich der Zeitpunkt der anfechtbaren Rechtshandlungen teils

562 Die Insolvenzordnung verwendet allerdings das Wort „Absicht". Auch im deutschen Recht war zu Zeiten der Konkursordnung in § 31 Nr. 1 KO noch von einer „Gläubigerbenachteiligungsabsicht" die Rede. Diese wurde jedoch bereits damals als Vorsatz ausgelegt und verstanden, weshalb die neue Wortwahl im Rahmen der Einführung der Insolvenzverordnung zu keinen inhaltlichen Änderungen geführt hat, BT-Drs. 12/2443, S. 160; vgl. BGH v. 18.04.1991 – IX ZR 149/90, NJW 1991, 2144, 2145; *Ganter*, NZI 2016, 153, 154; MüKo InsO/*Kayser* § 133 Rn. 2; Uhlenbruck/*Ede/Hirte* § 133 Rn. 36; K. Schmidt/*Ganter/Weinland* § 133 Rn. 1. Auch die Voraussetzung der Absicht in § 28 Nr. 1 IO wird im Sinne eines Vorsatzes verstanden, OGH v. 19.01.2011 – 3 Ob 249/10d; OGH v. 12.10.2011 – 3 Ob 90/11y, III 1; *Ganter*, NZI 2016, 153, 154; *König*, Rn. 7/26; *Feil*, § 28 IO Rn. 11.

563 Über die konkrete Rechtsnatur des Anfechtungsanspruchs besteht derweil, wie auch im deutschen Recht, keine Einigkeit, vgl. *Dellinger/Oberhammer*, Rn. 221 f.; *Feil*, § 27 Rn. 1; *König*, Rn. 2/2 ff. m.w.N. Eine Entscheidung bzgl. der richtigen Rechtsgrundlage ist jedoch im Rahmen dieser Arbeit nicht notwendig, weshalb hier nicht weiter darauf einzugehen sein wird. Wichtig ist lediglich, dass sich die Insolvenzanfechtung durch besondere insolvenztypische Merkmale von allgemeinen Anspruchsgrundlagen unterscheidet.

nach der Eröffnung des Insolvenzverfahrens richtet, so etwa in §§ 28, 29 IO. Handlungen, die in einem bestimmten Zeitraum vor diesem Fixpunkt getätigt wurden, sind der Anfechtung durch den Insolvenzverwalter zugänglich. An anderer Stelle, so etwa in §§ 30, 31 IO, findet sich eine andere Formulierung. In diesen liegt der kritische Zeitpunkt, um den herum getätigte Rechtshandlungen anfechtbar sind, im Eintritt der Zahlungsunfähigkeit oder dem Antrag zur Eröffnung des Insolvenzverfahrens, mithin ebenfalls in einem spezifisch durch die Insolvenz geprägten Stichtag. Ohne ein formell eröffnetes Verfahren bzw. den Antrag hierzu oder jedenfalls das Vorliegen der materiellen Insolvenzreife würde den Voraussetzungen der §§ 28 ff. IO nicht genügt. An dieser Stelle zeigt sich deutlich, dass es durchaus berechtigt ist, die Feststellung einer insolvenzrechtlichen Rechtsgrundlage in formeller Hinsicht nicht zu eng zu verstehen. Bereits im Rahmen des eigenen Neuvorschlags wurde aufgezeigt, dass eine insolvenzrechtliche Rechtsgrundlage auch dann zu bejahen sein kann, wenn noch kein formell eröffnetes Insolvenzverfahren vorliegt, sondern die Insolvenz bisher bloß in materieller Hinsicht besteht.[564] Eine Differenzierung zwischen den verschiedenen Anfechtungsgründen der österreichischen Insolvenzordnung in teils insolvenzrechtliche und teils nicht-insolvenzrechtliche Klagen ist unberechtigt und kann nicht das Ziel des europäischen Verordnungsgebers gewesen sein. Für eine insolvenzrechtliche Rechtsgrundlage spricht ferner, dass die Eröffnung des Insolvenzverfahrens erst den entscheidenden Entstehungszeitpunkt des Anfechtungsanspruchs bildet.[565]

Der Anfechtung zugänglich sind überdies nur solche Handlungen, die sich vermögenswirksam auf die Insolvenzmasse auswirken.[566] Entsprechend setzt die Insolvenzanfechtung auch voraus, dass die anzufechtende Handlung die Befriedigungsrechte der Gläubiger beeinträchtigt hat.[567] Hinzu kommt, dass gem. § 43 Abs. 5 IO grundsätzlich das Insolvenzgericht ausschließlich zur Entscheidung über Anfechtungsklagen zuständig ist.[568] Wieso sollte jedoch eine derartige ausschließliche Zuständigkeit bestehen, wenn Anfechtungsklagen

564 2. Neuvorschlag, S. 150.

565 So jedenfalls die herrschende Meinung, OGH v. 08.11.2000 – 7 Ob 184/00k, SZ 73/170; OGH v. 12.04.2007 – 2 Ob 177/06b, SZ 2007/55; *Feil*, § 27 Rn. 1, 4; *König*, Rn. 2/24, 15/4.

566 Kindler/Nachmann/*Duursma-Kepplinger*, Länderbericht Österreich Rn. 181.

567 OGH v. 25.06.1986 – 1 Ob 555/86, SZ 59/114; OGH v. 24.05.1989 – 1 Ob 686/88, SZ 62/97; Kindler/Nachmann/*Duursma-Kepplinger*, Länderbericht Österreich Rn. 181; *Feil*, § 27 Rn. 13.

568 MüKo InsO/*Abel*, Länderbericht Österreich Rn. 46.

nicht als insolvenzrechtlich zu verstehen sind? Ferner muss zwingend der Insolvenzverwalter das Anfechtungsrecht geltend machen und kann dieses nicht auf eine dritte Person übertragen.[569] Zur Erhebung von Anfechtungsklagen muss er zudem entweder gem. § 114 Abs. 1 S. 3 IO die Äußerung des Gläubigerausschusses einholen oder gem. § 114 Abs. 2 IO in dringenden Fällen eine Gestattung des Insolvenzgerichts.[570]

Eine bisher nicht benannte Voraussetzung der Geltendmachung des Anfechtungsrechts unterstützt ebenfalls die Einordnung desselben als insolvenzspezifische Rechtsgrundlage: die Befriedigungstauglichkeit.[571] Befriedigungstauglich ist die Anfechtung dann, wenn sie auf die Verbesserung der Befriedigungsmöglichkeiten der Gläubiger abzielt,[572] mithin die im Insolvenzverfahren typische Gläubigergleichbehandlung unterstützt und die Besserstellung Einzelner verhindert.

All diese Besonderheiten ergeben in ihrer Zusammenschau schlussendlich ein Bild, dass nur eine insolvenzrechtliche Grundlage der Insolvenzanfechtung bejahen lässt.

ii. Beeinflussung der Insolvenzmasse

Daneben ist die direkte Beeinflussung der Insolvenzmasse erforderlich. Auch wenn das österreichische Recht nicht entsprechend § 1 InsO ausdrücklich das Ziel der gemeinschaftlichen Gläubigerbefriedigung konstatiert, ist auch dieser Rechtsordnung der Grundsatz der par condicio creditorum immanent.[573] Sinn und Zweck der Insolvenzanfechtung sind wie im deutschen Recht darauf ausgelegt, masseschmälernde Rechtshandlungen im Vorfeld der Insolvenz rückgängig zu machen und so die anteilige und gleichmäßige Gläubigerbefriedigung zu gewährleisten.[574] Entsprechend statuiert § 39 Abs. 1 IO, dass eine Rückgängigmachung der masseschmälernden Handlung durch Leistung an die Insolvenzmasse vollzogen wird. Hierbei kommt es nicht darauf an, den Zustand wieder herzustellen, der vor Vornahme der anfechtbaren Handlung bestand, sondern

---

569 Kindler/Nachmann/*Duursma-Kepplinger*, Länderbericht Österreich Rn. 179; *Feil*, § 27 Rn. 4.

570 *Buchegger*, S. 68.

571 *Dellinger/Oberhammer*, Rn. 189; *Feil*, § 27 Rn. 14.

572 Kindler/Nachmann/*Duursma-Kepplinger*, Länderbericht Österreich Rn. 181; *Dellinger/Oberhammer*, Rn. 189; *Feil*, § 27 Rn. 14.

573 *Dellinger/Oberhammer*, Rn. 9, 177; *König*, Rn. 1/2; OGH v. 24.05.1989 – 1 Ob 686/88, SZ 62/97.

574 *Dellinger/Oberhammer*, Rn. 177 f.

vielmehr denjenigen, der hypothetisch ohne die Vornahme dieser Handlung bestehen würde.[575] Erfasst werden nicht nur Vermögenswerte, die aus der Masse abgeflossen sind und nun zurückgewährt werden müssen, sondern auch Vermögenswerte, die zuvor gar nicht Teil der Masse waren, dieser jedoch durch die anfechtbare Handlung entgangen sind.[576]

Selbst wenn im Rahmen der Insolvenz einer privaten Person eine Eigenverwaltung angeordnet und damit mangels Insolvenzverwalter gem. § 189 S. 1 IO jeder Insolvenzgläubiger selbst zur Anfechtung befugt ist, ist das hieraus Erlangte, abzüglich der eigenen Prozesskosten, an die Insolvenzmasse abzuführen.[577] Auch ohne Insolvenzverwalter wirkt somit die Insolvenzanfechtung zugunsten der Masse und bildet diesbezüglich das in chronologischer Hinsicht vorangestellte Pendant zur Sicherung der Masse nach Verfahrenseröffnung gem. den §§ 3 und 10 IO.[578]

iii. Ergebnis

Hinsichtlich der österreichischen Insolvenzanfechtung kann somit nur das Ergebnis bzgl. der deutschen Insolvenzanfechtung wiederholt werden. Auch die Insolvenzanfechtung gem. den §§ 27 ff. IO erfüllt beide Voraussetzungen einer insolvenzrechtlichen Qualifizierung und bestätigt damit eben diese Einordnung des EuGH und des Verordnungsgebers.

iv. Anfechtung durch Gläubiger

Neben der Insolvenzanfechtung der §§ 27 ff. IO durch den Insolvenzverwalter besteht auch im österreichischem Recht die Möglichkeit einer Gläubigeranfechtung. Diese besteht in zweierlei Form: Zum einen eröffnet § 189 S. 1 IO – wie zuvor bereits angedeutet – jedem Insolvenzgläubiger die Möglichkeit, einer Anfechtung basierend auf §§ 27 ff. IO nachzugehen, zum anderen liefert auch die Anfechtungsordnung (AnfO) die Rechtsgrundlage für eine Gläubigeranfechtung. Mangels einer Differenzierung im Wortlaut des Art. 6 Abs. 1 EuInsVO soll auch hier kurz auf diese beiden Arten der Anfechtung eingegangen werden.

---

575 OGH v. 18.12.1986 – 8 Ob 593/86, SZ 59/228; OGH v. 13.01.2000 – 2 Ob 198/98a, SZ 73/3; OGH v. 14.06.2012 – 3 Ob 83/12w, Rn. 2.4; OGH v. 19.06.2013 – 7 Ob 96/13p Rn. 2; *Feil*, § 39 Rn. 6; *König*, Rn. 15/9.

576 *König*, Rn. 15/9 m.w.N.

577 Kindler/Nachmann/*Duursma-Kepplinger*, Länderbericht Österreich Rn. 179.

578 *Dellinger/Oberhammer*, Rn. 176; vgl. *Buchegger*, S. 62.

Hinsichtlich der Anfechtung basierend auf der Anfechtungsordnung kann hierbei jedoch auf die Ausführungen zur Anfechtung nach dem deutschen Anfechtungsgesetz verwiesen und entsprechend eine Subsumtion unter die EuInsVO verneint werden.[579]

Hinsichtlich der Anfechtung im Fall der Insolvenz einer natürlichen Person gem. § 189 IO ergibt sich dasselbe Ergebnis wie zur Anfechtung im Rahmen der Eigenverwaltung: Auch diese Anfechtung ist als insolvenzrechtlich zu qualifizieren. Wie das deutsche Recht verweist § 189 IO entsprechend auf die Regelungen der Insolvenzanfechtung gem. §§ 27 ff. IO. Zwar ist im Rahmen von § 189 IO kein Sachwalter oder eine ähnliche Person ausschließlich zur Anfechtung befugt, sondern vielmehr jeder Insolvenzgläubiger selbst, doch führt diese Divergenz in der Aktivlegitimation zu keiner anderen Rechtsfolge als in der direkten Anwendung der §§ 27 ff. IO. Wie bereits erwähnt, verbleiben dem anfechtenden Insolvenzgläubiger nur die entstandenen Prozesskosten in seinem Vermögen, der Rest des durch die Anfechtung Erlangten ist an die Insolvenzmasse zugunsten aller Gläubiger abzuführen.

c. *Insolvenzanfechtung im englischen Recht*

Auch das englische Recht kennt mit den in sections 238 ff. bzw. 339 ff. des Insolvency Acts von 1986 (IA) geregelten „adjustments of prior transactions" Möglichkeiten, vorinsolvenzliche Transaktion rückgängig zu machen bzw. auszugleichen. Selbst nach der Entscheidung des Vereinigten Königreichs durch das Referendum vom 23.06.2016 die Europäische Union zu verlassen, bietet sich eine Untersuchung der englischen Variante der Anfechtung weiterhin an. Bis der Brexit tatsächlich vollzogen ist, ist auch das Vereinigte Königreich noch Teil der EU und unterfällt den dementsprechenden Regelungswerken. Zudem, und sogar vorliegend noch wichtiger, war das Vereinigte Königreich im Zeitpunkt des Erlasses der EuInsVO im Jahr 2015 Teil der EU. Auch deren Recht musste somit Beachtung dahingehend finden, die Anfechtung in Art. 6 Abs. 1 EuInsVO pauschal als insolvenzrechtliches Annexverfahren einzuordnen.

Es gilt im englischen Recht drei unterschiedliche Normenkomplexe zum Thema der Anfechtung zu unterscheiden: die bereits genannten sections 238 ff. und 339 ff. IA, wobei erstere Regelungen für Gesellschaftsinsolvenzen treffen, letztere im Fall einer natürlichen Person als Schuldnerin zur Anwendung gelangen. Neben diesen zwei Regelungsblöcken findet sich in den sections 423 ff. IA eine weitere Grundlage zur Anfechtung. Zur Kontrolle steht nun die Frage, ob

579 Vgl. auch *Buchegger*, S. 61.

diese Regelungen berechtigterweise unter den Anwendungsbereich der EuInsVO subsumiert werden.

i. Rechtsgrundlage

Hierfür bedarf es zunächst einer insolvenzspezifisch geprägten Rechtsgrundlage. Section 238 IA enthält die Anfechtungsmöglichkeit von Rechtshandlungen, aus denen die Gesellschaft keine oder keine gleichwertige Gegenleistung erhält, das heißt gem. section 238(4)(a) IA Schenkungen und gem. section 238(4)(b) IA sonstige Verfügungen unter Wert.[580] Daneben regelt section 239 IA den Fall der Besserstellung einer einzelnen Person und kommt damit dem Fall der Deckungsanfechtung nahe. Sowohl section 238 IA als auch section 239 IA sprechen hierbei davon, dass die entsprechenden Rechtshandlungen „at a relevant time“ durchgeführt worden sind und verweisen diesbezüglich auf section 240 IA. Section 240(1) IA wiederum definiert diese Zeitspanne in Abhängigkeit von dem Eintritt der Insolvenz.[581] Auch section 244 IA (wucherische Kreditgeschäfte) und section 245 IA (Unwirksamkeit bestimmter floating charges) greifen nur in einem bestimmten zeitlichen Rahmen, gemessen an dem Beginn der Insolvenz (section 245(3) und (5) IA) bzw. der Eröffnung des Insolvenzverfahrens (section 244(2) IA). Deutlich wird somit, dass bestimmte Rechtshandlungen nicht ohne weiteres einer Angreifung durch die Anfechtung offenstehen, sondern stets eine Insolvenzsituation erforderlich ist,[582] die sodann in einem zweiten Schritt den zeitlichen Rahmen der Angreifbarkeit setzt. Ferner regelt section 240(2) IA, dass im Sinne der sections 238, 239 IA nur dann eine „relevant time“ bejaht werden kann, wenn die Gesellschaft im Zeitpunkt der Vornahme der fraglichen Handlung entweder bereits zahlungsunfähig gewesen oder durch die in Frage stehende Rechtshandlung geworden sein muss.[583]

Im Hinblick auf die Anfechtung im Fall der Insolvenz einer natürlichen Person gem. sections 339 ff. IA gilt entsprechendes. Auch hier erfordert die anfechtbare Handlung erstens das Vorliegen einer Insolvenzsituation[584], die sodann zweitens den Ausgangspunkt vorgibt, von dem aus Rechtshandlungen innerhalb einer bestimmten Zeitspanne in der Vergangenheit angefochten werden

---

580 Vgl. MüKo InsO/*Schlegel*, Länderbericht England und Wales Rn. 68.

581 Genauer vgl. *Keay/Walton*, S. 540 sowie *Goode*, S. 352 f.

582 Ausführlicher vgl. *Goode*, S. 349 f.

583 Ausführlicher vgl. *Goode*, S. 351 f.

584 Vgl. jeweils in den Absätzen 1 der sections 339, 340, 343, 344 IA: „is adjudged bankrupt“.

können.[585] Ebenso muss der Schuldner, drittens, gem. section 341(2) IA für die Fälle der Gläubigerbevorzugung (section 340 IA) oder Verfügungen unter Wert (section 339 IA) bereits zahlungsunfähig gewesen oder durch die entsprechende anzufechtende Handlung geworden sein.

Es zeigt sich also, dass sowohl in der privaten Insolvenz als auch in der Insolvenz von Gesellschaften zwingende insolvenzspezifische Voraussetzungen erfüllt sein müssen, um die entsprechenden Anfechtungsregelungen anwenden zu können. Außerhalb eines Insolvenzverfahrens sind diese irrelevant und daher als insolvenzrechtliche Rechtsgrundlagen zu verstehen.

Neben den beiden eben besprochenen Normenkomplexen findet sich in den sections 423 ff. IA eine weitere Möglichkeit, Rechtshandlungen anzufechten. Hierin finden sich allerdings deutliche Unterschiede im Gesetzeswortlaut,[586] die letztendlich gegen ein insolvenzrechtliches Verständnis sprechen, auch wenn gem. section 423(4) IA die zur Durchführung der Insolvenz zuständigen Gerichte entscheidungsbefugt sind.[587] Im Vergleich zu den sections 238 ff. und 339 ff. IA erfordert die Eingehung gläubigerschädigender Rechtsgeschäfte gem. section 423 IA weder, dass im Zeitpunkt der Vornahme bereits Zahlungsunfähigkeit vorlag oder hierdurch hervorgerufen wurde, noch überhaupt das Vorliegen einer Insolvenz. Entsprechend gibt es auch keinen von der Insolvenzeröffnung abhängigen Zeitpunkt, der die Zeitspanne bestimmt, innerhalb derer getätigte Geschäfte angefochten werden können. Section 423 IA ähnelt damit eher der deutschen bzw. österreichischen Möglichkeit einer allgemeinen, insolvenzunabhängigen Anfechtungsklage nach dem AnfG bzw. der AnfO. Eine insolvenzrechtliche Qualifizierung der sections 423 ff. IA muss daher bereits an dieser Stelle verneint werden. Entsprechend ist Art. 6 Abs. 1 EuInsVO somit unter Ausschluss der sections 423 ff. IA zu verstehen.

ii. Beeinflussung der Insolvenzmasse

Es stellt sich somit noch die Frage, ob die Anfechtungen nach den sections 238 ff. und 339 ff. IA derart zur Beeinflussung der Insolvenzmasse beitragen, dass eine insolvenzrechtliche Qualifizierung für diese bejaht werden kann. Im Vergleich

585 Genauer vgl. *Keay/Walton*, S. 540. Im Gesetztestext findet sich dies für sections 339 und 340 IA in section 341 IA; daneben: section 343(2) IA.

586 Vgl. *Sealy/Milman*, section 238, S. 241.

587 Neben den ausdrücklich in section 423 (4)(a) und (b) IA angesprochenen Insolvenzgerichten ist gerade auch der High Court entsprechend section 117 (1) IA Insolvenzgericht.

zum deutschen und österreichischen Recht auffallend ist hierbei, dass das englische Gesetz nicht selbst eine vollumfängliche Rechtsfolge vorgibt, sondern vielmehr lediglich das angestrebte Ziel festlegt[588] und es dem entscheidenden Gericht überlasst, wie es dieses Ziel konkret umsetzt. Hierfür bietet das Gesetz u.a. in section 241(1) IA mehrere Mittel an. Eine Ausnahme bilden section 245(2) IA, der eine eingegangene floating charge ausdrücklich für nichtig erklärt, sowie section 344(2) IA hinsichtlich eines general assignment of book depts. Sieht das Gesetz ausdrücklich eine Nichtigkeit vor, so führt dies dahingehend zur Beeinflussung der Vermögensmasse, als dass die durch die floating charge bzw. das general assignment bestehende Belastung des Schuldnervermögens keine Wirksamkeit entfaltet und damit im Fall der Verteilung der Vermögensmasse niemand „Unberechtigtes" hieran bevorzugt befriedigt wird. Auch wenn das englische Insolvenzrecht eher mit dem Stichwort der „rescue culture"[589] bekannt ist und damit hinsichtlich Unternehmen oftmals die Sanierung und nicht die Abwicklung im Fokus hat,[590] gilt gleichwohl das „pari passu principle"[591] – entsprechend dem par conditio creditorum Grundsatz – trotz einiger Ausnahmen[592] hiervon als fundamentaler Grundsatz des englischen Insolvenzrechts.[593] Diesem Grundsatz dient die Anfechtung von vorinsolvenzlichen Rechtshandlungen. Konsequenterweise müssen die Rechtsfolgen einer Anfechtung, um deren Ziel gerecht zu werden, auf die Mehrung der Vermögensmasse um den ungerechtfertigterweise abgeflossenen Betrag gerichtet sein.

Die in section 241(1) IA genannten Maßnahmen führen alle auf unterschiedlichen Wegen zur Mehrung der maßgeblichen Vermögensmasse. So muss nach lit. a) durch die anfechtbare Rechtshandlung übertragenes Vermögen wieder auf die Gesellschaft rückübertragen werden, lit. d) trifft die entsprechende Regelung hinsichtlich geflossener Geldzahlungen. Überdies wird das Vermögen beispielsweise auch dadurch vermehrt, dass im ausschlaggebenden Zeitraum durch die Gesellschaft bestellte Sicherheiten freigegeben werden (lit. c)) oder – gerade

588 Beispielsweise in section 238(3) IA: „…make such orders as it thinks fit for restoring the position to what it would have been if the company had not entered into that transaction".

589 *Ehricke/Köster/Müller-Seils*, NZI 2003, 409, 409; MüKo InsO/*Schlegel*, Länderbericht England und Wales Rn. 13; Kindler/Nachmann/*Schillig*, Länderbericht England und Wales Rn. 11.

590 *Ehricke/Köster/Müller-Seils*, NZI 2003, 409, 409.

591 Vgl. sections 107, 328(3) IA; ausführlich *Keay/Walton*, S. 455 ff.

592 *Keay/Walton*, S. 457 ff.

593 *Keay/Walton*, S. 23.

andersherum – entlassene Bürgen und Garanten wieder als Sicherheiten für die Gesellschaft dienen (lit. e)). All diese Maßnahmen führen dazu, die Nettovermögensmasse des Schuldners zugunsten der Gesamtheit aller Gläubiger zu mehren und hierdurch dem Prinzip der gleichmäßigen Verteilung gerecht zu werden. Gleiche Ausführungen gelten auch hinsichtlich der Insolvenz natürlicher Personen für section 342 IA.

iii. Ergebnis

Es kann somit festgehalten werden, dass auch die Anfechtung nach dem englischen Recht sowohl auf einer insolvenzrechtlichen Rechtsgrundlage fußt als auch die Beeinflussung der Netto-Insolvenzmasse (in Form der Mehrung dieser) zur Folge hat. Eine insolvenzrechtliche Qualifizierung ist damit nach den eigenen Voraussetzungen zu bejahen, womit die in Art. 6 Abs. 1 EuInsVO ausdrückliche Erwähnung dieses Rechtsinstituts unterstützt werden kann.

2. Aussonderung und Absonderung

Die Frage nach der Einordnung unter die EuInsVO oder die EuGVVO kann sich ferner im Rahmen von Aussonderungs- und Absonderungsrechten in der Insolvenz gem. § 47 bzw. §§ 49 ff. InsO stellen. Die Begrifflichkeiten der Aus- und Absonderung finden sich in dieser Form speziell im Insolvenzrecht wieder,[594] weshalb die Vermutung nahe liegt, dass es sich hierbei um insolvenzrechtlich einzuordnende Fragestellungen handelt. Die bloße insolvenzrechtsgeprägte Terminologie darf jedoch nicht darüber hinwegtäuschen, was sich insbesondere materiell-rechtlich hinter dieser verbirgt. Die allgemeine Meinung geht dahin, sowohl etwaige Gläubigerklagen auf Aussonderung als auch auf Absonderung als der EuGVVO zugehörig, mithin nicht als insolvenzrechtlich zu qualifizierendes Einzelverfahren zu verstehen.[595] Dieser Meinung ist so pauschal allerdings nicht zuzustimmen, was sich anhand einer genauen Betrachtung zeigen wird.

594 Vgl. *Fritz/Bähr*, DZWIR 2001, 221, 227.

595 *Haubold*, IPrax 2002, 159, 163; *Mankowski*, NZI 2010, 508, 512; *Laukemann*, IPRax 2013, 150, 152; *Trunk*, S. 117; *Willemer*, S. 360 f., 364, 366; MüKo InsO/*Thole* Art. 3 EuInsVO a.F. Rn. 123, 126; *Schack*, Rn. 1187; **a.A.** jdf. hinsichtlich Aussonderungsrechten *Weller*, ZHR 169 (2005) 570, 577; auch *Brinkmann*, IPRax 2010, 324, 329 nimmt keine pauschale Einordnung von Aus- und Absonderungsrechten unter die EuGVVO vor, sondern erkennt vielmehr den engeren Zusammenhang letzterer zum Insolvenzverfahren, ohne sich jedoch sodann auf eine ausdrückliche Qualifizierung einzulassen. Differenzierend auch *Thole*, ZEuP 2010, 907, 922, der Aussonderungsrechte

a. *Aussonderungsrecht, § 47 InsO*

i. *Rechtsgrundlage*

Insolvenzrechtlich qualifizierte Einzelverfahren bedürfen zunächst einer insolvenzrechtlichen Rechtsgrundlage. Wie zuvor erläutert, bedeutet dies, dass der Anspruch nicht den allgemeinen Regeln des Zivil- und Handelsrechts unterfallen darf, sondern vielmehr abweichenden Spezialregelungen des Insolvenzrechts unterzuordnen sein muss.[596]

Als klassischer Fall eines die Aussonderung begründenden Rechts kann hierbei das Eigentumsrecht gesehen werden, aufgrund dessen ein Herausgabeanspruch gegenüber dem Insolvenzschuldner gem. § 985 BGB besteht. Dieser Herausgabeanspruch hängt aber nicht spezifisch mit der Eröffnung eines Insolvenzverfahrens zusammen oder wird durch dieses modifiziert.[597] Es ist vielmehr genau Gegenteiliges zu sagen: Auch außerhalb des Insolvenzverfahrens kann genau dieser Anspruch auf Herausgabe der Sache in genau dieser Form geltend gemacht werden.[598] Eine für das Insolvenzrecht spezifische Abweichung vom „normalen" Anspruch gem. § 985 BGB kann also nicht ausgemacht werden. Es handelt sich um ein- und dieselbe Forderung. Ein anderes Ergebnis kann insbesondere auch nicht dadurch begründet werden, dass im Fall des eröffneten Insolvenzverfahrens anstelle des Insolvenzschuldners dessen Verwalter an einem entsprechenden Verfahren beteiligt ist.[599] Zwar kann die Beteiligung des Insolvenzverwalters theoretisch als Indiz für eine insolvenzrechtliche Qualifizierung dienen, doch handelt es sich hierbei regelmäßig um ein sehr schwaches Indiz,[600] da es in der Natur des Insolvenzverfahrens liegt, dass nicht mehr der Insolvenzschuldner selbst, sondern dessen Verwalter für ihn tätig wird.

---

als nicht-insolvenzrechtlich, Absonderungsrechte jedoch als insolvenzrechtlich einordnet.

596 Vgl. EuGH v. 02.07.2009 – C-111/08 (*Alpenblume*), EuZW 2009, 610, 611 Rn. 20, 27; vgl. MüKo InsO/*Thole* Art. 3 EuInsVO a.F. Rn. 123. Vgl. auch bereits unter 2. Neuvorschlag, S. 150.

597 Vgl. EuGH v. 10.09.2009 – C-292/08 (*German Graphics*), EuZW 2009, 785, 787 Rn. 31 ff.; *Thole*, ZEuP 2010, 907, 922.

598 *Virgós/Schmit*, Erläuternder Bericht Rn. 196; *Brinkmann*, IPRax 2010, 324, 327 ff.; MüKo InsO/*Thole* Art. 3 EuInsVO a.F. Rn. 123; vgl. Geimer/Schütze/*Geimer* Art. 5 EuGVVO a.F. Rn. 35.

599 *Thole*, ZEuP 2010, 907, 922; *Brinkmann*, IPRax 2010, 324, 327; MüKo InsO/*Thole* Art. 3 EuInsVO a.F. Rn. 123.

600 II. Indizien für eine Qualifikation, S. 145.

Auch andere Rechte, die zu einem Aussonderungsrecht in der Insolvenz führen – beispielsweise der Rückgabeanspruch des Verleihers gem. § 604 BGB oder die schuldrechtlichen Herausgabeansprüche des Vermieters oder Verpächters gem. §§ 546 bzw. 581 Abs. 2, 546 BGB[601] – beinhalten keine insolvenzrechtsspezifische Abweichung von der Norm.

Ein weiteres, durchaus schlagkräftiges Argument, das die Einordnung des Aussonderungsrechts unter eine insolvenzrechtliche Rechtsgrundlage ausschließt, findet sich in § 47 S. 2 InsO.[602] Ausdrücklich wird hierin klargestellt, dass sich der Aussonderungsanspruch nach Gesetzen bestimmt, die außerhalb des Insolvenzverfahrens gelten. Explizit wird somit ohne die Vornahme etwaiger Modifikationen oder das Erfordernis besonderer Voraussetzungen auf Rechtsgrundlagen des allgemeinen Zivil- und Handelsrechts verwiesen, mithin Normen, deren klageweise Geltendmachung mangels Einschlägigkeit von Art. 1 Abs. 2 lit. b) EuGVVO unter gerade den Anwendungsbereich dieser fallen.

Ferner sei § 47 S. 1 InsO Beachtung zu schenken. Wer ein Aussonderungsrecht geltend machen kann, ist zwar Gläubiger des Insolvenzschuldners, nicht hingegen Insolvenzgläubiger desselbigen und nimmt damit nicht am Insolvenzverfahren teil. Hierin besteht ein erheblicher Unterschied. Nur die Insolvenzgläubiger unterfallen einerseits dem Schutz der Insolvenzordnung, die eine gleichmäßige Befriedigung dieser bezweckt, müssen aber andererseits damit rechnen, dass ihre Forderungen gegen den Insolvenzschuldner nicht in voller Höhe, sondern lediglich mit einer meist wesentlich geringeren Insolvenzquote,[603] befriedigt werden können. Selbst wenn die Gläubiger eines Aussonderungsrechts ihren Anspruch im Rahmen einer eröffneten Insolvenz geltend machen, so finden rechtlich betrachtet Vorgänge auf zwei parallel laufenden Ebenen statt: Verfahren und Durchführungshandlungen auf der insolvenzrechtlichen Ebene einerseits, die Geltendmachung sonstiger Ansprüche, die von der Insolvenz unabhängig und doch zeitlich parallel behauptet werden andererseits.

Summa summarum kann im Fall von Aussonderungsrechten somit festgehalten werden, dass diese keiner speziell insolvenzrechtlichen Rechtsgrundlage unterfallen, sondern vielmehr ihre Grundlage im allgemeinen Zivil- und

---

601 Vgl. hierzu ausführlich MüKo InsO/*Ganter* § 47 Rn. 341 ff.

602 Vgl. *Thole*, ZEuP 2010, 907, 922.

603 Diese lag bei Insolvenzverfahren, die im Jahr 2012 eröffnet und bis Ende des Jahres 2016 beendet wurden bei 2,6 % der ursprünglichen Forderungshöhe, Pressemitteilung Nr. 113 des Statistischen Bundesamtes vom 28.03.2018 (https://www.destatis.de/DE/PresseService/Presse/Pressemitteilungen/2018/03/PD18_113_52431.html, abgerufen am 20.09.2018)

Handelsrecht zu finden ist. Bereits daher scheidet eine insolvenzrechtliche Qualifikation diesbezüglicher Einzelverfahren aus.

ii. Beeinflussung der Insolvenzmasse

Neben der fehlenden insolvenzrechtlichen Rechtsgrundlage ist auch der notwendige Bezug zur Insolvenzmasse zu verneinen. Um einen derartigen Bezug aufzuweisen, muss der fragliche Gegenstand bzw. Vermögenswert überhaupt in das Vermögen des Schuldners fallen, welches sodann nach Eröffnung des Verfahrens vom Insolvenzbeschlag erfasst wird. Bereits an dieser Grundvoraussetzung scheitert es bei der Betrachtung eines mit einem Aussonderungsrecht behafteten Gegenstands. Dieser stellt gerade keinen Vermögenswert des Insolvenzschuldners dar, sondern ist einer unabhängigen dritten Person zuzuordnen. Auch der Wortlaut des § 47 S. 1 InsO zeigt deutlich, dass ein Gegenstand, an dem ein die Aussonderung begründendes Recht eines Dritten besteht „nicht zur Insolvenzmasse gehört". Hiermit gemeint ist zwar die Sollmasse. Diese beeinflusst jedoch auch die im Rahmen der Qualifizierung maßgebliche Nettomasse.[604]

Neben einem fehlenden insolvenzspezifischen Rechtsgrund scheitert eine insolvenzrechtliche Qualifizierung somit auch am kumulativ erforderlichen wirtschaftlichen Bezug der Streitigkeit zur Netto-Insolvenzmasse des Schuldners.

b. Absonderungsrechte, §§ 49 ff. InsO

Neben Klagen aufgrund von Aussonderungsrechten ordnet die herrschende Meinung auch Klagen aus Absonderungsrechten nicht dem insolvenzrechtlichen Bereich und damit Art. 6 EuInsVO, sondern der EuGVVO zu.[605] Wie Aussonderungsrechte können diese ebenso außerhalb eines eröffneten Insolvenzverfahrens geltend gemacht werden und führen somit zur eben beschriebenen Situation der Parallelität zweier Verfahrensebenen.

Nichtsdestotrotz gestaltet sich die Einordnung der Rechtsgrundlage für Streitfragen bzgl. Absonderungsrechten um einiges komplexer als im Rahmen der Aussonderungsrechte. Eine pauschale Einordnung verbietet sich. Zunächst

---

604 Vgl. 3. Nettomasse, S. 33.

605 Vgl. *Haubold*, IPRax 2002, 157, 163; vgl. *Mankowski*, NZI 2010, 508, 512; *Laukemann*, IPRax 2013, 150, 152; *Willemer*, S. 360 f.; MüKo BGB/*Kindler* Art. 6 EuInsVO Rn. 15; MüKo InsO/*Thole* Art. 3 EuInsVO a.F. Rn. 126; a. Das Problem der Annexzuständigkeit - drei Lösungswege, S. 130.

müssen Fragen zum bloßen Bestehen eines Absonderungsrechts von Fragen zur Verwertung desselben getrennt werden. Des Weiteren muss differenziert werden zwischen Rechten, die sich auf unbewegliche Gegenstände beziehen, § 49 InsO, und Absonderungsberechtigten, die dieses Recht aus einem Pfandrecht oder sonstigen Recht herleiten, §§ 50 f. InsO.

i. Rechtsgrundlage

(1) Absonderungsrecht aus unbeweglichen Gegenständen, § 49 InsO

(a) Bestehen des Rechts

Absonderungsrechte an unbeweglichen Gegenständen gem. § 49 InsO bestehen beispielsweise in Form einer Grundschuld oder Hypothek. Zur Bestellung einer derartigen Rechtsposition äußert sich die InsO weder im Grundsatz noch schreibt sie vom allgemeinen Zivilrecht abweichende Sondervoraussetzungen vor. Die Bestellung einer ein Absonderungsrecht aus § 49 InsO begründenden Sicherheit richtet sich somit alleine nach Normen, denen eine insolvenzrechtliche Qualifizierung ohne weitere Problemstellungen zu versagen ist. Im Beispiel der Grundschuld und Hypothek werden damit die §§ 1191 ff. BGB und §§ 1113 ff. BGB relevant. Fragen, die alleine auf das wirksame Bestehen einer die Absonderungsberechtigung begründenden Sicherheit abzielen, sind hiernach als Fragen des allgemeinen Zivil- und Handelsrechts zu bezeichnen und außerhalb des Anwendungsbereichs der EuInsVO zu entscheiden.

(b) Verwertung des Rechts

Neben der Frage nach dem bloßen Bestehen eines Absonderungsrechts können auch an dieses anknüpfende, weitergehende Fragen im Rahmen der Verwertung zum Gegenstand eines Verfahrens gemacht werden. Auch derartige Konstellationen müssen darauf untersucht werden, ob ihnen eine insolvenzrechtliche oder doch nur eine allgemein zivilrechtliche Qualifikation zukommt, um im Bereich grenzüberschreitender Verfahren die anwendbare Verordnung identifizieren zu können. Im Fall von unbeweglichen Gegenständen verweist § 49 InsO den Gläubiger auf seine Berechtigung, „nach Maßgabe des Gesetzes über die Zwangsversteigerung und die Zwangsverwaltung“ seine abgesonderte Befriedigung zu erzielen. Gemäß dieser Norm steht dem absonderungsberechtigten Gläubiger das Verwertungsrecht an dem unbeweglichen Gegenstand zu.[606] Ähnlich wie § 47 InsO für die Aussonderungsrechte verweist § 49 InsO somit für

606 MüKo InsO/*Tetzlaff* § 165 Rn. 2; BeckOK InsO/*Lütcke* § 165 Rn. 3; Braun/*Dithmar/Schneider* § 165 Rn. 6.

diesen einen Fall der Absonderungsberechtigung auf die Anwendbarkeit eines Rechtsbereichs, der außerhalb des Insolvenzverfahrens liegt. Auch die Verwertung unbeweglicher Gegenstände durch den Insolvenzverwalter, an denen ein Absonderungsrecht besteht, erfolgt ohne weitere insolvenzspezifisch zu beachtende Voraussetzungen, vgl. § 165 InsO. Das sich aus § 165 InsO ergebende Verwertungsrecht des Insolvenzverwalters findet mit den §§ 172 ff. ZVG – und somit außerhalb des Insolvenzrechts – genauere Regelungen.[607] § 165 InsO selbst allerdings stellt keine Voraussetzungen auf. Auch hinsichtlich Fragen im Rahmen der Verwertung ergibt sich somit eine nicht-insolvenzrechtliche Streitigkeit, die, wie schon die Frage nach der Existenz eines Absonderungsrechts gem. § 49 InsO, unter den Anwendungsbereich der EuGVVO zu subsumieren ist.

(2) Absonderungsrecht aus Pfandrecht oder sonstigen Rechten, §§ 50 f. InsO

Neben den Absonderungsrechten an unbeweglichen Gegenständen, die unter § 49 InsO fallen, gibt es noch weitere Möglichkeiten, sich für den Fall der Insolvenz durch Absonderungsrechte abzusichern. Dies kann zum einen durch Pfandrechte geschehen, § 50 InsO, zum anderen durch sonstige Rechte im Sinne des § 51 InsO. Auch hier stellt sich die Frage, ob die Existenz derartiger Rechte wie auch die Verwertung hieraus im Klagefall insolvenzrechtliche oder nicht-insolvenzrechtliche Angelegenheiten darstellen.

(a) Bestehen des Rechts

§ 50 InsO umfasst nur die verschiedenen Arten eines Pfandrechts, enthält dabei jedoch keine Vorgaben zum Entstehen dieser, sondern setzt sie vielmehr als bereits bestehend voraus. Ob somit überhaupt ein Pfandrecht existiert und welche Voraussetzungen hierzu einzuhalten sind, muss sich aus anderen Normen ergeben. Diese lassen sich nicht in der InsO finden und setzen auch keine insolvenzrechtsspezifischen Besonderheiten voraus. So entstehen rechtsgeschäftliche Pfandrechte nach §§ 1205 ff. BGB, Pfändungspfandrechte überwiegend[608] nach § 804 Abs. 1 ZPO und gesetzliche Pfandrechte im Fall einer spezifischen normativen Regelung[609]. Ein Bezug zur Insolvenz ist hierbei nirgends erforderlich,

---

607 MüKo InsO/*Tetzlaff* § 165 Rn. 1; Braun/*Dithmar/Schneider* § 165 Rn. 7.

608 Daneben gilt es noch die §§ 720a, 930 Abs. 1 S. 2 ZPO, § 459 StPO, § 6 Abs. 1 Nr. 1 JBeitrO, § 324 Abs. 1 S. 1 AO 1977 zu beachten, vgl. MüKo Inso/*Ganter* § 50 Rn. 66.

609 Siehe bspw. § 562 BGB (Vermieterpfandrecht) oder § 647 BGB (Werkunternehmerpfandrecht).

weshalb auch Absonderungsrechte nach § 50 InsO insolvenzunabhängige Sicherungen darstellen.

Auch die unter § 51 InsO fallenden Absonderungsrechte aus sonstigen Rechten entstehen ohne spezifisch insolvenzrechtlichen Zusammenhang, was sich bereits aus einer einfachen Gesetzeslektüre ergibt. Nach § 51 Nr. 1 InsO führen beispielsweise das Sicherungseigentum wie auch die Sicherungszession in der Insolvenz zu einer Stellung als absonderungsberechtigter Gläubiger. Beide dieser Rechtsfiguren kommen im allgemeinen Geschäftsverkehr zum Tragen, um bei – auch insolvenzunabhängigen – Liquiditätsproblemen des eigenen Schuldners die eigene Forderung zu sichern. Ihre Begründung fällt nicht unter die Regelungen des Insolvenzrechts.

(b) Verwertung des Rechts

Hinsichtlich der Verwertung gestaltet sich das Bild bei Absonderungsrechten, die unter die §§ 50 f. InsO fallen anders, als bei Absonderungsrechten, die unter § 49 InsO fallen. Gem. § 50 Abs. 1 InsO sind die Gläubiger nach Maßgabe der §§ 166 bis 173 InsO zur abgesonderten Befriedigung berechtigt.

Die §§ 166 ff. InsO enthalten Aussagen zu den Verwertungsmöglichkeiten seitens des Insolvenzverwalters, denn gem. § 166 Abs. 1 InsO geht das Verwertungsrecht nach Verfahrenseröffnung hinsichtlich derjenigen Gegenstände auf den Insolvenzverwalter über, die dieser im Besitz hat. § 166 Abs. 2 InsO gesteht dem Insolvenzverwalter das Verwertungsrecht hinsichtlich sicherungshalber abgetretener Forderungen zu. Ist der Insolvenzverwalter nicht zur Verwertung befugt, verbleibt dieses Recht beim Gläubiger, § 173 Abs. 1 InsO. Zum Schutz des Gläubigers, der im Fall seiner fehlenden eigenen Befugnis keinen Einfluss auf die bestmögliche Verwertung des Sicherungsgegenstands nehmen kann, stellt die InsO diesem einige Rechte zur Seite.[610] Gem. § 167 InsO steht dem Gläubiger ein Auskunftsrecht über die Sache oder Forderung zu, ferner muss der Insolvenzverwalter dem absonderungsberechtigten Gläubiger gem. § 168 Abs. 1 InsO mitteilen, auf welche Weise der Sicherungsgegenstand veräußert werden soll und ihm Gelegenheit geben, auf eine andere, gläubigergünstigere Verwertung hinzuweisen. Nimmt der Gläubiger diese Chance wahr, so muss der Insolvenzverwalter dieser Verwertungsmöglichkeit nachkommen oder den Gläubiger jedenfalls so stellen, wie er nach dieser Art der Verwertung stehen würde, § 168 Abs. 2 InsO. Verstößt der Insolvenzverwalter gegen die Regelungen des § 168 InsO führt dies zunächst zu einer Haftung des Insolvenzverwalters nach § 60 InsO.[611] Teils wird

---

610 MüKo InsO/*Tetzlaff* Vor §§ 166–173 Rn. 28.

611 *Ganter*, NZI 2005, 1, 8; K. Schmidt/*Sinz* § 168 Rn. 16; Gottwald/*Adolphsen* § 42 Rn. 163; Nerlich/Römermann/*Becker* § 168 Rn. 50 ff.

auch vertreten, dass es sich bei der Verwertung sodann um eine unberechtigte Verwertung handelt und dadurch der Verlust der Kostenbeiträge der §§ 170 f. InsO folgt.[612] Gem. § 169 InsO ist der Gläubiger vor Verwertungsverzögerungen durch einen Anspruch auf Zinszahlungen geschützt und wird gem. § 170 Abs. 1 S. 2 InsO unverzüglich – jedoch nach Abzug der Feststellungs- und der Verwertungskosten, § 170 Abs. 1 S. 1 InsO – aus dem Verwertungserlös befriedigt. Entscheidet sich der Insolvenzverwalter hingegen gegen die Verwertung des Gegenstands und benutzt diesen vielmehr für die Insolvenzmasse, kann der Gläubiger gem. § 172 Abs. 1 InsO Ausgleichzahlungen für etwaige Wertverluste fordern.

Doch nicht nur der absonderungsberechtigte Gläubiger wird durch Vorgaben der §§ 166 ff. InsO geschützt, auch die Insolvenzmasse und mit dieser die restlichen, nicht durch Absonderungsrechte bevorzugt zu befriedigenden Gläubiger werden in ihren Interessen gesichert. Das Interesse, das hierbei maßgeblich im Vordergrund steht, erstreckt sich darin, die Summe der Insolvenzmasse so hoch wie möglich zu halten, um am Ende eine bestmögliche Gläubigerbefriedigung zu erreichen.[613] Schutz erfährt dieses Interesse insbesondere durch die Kostenregelung des § 170 InsO. Gem. § 170 Abs. 1 S. 1 InsO sind, bevor der absonderungsberechtigte Gläubiger zu befriedigen ist, die Kosten für die Feststellung (§ 171 Abs. 1 InsO) und Verwertung (§ 171 Abs. 2 InsO) des Gegenstands bzw. der Forderung für die Insolvenzmasse zu entnehmen. Geht man davon aus, dass die Verwertung eigentlich dem Gläubiger selbst obliegen würde, mithin dieser die Feststellungs- und Verwertungskosten zu tragen hätte, erscheint es nur fair, im Fall der Insolvenz und der Verwertung durch den Insolvenzverwalter die Extrakosten, die alleine aufgrund eines bestehenden Absonderungsrechts anfallen, nicht über die Insolvenzmasse allen Gläubigern aufzubürden, die selbst gar keinen Vorteil aus der Absonderungsberechtigung ziehen.[614] Erst im Anschluss ist gem. § 170 Abs. 1 S. 2 InsO unverzüglich der absonderungsberechtigte Gläubiger zu befriedigen. Dies stellt einen eigenen Auszahlungsanspruch dar.[615] Auch wenn der Gläubiger die vom Insolvenzverwalter überlassene Verwertung selbst vornimmt, stellt die Insolvenzordnung sicher, dass die Feststellungskosten sowie

---

612 MüKo InsO/*Tetzlaff* Vor §§ 166–173 Rn. 28 sowie § 168 Rn. 23 und § 170 Rn. 18; **a.A.:** *Ganter,* NZI 2005, 1, 8; *Ganter/Bitter,* ZIP 2005, 93, 102; K. Schmidt/*Sinz* § 168 Rn. 15.

613 Vgl. K. Schmidt/*Sinz* § 170 Rn. 1.

614 Vgl. K. Schmidt/*Sinz* § 170 Rn. 1; Braun/*Dithmar/Schneider* § 171 Rn. 2; Uhlenbruck/*Brinkmann* § 170 Rn. 1.

615 *Ganter,* NZI 2005, 1, 8; vgl. BeckOK InsO/*Lütcke* § 170 Rn. 16; K. Schmidt/*Sinz* § 170 Rn. 1.

der Umsatzsteuerbetrag, § 171 Abs. 2 S. 3 InsO, vorweg an die Insolvenzmasse abgeführt werden, § 170 Abs. 2 InsO.

Es zeigt sich, dass die Insolvenzordnung selbst eigene Rechte und Pflichten des absonderungsberechtigten Gläubigers als auch des Insolvenzverwalters, der zugunsten der Masse handelt, beinhaltet. Stellen sich im Rahmen eines eröffneten Insolvenzverfahrens daher Fragen alleine hinsichtlich der Verwertung und wird diesen gar klageweise nachgegangen, beispielsweise in Form einer Klage gerichtet auf die Vornahme von Ausgleichzahlungen seitens des Insolvenzverwalters im Sinne des § 172 Abs. 1 InsO oder die Zahlung der gem. § 170 Abs. 2 InsO an die Masse abzuführenden Kosten, so müssen diese jedenfalls hinsichtlich ihrer Rechtsgrundlage als insolvenzrechtlich qualifiziert werden und in der Folge vom Anwendungsbereich der EuInsVO erfasst sein.

Diese, sich gegenseitig zur Einordnung der Bestehens-Frage darstellende Qualifizierung stellt sich jedoch gerade wegen der unterschiedlichen Einordnung als nicht unproblematisch dar. Es ist nicht auszuschließen, dass ein Klageantrag sowohl die Geltendmachung eines Anspruchs im Rahmen der Verwertung vorsieht als auch diesem vorangehenddie Vorfrage nach dem generellen Bestehen eines zur Absonderung berechtigenden Rechts stellt. Die Aufspaltung dieser einen Klage in einen insolvenzrechtlichen und einen nicht-insolvenzrechtlichen Teil dürfte alles andere als sachgerecht und auch in prozessökonomischer Hinsicht durchaus unwillkommen sein. Wie man diesem Problem begegnen kann, wird erst nach der endgültigen Einordnung der Absonderungsrechte aufgezeigt.[616]

ii. Beeinflussung der Insolvenzmasse

Bei der Untersuchung der Absonderungsrechte auf das Vorliegen der zweiten Voraussetzung einer insolvenzrechtlichen Qualifizierung bedarf es keiner Differenzierung in Absonderungsrechte nach § 49 InsO einerseits und §§ 50 f. InsO andererseits.

(1) Unterschied zu den Aussonderungsrechten

Wie die Aussonderungsberechtigten sind auch Absonderungsberechtigte keine Insolvenzgläubiger im Sinne des § 38 InsO.[617] In entsprechender Anwendung von § 47 S. 1 InsO könnte man somit auf den Gedanken kommen, auch Gegenstände, an denen ein Absonderungsrecht besteht, fallen nicht unter den

---

616 iv. Folge unterschiedlicher Einordnung – Vorfragenkompetenz?, S. 189.

617 Nerlich/Römermann/*Andres* § 38 Rn. 1 Fn. 1; MüKo InsO/*Ehricke* § 38 Rn. 6.

Insolvenzbeschlag und haben somit in wirtschaftlicher Hinsicht keinen Bezug zum Insolvenzverfahren. Diesem Gedanke kann jedoch nicht zugestimmt werden. Vielmehr ist gerade Gegenteiliges der Fall. Die Absonderung unterscheidet sich jedenfalls in einem Punkt ganz entscheidend von der Aussonderung. Während der zur Aussonderung berechtigte Gläubiger tatsächlich den Gegenstand an sich, an dem sein Recht besteht, herausverlangen kann und somit keine Verwertung dieses Gegenstands im Raum steht, erhält der zur Absonderung berechtigte Gläubiger lediglich eine gegenüber den „normalen" Gläubigern bevorzugte Befriedigung. Dieser Befriedigung geht jedoch gerade die Verwertung des mit dem Absonderungsrecht verbundenen Gegenstands bzw. der entsprechenden Forderung voraus: Zuerst wird der Gegenstand zu Geld gemacht, anschließend[618] erhält der absonderungsberechtigte Gläubiger den ihm zustehenden Anteil. Bleiben sodann noch Vermögenswerte über, werden diese gleichmäßig pro ratarisch an die übrigen Gläubiger des Insolvenzschuldners, dessen Insolvenzgläubiger, verteilt. Zu seiner Befriedigung erhält der absonderungsberechtigte Gläubiger somit im Gegensatz zum aussonderungsberechtigten Gläubiger keinen Gegenstand, sondern lediglich einen Geldwert.

(2) Befriedigung des absonderungsberechtigten Gläubigers außerhalb der Insolvenzmasse

Wenn davon die Rede ist, dass zunächst der absonderungsberechtigte Gläubiger befriedigt und sodann die Restsumme an die übrigen Gläubiger verteilt wird, darf man hierbei nicht den Bezug dieser Geldströme zur Insolvenzmasse außer Acht lassen. Es bestehen zwei verschiedene Möglichkeiten, die Geldströme einzuordnen, wobei nur eine einen direkten Bezug zur Insolvenzmasse aufweist. Die zentrale Frage besteht darin, ob der Verwertungserlös zunächst der Insolvenzmasse zufließt und anschließend der absonderungsberechtigte Gläubiger befriedigt wird oder ob der Verwertungserlös vielmehr zunächst als von der Masse gesonderte Position verbucht wird, sodann der absonderungsberechtigte Gläubiger befriedigt wird und erst hiernach der Übererlös[619] in die Insolvenzmasse fließt. Fraglich ist somit, ob der absonderungsberechtigte Gläubiger direkt aus dem Verwertungserlös oder bloß indirekt über den Umweg der Insolvenzmasse befriedigt wird. Bloß in letzterem Fall wird bereits auf den ersten Blick ein direkter Bezug zur Insolvenzmasse ersichtlich.

618 Nach Abzug der Kosten für die Feststellung und Verwertung, vgl. § 170 Abs. 1 S. 1 InsO.

619 Uhlenbruck/*Hirte* § 35 Rn. 195.

Beiden Optionen ist in ihrer chronologischen Abfolge der Geschehnisse gemein, dass nach der Verwertung und vor allem anderen („vorweg") die Feststellungs- und Verwertungskosten für die Insolvenzmasse zu entnehmen sind, § 170 Abs. 1 S. 1 InsO. Wie genau jedoch sodann die Befriedigung des absonderungsberechtigten Gläubigers gem. § 170 Abs. 1 S. 2 InsO aus dem Restbetrag erfolgt, ist nicht eindeutig aus dem Gesetzeswortlaut zu bestimmen. Um nicht den Sinn und Zweck eines Absonderungsrechts nach Verwertung des besicherten Gegenstands bzw. der besicherten Forderung ad absurdum zu führen, darf die Verwertung nicht zur Folge haben, dass der Absonderungsberechtigte seine bevorzugte Stellung verliert und lediglich als einfacher Massegläubiger Befriedigung verlangen kann.[620] Hierdurch entstünde eine zuvor nicht dagewesene Konkurrenzsituation zu den übrigen Massegläubigern.[621] Zudem liefe er Gefahr, im Fall einer Massearmut den Ausfall seines Anspruchs zu erleiden.[622]

Der Gesetzestext enthält keine ausdrückliche Verpflichtung zur gesonderten Aufbewahrung des Verwertungserlöses. Dass eine Trennung zwischen Insolvenzmasse und Resterlös aus der Verwertung nicht bloß sinnvoll ist, sondern auch vom Gesetzgeber intendiert war, folgt aus einem Umkehrschluss aus § 170 Abs. 1 S. 1 InsO.[623] Gemäß dieser Norm sind bestimmte Kostenbeiträge als erster Schritt nach der Verwertung für die Insolvenzmasse zu entnehmen. Sinn ergibt die Regelung in dieser Formulierung jedoch nur dann wirklich, wenn man davon ausgeht, dass der gesamte Verwertungserlös ein eigenständiger, also insbesondere von der Insolvenzmasse unabhängiger Vermögensposten ist. Wäre der Verwertungserlös an sich schon unmittelbar Teil der Insolvenzmasse, würde es sich erübrigen, einen gesonderten Teil davon noch einmal extra in die Hand zu nehmen und der Masse einzuverleiben. Der Insolvenzmasse müsste ein Teil entnommen werden, um ihn sodann wieder ein- und derselben Insolvenzmasse zuzuführen. Ein derartiges Verständnis ist paradox. Jedenfalls zunächst ist somit der Verwertungserlös nicht als Teil der Insolvenzmasse zu betrachten.

---

620 BGH v. 21.01.2010 – IX ZR 65/09, BGHZ 184, 101 Rn. 38 = NJW 2010, 2585, wobei hierfür der Erlös aus der Verwertung noch unterscheidbar vorhanden sein muss. Ist dies nicht der Fall, besteht lediglich ein Anspruch gegen die Masse gem. § 55 Abs. 2 S. 1 InsO, so dasselbe Urteil in Rn. 41. Vgl. auch LG Berlin v. 13.05.2008 – 14 O 438/07, ZInsO 2008, 1027, 1031; *Ganter/Bitter*, ZIP 2005, 93, 98; *Ganter*, ZInsO 2016, 2119, 2119; MüKo InsO/*Tetzlaff* § 170 Rn. 40; K. Schmidt/*Sinz* § 170 Rn. 22; BeckOK InsO/*Lütcke* § 170 Rn. 15.

621 *Ganter*, ZInsO 2016, 2119, 2119.

622 *Ganter*, ZInsO 2016, 2119, 2119.

623 Siehe auch Beck/Depré/*Ringstmeier* § 15 Rn. 138.

Auch nach Abführung der Kostenbeiträge gem. § 170 Abs. 1 S. 1 InsO kann kein anderes Verständnis gelten. Zum einen ergibt sich dies abermals aus dem Sinn des § 170 Abs. 1 S. 1 InsO: diese Regelung würde auch dann paradox anmuten, wenn zunächst die Kostenbeiträge der Insolvenzmasse einzuverleiben sind und im Anschluss sodann der Resterlös ebenfalls so oder so Teil der Masse wird. Zum anderen enthält auch § 170 Abs. 1 S. 2 InsO keinen anderslautenden Anhaltspunkt. Die Befriedigung des absonderungsberechtigten Gläubigers erfolgt „aus dem verbleibenden Betrag". Selbstverständlich kann diese Formulierung in einem bloß finanziellen Kontext dahingehend verstanden werden, dass keine weiteren Kosten vom Betrag des Resterlöses abgezogen oder hinzugefügt werden dürfen. Man kann dieser Formulierung jedoch auch einen rechtlichen Inhalt entnehmen und Satz 2 in etwa als „aus dem Betrag, wie er sich nach der Abführung der Kosten gem. Satz 1 darstellt" lesen und somit zu dem Verständnis gelangen, dass sich der Verwertungserlös von seiner ursprünglichen Einziehung über die Abführung der Kosten gem. § 170 Abs. 1 S. 1 InsO bis hin zur Befriedigung des Gläubigers in rechtlicher Hinsicht gerade nicht ändert und auch nicht ändern soll. Einzig und allein die Höhe des Verwertungserlöses hat sich bis zur Befriedigung des Gläubigers verändert, nicht jedoch deren rechtliche Beziehung zum Vermögen des Schuldners und damit der Insolvenzmasse.

Ein weiteres Argument, welches für die von der Insolvenzmasse getrennte Aufbewahrung des Verwertungserlöses spricht, findet sich bereits früher in diesem Abschnitt: Nur durch eine getrennte Aufbewahrung des Verwertungserlöses wird eine „Degradierung" des ehemals Absonderungsberechtigten zum bloßen Massegläubiger verhindert. Als Massegläubiger stünde ihm sodann kein dem Absonderungsrecht gleichwertiges vorrangiges Befriedigungsrecht zu. Um dieses unerwünschte Ergebnis zu verhindern – schließlich ist alleine die Art und Weise der Aufbewahrung des Verwertungserlöses durch den Insolvenzverwalter, unabhängig von jeglichem Handeln des Absonderungsberechtigten der Auslöser seiner Schlechterstellung – muss auf Seiten des Insolvenzverwalters die, eventuell gem. § 60 InsO gar schadenersatzbewährte, Pflicht bestehen, jedenfalls den Teil des Erlöses, der dem Absonderungsberechtigten zusteht und noch nicht zugewandt wurde, von der Insolvenzmasse separiert aufzubewahren.[624]

---

624 LG Berlin v. 13.05.2008 – 14 O 438/07, ZInsO 2008, 1027, 1031; *Ganter*, ZInsO 2016, 2119, 2123; MüKo InsO/*Tetzlaff* § 170 Rn. 38; Uhlenbruck/*Brinkmann* § 170 Rn. 10; vgl. auch Kübler/Prütting/Bork/*Flöther* § 170 Rn. 3; K. Schmidt/*Sinz* § 170 Rn. 22; HambKomm/*Büchler/Scholz* § 170 Rn. 6.

Der Verwertungserlös muss somit als ein eigens abgegrenzter Geldpool verstanden werden, der der Insolvenzmasse vorgeschaltet ist und dessen Masse durch den Abfluss von zwei oder drei Vermögensströmen bis auf Null reduziert wird: An erster Stelle werden die Kostenbeiträge an die Insolvenzmasse abgeführt, an zweiter Stelle wird direkt aus dem abgegrenzten Geldpool die Befriedigung des absonderungsberechtigten Gläubigers erreicht, an dritter Stelle werden der Übererlös, insoweit ein solcher nach Abfluss der beiden ersten Vermögensströme übrig bleibt, wie auch die Kostenbeiträge zur Insolvenzmasse geführt.[625]

(3) Ergebnis

In Rückführung zur eigentlichen Fragestellung dieses Unterkapitels, dem wirtschaftlich geprägten Argument der Massebeeinflussung eines insolvenzrechtlich zu qualifizierenden Einzelverfahrens ist somit festzuhalten, dass der absonderungsberechtigte Gläubiger nicht aus der Insolvenzmasse, sondern aus einem dieser vorgeschalteten Vermögensmasse, dem Resterlös der Verwertung, befriedigt wird. Jedenfalls ein unmittelbarer Zusammenhang diesbezüglich zwischen Absonderungsrecht und Insolvenzmasse scheidet daher aus. Fraglich ist, ob ein derartiger mittelbarer Zusammenhang bejaht werden kann, der unter diesem Argument für eine insolvenzrechtliche Qualifizierung von Klagen bezüglich der Absonderung genügt. Dies muss jedoch letzten Endes verneint werden. Ein nur mittelbarer Zusammenhang zur Insolvenzmasse kann nicht ausreichen, um ein Einzelverfahren als insolvenzrechtlich zu qualifizieren und unter die EuInsVO zu fassen. Anderenfalls könnte wohl jeder Verfahrensgegenstand über mehr oder weniger Ecken so mit der Insolvenzmasse in Verbindung gebracht werden, dass die konkrete Entscheidung nicht ohne Beeinflussung dieser erfolgt, schließlich hängt das gesamte Insolvenzverfahren und die im Rahmen dieses getroffenen Entscheidungen – zumindest im Fall der Schuldnerabwicklung – im Großen und Ganzen, das heißt in mehr oder minder direkter Form, mit der Schaffung einer möglichst großen Insolvenzmasse zur Befriedigung der Gläubigergesamtheit zusammen. Der Anwendungsbereich des Art. 6 EuInsVO würde hierdurch beträchtlich ausgeweitet und kaum mehr eingrenzbar sein.

---

625 Ebenso vgl. Uhlenbruck/*Hirte* § 35 Rn. 195. Im Ergebnis wohl ebenso MüKo InsO/*Riedel* Anhang zu § 65 InsO § 1 InsVV Rn. 12. Dieser spricht davon, dass die Kostenbeiträge gem. §§ 170 f. InsO zur Insolvenzmasse gehören. Den Resterlös aus der Verwertung spricht *Hirte* im Zusammenhang mit der Zusammensetzung der Insolvenzmasse schon gar nicht erst an, als stelle sich die Frage nach der Einordnung dieses Resterlöses überhaupt nicht.

(4) Weitere Fragen der Verwertung und deren Zusammenhang zur Insolvenzmasse

Neben der Auszahlung des Resterlöses an den absonderungsberechtigten Gläubiger sind weitere Fragen im Rahmen der Verwertung beachtlich, die ebenso als Streitpunkte zwischen diesem und dem Insolvenzverwalter erwachsen können. Gem. § 169 S. 1 InsO hat der Gläubiger bei Verzögerung der Verwertung einen Anspruch auf Zahlung von Zinsen. Ausdrücklich legt § 169 S. 1 InsO hierbei fest, dass dieser Anspruch aus der Insolvenzmasse zu befriedigen ist. Es handelt sich zudem um eine Masseverbindlichkeit im Sinne des § 55 Abs. 1 Nr. 1 InsO.[626] Erfolgt die Verwertung eines Gegenstands ausnahmsweise entgegen § 166 InsO direkt durch den Gläubiger, so hat dieser gem. § 170 Abs. 2 InsO die Feststellungskosten sowie den Umsatzsteuerbetrag aus dem Verwertungserlös an die Masse abzuführen. Die Insolvenzordnung selbst stellt in diesen beiden Fällen explizit einen unmittelbaren Zusammenhang zur Insolvenzmasse dar. Die Insolvenzmasse als zentraler Gegenstand der Schuldnerabwicklung, deren Mehrung zugunsten der bestmöglichen Gläubigerbefriedigung entsprechend § 1 S. 1 InsO vorrangiges Ziel des Insolvenzverfahrens ist, ist somit in einer Art und Weise betroffen, dass eine insolvenzrechtliche Qualifizierung dieser Ansprüche unter diesem Gesichtspunkt kaum zu bestreiten ist. Gleiches gilt für den Ausgleichsanspruch des Gläubigers gem. § 172 Abs. 1 InsO. Entscheidet sich der Insolvenzverwalter gegen die Verwertung eines Gegenstands und nutzt diesen vielmehr für die Insolvenzmasse, so steht dem absonderungsberechtigten Gläubiger ein Ausgleichsanspruch für etwaige Wertverluste des Gegenstands seit Eröffnung des Insolvenzverfahrens zu. Dieser Anspruch stellt sich auf Seiten des Schuldners als Masseverbindlichkeit im Sinne des § 55 Abs. 1 Nr. 1 InsO dar[627] und ist, auch wenn dies nicht unmittelbar aus dem Wortlaut der Norm hervorgeht, aus der Insolvenzmasse zu bedienen.[628]

Gegenteilig hierzu stellen sich jedoch auch einige denkbare Verfahrensgegenstände als gerade nicht direkt mit der Insolvenzmasse im Zusammenhang stehend dar. Zunächst ist hierbei der Auskunftsanspruch des Gläubigers gem. § 167 Abs. 1 S. 1 bzw. Abs. 2 S. 1 InsO zu nennen. Die Auskunft über den Zustand der Sache bzw. über die Forderung weist bereits ihrem ersten Eindruck nach keinen

---

626 MüKo InsO/*Tetzlaff* § 169 Rn. 39; Kübler/Prütting/Bork/*Flöther* § 169 Rn. 14; Uhlenbruck/*Brinkmann* § 169 Rn. 11.

627 MüKo InsO/*Tetzlaff* § 172 Rn. 23; HambKomm/*Büchler/Scholz* § 172 Rn. 5; Kübler/Prütting/Bork/*Flöther* § 172 Rn. 6; Uhlenbruck/*Brinkmann* § 172 Rn. 9.

628 Vgl. MüKo InsO/*Tetzlaff* § 172 Rn. 23.

wirklichen Bezug zur Insolvenzmasse auf. Auch der Normzweck unterstreicht diesen Eindruck. Hintergrund des Auskunftsanspruchs ist es, dem Interesse des absonderungsberechtigten Gläubigers am Bestand seiner Sicherung gerecht zu werden und ihm aufgrund der Informationen über sein Sicherungsrecht die Grundlage zur Ausübung weiterer Rechte – beispielsweise dem Recht auf Ausgleichszahlungen gem. § 172 Abs. 1 InsO – zu schaffen.[629] Durch den Übergang der Verwertungsbefugnis auf den Insolvenzverwalter bleibt zwar das Absonderungsrecht des Gläubigers bestehen, dieser verliert jedoch seine Zugriffsmöglichkeiten auf den Gegenstand oder die Forderung und damit einhergehend auch die Übersicht darüber, ob eine Veräußerung oder Verarbeitung des Gegenstands, Einziehung der Forderung oder die Geltendmachung etwaiger Einwendungen durch Drittschuldner stattgefunden hat.[630] Um den absonderungsberechtigten Gläubiger jedoch nicht im Dunkeln über den Gegenstand oder die Forderung, die seiner Sicherung dient, zu lassen, steht ihm der Auskunftsanspruch gem. § 167 Abs. 1 S. 1 bzw. Abs. 2 S. 1 InsO zu. Mit der Insolvenzmasse an sich hat dies jedoch nichts zu tun.

Neben diesen Ansprüchen fügt sich auch der Anspruch auf Mitteilung der Veräußerungsabsicht gem. § 168 Abs. 1 S. 1 InsO in die Reihe der Gegenstände ohne direkten Massebezug ein. Auch diese Pflicht des Insolvenzverwalters dient der Festigung der Rechtsposition des absonderungsberechtigten Gläubigers und trägt der insolvenzbedingten Besonderheit Rechnung, dass nicht der Gläubiger selbst die Verwertung seiner Sicherung vornimmt, sondern dies in den Fällen des § 166 Abs. 1, 2 InsO[631] nunmehr dem Insolvenzverwalter obliegt.[632] Hintergrund der Mitteilungspflicht über die geplante Veräußerungsweise ist die Möglichkeit, dass im konkreten Fall dem Gläubiger ein günstigerer Verwertungsweg offen steht oder spezielle Kenntnisse des Gläubigers die Verwertungsmöglichkeiten verbessern.[633] Ferner fördert die kurze Zeitspanne, die § 168 Abs. 1 S. 2 InsO dem Gläubiger zum Hinweis über eine derartige günstigere Verwertungsmöglichkeit einräumt, die Beschleunigung des Insolvenzverfahrens.[634] Die

---

629 Vgl. MüKo InsO/*Tetzlaff* § 167 Rn. 1; Kübler/Prütting/Bork/*Flöther* § 167 Rn. 2.

630 MüKo InsO/*Tetzlaff* § 167 Rn. 1.

631 Wobei im Zusammenspiel mit § 168 InsO nur § 166 Abs. 1 InsO bzgl. der Verwertungsbefugnis von Gegenstanden relevant ist.

632 Vgl. MüKo InsO/*Tetzlaff* § 168 Rn. 1; vgl. BeckOK InsO/*Lütcke* § 168 Rn. 1 f.

633 MüKo InsO/*Tetzlaff* § 168 Rn. 1; Kübler/Prütting/Bork/*Flöther* § 168 Rn. 2; BeckOK InsO/*Lütcke* § 168 Rn. 1.

634 MüKo InsO/*Tetzlaff* § 168 Rn. 2; Uhlenbruck/*Brinkmann* § 168 Rn. 20.

Verfahrensbeschleunigung bezweckt auch § 168 Abs. 3 InsO.[635] Hierin ist jedoch noch kein direkter Zusammenhang zur Insolvenzmasse zu erkennen. Dieser offenbart sich erst in einem weiteren Schritt. Im Großen und Ganzen zielt die Regelung des § 168 InsO auf eine Sicherungsverwertung als Teil des Gesamtverfahrens ab, die sowohl den Interessen des absonderungsberechtigten Gläubigers, der übrigen Gläubigergesamtheit als auch des Schuldners selbst dient.[636] Der absonderungsberechtigte Gläubiger hat ein Interesse daran, dass der besicherte Gegenstand derartig verwertet wird, dass nach Möglichkeit seine vollständige Forderung aus dem Erlös befriedigt werden kann.[637] Die Gläubigergesamtheit wie auch der Schuldner selbst haben ebenfalls ein Interesse daran, dass der Gegenstand zum höchstmöglichen Erlös über den Tisch geht.[638] Hierdurch steigert sich ein nach Befriedigung des absonderungsberechtigten Gläubigers übrig bleibender Übererlös, der sodann der Insolvenzmasse zugeführt wird und deren Summe erhöht. Hier kommt also ein Zusammenhang zur Insolvenzmasse ins Spiel, der jedoch gerade nicht unmittelbar aus der Mitteilungspflicht selbst folgt. Es ergibt sich somit nur die Möglichkeit, die wirtschaftliche Argumentation dahingehend aufzuweichen, dass auch ein bloß mittelbarer Bezug zur Insolvenzmasse zur Einordnung in den insolvenzrechtlichen Bereich auszureichen vermag. Dies ist jedoch mit derselben Erklärung wie bereits zuvor zu verneinen.

iii. Zwischenergebnis

An den vorangehenden Ausführungen zeigt sich, dass die Einordnung der Verwertung eines Absonderungsrechts nach den §§ 166 ff. InsO unter wirtschaftlichen Gesichtspunkten nicht einheitlich zugunsten der EuInsVO ausfallen kann, um deren Anwendungsbereich nicht überstrapazierend auszuweiten. Daneben entfällt auch eine einheitliche Einordnung der beiden Punkte „Bestehen“ und „Verwertung“ des Absonderungsrechts aufgrund unterschiedlich zu qualifizierender Rechtsgrundlagen. Gleichzeitig kann es nicht sein, dass man sich mit diesen unterschiedlichen Einordnungen zufriedengibt und an und für sich zusammengehörige Fragestellungen in einer Weise aufspaltet, dass je nach bestimmtem Unterpunkt der Anwendungsbereich der EuInsVO eröffnet ist oder nicht.

---

635 MüKo InsO/*Tetzlaff* § 168 Rn. 2.

636 MüKo InsO/*Tetzlaff* § 168 Rn. 2; K. Schmidt/*Sinz* § 168 Rn. 1.

637 MüKo InsO/*Tetzlaff* § 168 Rn. 2; vgl. Uhlenbruck/*Brinkmann* § 168 Rn. 1.

638 MüKo InsO/*Tetzlaff* § 168 Rn. 2; K. Schmidt/*Sinz* § 168 Rn. 1.

iv. Folge unterschiedlicher Einordnung – Vorfragenkompetenz?

Jedenfalls hinsichtlich der unterschiedlichen Qualifizierung von Fragen nach dem Bestehen des Absonderungsrechts und dessen Verwertung lässt sich Abhilfe schaffen und für bestimmte Fälle eine einheitliche Qualifikation erreichen. Dies ist auch ein wünschenswertes Ergebnis: Sicherungen, die im Insolvenzfall zu Absonderungsrechten führen, werden gerade aus dem Grund bestellt, dass im Fall der Verfahrenseröffnung eine vorrangige Befriedigung erreicht werden kann. Die Verwertung eines entsprechenden Gegenstands oder einer entsprechenden Forderung stellt somit schlichtweg die Realisierung der Sicherheiten- mithin Absonderungsrechtsbestellung dar. Die Bestellung und somit das Bestehen der zur Absonderung berechtigenden Rechtsposition bildet die Grundvoraussetzung für eine spätere Verwertung. Sinnhafterweise wird es infolgedessen praktisch kaum um die isolierte Frage des Bestehens eines Absonderungsrechts gehen. Entscheidend und interessant sind vielmehr die aus dem Bestehen folgenden Pflichten und Rechte des absonderungsberechtigten Gläubigers, insbesondere die Verwirklichung seiner bevorzugten Befriedigung. Um eine einheitliche Behandlung dieser beiden Aspekte des Absonderungsrechts zu erreichen, bietet sich im Fall einer insolvenzrechtlichen Qualifikation der Verwertungsproblematik eine Art Vorfragenkompetenz des mit dem Insolvenzverfahren befassten Gerichts hinsichtlich der Frage des Bestehens eines Absonderungsrechts an.[639] Die mehr im Zusammenhang mit dem öffentlichen Recht anzutreffende Vorfragenkompetenz beschreibt ihrer eigentlichen Anwendung nach den Fall, dass Gerichte einer Gerichtsbarkeit zur Entscheidung einer Frage, die, wäre sie selbst Hauptsache, in einer anderen Gerichtsbarkeit zu verorten ist, befugt sind.[640]

---

639 Vgl. hierzu auch Schweizerisches Bundesgericht v. 08.05.2014 – 4A_740/2012 (*Swissair/Sabena*), ZIP 2014, 2095, 2099 Rn. 8.2, 9.4 sowie Schweizerisches Bundesgericht v. 23.04.2007 – 7B.226/2006, BGE 133 III 386, 390, das im Rahmen einer Kollokation (Feststellung zur Tabelle entsprechend § 179 InsO) ebenfalls eine Vorfragenkompetenz anspricht, die sich hier auf das zivilrechtliche Bestehen einer Forderung im Rahmen der schweizerischen Kollokation stellt, wobei die Kollokation an sich als ein insolvenzrechtliches Verfahren zu verstehen ist. Vgl. ebenso *Heinze* in FS Kropholler, S. 105, 113 f.
Einer Vorfragenkompetenz bedarf es hingegen nicht, wenn bereits die Verwertungsfrage nicht-insolvenzrechtlich qualifiziert ist. Für diesen Fall ergibt sich sowohl für die Frage des Bestehens als auch die Frage der Verwertung die Anwendbarkeit der EuGVVO, mithin keine Aufspaltung hinsichtlich der anzuwendenden Verordnungen.

640 BVerwG v. 13.04.1978 – II C 7.75, juris; BVerwG v. 29.04.1982 – 2 C 33/80, BVerwGE 65, 260, 262 = NJW 1983, 896; Schoch/Schneider/Bier/*Ehlers* § 17 GVG Rn. 32; eine Vorfragenkompetenz ebenfalls grundsätzlich kennend, jedoch im konkreten Fall

Es muss hierbei jedoch beachtet werden, dass über die Vorfrage selbst keine in Rechtskraft erwachsende endgültige Entscheidung getroffen wird, um nicht in den Zuständigkeitsbereich einer anderen Gerichtsbarkeit einzugreifen.[641] Zusätzlich besteht eine Bindungswirkung des entscheidenden Gerichts in dem Fall, dass bereits die eigentlich zuständige Gerichtsbarkeit über die Vorfrage entschieden hat.[642] Das Konstrukt der Vorfragenkompetenz lässt sich nun, in leicht abgewandelter Form, auch dazu nutzen, die vorliegende Schwierigkeit unterschiedlicher Qualifizierungen zu lösen. Vom Grundgedanken, der eigentlichen Zuständigkeit zweier verschiedener Gerichtsbarkeiten, wird hierbei im doppelten Sinn abgewichen.

(1) Erste Abweichung

Erstens handelt es sich vorliegend nicht um eine Gerichtsbarkeiten übergreifende Problematik. Unabhängig von der konkreten Qualifikation handelt es sich jedenfalls um einen Fall der ordentlichen Gerichtsbarkeit. Diese unterteilt sich in die freiwillige ordentliche Gerichtsbarkeit einerseits und die streitige ordentliche Gerichtsbarkeit andererseits, vgl. § 13 GVG. Verfahren, die nicht-insolvenzrechtlich zu qualifizieren und somit unter die EuGVVO zu fassen sind – wie gerade eigentlich die Frage nach dem bloßen Bestehen eines Absonderungsrechts – sind hierbei der streitigen Gerichtsbarkeit zuzuordnen. Unabhängig von der Einordnung des Insolvenzverfahrens zur freiwilligen[643] oder streitigen Gerichtsbarkeit, sind insolvenzrechtlich zu qualifizierende Einzelverfahren der ordentlichen Gerichtsbarkeit in Form der streitigen Gerichtsbarkeit unterzuordnen.[644] Von einer differierenden Zuständigkeit im Rahmen der Unterkategorien der ordentlichen Gerichtsbarkeit bezüglich der Vorfrage kann also nicht die Rede sein, geschweige denn von einer dann gerichtsbarkeitsübergreifenden Zuständigkeit.

---

ablehnend BGH v. 11.01.1955 – I ZR 106/53, BGHZ 16, 124, 133 f. = NJW 1955, 497; *Kissel/Mayer* § 13 GVG Rn. 21.

641 Schoch/Schneider/Bier/*Ehlers* § 17 GVG Rn. 32; Zöller/*Lückemann* § 13 GVG Rn. 31; *Kissel/Mayer* § 13 GVG Rn. 21.

642 Schoch/Schneider/Bier/*Ehlers* § 17 GVG Rn. 32; ausführlich: *Kissel/Mayer* § 13 Rn. GVG 23 ff.

643 Im Fall der Zuordnung zur freiwilligen Gerichtsbarkeit würde sich hierdurch eine im Rahmen derselben Gerichtsbarkeit entstehende „interne Vorfragenkompetenz" ergeben.

644 Thomas/Putzo/*Hüßtege* § 13 GVG Rn. 12; Musielak/Voit/*Wittschier* § 13 GVG Rn. 23; MüKo ZPO/*Zimmermann* § 13 GVG Rn. 98 f.

(2) Zweite Abweichung

Zweitens entsteht eine Abweichung durch die Internationalität der Fallkonstellation. Während dies nicht zwingend der Fall sein muss, besteht nichtsdestotrotz die Möglichkeit, dass sich je nach Anwendung der EuInsVO oder der EuGVVO eine unterschiedliche internationale Zuständigkeit ergibt und daher die Gerichte verschiedener Mitgliedstaaten zur Entscheidung befugt sind. Notwendig wird somit die Abwandlung der bisherigen Vorfragenkompetenz zu einer „internationalen Vorfragenkompetenz“, damit mitgliedstaatenübergreifend eine Befugnis zur Entscheidung über die Vorfrage des Bestehens eines Absonderungsrechts existiert. Problematisch stellt sich dies dahingehend dar, dass hierdurch in die Kompetenz eines anderen Staates eingegriffen wird. Dessen Souveränität würde durch eine entsprechende Normierung einer internationalen Vorfragenkompetenz jedoch nicht verletzt. Zunächst ist festzuhalten, dass es sich hierbei nicht um eine einseitig negative Regelung zu Lasten einzelner Mitgliedstaaten handeln würde. Allen Mitgliedstaaten stünde positiv eine internationale Vorfragenkompetenz zu. Im Gegenzug dazu ist als Kehrseite der Medaille auch die in den eigenen Kompetenzbereich eingreifende Vorfragenkompetenz eines anderen Mitgliedstaats zu akzeptieren. Ferner werden bereits jetzt sowohl nach den Regelungen der EuInsVO als auch nach denen der EuGVVO Entscheidungen eines anderen Mitgliedstaats ohne besonderes Anerkennungsverfahren automatisch anerkannt. Hierbei handelt es sich um der Rechtskraft zugängliche Entscheidungen, die sodann ihre Wirkungen in allen betroffenen Mitgliedstaaten entfalten und nur im äußersten Ausnahmefall die Anerkennung versagt bekommen können.[645] Anders die als reine Vorfrage formulierte Thematik nach dem Bestehen eines Absonderungsrechts. Hier findet keine Abweichung von der bis dato bekannten Vorfragenkompetenz dahingehend statt, dass keine rechtskräftige Entscheidung ergehen darf. Die eigentliche Kompetenz des nach der EuGVVO für die Frage des Bestehens eines Absonderungsrechts zuständigen Mitgliedstaats wird diesem also nicht vollständig abgesprochen. Weiterhin besteht die Möglichkeit einer einfachen Klage auf Feststellung des Bestehens oder Nichtbestehens des Absonderungsrechts, deren Entscheidungsbefugnis als eigenständiger Klagegegenstand mangels insolvenzrechtlicher Qualifikation diesem Staat obliegt. Das Ergebnis eines derartigen Verfahrens entfaltet entsprechende Bindungswirkung für spätere Fragestellungen, mit denen das Insolvenzgericht befasst ist. Hingegen kann eine gesonderte Feststellungsklage zur Vorfrage nicht nachträglich die vorherige Entscheidung des Insolvenzgerichts

---

645 1. Versagungsgründe in der EuInsVO, S. 84 und a. Überblick, 108.

(„Vorfrageentscheidung“) beeinflussen. Selbst wenn über die Vorfrage als Hauptsache anders entschieden wird („Hauptsacheentscheidung“), bleibt die Vorfrageentscheidung des Insolvenzgerichts in der Form bestehen, in der sie gefällt wurde. Nur so kann eine rechtssichere Situation geschaffen werden. Anderenfalls bestünde immer die Gefahr, durch eine womöglich gar wesentlich später getroffene Hauptsacheentscheidung die bereits in der Vergangenheit liegende und abgeschlossene Vorlageentscheidung rückwirkend zu beeinflussen. Denkbar wäre allenfalls, in Anlehnung an Art. 51 Abs. 1 Nr. 1 VwVfG, ein Wiederaufgreifen des „Vorlageverfahrens“ zu erwirken, da sich wegen der nun anderslautenden verbindlichen Hauptsacheentscheidung die Rechtslage geändert hat. Ausgehend vom deutschen Zivilprozessrecht bieten sich allerdings nur zwei Möglichkeiten zur Wiederaufnahme eines Verfahrens: die Nichtigkeitsklage gem. § 579 ZPO sowie die Restitutionsklage gem. § 580 ZPO. Eine Wiederaufnahme aufgrund einer geänderten Rechtslage vergleichbar zu Art. 51 Abs. 1 Nr. 1 VwVfG sehen allerdings beide Klagearten nicht vor. Die Wiederaufnahmegründe sind hierin zudem abschließend aufgezählt und können daher nicht erweitert werden.[646] In Frage käme damit alleine die Heranziehung des Rechtsgedankens aus Art. 51 Abs. 1 Nr. 1 VwVfG und damit eine quasi analoge Anwendung desselben. Eine solche kann jedoch nicht befürwortet werden, sie muss am Grundsatz der Gewaltenteilung, Art. 20 Abs. 2 S. 2 GG, scheitern. Art. 51 Abs. 1 VwVfG spricht davon, dass die Behörde zur erneuten Entscheidung angehalten wird. Der vorliegende Fall bedürfte jedoch der erneuten Entscheidung eines Gerichts. Es stehen sich somit Exekutive einerseits und Judikative andererseits gegenüber. Eine analoge Anwendung des Art. 51 Abs. 1 Nr. 1 VwVfG hätte folglich die Anwendung einer Norm auf die Judikative zum Gegenstand, die jedoch explizit nur die Exekutive einer Regelung unterwerfen wollte. Unterschiedliche Gewalten würden Regelungen durch ein und dieselbe Norm erfahren. Dies erscheint im Hinblick auf die Gewaltenteilung durchaus problematisch.

(3) Kompetenz zur Regelung einer Vorfragenkompetenz

Eine Regelung zur internationalen Vorfragenkompetenz würde auch nicht zum europäischen Kompetenzgefüge im Widerspruch stehen. Entsprechend Art. 5 Abs. 1 und 2 EUV gilt der Grundsatz der begrenzten Einzelermächtigung, wonach die Europäische Union nur dann zum Regelungserlass befugt ist, wenn ihr unmittelbar aufgrund der Verträge oder jedenfalls zurückführend auf diese

---

646 BVerwG v. 27.01.1994, 2 C 12/92, BVerwGE 95, 86, 91 f. = NVwZ 1995, 388; BeckOK VwVfG/*Falkenbach* § 51 Rn. 29.

die Kompetenz von den Mitgliedstaaten zugewiesen wurde.[647] Erforderlich ist mithin eine Ermächtigungsnorm.[648] Diese lässt sich in Art. 81 AEUV sehen, auf die das europäische Parlament und der Rat im Rahmen der EuInsVO sowie der EuGVVO Bezug nehmen. Die Ermächtigungsgrundlage des Art. 81 AEUV umfasst insbesondere die Bereiche des Internationalen Zivilprozessrechts sowie des Internationalen Privatrechts.[649] Der Europäischen Union ist somit bereits jetzt die Kompetenz übertragen, unter anderem Kollisionsnormen im Bereich des internationalen Verfahrensrechts zu erlassen,[650] wodurch die EU-Mitgliedstaaten ihre Souveränität diesbezüglich schon in europäische Hände gelegt haben. Genau um eine derartige Kollisionsnorm würde sich es beim Festlegen einer internationalen Vorfragenkompetenz handeln, die eine eigentlich der EuGVVO unterfallende Frage in das Verfahren der EuInsVO integriert. Es entstünde eine zivilrechtliche Vorfragenkompetenz im insolvenzrechtlichen Verfahren.

(4) Grenzen der Vorfragenkompetenz

Betont werden muss allerdings, dass auch mit Bejahung einer internationalen Vorfragenkompetenz nicht jegliche Fragestellungen des Absonderungsrechts unter den Anwendungsbereich der EuInsVO zu subsumieren sind. Wie bereits gesehen, scheitert die insolvenzrechtliche Qualifizierung bestimmter Verwertungsfragen am engen Zusammenhang des potenziellen Verfahrensgegenstands zum wirtschaftlichen Herzstück des Insolvenzverfahrens, der Insolvenzmasse.[651] Eine Vorfragenkompetenz hilft hier nicht über die nicht-insolvenzrechtliche Qualifizierung hinweg: Sowohl die etwaige Vorfrage nach dem Bestehen eines Absonderungsrechts als auch die eigentliche Hauptsache fallen unter die EuGVVO. Eine Vorfragenkompetenz im Rahmen des insolvenzrechtlichen Verfahrens kommt somit mangels Vorliegens letzterens gar nicht in Betracht. Das Problem, dass auf diese Weise eine Aufspaltung von absonderungsrechtlichen Fragestellungen stattfindet, wird durch die Einführung einer internationalen Vorfragenkompetenz zwar reduziert, nicht jedoch vollends gelöst: Es findet nur insoweit eine Vereinheitlichung statt, dass die Frage nach dem Bestehen des Absonderungsrechts immer der gleichen internationalen Zuständigkeit

647 EuGH v. 5.10.2000 – C-376/98, NJW 2000, 3701, 3702 Rn. 83; Grabitz/Hilf/Nettesheim/*Bast* Art. 5 EUV Rn. 13 f.

648 Grabitz/Hilf/Nettesheim/*Bast* Art. 5 EUV Rn. 13.

649 Grabitz/Hilf/Nettesheim/*Hess* Art. 81 AEUV Rn. 1 f., 9.

650 Vgl. Grabitz/Hilf/Nettesheim/*Hess* Art. 81 AEUV Rn. 2.

651 (4) Weitere Fragen der Verwertung und deren Zusammenhang zur Insolvenzmasse, S. 186.

unterfällt, wie der als Hauptsache zu entscheidende verwertungsbezogene Verfahrensgegenstand. Ist letzterer insolvenzrechtlich zu qualifizieren, greift die internationale Vorfragenkompetenz und auch das Bestehen des Absonderungsrechts unterfällt den Regelungen der EuInsVO. Ist der verwertungsbezogene Verfahrensgegenstand hingegen nicht-insolvenzrechtlich zu qualifizieren, findet ohne Anwendung der internationalen Vorfragenkompetenz die EuGVVO Anwendung.

Auch wenn dieses Ergebnis nicht gerade ein Wunschergebnis darstellt, so ist dies die hinnehmbare Folge einer detaillierten Betrachtung und Subsumtion der Absonderungsrechte. In tatsächlicher Hinsicht zeigt sich die Notwendigkeit des Rückgriffs auf sowohl EuInsVO als auch EuGVVO und damit die unschöne Aufspaltung nur, wenn mehr als ein Streitgegenstand zur Klage ansteht, der Kläger demnach mit einem Verfahrensgegenstand im Anwendungsbereich der EuGVVO liegt, mit dem anderen im Anwendungsbereich der EuInsVO. Für dieses praktische Problem als Folge einer konsequenten Einordnung der Absonderungsrechte bietet die EuInsVO allerdings selbst die Lösung: Art. 6 Abs. 2 EuInsVO. Durch den Gerichtsstand des Sachzusammenhangs kann, zumindest im Fall des Insolvenzverwalters als Kläger, eine einheitliche Abhandlung der beiden Streitpunkte in ein und demselben Mitgliedstaat erfolgen. Hierdurch wird jedoch nicht die EuGVVO für die insolvenzrechtliche Einzelfrage für anwendbar erklärt.[652] Eine vollständige Vereinheitlichung findet demnach nicht statt.

v. *Verwertung als gleichzeitige Durchführung des Insolvenzverfahrens im Sinne des Art. 32 Abs. 1 Unterabs. 1 EuInsVO*

Diese Separation innerhalb einer eigentlich einheitlichen Rechtsmaterie, der Verwertung eines Absonderungsrechts, könnte jedoch mithilfe einer anderen Betrachtungsweise auf Null reduziert werden.

Unproblematisch unter die EuInsVO zu fassen sind neben der schlichten Eröffnung des Insolvenzverfahrens auch Entscheidungen, die die Beendigung und insbesondere Durchführung eines anerkannten Insolvenzverfahrens betreffen, vgl. Art. 7 Abs. 2 und Art. 32 Abs. 1 Unterabs. 1 EuInsVO. Das Bestehen eines Absonderungsrechts kann nicht unter derartige Durchführungsmaßnahmen gefasst werden, womit eine Anwendung der EuInsVO für eine isolierte Frage diesbezüglich weiterhin ausscheiden muss; anders möglicherweise im Fall der Verwertung des dem Absonderungsrecht zugrundeliegenden Gegenstands. Diese Verwertung könnte in ihrer Gesamtheit – unabhängig von der zuvor vorgenommenen Qualifizierung – eine Durchführungsmaßnahme im Sinne des

652 II. Art. 6 Abs. 2 und 3 EuInsVO – Gerichtsstand des Sachzusammenhangs, S. 42.

Art. 32 Abs. 1 Unterabs. 1 EuInsVO darstellen und hierdurch unter den Anwendungsbereich dieser Verordnung fallen. In Kombination mit der internationalen Vorfragenkompetenz wäre sodann sowohl das Bestehen – es sei denn, es ist alleiniger Verfahrensgegenstand – als auch die gesamte Verwertung hinsichtlich eines Absonderungsrechts als insolvenzrechtliches Einzelverfahren zu verstehen.

Zu klären ist somit, ob die Fragen betreffend die Verwertung gem. § 166 ff. InsO tatsächlich als Durchführungsmaßnahmen bzw. im Prozessfall als Durchführungsentscheidungen im Sinne der EuInsVO zu verstehen sind. Der Begriff der Durchführung ist hierbei unionsautonom auszulegen und zu konkretisieren.[653] Eine einheitliche Definition existiert nicht. So sehen Teile des Schrifttums Durchführungsentscheidungen dann als gegeben an, wenn sie im laufenden Verfahren getroffen werden, um eine Verfahrenshandlung vorzunehmen, einen Verfahrensabschnitt zu gestalten oder einen Verfahrensfortschritt zu erzielen.[654] Eine andere Ansicht verlangt, dass die Entscheidung die Gläubigergesamtheit und die Verfahrensabwicklung unmittelbar betreffen muss.[655] Unabhängig von der Wahl der abstrakten Definition hängt die konkrete Subsumtion unter den Durchführungsbegriff grundsätzlich von der gem. Art. 7 Abs. 1 und Abs. 2 S. 1 EuInsVO maßgeblichen lex fori concursus ab.[656] Dies gilt jedoch nur, soweit nicht die EuInsVO selbst ein anderes Rechtssystem für anwendbar erklärt, was im Fall von Absonderungsrechten beispielsweise gem. Art. 8 Abs. 1 EuInsVO denkbar ist. Die Verwertung gem. §§ 166 ff. InsO ist hierbei nicht als Durchführungsmaßnahme anzusehen.[657] Durchführungsentscheidungen dienen dem Betrieb des Insolvenzverfahrens, sollen dieses gestalten und vorantreiben.[658] Beispielhaft

---

653 Mankowski/Müller/J. Schmidt/*Müller* Art. 32 EuInsVO Rn. 18.

654 *Vallender*, ZInsO 2009, 616, 618; *Ambach*, S. 100; Kübler/Prütting/Bork/*Kemper* Art. 25 EuInsVO a.F. Rn. 4; Uhlenbruck/*Lüer* Art. 25 EuInsVO a.F. Rn. 4; Pannen/*Riedemann* Art. 25 EuInsVO a.F. Rn. 10.

655 MüKo InsO/*Reinhart* (2008) Art. 25 EuInsVO a.F. Rn. 5; MüKo BGB/*Kindler* Art. 32 EuInsVO Rn. 6; FK InsO/*Wenner/Schuster* Art. 32 EuInsVO Rn. 3.

656 Vgl. Kübler/Prütting/Bork/*Kemper* Art. 25 EuInsVO a.F. Rn. 3; Mankowski/Müller/J. Schmidt/*Müller* Art. 32 EuInsVO Rn. 18.

657 Vgl. MüKo InsO/*Thole* § 343 Rn. 87; **a.A.** wohl Andres/Leithaus/*Dahl* § 335 Rn. 6, der Verwertungsrechte als Durchführungsmaßnahme des Insolvenzverfahrens ansieht. Allerdings wird nicht ganz deutlich, ob hiermit lediglich die allgemeine Verwertung des Schuldnervermögens gemeint ist oder auch spezielle Fragen zur Verwertung von mit Absonderungsrechten belasteten Gegenständen bzw. Forderungen umfasst sein sollen.

658 MüKo InsO/*Thole* § 343 Rn. 78; Kübler/Prütting/Bork/*Paulus* § 343 Rn. 24; Uhlenbruck/*Lüer* § 343 Rn. 16.

zu nennen sind hierbei die Bestellung des Insolvenzverwalters oder verfahrensleitende Anordnungen in der Form der Setzung von Ausschluss- oder Anmeldefristen, sonstige Aufsichtsmaßnahmen des Gerichts oder die Aufhebung von Beschlüssen der Gläubigerversammlung.[659] Diese Entscheidungen nehmen Einfluss auf das Insolvenzverfahren an sich. Streitigkeiten zu der Verwertung von Gegenständen oder Forderungen gem. den §§ 166 ff. InsO beziehen sich jedoch eher weniger auf den Verfahrensablauf als solchen, sondern vielmehr auf hinter dem Verfahren selbst stehende inhaltliche Fragestellungen. Entscheidungen hierüber wirken sich also nicht in vergleichbarer Weise auf formelle Verfahrensaspekte aus. Bei der Absonderung und dieser nachfolgenden Problematiken handelt es sich um eigenständige Rechtsverhältnisse, die daher nicht unter den Begriff der Durchführung im Sinne des Art. 32 Abs. 1 Unterabs. 1 EuInsVO gefasst werden können.

vi. Ergebnis

Eine vollständige Verhinderung der Aufspaltung von absonderungsrechtlichen Fragestellungen scheidet sowohl über die Vorfragenkompetenz als auch über die Subsumtion unter den Durchführungsbegriff aus. Auch muss jedoch entgegen der wohl herrschenden Meinung eine uneingeschränkte Einordnung des Absonderungsrechts und damit einhergehender Fragestellungen unter das allgemeine Zivilrecht, mithin den nicht-insolvenzrechtlichen Bereich, mit obiger Argumentation verneint werden. Diese Aussage einer Einordnung unter die EuGVVO ist zu pauschal und bedarf einer differenzierteren Betrachtung, die zu folgenden Ergebnissen führt:

1. Isolierte Fragen nach dem bloßen Bestehen eines zur Absonderung berechtigenden Rechts unterfallen als nicht-insolvenzrechtlich der EuGVVO.
2. Im Rahmen der Verwertung von beweglichen Gegenständen sowie Forderungen gem. §§ 166 ff. InsO findet eine Differenzierung dahingehend statt, dass hieraus ergehende Streitigkeiten teilweise als Annexverfahren dem insolvenzrechtlichen Bereich der EuInsVO unterfallen, teilweise jedoch mangels direkten Zusammenhangs zur Insolvenzmasse als wirtschaftlichem Herzstück des Insolvenzverfahrens eine nicht-insolvenzrechtliche Qualifikation erfolgen muss, mithin die EuGVVO das einschlägige Regelungswerk bildet.
3. Stehen sowohl Streitigkeiten zum Bestehen des Absonderungsrechts als auch zur Verwertung im Raum und fällt letztere Frage in den insolvenzrechtlichen

659 Ausführlich vgl. MüKo InsO/*Thole* § 343 Rn. 80 f.

Bereich, so muss eine internationale Vorfragenkompetenz zugunsten des für das Insolvenzverfahren zuständigen Mitgliedstaats geschaffen werden, um eine Aufspaltung der beiden miteinander verbundenen Fragen zu verhindern.

4. Die Verwertung von unbeweglichen Gegenständen erfolgt entsprechend § 49 InsO bei Verwertung durch den absonderungsberechtigten Gläubiger bzw. § 165 InsO bei Verwertung durch den Insolvenzverwalter über die allgemeinen Normen zur Zwangsversteigerung bzw. Zwangsverwaltung, mithin nach nicht spezifisch insolvenzrechtlich geprägten Regelungen.

Konsequenz dieser Ansicht ist eine Verkomplizierung hinsichtlich des anwendbaren Rechts im Bereich der Absonderungsrechte. Die pauschale Einordnung unter den Bereich der EuGVVO umgeht zwar derartige Schwierigkeiten, kann jedoch – wie bereits gesehen – nicht vollends überzeugen. Auch unter Gesichtspunkten der Rechtssicherheit ist diese Ansicht nicht vorzugswürdiger gegenüber einer zumindest teilweisen Subsumtion unter die EuInsVO: Die hier aufgezeigte Möglichkeit macht die Qualifikation der einzelnen Fragen nicht von unsicheren, gar zwingend auslegungsbedürftigen Voraussetzungen fest. Ganz klar wird eine Grenze zwischen insolvenzrechtlicher und nicht-insolvenzrechtlicher Qualifizierung in Fortbildung der – wesentlich schwammigeren – *Gourdain/Nadler*-Formel gezogen. Erforderlich ist erstens eine insolvenzrechtliche Rechtsgrundlage, die von den allgemeinen Regeln des Zivilrechts abweicht, und zweitens ein direkter Bezug zum Herzstück eines durch einen besonderen wirtschaftlichen Zusammenhang geprägten Insolvenzverfahrens, der Insolvenzmasse.

Der vorliegend aufgezeigten Lösung, die zur Aufspaltung verschiedener Verwertungsfragen führt, ist jedoch negativ anzumerken, dass eine derartige Trennung eines eigentlich zusammenhängenden Sachverhalts keine Musterlösung für diese Problematik darstellen kann. Anzudenken ist vielmehr, für den Fall eines im deutschen Rechtssystem begründeten Absonderungsrechts oder einer Abwicklung desselben aufgrund deutschen Rechts, eine gesetzliche Regelung zur einheitlichen Qualifizierung der Verwertung eines solchen. So zumindest im Fall der beweglichen Gegenstände und Forderungen. Hinsichtlich der Qualifizierung von unbeweglichen Gegenständen findet bereits jetzt gerade keine Aufspaltung in insolvenzrechtliche und nicht-insolvenzrechtliche Fragestellungen statt.[660] Diese Festlegung müsste ferner zugunsten des Insolvenzrechts ausfallen. Hintergrund hierfür ist, dass selbst die nicht direkt insolvenzrechtlichen Fragen jedenfalls mittelbar mit der Insolvenzmasse zusammenhängen. Letzten Endes ist

660 (b) Verwertung des Rechts, S. 177.

jegliches Verhalten im Rahmen des Insolvenzverfahrens auf die Erreichung einer hohen Haftsumme zugunsten der Gläubiger zurückzuführen. Interessengerecht ist somit bloß die Lösung, die Verwertung gem. §§ 166 ff. InsO als insgesamt insolvenzrechtlich zu betrachten und in Verbindung mit einer internationalen Vorfragenkompetenz auch das Bestehen derartiger Absonderungsrechte unter die Zuständigkeitsregelungen der EuInsVO zu subsumieren.

Absonderungsrechte im Hinblick auf unbewegliche Gegenstände anders zu qualifizieren als Absonderungsrechte, die sich auf bewegliche Gegenstände oder Forderungen stützen, steht zudem nicht in einem unvereinbaren Widerspruch. Aufgrund der fehlenden Möglichkeit, unbewegliche Gegenstände bei einer Subsumtion unter die EuInsVO zur Verwertung in das Gebiet des zuständigen Mitgliedstaats zu bringen – was dahingehend nur konsequent wäre, wenn die Abwicklung nach dem dortigen Recht erfolgt –, erscheint es wesentlich sachnäher, zur Verwertung im Belegenheitsstaat die Normen der EuGVVO heranzuziehen. Auch die EuInsVO erkennt die Sonderstellung von unbeweglichen Gegenständen, auf die nach der Kollisionsnorm des Art. 11 Abs. 1 EuInsVO das Recht desjenigen Mitgliedstaats Anwendung findet, in dessen Hoheitsgebiet sich der unbewegliche Gegenstand befindet.

Bei ähnlich gelagerten Problemen mit Absonderungsrechten in anderen Rechtssystemen ist überdies gar an eine europäische Festlegung der Qualifikation von Absonderungsrechten zu denken, ähnlich der beispielhaften Aufzählung von Anfechtungsklagen in Art. 6 Abs. 1 EuInsVO a.E.

3. Gesellschaftsrecht: Haftung von Geschäftsführern, insbesondere nach § 64 S. 1 GmbHG

Neben den Aus- und Absonderungsrechten wirft auch die Geschäftsführerhaftung, insbesondere aus § 64 S. 1 GmbHG[661], die Frage nach ihrer Qualifizierung auf. Dieser Streit fußt vor allem darauf, dass die Haftung nach § 64 S. 1 GmbHG zwar in materieller Hinsicht das Vorliegen von Insolvenzgründen erfordert, jedoch für ihre Anwendbarkeit nicht zwingend die formelle Insolvenzverfahrenseröffnung verlangt.[662] Zudem erfolgen die Handlungen, die eine Haftung gem. § 64 S. 1 GmbHG begründen, bereits vor Eröffnung des Insolvenzverfahrens.[663] Teilweise wird § 64 S. 1 GmbHG daher als insolvenzrechtliche Norm

661 Dieselben Fragen stellen sich auch bei der Parallelnorm des § 92 Abs. 2 AktG.

662 OLG Düsseldorf v. 18.12.2009 – 17 U 152/08, IPRax 2011, 176, 177 Rn. 23; *Prager/Keller*, NZI 2013, 57, 60; *Schulz*, NZG 2015, 146, 147.

663 *Schulz*, NZG 2015, 146, 147.

verstanden,[664] teilweise allerdings auch als gesellschaftsrechtliche,[665] womit eine Anwendung der EuInsVO ausscheiden würde.[666]

Auch der EuGH hat sich aufgrund einer entsprechenden Vorlagefrage des BGH[667] bereits zur Qualifizierung des § 64 S. 1 GmbHG äußern müssen und

664 Nunmehr endgültig entschieden durch EuGH v. 10.12.2015 – C-594/14 (*Kornhaas*), NJW 2016, 223, 224 Rn. 16 ff. mit Anm. *Swierczok*, NZI 2016, 50, 51; zuvor schon EuGH v. 04.12.2014 – C-295/13, NZI 2015, 88, 90 Rn. 23 f.; KG 24.09.2009 – 8 U 250/08, NZG 2010, 71, 72; BT-Drs. 16/6140, S. 47; so auch *Goette*, DStR 2005, 197, 200; *Pannen/Riedemannm*, NZI 2005, 413, 414; *Eidenmüller*, NJW 2005, 1618, 1621; *Cranshaw*, DZWIR 2009, 353, 362; *Thole*, ZEuP 2010, 907, 923; *Prager/Keller*, NZI 2013, 57; *Haas*, ZIP 2013, 2381, 2386; *Schulz*, NZG 2015, 146, 147; *Wedemann*, IPRax 2015, 505, 505 f.; vgl. *Vallender*, ZIP 2015, 1513, 1517; *Wegen/Asbrand*, IWRZ 2016, 248, 251; *Mankowski*, NZG 2016, 281, 282, 286; Lutter/Hommelhoff/*Kleindiek* § 64 Rn. 5; HambKomm/*A. Schmidt* Anh. Zu § 35, H Rn. 2; so jedenfalls im Fall des eröffneten Insolvenzverfahrens auch MüKo GmbHG/*H.-F. Müller* § 64 Rn. 176 und *Haas*, NZG 2010, 495, 496 f., der jedoch im Fall der Abweisung mangels Masse ausdrücklich die EuGVVO für einschlägig befindet.

665 So bspw. *Dichtl*, GmbHR, 2005, 886, 888; vgl. *Thole*, ZIP 2006, 1383, 1387; *Ringe/Willemer*, NZG 2010, 56, 56 f.; *Mock*, NZI 2015, 87, 87 f.; wohl auch *Wedemann*, ZEuP 2014, 867, 870 ff.: für eine Inhaftungnahme im Fall, dass das Insolvenzverfahren mangels Masse gar nicht eröffnet wurde, spricht sich diese deutlich für die Anwendung der EuGVVO aus. Für den Fall, dass eine Verfahrenseröffnung jedoch stattgefunden hat und somit der Insolvenzverwalter die Haftung geltend macht, befürwortet *Wedemann* wohl ebenfalls die Anwendbarkeit der EuGVVO, wenn auch nicht frei von allen Zweifeln.

666 Daneben ist die generelle dogmatische Einordnung des § 64 S. 1 GmbHG ebenfalls umstritten. So wird § 64 S. 1 GmbHG teils als Ersatzanspruch eigener Art verstanden, der der Insolvenzanfechtung gleicht, EuGH v. 04.12.2014 – C-295/13, NZI 2015, 88, 90 Rn. 24; BGH v. 18.03.1974 – II ZR 2/72, NJW 1974, 1088, 1089; BGH v. 08.01.2001 – II ZR 88/99, BGHZ 146, 264, 278 = NJW 2001, 1280; BGH v. 11.02.2008 – II ZR 291/06, NJW-RR 2008, 1066, 1067; OLG Düsseldorf v. 17.06.1999 – 6 U 65/97, NZG 1999, 1066, 1067; OLG Düsseldorf v. 18.12.2009 – 17 U 152/08, IPRax 2011, 176, 177 Rn. 22; *Haas*, NZG 2004, 737, 738, 740 f., 743 ff.; *Röhricht*, ZIP 2005, 505, 509; *Haas*, ZIP 2013, 2381, 2386; *Wedemann*, IPRax 2015, 505, 506; *Kindler*, EuZW 2016, 136, 138; BeckOK GmbHG/*Mätzig* § 64 Rn. 6 f.; Baumbach/Hueck/*Schulze-Osterloh* (2006) § 64 Rn. 78. Andere sehen in § 64 S. 1 GmbHG einen deliktischen Anspruch, OLG Karlsruhe v. 22.12.2009 – 13 U 102/09, NJW-RR 2010, 714, 716 oder gar einen Fall der Drittschadensliquidation, vgl. BGH v. 20.09.2010 – II ZR 78/09, BGHZ 187, 60 Rn. 14 = NJW 2011, 221; *K. Schmidt*, JZ 1978, 661, 662; vgl. *Medicus*, GmbHR 1993, 533, 538; vgl. Scholz/*K. Schmidt* § 64 Rn. 197.

667 BGH v. 02.12.2014 – II ZR 119/14, NZI 2015, 85; vgl. auch LG Darmstadt v. 15.05.2013 – 15 O 29/12, NZI 2013, 712.

sich hierbei für eine insolvenzrechtliche Einordnung ausgesprochen.[668] Dieses Ergebnis ist nicht überraschend, hat sich der EuGH doch im Rahmen seiner *Gourdain/Nadler*-Rechtsprechung mit der Qualifikation des Art. 99 des französischen Gesetztes Nr. 67–563 auseinanderzusetzen gehabt, einer dem § 64 S. 1 GmbHG ähnlichen Regelung,[669] und sich hierbei für eine insolvenzrechtliche Qualifikation entschieden.[670]

Es gilt allerdings zu beachten, dass die Entscheidungen des EuGH keine vollständig umfassende Einordnung der Geschäftsführerhaftung vornehmen. Der Geschäftsführer einer GmbH kann auch außerhalb eines Insolvenzverfahrens in Anspruch genommen werden, wenn dieses beispielsweise mangels ausreichender Masse nicht eröffnet wurde.[671] Da diese Konstellation nicht der vom EuGH zu entscheidenden entsprochen hat, blieb eine Einordnung im Fall des § 64 S. 1 GmbHG außerhalb der Insolvenz aus und die Frage nach einer Qualifizierung dieses Falles besteht weiterhin ungeklärt fort.[672]

a. Hintergrund für die Erforderlichkeit einer genauen Einordnung – die Niederlassungsfreiheit

Als maßgeblicher Hintergrund für die genaue Einordnung der Haftungsnorm des § 64 S. 1 GmbHG ist nicht nur die Frage nach der internationalen Gerichtszuständigkeit und den Möglichkeiten einer Anerkennungs- und Vollstreckungsversagung zu sehen. Vielmehr führt die Einordnung in den Bereich des Insolvenzrechts noch zu einer weiteren, nicht unbeachtlichen Frage: die Vereinbarkeit der Geschäftsführerhaftung mit der Niederlassungsfreiheit gem. Art. 49, 54 AEUV.[673] Für den Fall der insolvenzrechtlichen Qualifikation wird diese Norm bei Eröffnung eines deutschen Insolvenzverfahrens gem. Art. 7 Abs. 1 EuInsVO

---

668 EuGH v. 04.12.2014 – C-295/13, NZI 2015, 88; EuGH v. 10.12.2015 – C-594/14 (*Kornhaas*), NJW 2016, 223.

669 KG v. 24.09.2009 – 8 U 250/08, NZG 2010, 71, 72.

670 EuGH v. 22.02.1979 – Rs. 133/78 (*Gourdain/Nadler*), RIW 1979, 273, 274 Rn. 6.

671 EuGH v. 04.12.2014 – C-295/13, NZI 2015, 88, 89 Rn. 15.

672 Vgl. EuGH v. 04.12.2014 – C-295/13, NZI 2015, 88, 90 Rn. 25; *Luke,* IWRZ 2016, 122, 123.

673 Vgl. BGH v. 02.12.2014 – II ZR 119/14, NZI 2015, 85, 87 Rn. 20 f.; KG v. 24.09.2009 – 8 U 250/08, NZG 2010, 71, 72 f. mit kritischer Anm. *Ringe/Willemer,* NZG 2010, 56, 57 f.; **kritisch** auch *Bitter*, ZInsO 2010, 1505, 1512.
Mit seiner *Kornhaas*-Entscheidung stellt der EuGH nunmehr deutlich klar, dass er in § 64 S. 1 GmbHG keine Verletzung der Niederlassungsfreiheit sieht, EuGH v. 10.12.2015 – C-594/14 (*Kornhaas*), NJW 2016, 223, 225 Rn. 29.

auf dieses angewandt.[674] Schwierigkeiten hinsichtlich der Vereinbarkeit dieser Anwendung mit der Niederlassungsfreiheit ergeben sich sodann in denjenigen Fällen, in denen zwar der COMI der Gesellschaft innerhalb Deutschlands liegt, mithin die deutschen Gerichte für die Durchführung eines Insolvenzverfahrens nach deutschen Normen zuständig sind, die Gesellschaft allerdings aufgrund ihrer Gründung in einem anderen Mitgliedstaat dem Gesellschaftsrecht ihres Gründungsstaats unterliegt und dieses Recht keine vergleichbare Geschäftsführerhaftung kennt. In dieser Konstellation kann der ausländische Geschäftsführer aufgrund einer insolvenzrechtlichen Qualifizierung der Geschäftsführerhaftung in Anspruch genommen werden, ohne dass sein eigenes Gesellschaftsrecht dies ermöglichen würde.[675] Insbesondere für den Geschäftsführer selbst, auch jedoch für den Insolvenzverwalter, ist diese Frage in der Praxis von höchstem Interesse.[676]

b. Qualifikation der Haftung aus § 64 S. 1 GmbHG

Sowohl die Vorlagefrage als auch die Entscheidungen des EuGH liefern einige Argumente, auf die sich die Einordnung der Geschäftsführerhaftung stützen lässt. Als maßgeblichen Ausgangspunkt dieser Einordnung bedient sich der EuGH der bis heute gängigen *Gourdain/Nadler*-Formel und stellt somit auf ein unmittelbares Hervorgehen aus dem Insolvenzverfahren und einen engen Zusammenhang mit diesem ab.[677] Unabhängig hiervon wird im Wege dieser Arbeit die Qualifizierung nach den eigens bestimmten Voraussetzungen betrachtet. Zuvor bietet es sich an, den Hintergrund von § 64 S. 1 GmbHG zu betrachten, um eine Idee für die wohl richtige Qualifikation zu bekommen.

i. Sinn und Zweck des § 64 S. 1 GmbHG

Rollt man den Anspruch aus § 64 S. 1 GmbHG von hinten auf und betrachtet zunächst die Auswirkungen einer erfolgreichen Geltendmachung, mithin die Zielsetzung der Geschäftsführerhaftung, muss man feststellen, dass diese maßgeblich zur Förderung des in § 1 S. 1 InsO genannten Ziels der gemeinschaftlichen und gleichmäßigen Befriedigung der Gläubiger durch die Verhinderung einer gesamtschädigenden Masseverkürzung bzw. zu einer Wiederauffüllung

---

674 BGH v. 02.12.2014 – II ZR 119/14, NZI 2015, 85, 86 Rn. 15.

675 Vgl. *Mankowski*, NZG 2016, 281, 281.

676 Vgl. *Mankowski*, NZG 2016, 281, 285; *Römermann*, GmbHR 2016, 27, 29.

677 Vgl. EuGH v. 04.12.2014 – C-295/13, NZI 2015, 88, 89 f. Rn. 17 f., 24; EuGH v. 10.12.2015 – C-594/14 (*Kornhaas*), NJW 2016, 223, 224 Rn. 16.

dieser beiträgt und hierdurch auch einer Bevorzugung einzelner Gläubiger entgegentreten soll.[678] Die Haftung nach § 64 S. 1 GmbHG untermauert den insolvenzrechtlichen Grundsatz der *par conditio creditorum*.[679] Der Sinn und Zweck dieser Vorschrift steht damit im Zusammenhang mit einer wirtschaftlichen Betrachtung des Insolvenzverfahrens und ähnelt hierin der Zielsetzung einer Insolvenzanfechtung,[680] die als ein insolvenzrechtlich zu qualifizierender Sachverhalt eingeordnet wird.[681] Die Geltendmachung des Anspruchs aus § 64 S. 1 GmbHG erfolgt – obwohl die Ersatzpflicht dem Wortlaut nach gegenüber der Gesellschaft selbst besteht – ausschließlich im Interesse der Gläubiger und zu deren Gunsten und unterstreicht damit den Gläubigerschutz, den das Insolvenzverfahren bezweckt;[682] schließlich sind gerade die Gläubiger die Profiteure

678 EuGH v. 04.12.2014 – C-295/13, NZI 2015, 88, 89 Rn. 16; EuGH v. 10.12.2015 – C-594/14 (*Kornhaas*), NJW 2016, 223, 224 Rn. 20 mit Anm. *Luke*, IWRZ 2016, 122, 123; BGH v. 29.11.1999 – II ZR 273/98, BGHZ 143, 184, 186 = NJW 2000, 668; BGH v. 11.09.2000 – II ZR 370/99, ZIP 2000, 1896, 1897; BGH v. 08.01.2001 – II ZR 88/99, BGHZ 146, 264, 275 = NJW 2001, 1280; *Fleck*, GmbHR 1974, 224, 230; *Haas*, NZG 2004, 737, 742, 744; *Goette*, DStR 2005, 197, 200; *Mankowski*, NZI 2012, 53, 54; *Frystatzki*, NZI 2013, 161, 162 f.; *Schulz*, NZG 2015, 146, 147; MüKo GmbHG/*H.-F. Müller* § 64 Rn. 1; BeckOK GmbHG/*Mätzig* § 64 Rn. 4.

679 *Schulz*, NZG 2015, 146, 147; *Kindler*, EuZW 2015, 143, 143 f.

680 EuGH v. 04.12.2014 – C-295/13, NZI 2015, 88, 90 Rn. 24; EuGH v. 10.12.2015 – C-594/14 (*Kornhaas*), NJW 2016, 223, 224 Rn. 20 mit Anm. *Luke*, IWRZ 2016, 122, 124; *Haas*, NZG 2004, 737 ff.; *Thole*, ZEuP 2010, 907, 923; *Kindler*, EuZW 2015, 143, 143; *Thole*, Gläubigerschutz, S. 693 ff., 701 ff., 937, 701; Baumbach/Hueck/*Haas* § 64 Rn. 4.

681 1. Die Insolvenzanfechtung, S. 156.

682 *K. Schmidt*, ZIP 2005, 2177, 2182; vgl. BeckOK GmbHG/*Mätzig* § 64 Rn. 4; vgl. auch Roth/Altmeppen/*Altmeppen* § 64 Rn. 4, 43, der vom „Schaden der Gläubigergemeinschaft" spricht; vgl. *Medicus*, GmbHR 1993, 533, 538; *Wedemann*, ZEuP 2014, 867, 877; vgl. ebenso BGH v. 18.03.1974 – II ZR 2/72, NJW 1974, 1088, 1089; *Mankowski*, NZI 2012, 53, 54.
Anders ist dies im schwedischen Recht. Die Haftung nach Kapitel 25 § 18 bzw. § 19 schwedisches Aktiengesetz (zur Übersetzung von Kapitel 25 § 18 Abs. 1 – 3 vgl. EuGH v. 18.07.2013 C-147/12 (*ÖFAB*), BeckRS 2013, 81506 Rn. 8; eine vollständige englische Übersetzung findet sich unter: http://law.au.dk/fileadmin/www.asb.dk/omasb/institutter/erhvervsjuridiskinstitut-skjultforgoogle/EMCA/NationalCompaniesActsMemberStates/Sweden/THE_SWEDISH_COMPANIES_ACT.pdf, abgerufen am 01.02.2018) erfolgt zugunsten eines einzelnen Gläubigers, vgl. EuGH v. 18.07.2013 C-147/12 (*ÖFAB*), ZEuP 2014, 861, 863 Rn. 25 mit Anm. *Wedemann*, ZEuP 2014, 867, 870.

eines erhöhten Gesellschaftsvermögens. Funktionell richtet sich eine auf § 64 S. 1 GmbHG gestützte Klage darauf, die Insolvenzmasse in Höhe der getätigten Zahlungen[683] wieder aufzufüllen.[684]

Diese Argumentation kann auf den ersten Blick allerdings nur dann überzeugen, wenn man auch das Vorliegen eines eröffneten Insolvenzverfahrens als Annahme zugrunde legt. Fraglich jedoch erscheint sie, wenn das Insolvenzverfahren mangels Masse erst gar nicht eröffnet wurde, § 26 InsO, oder das zwar eröffnete Verfahren im späteren Verlauf eingestellt wurde, § 207 InsO. Genau dieser Fall wurde dem EuGH nicht zur Entscheidung vorgelegt. Nichtsdestotrotz finden sich auch hierfür Argumente, die eine insolvenzrechtliche Qualifizierung begründen können.

Grundsätzlich ist § 64 S. 1 GmbHG an die Eröffnung eines Insolvenzverfahrens geknüpft.[685] Sinn und Zweck dieser Norm ist es, das verteilungsfähige Vermögen der Gesellschaft zugunsten der späteren Insolvenzgläubiger zu erhalten.[686] Diesem Zweck kann jedoch streng genommen nur Genüge getan werden, wenn durch die Eröffnung des Insolvenzverfahrens überhaupt erst eine in der Insolvenz verteilungsfähige Masse vorliegt.

Doch auch wenn das Verfahren nicht eröffnet oder später eingestellt wird, ist die Durchsetzung dieses Anspruchs (weiterhin) möglich.[687] Hintergrund dessen ist der Gedanke, den Geschäftsführer im Fall einer derart starken Vermögensverschlechterung, die sogar zur Masselosigkeit führt, bei also umso größerer Pflichtverletzung, nicht zu privilegieren und von einer Haftung freizustellen.[688]

---

683 Unter dem Begriff der „Zahlung“ im Sinne von § 64 S. 1 GmbHG ist – trotz ihrer ähnlichen Auswirkung auf die Bilanzsumme – nicht auch die Begründung von Verbindlichkeiten zu verstehen. Hierzu: BGH v. 30.03.1998 – II ZR 146/96, BGHZ 138, 211, 216 f. = NJW 1998, 2667; vgl. auch BT-Drs. 16/6140, S. 46; *Poertzgen*, GmbHR 2006, 1182, 1184; *Haas*, GmbHR 2010, 1, 5; Roth/Altmeppen/*Altmeppen* § 64 Rn. 12; **a.A.**: *A. Schmidt/Poertzgen*, NZI 2013, 369, 370 f.

684 *Poertzgen*, NZI 2015, 91, 91; *Mankowski*, NZG 2016, 281, 283.

685 BGH v. 11.09.2000 – II ZR 370/99, NJW 2001, 304, 305; MüKo GmbHG/*H.-F. Müller* § 64 Rn. 173; Henssler/Strohn/*Arnold* § 64 Rn. 24.

686 BGH v. 29.11.1999 – II ZR 273/98, BGHZ 143, 184, 186 = NJW 2000, 668; BGH v. 11.09.2000 – II ZR 370/99, NJW 2001, 304, 305.

687 *Haas*, NZG 2004, 737, 744 f.; MüKo GmbHG/*H.-F. Müller* § 64 Rn. 174; Gottwald/*Haas/Kolmann/Pauw* § 92 Rn. 271.

688 BGH v. 11.09.2000 – II ZR 370/99, NJW 2001, 304, 305; BGH v. 23.09.2010 – IX ZB 204/09, NZI 2011, 73, 73 Rn. 15; *Fleck*, GmbHR 1974, 224, 230; *Haas*, NZG 2004, 737, 745; *Bitter*, ZInsO 2010, 1505, 1513; *Swierczok*, NZI 2016, 50, 51; MüKo GmbHG/*H.-F. Müller* § 64 Rn. 174; vgl. auch Gottwald/*Haas/Kolmann/Pauw* § 92 Rn. 272.

Die Folge hiervon ist allerdings, dass sodann den Gläubigern die Berechtigung zukommt, den Anspruch zu pfänden und sich überweisen zu lassen.[689] Zwar wird hierdurch grundsätzlich auch die Befriedigung der Gläubiger unterstützt, allerdings zielt diese Art der Befriedigung nicht auf die Gesamtheit der Gläubigergemeinschaft ab, sondern vielmehr auf die Befriedigung einzelner Gläubiger als Individuen, die nicht in einer Gemeinschaft miteinander verbunden sind.[690] Unter Berücksichtigung dessen muss eine insolvenzrechtliche Qualifizierung der Geschäftsführerhaftung, die außerhalb eines Insolvenzverfahrens geltend gemacht wird, verneint werden.[691] Die Befriedigung einzelner Interessen bildet gerade das Gegenteil zur Befriedigung der Interessen der Gläubigergesamtheit, wie sie im Insolvenzverfahren bezweckt wird.[692]

Im Fall der späteren Einstellung eines zunächst eröffneten Insolvenzverfahrens würden sich Unstimmigkeiten ergeben. Wenn die Haftung gem. § 64 S. 1 GmbHG anfänglich innerhalb des Insolvenzverfahrens als eine insolvenzrechtliche, nach Einstellung des Verfahrens allerdings als eine nicht-insolvenzrechtliche zu verstehen ist, kehrt sich der Charakter des § 64 S. 1 GmbHG um, ohne dass der Haftungsanspruch an sich Veränderungen unterzogen wird. Die Qualifizierung des § 64 S. 1 GmbHG hinge damit alleine vom Zeitpunkt ab, in dem die Haftung des Geschäftsführers geltend gemacht wird. In der Folge würde sodann mitten im laufenden Verfahren die anzuwendende Verordnung ausgetauscht mit dem möglichen Resultat einer neuen internationalen Zuständigkeit. Dies kann nicht überzeugen. Mitten in einem laufenden Verfahren zu Haftungsfragen das handelnde Gericht für unzuständig zu erklären, dürfte allen Bestrebungen einer

---

689 BGH v. 11.09.2000 – II ZR 370/99, NJW 2001, 304, 305; *Pape*, ZInsO 2001, 397, 403; *Haas*, NZG 2004, 737, 745; *Mankowski*, NZG 2016, 281, 284; MüKo GmbHG/*H.-F. Müller* § 64 Rn. 174; Baumbach/Hueck/*Haas* § 64 Rn. 22.

690 Vgl. *Ringe/Willemer*, NZG 2010, 56, 56 f.

691 *Ringe/Willemer*, NZG 2010, 56, 56 f.; dies deutet so wohl auch der EuGH an, EuGH v. 04.12.2014 – C-295/13, NZI 2015, 88, 90 Rn. 25 (Vorlage von LG Darmstadt v. 15.05.2013 – 15 O 29/12, NZI 2013, 712). Kritisch hinsichtlich der Aufspaltung der Zuständigkeitszuweisung durch die EuGVVO oder die EuInsVO je nachdem, ob ein Insolvenzverfahren eröffnet ist oder nicht, *Poertzgen*, NZI 2015, 91, 91. Für eine grundsätzliche Anwendbarkeit der EuInsVO, ohne auf die tatsächliche Verfahrenseröffnung als Abgrenzungskriterium abzustellen, *Schulz*, NZG 2015, 146, 148; im Grunde auch pauschal aufführend, bzgl. § 64 S. 1 GmbHG im nicht eröffneten Insolvenzverfahren jedoch letztlich offenlassend K. Schmidt/*Brinkmann* Art. 3 EuInsVO a.F. Rn. 50.

692 *Wedemann*, ZEuP 2014, 867, 870; *Wedemann*, IPRax 2015, 505, 507; *Mankowski*, NZG 2016, 281, 284.

effektiven und rechtsökonomischen Verfahrensdurchführung entgegenstehen und somit alles andere als zu befürworten sein, zumal hierunter auch die Rechtssicherheit erheblich beeinträchtigt würde.[693] Es bedarf somit der Regelung einer perpetuatio fori vergleichbar zu § 261 Abs. 3 Nr. 2 ZPO.[694] Die einmal im Rahmen einer insolvenzrechtlichen Annexklage geltend gemachte Haftung aus § 64 S. 1 GmbHG verbleibt auch dann bei dem nach der EuInsVO zuständigen Gericht, wenn das Insolvenzverfahren im Laufe das Verfahrens über § 64 S. 1 GmbHG mangels Masse eingestellt wird. Auf prozessualer Ebene ändert sich damit so wie auch auf der materiellrechtlichen Ebene nichts. Dies kann jedoch nicht die Schussfolgerung zulassen, dass hiermit auch eine einheitliche Qualifizierung der Haftung aus § 64 S. 1 GmbHG zu bejahen ist. Wird ein Anspruch aus § 64 S. 1 GmbHG erst nach der Einstellung des zuvor eröffneten Insolvenzverfahrens geltend gemacht, so kann eine perpetuatio fori schon gar nicht eingreifen und die entsprechende Klage fällt mangels ausreichenden insolvenzrechtlichen Zusammenhangs direkt unter den Regelungsgehalt der EuGVVO.

Hinsichtlich der Qualifikation der Geschäftsführerhaftung für den Fall, dass das Insolvenzverfahren mangels Masse von vornherein erst gar nicht eröffnet würde, würden sich die soeben dargestellten Schwierigkeiten nicht ergeben. Insbesondere fehlt es mangels Verfahrenseröffnung an jeglichem Insolvenzbezug. Hier ist somit durchaus eine gesonderte Qualifizierung vorzunehmen.[695] Diese Qualifizierung führt nicht zu einer unbilligen und unsicheren Rechtslage: Zwischen der Haftung außerhalb und innerhalb eines Insolvenzverfahrens – selbst wenn dieses später mangels Masse eingestellt wird – besteht eine eindeutig objektiv feststellbare Grenze.

Alleine die Möglichkeit, den Geschäftsführer der GmbH auch außerhalb des eröffneten Insolvenzverfahrens über § 64 S. 1 GmbHG in Anspruch zu nehmen, kann jedoch nicht überzeugenderweise dazu führen, von vornherein pauschal eine insolvenzrechtliche Qualifizierung dieser Norm zu verneinen, insbesondere

---

693 *Poertzgen*, NZI 2015, 91, 91.

694 Die deutsche Norm aus der ZPO kann hierbei nicht direkt herangezogen werden, stellt sich das hier bestehende Problem nicht bloß auf nationaler, sondern europäischer Ebene.

695 *Haas*, NZG 2010, 495, 497; vgl. *Czaplinski/Knodel*, GWR 2015, 16, 16; vgl. auch *Wedemann*, ZEuP 2014, 867, 869; *Mankowski*, NZG 2016, 281, 284; unbeantwortet lässt *Poertzgen* NZI 2015, 91, 91 diese Frage. Vgl. ausführlicher unter e. Liquidationsverfahren gem. 66 ff. GmbHG im Fall der Ablehnung oder Einstellung des Verfahrens mangels Masse, S. 217.

in dem Fall, in dem tatsächlich ein eröffnetes Insolvenzverfahren vorliegt.[696] Im Folgenden wird daher die Einordnung der Geschäftsführerhaftung anhand der beiden entwickelten maßgeblichen Kriterien dargestellt.

ii. Die Rechtsgrundlage

(1) Das Erfordernis materieller Insolvenzreife

Wie zuvor gesehen ist es für die Einordnung der Rechtsgrundlage entscheidend, dass diese in insolvenzspezifischer Manier von den allgemein zivilrechtlichen Normen abweicht.[697] Hierbei darf man sich die Frage nach dem Grundlagencharakter nicht zu einfach machen und lediglich die Normen der Insolvenzordnung als insolvenzrechtliche Rechtsgrundlagen verstehen und Normen sämtlicher anderer Gesetze von einer derartigen Einordnung ausschließen. Der EuGH sieht eine derartige Abweichung im Fall des § 64 S. 1 GmbHG im Erfordernis der Zahlungsunfähigkeit der Gesellschaft.[698] § 64 S. 1 GmbHG erfordert seinem Wortlaut nach zwar nicht ausdrücklich die formelle Eröffnung des Insolvenzverfahrens, allerdings schreibt er mit der Zahlungsunfähigkeit oder Überschuldung das Vorliegen von materiellen Insolvenzgründen als Grundvoraussetzung vor.[699] Die formelle Eröffnung des Insolvenzverfahrens ist damit nicht zwingende Voraussetzung einer insolvenzrechtlichen Qualifizierung, sondern steht hierbei vielmehr mit der materiellen Insolvenzreife im Alternativverhältnis.[700] Diesem

---

696 EuGH v. 04.12.2014 – C-295/13, NZI 2015, 88, 89 f. Rn. 20, 24; *Swierczok*, NZI 2016, 50, 51.

697 2. Neuvorschlag, S. 150.

698 EuGH v. 04.12.2014 – C-295/13, NZI 2015, 88, 90 Rn. 23; EuGH v. 10.12.2015 – C-594/14 (*Kornhaas*), NJW 2016, 223, 224 Rn. 16.

699 EuGH v. 04.12.2014 – C-295/13, NZI 2015, 88, 90, Rn. 22; BGH v. 23.09.2010 – IX ZB 204/09, NZI 2011, 73, 74 Rn. 16; *A. Schmidt/Poertzgen*, NZI 2013, 369, 370 f.; HambKomm/*A. Schmidt* Anh. zu § 35, H Rn. 2, 5.
Ringe/Willemer, NZG 2010, 56, die jedoch gerade unter anderem auf die Möglichkeit, einen Anspruch aus § 64 S. 1 GmbHG auch außerhalb des formell eröffneten Insolvenzverfahrens geltend zu machen, ihre Einordnung dieser Norm unter den Anwendungsbereich der EuGVVO stützen.
Nicht ausreichend ist die bloß drohende Zahlungsunfähigkeit, HambKomm/*A. Schmidt* Anh. Zu § 35, H Rn. 5; vgl. im Rahmen des AktG BGH v. 28.02.2012 – II ZR 244/10, NJW-RR 2012, 813, 814.

700 EuGH v. 04.12.2014 – C-295/13, NZI 2015, 88, 90, Rn. 22; *Kindler*, EuZW 2016, 136, 137. Vgl. auch unter 2. Neuvorschlag, S. 150. **A.A.** *Freitag*, ZIP 2014, 302, 305, der ein formell eröffnetes, noch nicht beendetes Insolvenzverfahren voraussetzt.

Verständnis ist durchaus beizupflichten. § 64 S. 1 GmbHG hat den Zweck, die Ziele des § 1 S. 1 InsO, die gleichmäßige Gläubigerbefriedigung, zu fördern. Bereits hieraus zeigt sich die enge Verbundenheit mit dem Insolvenzverfahren. Überdies kann die Qualifizierung des § 64 S. 1 GmbHG nicht von dem Zufall abhängen, wann genau das Insolvenzgericht formell das Insolvenzverfahren eröffnet.

Den „normalen" Fall der Geschäftsführerhaftung, der auch vollkommen außerhalb des Bestehens einer Zahlungsunfähigkeit oder gar eines bereits eröffneten Insolvenzverfahrens liegen kann, regelt § 43 Abs. 2 GmbHG.[701] Unterschiede zu § 64 S. 1 GmbHG ergeben sich hierbei schon daraus, dass § 43 Abs. 2 GmbHG den Fall eines Schadensersatzanspruchs darstellt, während die Geschäftsführerhaftung gem. § 64 S. 1 GmbHG nach Ansicht des BGH keinen Schadensersatz-, sondern einen Erstattungsanspruch eigener Art darstellt.[702] In dieser Norm – sowohl hinsichtlich Satz 1 als auch Satz 3 –, so eine teilweise vertretene Ansicht, sei ein Zahlungsverbot für den Fall der Insolvenzreife bzw. hinsichtlich solcher Zahlungen enthalten, die die Zahlungsunfähigkeit herbeiführen.[703] Dies muss jedoch richtigerweise verneint werden. § 64 S. 1 GmbHG verbietet nicht die Vornahme von Zahlungen, sondern lagert das wirtschaftliche Risiko im Fall der Insolvenzverfahrenseröffnung auf den Geschäftsführer um;[704] dieser muss für etwaige Zahlungen sodann selbst einstehen. Unabhängig von der Einordnung als Schadensersatz- oder sonstigem Erstattungsanspruch, erfordert eine Inanspruchnahme nach § 64 S. 1 GmbHG im Gegensatz zu § 43 Abs. 2 GmbHG das Vorliegen materiell-rechtlicher Insolvenzgründe. Hierin besteht die geforderte insolvenzrechtsspezifische Abweichung von der allgemeinen

---

701 Zur Abgrenzung dieser beiden Anspruchsgrundlagen vgl. *K. Schmidt*, JZ 1978, 661, 663.

702 BGH v. 18.03.1974 – II ZR 2/72, NJW 1974, 1088, 1089; BGH v. 08.01.2001 – II ZR 88/99, BGHZ 146, 264, 278 = NJW 2001, 1280; BGH v. 11.02.2008 – II ZR 291/06, NJW-RR 2008, 1066, 1067; OLG Düsseldorf v. 17.06.1999 – 6 U 65/97, NZG 1999, 1066, 1067; *Bitter*, ZInsO 2010, 1505, 1518; MüKo GmbHG/*H.-F. Müller* § 64 Rn. 4, 175; vgl. Baumbach/Hueck/*Haas* § 64 Rn. 12; **a.A.:** *K. Schmidt*, JZ 1978, 661, 662; *Medicus*, GmbHR 1993, 533, 537; die Einordnung als Schadensersatzanspruch in vielerlei Hinsicht deutlich kritisierend *Haas*, NZG 2004, 737 ff.

703 Vgl. BT-Drs. 16/6140, S. 42; Roth/Altmeppen/*Altmeppen* § 64 Rn. 1; MüKO GmbHG/*Müller* § 64 Rn. 1, 137; *K. Schmidt* weist darauf hin, dass es durchaus ein Zahlungsverbot gibt, dieses jedoch nicht isoliert aus § 64 S. 1 GmbHG resultiert, sondern untrennbar mit der Antragspflicht aus § 15a InsO verknüpft ist, Scholz/*K. Schmidt* § 64 Rn. 21.

704 Baumbach/Hueck/*Haas* § 64 Rn. 5.

Haftungsnorm des § 43 Abs. 2 GmbHG. Ohne das Bestehen einer Zahlungsunfähigkeit oder Überschuldung greift die Haftung nach § 64 S. 1 GmbHG nicht durch. Aufgrund dieser besonderen Abweichung zu § 43 Abs. 2 GmbHG besteht eine enge Anknüpfung an das Insolvenzverfahren, weshalb trotz der Stellung außerhalb der Insolvenzordnung eine Einordnung als insolvenzrechtliche Rechtsgrundlage vorgenommen werden kann und muss.[705]

(2) Der Zusammenhang mit § 15a Abs. 1 InsO

Im Zusammenhang mit § 15a Abs. 1 InsO besteht ferner ein weiteres Argument, dessen sich auch der EuGH zur insolvenzrechtlichen Einordnung des § 64 S. 1 GmbHG bedient.[706] Hiernach muss im Fall der Zahlungsunfähigkeit oder Überschuldung einer juristischen Person ohne schuldhaftes Zögern, jedenfalls drei Wochen nach Eintritt des entsprechenden Grundes, ein Insolvenzantrag gestellt werden. Mit Stellung des Eröffnungsantrags bzw. nachfolgender Eröffnung des Insolvenzverfahrens, wird der Geschäftsführer in der Regel von seiner Verfügungsbefugnis entbunden und diese geht auf den (vorläufigen) Insolvenzverwalter über, vgl. § 22 Abs. 1 bzw. § 80 Abs. 1 InsO.[707] Zuständig für Zahlungen aus dem Vermögen der Gesellschaft ist nunmehr der (vorläufige) Insolvenzverwalter.[708] Je schneller die Verwaltungs- und Verfügungsbefugnis auf diesen übergeht, das heißt je schneller der Geschäftsführer den Eröffnungsantrag stellt, um so eher kann sich der Geschäftsführer vor einem Haftungsrisiko nach § 64 S. 1 GmbHG bewahren.[709] Die persönliche Haftung des Geschäftsführers nach § 64 S. 1 GmbHG hängt somit insbesondere mit einem Verstoß gegen § 15a Abs. 1 InsO zusammen.[710] Dieser stellt eine insolvenzspezifische Norm

---

705 Vgl. EuGH v. 04.12.2014 – C-295/13, NZI 2015, 88, 90, Rn. 23 f.; EuGH v. 10.12.2015 – C-594/14 (*Kornhaas*), NJW 2016, 223, 224 Rn. 17 mit Anm. *Luke,* IWRZ 2016, 122, 123.

706 EuGH v. 10.12.2015 – C-594/14 (*Kornhaas*), NJW 2016, 223, 224 Rn. 18 mit Anm. *Swierczok*, NZI 2016, 50, 51.

707 Etwas anderes ergibt sich im Fall des schwachen vorläufigen Insolvenzverwalters gem. § 22 Abs. 2 InsO bzw. einer Insolvenz in Eigenverwaltung.

708 EuGH v. 10.12.2015 – C-594/14 (*Kornhaas*), NJW 2016, 223, 224 Rn. 18.

709 EuGH v. 10.12.2015 – C-594/14 (*Kornhaas*), NJW 2016, 223, 224 Rn. 18 mit Anm. *Luke,* IWRZ 2016, 122, 123. Alleine die Antragstellung bedeutet jedoch nicht, dass eine Haftung nach § 64 S. 1 GmbHG automatisch entfällt. Auch nach der Antragstellung kann der Geschäftsführer je nachdem welche Befugnisse dem vorläufigen Insolvenzverwalter tatsächlich zukommen noch Zahlungen vornehmen. Vgl. hierzu *Kindler*, EuZW 2016, 136, 138.

710 EuGH v. 10.12.2015 – C-594/14 (*Kornhaas*), NJW 2016, 223, 224 Rn. 18.

dar.[711] Die Pflicht zur Stellung des Insolvenzantrags hängt mit zweier vorgeschalteter Voraussetzungen zusammen: Zum einen kann eine derartige Pflicht nur bestehen, wenn Insolvenzgründe vorliegen, zum anderen muss der Antragsteller hierzu auch berechtigt sein.[712] Sowohl das Vorliegen von Insolvenzgründen als auch die Frage nach der Insolvenzantragsberechtigung finden sich in der Kernzuständigkeit des Insolvenzstatuts wieder.[713] Beachtenswert ist hierbei, dass sich der Regelungsgehalt des § 15a Abs. 1 InsO vor dem Inkrafttreten des MoMiG[714] nicht in der Insolvenzordnung, sondern vielmehr rechtsformspezifisch im GmbH-Gesetz – bzw. in entsprechenden Normen des AktG und HGB[715] – und zwar mit § 64 Abs. 1 GmbHG a.F. in unmittelbarer Nähe zur bis dato in § 64 Abs. 2 GmbHG a.F. geregelten Geschäftsführerhaftung, befunden hat.[716] Die rein tatsächliche Einordnung im Gesellschaftsrecht ist für die Qualifizierung der Norm auf Ebene des Internationalen Privat- bzw. Zivilverfahrensrechts jedoch irrelevant.[717]

Diesen beiden Absätzen der alten Fassung konnte gerade in der Zusammenschau die ungeteilte Pflicht des Geschäftsführers entnommen werden, die Gläubiger nach Vorliegen materieller Insolvenzreife weder durch eine Verschleppung der Verfahrenseröffnung noch durch eine Verkürzung der Masse durch Zahlungen im Sinne des § 64 Abs. 2 GmbHG a.F. in ihrer Befriedigungsaussicht zu schädigen.[718] Auch das Verhältnis zum nunmehr direkt in der Insolvenzordnung zu findenden § 15a InsO unterstreicht das obige Ergebnis, wonach einer Norm

---

711 OLG Jena v. 17.07.2013 – 2 U 815/12, NZI 2013, 807, 807; LG Kiel v. 20.04.2006 – 10 S 44/05, NZI 2006, 482, 483; *Mankowski*, NZG 2016, 281, 282; *Müller*, NZG 2003, 414, 416; **a.A.:** *J. Schmidt*, ZInsO 2006, 737, 740, die die Insolvenzantragspflicht als gesellschaftsrechtliche Norm versteht.

712 *Mankowski*, NZG 2016, 281, 282.

713 *Mankowski*, EWiR 2015, 93, 94; *ders.*, NZG 2016, 281, 282.

714 Gesetz zur Modernisierung des GmbH-Rechts und zur Bekämpfung von Missbräuchen vom 23.10.2008.

715 Siehe § 92 Abs. 2 AktG a.F., §§ 130a Abs. 1, 177a HGB a.F.

716 *Poertzgen*, NZI 2015, 91, 92; *Mankowski*, NZG 2016, 281, 283.

717 LG Kiel v. 20.04.2006 – 10 S 44/05, ZIP 2006, 1248, 1249 mit Anm. *Just*, ZIP 2006, 1251, 1252; *Zimmer*, ZHR 168 (2004) 355, 367; *Hirte/Mock*, ZIP 2005, 474, 475; *Kindler*, EuZW 2016, 136, 137; *v. Wilcken*, DB 2016, 225, 226; *Mankowski*, NZG 2016, 281, 283; MüKo BGB/*v. Hein*, Einl. IPR Rn. 122; nach MüKo BGB/*Kindler*, IntGesR Rn. 436, 630 besteht wenn überhaupt eine Indizwirkung.

718 *K. Schmidt*, JZ 1978, 661, 662; *ders.*, ZHR 168 (2004) 637, 654 f.; *ders.*, ZIP 2005, 2177, 2183.

nicht bloß wegen ihrer formellen Stellung außerhalb der Insolvenzordnung von vornherein die insolvenzrechtliche Rechtsgrundlage versagt werden kann.

Für eine insolvenzrechtliche Qualifikation aus dem Zusammenhang zu § 15a InsO spricht ferner der Haftungsausschluss des § 64 S. 2 GmbHG. Hiernach ist eine Ersatzpflicht des Geschäftsführers für den Fall ausgeschlossen, dass es sich um Zahlungen handelt, die nach Eintritt der Zahlungsunfähigkeit oder Feststellung der Überschuldung mit der Sorgfalt eines ordentlichen Geschäftsmanns vereinbar sind. Die Auslegung dieser Regelung erfolgt nicht vollkommen autonom, sondern muss in Zusammenhang mit der Insolvenzantragspflicht gem. § 15a InsO vorgenommen werden.[719] Demnach können nur solche Zahlungen des Geschäftsführers von dessen Ersatzpflicht ausscheiden, die auch im Fall eines rechtzeitig gestellten Insolvenzantrags vorgenommen worden wären.[720] Insoweit liegt eine insolvenzspezifische Beeinflussung der Exkulpationsregelung vor, die als weiteres Argument für die Einordnung des § 64 S. 1 GmbHG als insolvenzrechtliche Rechtsgrundlage spricht.

(3) Entstehungszeitpunkt des Anspruchs

Als Kritik an einer insolvenzrechtlichen Rechtsgrundlage könnte der Entstehungszeitpunkt des Anspruchs aus § 64 S. 1 GmbHG vorgebracht werden. Der Wortlaut des § 64 S. 1 GmbHG setzt keine formelle Insolvenzverfahrenseröffnung voraus.[721] In diesem Punkt stellt sich die Geschäftsführerhaftung konträr zum insolvenzrechtlich qualifizierten Anspruch aufgrund einer Insolvenzanfechtung nach § 143 InsO dar, der unweigerlich die formelle Verfahrenseröffnung voraussetzt.[722] Im Umkehrschluss hieraus ergibt sich der Gedanke einer nicht-insolvenzrechtlichen Qualifizierung von § 64 S. 1 GmbHG. Diesem ist jedoch nicht zuzustimmen. Unabhängig davon, wann der Anspruch aus § 64 S. 1 GmbHG entsteht, muss hierin eine insolvenzrechtliche Rechtsgrundlage gesehen werden.[723] Wie bereits dargestellt, dient § 64 S. 1 GmbHG dazu, den Grundsatz

---

719 *K. Schmidt*, ZIP 2005, 2177, 2180; vgl. MüKO GmbHG/*H.-F.* Müller § 64 Rn. 154.

720 Vgl. OLG Celle v. 23.12.2003, 9 U 176/03, GmbHR 2004, 568, 570; *K. Schmidt*, ZHR 168 (2004) 637, 667; *ders.*, ZIP 2005, 2177, 2180; vgl. Roth/Altmeppen/*Altmeppen* § 64 Rn. 28; vgl. ausführlich zur Frage, welche Zahlungen erlaubt sind Scholz/*K. Schmidt* § 64 Rn. 49 ff.

721 So auch BGH v. 23.09.2010 – IX ZB 204/09, NZI 2011, 73, 73 Rn. 8, 13; *Brünkmans*, ZInsO 2011, 2167, 2171 f.; MüKO GmbHG/*H.-F. Müller* § 64 Rn. 173; **a.A.:** Baumbach/Hueck/*Haas* § 64 Rn. 25; wohl auch BGH v. 11.09.2000 – II ZR 370/99, NJW 2001, 304, 305.

722 Vgl. BGH v. 23.09.2010 – IX ZB 204/09, NZI 2011, 73, 73 Rn. 11.

723 Vgl. *Frystatzki*, NZI 2013, 161, 162 f.; **a.A.:** *Haas*, GmbHR 2010, 1, 4.

der *par conditio creditorum* durch die Verhinderung bzw. den Ausgleich masseschädigender Zahlungen zu verwirklichen. § 64 S. 1 GmbHG bildet damit ein Mittel, das zentrale Ziel der Insolvenzordnung zu verwirklichen. Daneben verlangt zwar der Wortlaut keine formelle Verfahrenseröffnung, knüpft aber mit seinem Tatbestand ausdrücklich an das Bestehen einer materiellen Insolvenz an.[724] Ohne Vorliegen eines Insolvenzgrunds entfällt eine Haftung nach § 64 S. 1 GmbHG. Bereits hierdurch liegt der enge insolvenzrechtliche Bezug vor, womit es zur Einordnung der Rechtsgrundlage nicht mehr von Relevanz ist, ob der Haftungsanspruch bereits vor oder erst mit der formellen Verfahrenseröffnung entsteht.

iii. Beeinflussung der Insolvenzmasse

Neben der als insolvenzrechtlich zu verstehenden Rechtsgrundlage der Geschäftsführerhaftung gem. § 64 S. 1 GmbHG ist zur finalen insolvenzrechtlichen Einordnung zudem der direkte Bezug zur Insolvenzmasse erforderlich. Das Ergebnis vorwegnehmend ist dieser Bezug zu bejahen. Die Rechtsprechung stellt klar, dass mit der Inanspruchnahme des Geschäftsführers die Wiederauffüllung der Insolvenzmasse bezweckt wird, um eine ihrem Rang entsprechende, gleichmäßige Befriedigung der Gläubiger zu erzielen.[725] Auch die Literatur erkennt die Funktion des § 64 S. 1 GmbHG im Auffüllen der Masse.[726] Die Beachtung des Wortlauts von § 64 S. 1 GmbHG lässt ebenso kein anderes Ergebnis zu. Hiernach sind die Geschäftsführer nicht gegenüber den einzelnen Gläubigern oder Gesellschaftern zur Haftung verpflichtet, sondern vielmehr gerade gegenüber der Gesellschaft an sich. Rechtsfolge der Geschäftsführerhaftung ist folglich die Mehrung des Gesellschaftsvermögens, das heißt im eröffneten Insolvenzverfahren der Insolvenzmasse, durch Zahlung an diese. Die Haftung gem. § 64 S. 1 GmbHG erhöht mithin direkt die Insolvenzmasse und wirkt sich nicht nur gesondert gegenüber einzelnen Gläubigern aus, sodass nicht bloß ein Einzelbezug zu diesem besteht, sondern gerade eine Verbindung zum gesamten Insolvenzverfahren an sich. Der Bezug der Insolvenzmasse als solche bereitet im eröffneten Insolvenzverfahren somit wenig Probleme. Doch auch in der Zeitspanne, in der

---

724 *Frystatzki*, NZI 2013, 161, 163.

725 BGH v. 11.09.2000 – II ZR 370/99, NJW 2001, 304, 305; BGH v. 31.03.2003 – II ZR 150/02, NJW 2003, 2316, 2316 f.; vgl. OLG Düsseldorf v. 17.06.1999 – 6 U 65/97, NZG 1999, 1066, 1067 f.; KG v. 24.09.2009 8 U 250/08, NZG 2010, 71, 72.

726 Vgl. *K. Schmidt*, JZ 1978, 661, 662; *Goette*, ZInsO 2001, 529, 535; vgl. *Poertzgen*, NZI 2015, 91, 91; *Mankowski*, NZG 2016, 281, 283.

bereits ein Antrag zur Eröffnung des Insolvenzverfahrens gestellt, diesem jedoch bisher weder nachgekommen wurde noch die Verfahrenseröffnung abgelehnt wurde, ist ein Bezug zur Insolvenzmasse zu bejahen. Rein begrifflich kann es ohne formell eröffnetes Verfahren zwar noch keine Insolvenzmasse geben. Allerdings besteht aufgrund des Vorliegens materieller Insolvenzgründe ein hypothetischer Massebezug, der sich durch die Eröffnung des Verfahrens entweder konkretisiert oder bei Ablehnung der Eröffnung nicht verwirklicht und somit die bloße Vermögensmasse ohne Insolvenzbezug bestehen bleibt. Ein derartiger Massebezug ist aufgrund der Möglichkeit der Konkretisierung für den kurzen Zeitraum bis zur endgültigen Entscheidung über die Verfahrenseröffnung als ausnahmsweise ausreichend anzusehen.

Einer derartigen Einordnung der deutschen Geschäftsführerhaftung und deren direktem Bezug zur Insolvenzmasse steht auch nicht das Verständnis anderer nationaler Haftungssysteme entgegen, denn es erfolgt gerade keine pauschal europäische Einordnung bestimmter Themenkomplexe wie etwa der Haftung von Leitungsorganen.[727] Um eine Einordnung vorzunehmen, muss vielmehr das Verständnis des nationalen Rechts von einem bestimmten Sachkomplex berücksichtigt werden. So steht es der Einordnung von § 64 S. 1 GmbHG in den insolvenzrechtlichen Bereich nicht entgegen, dass beispielsweise die schwedische Haftung des Verwaltungsrats als gerade nicht-insolvenzrechtlich und somit als Anwendungsfall der EuGVVO verstanden wird.[728] Unabhängig von der Frage nach einer insolvenzrechtlichen Rechtsgrundlage scheitert eine insolvenzrechtliche Qualifizierung jedenfalls am fehlenden Bezug zur Insolvenzmasse, denn eine Klage nach Kapitel 25 § 18 des Gesetzes über Aktiengesellschaften wird im bloßen Alleininteresse eines einzelnen Gläubigers geführt.[729] Gemäß dem Wortlaut dieser Norm „haften die Verwaltungsratsmitglieder gesamtschuldnerisch

---

727 Siehe 1. Die Gourdain/Nadler-Rechtsprechung, S. 125.

728 Zur Einordnung der schwedischen Verwaltungsrathaftung gem. Kapitel 25 § 18 des Gesetzes über Aktiengesellschaften (Aktiebolagslag), EuGH v. 18.07.2013 – C – 147/12 (*ÖFAB*), EuZW 2013, 703, 704 Rn. 25 f.
Dass die Einordnung der schwedischen Haftung keinen Einfluss auf die Einordnung von § 64 S. 1 GmbHG hat: *Wedemann*, ZEuP 2014, 867, 871.
Eine englische Fassung des Aktiebolagslag findet sich unter: http://law.au.dk/fileadmin/www.asb.dk/omasb/institutter/erhvervsjuridiskinstitut-skjultforgoogle/EMCA/NationalCompaniesActsMemberStates/Sweden/THE_SWEDISH_COMPANIES_ACT.pdf (zuletzt abgerufen: 27.07.2018).

729 EuGH v. 18.07.2013 – C – 147/12 (*ÖFAB*), EuZW 2013, 703, 704 Rn. 25; *Wedemann*, ZEuP 2014, 867, 870.

für die Verbindlichkeiten[730] der Gesellschaft“[731]. Profiteur des Haftungsanspruchs ist folglich nicht die Insolvenzmasse und damit die Gesamtheit aller Gläubiger, sondern lediglich derjenige, der als Gläubiger am anderen Ende der einzelnen Verbindlichkeit steht. Anders hierbei gerade – wie bereits angesprochen – der Wortlaut der deutschen Geschäftsführerhaftung. Hier fließt der Insolvenzmasse ein Vermögenswert zu. Diese Abweichung, die Grund für eine differierende Qualifikation im Rahmen der europäischen Verordnungen ist, basiert auf unterschiedlichen Ausgangssituationen. Im deutschen Recht knüpft die Haftung an bereits geleistete Zahlungen an. Es ist demgemäß bereits ein Vermögensabfluss bei der Insolvenzmasse eingetreten, die Insolvenzmasse selbst wurde direkt in ihrer Summe und damit auch alle Gläubiger gleichsam geschädigt und diesen Schaden gilt es auszugleichen. Anders die Lage im schwedischen Recht. Hier fand noch kein tatsächlicher Geldabfluss statt, vielmehr besteht bis dato bloß eine Verbindlichkeit der Gesellschaft. Die schwedische Haftung knüpft hier also an einen früheren Punkt an. Durch die direkte Haftung der Verwaltungsratsmitglieder für durch diese begründete Verbindlichkeiten kommt es gar nicht erst zu einer auszugleichenden Beeinträchtigung der Insolvenzmasse, da diese hier gerade durch den Direktanspruch des Gläubigers gegen den Verwaltungsrat außen vor gelassen wird. Diese Unterschiede führen dazu, dass die Einordnung der einen Haftung nicht zwingend die gleichlautende Einordnung der anderen Haftung zur Folge hat.

c. § 64 S. 1 GmbHG als Innenhaftung als Gegenargument insolvenzrechtlicher Einordnung?

Neben den nach dieser Arbeit entscheidenden Voraussetzungen zur Einordnung eines Einzelverfahrens als insolvenzrechtlich unterstützt im Fall des § 64 S. 1 GmbHG noch ein weiteres Argument die Einordnung der Geschäftsführerhaftung unter den Anwendungsbereich der EuInsVO. Hierdurch wird auch nochmals die Fokussierung auf alleine die beiden Merkmale „Rechtsgrundlage“ und „Massebeeinflussung“ als geeignet und ausreichend betont.

Dieses Argument findet sich in der Einordnung der Geschäftsführerhaftung in den Bereich der Innenhaftung. Zwar dient die Geltendmachung dieser Haftung im Ergebnis den Gläubigern des Insolvenzschuldners,[732] doch vollzieht sich

730 Wörtlich Verpflichtungen – „förpliktelser“.

731 *Wedemann*, ZEuP 2014, 867, 862.

732 i. Sinn und Zweck des § 64 S. 1 GmbHG, S. 201.

ihre Geltendmachung in der Regel[733] im Innenverhältnis zwischen Geschäftsführer und Gesellschaft (vertreten durch den Insolvenzverwalter).[734] Es handelt sich somit um einen Fall der Innenhaftung in Form eines Spezialfalls der Organhaftung gem. § 43 Abs. 2 GmbHG.[735] Auch wenn das Insolvenzverfahren vollumfänglich die Belange der Gesellschaft betrifft, unabhängig davon, ob sich diese auf das reine Innenverhältnis beziehen oder sich (auch) auf das Außenverhältnis erstrecken, so stellen gesellschaftsinterne Verhältnisse einen eigentlich vor außen geschützten Bereich dar, der nicht unmittelbar mit diesem zusammenhängt. Das Insolvenzverfahren aber dient – im klassischen Fall der Abwicklung – hauptsächlich Interessen, die sich im Außenbereich befinden: der Gläubigerbefriedigung sowie dem Schutz des Rechtsverkehrs vor einem illiquiden Marktteilnehmer. Da somit ein gewisser Abstand zu gesellschaftsinternen Sachverhalten besteht, könnte durchaus angedacht werden, dass hieraus folgende Verfahren im Interesse der Selbstständigkeit der Gesellschaft als bloße gesellschaftsrechtliche Streitigkeiten zu behandeln sind, die ihren Ursprung nicht unmittelbar im Insolvenzverfahren haben. Die Gesellschaft bildet in ihrem Inneren eine Art „Familie", deren familiärer Bereich zunächst unabhängig von Eingriffen von außen zu regeln und zu schützen ist. Dieser Vergleich hinkt jedoch. Zwar ist die Unterscheidung in Innen- und Außenbereich einer Gesellschaft nicht zu unterschätzen,[736] gleichwohl gibt es die Gesellschaft nicht um ihrer selbst Willen, sondern als eigenes Rechtssubjekt, das nach außen tätig wird und im Rechtsverkehr auftritt. Vorgänge im Innenbereich wirken sich hierdurch jedenfalls mittelbar auch auf den Außenbereich aus und können daher nicht vollkommen unabhängig von diesem behandelt werden. Die Gesellschaft besteht, damit sie nach außen hin agieren kann. Dann muss sie aber zum Schutz ihrer Partner und des gesamten Rechtsverkehrs auch „Eingriffe" in ihr

733 Etwas anderes gilt im Fall der masselosen Insolvenz, mithin bei Abweisung oder Einstellung des Insolvenzverfahrens. In diesem Fall besteht die Möglichkeit der Pfändung des Ersatzanspruchs und zwar durch die Gläubiger selbst, BGH v. 11.09.2000 – II ZR 370/99, ZIP 2000, 1896, 1897 f.; Roth/Altmeppen/*Altmeppen* § 64 Rn. 9; Scholz/*K. Schmidt* § 64 Rn. 72; Henssler/Strohn/*Arnold*, Rn. 37.

734 Roth/Altmeppen/*Altmeppen* § 64 Rn. 8.

735 *Poertzgen*, NZI 2015, 91, 92; Roth/Altmeppen/*Altmeppen* § 64 Rn. 8.

736 Vgl. beispielsweise die ausdrücklich getrennte Regelung der Geschäftsführungbefugnis einerseits und der Vertretungsbefugnis andererseits. Zwar werden diese in der Regel nicht unabhängig voneinander festgesetzt sein, nichtsdestotrotz unterscheidet das Gesetz hier explizit zwischen Regelungen des Innen- und Außenbereichs einer Gesellschaft.

Inneres dulden, wenn diesen anderenfalls eine Gefahr zu entstehen droht, welche sodann nicht mehr als bloße Innenbereichsangelegenheit verstanden werden kann. Als derartiger „Eingriff" muss auch die Geschäftsführerhaftung gem. § 64 S. 1 GmbHG verstanden werden. Auch wenn diese eine Haftung im Innenverhältnis normiert, dient sie Zwecken, die sich im Außenverhältnis gegenüber den Gesellschaftsgläubigern niederschlagen. Aus diesem Grund kann § 64 S. 1 GmbHG nicht als rein gesellschaftsinterne Regelung verstanden, mithin nicht als gesellschaftsrechtlich qualifiziert werden und der Weg einer insolvenzrechtlichen Qualifikation ist eröffnet.

d. Die Qualifikation der Haftung nach § 64 S. 3 GmbHG

Neben der Geschäftsführerhaftung nach § 64 S. 1 GmbHG besteht die Möglichkeit einer Insolvenzverursachungshaftung auf Basis von § 64 S. 3 GmbHG. Dem Wortlaut nach könnte sich hierbei ein Problem ergeben, § 64 S. 3 GmbHG unter die Voraussetzungen einer insolvenzrechtlichen Qualifizierung zu fassen, da die Haftungsbegründung nach § 64 S. 3 GmbHG an einen Zeitpunkt anknüpft, der sogar vor der materiellen Insolvenz liegt und diese Handlung, wegen derer man sich haftbar macht, gerade erst zur Insolvenz führt, nicht jedoch erst nach Bestehen dieser – oder jedenfalls des Bestehens von Insolvenzgründen, die einen Antrag zur Insolvenzeröffnung erfordern würden – vorgenommen wird. Die Voraussetzungen einer insolvenzrechtlichen Rechtsgrundlage dürfen allerdings nicht in dieser engen Art und Weise verstanden werden. Auch wenn die haftungsauslösende Handlung im Fall der Verursachungshaftung naturgemäß vor Eintritt der Insolvenz stattgefunden haben muss, so ist Voraussetzung für eine Haftung in der Regel das Bestehen der Insolvenz und eines entsprechenden Insolvenzverfahrens bzw. jedenfalls das Bestehen eines materiellen Insolvenzgrunds. Nur wenn dies vorliegt, kann eine aussichtsreiche Inhaftungnahme erfolgen. Führt die ausschlaggebende Handlung hingegen nicht zur Insolvenz der Gesellschaft, kann, wie der Wortlaut bereits zeigt, keine Haftung aufgrund einer Insolvenzverursachung angestrebt werden. Die Haftung gem. § 64 S. 3 GmbHG geht somit in der Art und Weise aus dem Insolvenzverfahren hervor, als dass dieses überhaupt zwingende Voraussetzung einer Geltendmachung der Haftung ist und diese insofern als Folge der Verfahrenseröffnung überhaupt aus ihrem Schlaf zum Leben erweckt wird.[737] Damit wird das Erfordernis einer insolvenzrechtlichen Rechtsgrundlage erfüllt.

---

737 Vgl. *Greulich/Rau*, NZG 2008, 565, 566 f.

Auch hier kann überdies wieder ein Vergleich zur insolvenzrechtlich qualifizierten Insolvenzanfechtung helfen, dieses Ergebnis zu unterstreichen, da beide in ähnlicher Weise dem Schutz der Gläubiger vor Vermögensverschiebungen zu einem bestimmten Zeitpunkt dienen.[738] Der Schutzzweck des § 64 S. 3 GmbHG reicht aufgrund des maßgeblichen Zeitpunkts der Vornahme der haftungsauslösenden Handlung in den vorinsolvenzrechtlichen Bereich zurück. Hieraus ergibt sich das Problem, ob diese Haftung aus dem Insolvenzverfahren hervorgeht, mithin als insolvenzrechtliche Rechtsgrundlage eines Annexverfahrens qualifiziert werden kann. Doch auch die Insolvenzanfechtung geht auf Handlungen zurück, die im Stadium vor der Insolvenzverfahrenseröffnung vorgenommen wurden, vgl. § 129 Abs. 1 InsO. Die Anfechtung selbst erfolgt erst nach der Verfahrenseröffnung. Der zeitliche Ablauf im Rahmen der Insolvenzanfechtung gestaltet sich demzufolge parallel zum zeitlichen Ablauf der Insolvenzverursachungshaftung. Wenn hinsichtlich ersterer der vorinsolvenzrechtliche Bezug kein Hindernis zur Einordnung in den Bereich des Insolvenzrechts, mithin dem Anwendungsbereich der EuInsVO, darstellt, kann dies auch im Rahmen der Haftung nach § 64 S. 3 GmbHG einer derartigen Qualifikation nicht entgegengehalten werden. Es wäre ferner paradox, alleine aufgrund des zu § 64 S. 1 GmbHG vorgelagerten Anknüpfungspunkts der Handlung eine diesem gegenteilige Einordnung vorzunehmen, wenn doch Sinn und Zweck beider Haftungen denselben Schutzgedanken umfassen.[739] Dass das Insolvenzrecht generell Vorschriften kennt, die einen vorgelagerten Gläubigerschutz bezwecken, zeigt sich neben den Regelungen der Insolvenzanfechtung in §§ 129 ff. InsO darüber hinaus beispielsweise auch durch die Vorschriften der § 15a Abs. 1 bzw. Abs. 4, 5, § 135 und §§ 30, 43 Abs. 3 InsO.[740] Ein vorinsolvenzlicher Schutz und eine insolvenzrechtliche Qualifizierung stehen daher nicht im Widerspruch zueinander.

Auch das Erfordernis der Massebeeinflussung ist im Gleichlauf zur Haftung aus § 64 S. 1 GmbHG zu bejahen: Den Geschäftsführer trifft gem. § 64 S. 3 GmbHG „die gleiche Verpflichtung" wie nach Satz 1. Hinsichtlich der Rechtsfolge stimmen diese beiden Haftungsgrundlagen vollends überein.[741] Entsprechend mehrt eine Haftung nach § 64 S. 3 GmbHG die Insolvenzmasse ebenso wie die Haftung nach § 64 S. 1 GmbHG.

---

738 Vgl. BT-Drs. 16/6140, S. 46; vgl. BeckOK GmbHG/*Mätzig* § 64 Rn. 4.
739 *Greulich/Rau*, NZG 2008, 565, 566 f.; vgl. BeckOK GmbHG/*Mätzig* § 64 Rn. 4.
740 Vgl. BeckOK GmbHG/*Mätzig* § 64 Rn. 5.
741 Vgl. auch *Greulich/Rau*, NZG 2008, 565, 566 f.

e. *Liquidationsverfahren gem. 66 ff. GmbHG im Fall der Ablehnung oder Einstellung des Verfahrens mangels Masse*

Wie bereits zuvor dargestellt, zeigen sich Probleme, wenn die Durchführung bzw. Eröffnung des Insolvenzverfahrens an einer unzureichenden Vermögensmasse auf Seiten des Schuldners scheitert. Im Fall der nachträglichen Einstellung eines Insolvenzverfahrens gem. § 207 InsO muss im Wege der Einheitlichkeit und Rechtssicherheit an einer insolvenzrechtlichen Qualifizierung der Geschäftsführerhaftung festgehalten werden.[742] Anders jedoch muss entschieden werden, wenn von vornherein kein Insolvenzverfahren eröffnet wurde. Die Folge dessen ist die Durchführung eines Liquidationsverfahrens gem. §§ 66 ff. GmbHG.[743] Ein derartiges Verfahren tritt zwar an die Stelle des Insolvenzverfahrens, ist diesem jedoch nicht gleichzusetzen.[744] Die Voraussetzungen für eine Einstufung unter Art. 1 Abs. 2 lit. b) EuGVVO[745] liegen nicht vor, weshalb diese Ausnahme zum Anwendungsbereich der EuGVVO zugunsten der EuInsVO nicht greifen

---

742 i. Sinn und Zweck des § 64 S. 1 GmbHG, S. 201.

743 *Haas,* NZG 2010, 495, 497; MüKo GmbHG/*H.-F. Müller* § 64 Rn. 176.

744 Vgl. *Haas,* NZG 2010, 495, 497; vgl. Baumbach/Hueck/*Haas* § 66 Rn. 2; vgl. MüKo GmbHG/*H.-F. Müller* § 66 Rn. 3; **a.A.:** BGH v. 11.09.2000 – II ZR 370/99, NJW 2001, 304, 305, der jedoch von der Gleichstellung von Insolvenzverfahrenseröffnung und Ablehnung mangels Masse im Zusammenhang damit spricht, dass nicht durch die Ablehnung jegliche Haftung des Geschäftsführers nach § 64 GmbHG entfallen darf. Hierin ist dem BGH zuzustimmen. Die vorliegende Differenzierung zwischen Verfahrenseröffnung und Ablehnung stellt sich jedoch nicht im generellen Zusammenhang des Bestehens einer Haftung, sondern der nachgeordneten Frage, wie eine derartige Haftung zu qualifizieren ist. Diese unterschiedliche Einordnung in den insolvenzrechtlichen oder sonst zivilrechtlichen Bereich lässt sich im Anschluss jedoch auch im Ansatz in den Ausführungen des BGH erkennen, wenn er unter Verweis auf BGH v. 18.11.1969 - II ZR 83/68, BGHZ 53, 71 = NJW 1970, 469 davon spricht, dass bei Ablehnung der Verfahrenseröffnung mangels Masse „der insolvenzrechtliche Gesichtspunkt der verhältnismäßigen Befriedigung aller Insolvenzgläubiger keine ausschlaggebende Rolle mehr spielen [kann] und [...] daher dem einzelnen Gläuber der Zugriff auf den gem. § 64 Abs. 2 GmbHG [a.F.] der Gesellschaft zugeordneten Anspruch im Wege der Einzelzwangsvollstreckung eröffnet [ist]", BGH v. 11.09.2000 – II ZR 370/99, NJW 2001, 304, 305.

745 Hierunter versteht der EuGH ein „Verfahren, das [...] auf der Zahlungseinstellung, der Zahlungsunfähigkeit oder der Erschütterung des Kredits des Schuldners beruht und [...] in eine zwangsweise kollektive Liquidation der Vermögenswerte des Schuldners oder zumindest in eine Kontrolle durch die Gerichte mündet", EuGH v. 22.02.1979 – Rs. 133/78 (*Gourdain/Nadler*), RIW 1979, 273, 274.

kann und es somit bei der Anwendung ersterer verbleibt.[746] Insbesondere besteht kein direkter Bezug zur Insolvenzmasse, da sich ein hypothetischer Massebezug im Zeitraum nach Antragstellung und vor Verfahrenseröffnung gerade nicht verwirklicht.[747] Fragen zur internationalen Zuständigkeit sowie zu etwaigen Anerkennungsversagungsgründen richten sich entsprechend nach Normen der EuGVVO und finden sich nicht im Europäischen Insolvenzrecht wieder.

Dieses Ergebnis ist auch nicht mit der anderweitigen Einordnung der Geschäftsführerhaftung in den Anwendungsbereich der EuInsVO unvereinbar. Findet von vornherein kein Insolvenzverfahren statt, besteht auch kein Grund, den Gläubigern des zahlungsunfähigen Schuldners den besonderen Schutz der insolvenzrechtlichen Vorschriften zukommen zu lassen. Das Annexverfahren ist zudem zwar ein eigenständiges Einzelverfahren, fügt sich jedoch – wie bereits der Name verrät – als Anhang an das Insolvenzverfahren an. Besteht schon gar kein Insolvenzverfahren, kann es auch keinen Anhang hierzu geben.

f. Ergebnis

Zusammenfassend ist die Geschäftsführerhaftung – sowohl nach § 64 S. 1 als auch nach § 64 S. 3 GmbHG – jedenfalls im Fall des eröffneten bzw. nachträglich eingestellten Insolvenzverfahrens als eine insolvenzrechtlich zu qualifizierende Norm zu verstehen, die für Streitigkeiten diesbezüglich den Anwendungsbereich der EuInsVO eröffnet.[748] Eine insolvenzspezifische Rechtsgrundlage ist

---

746 *Haas*, NZG 2010, 495, 497; *Weber*, S. 429; Baumbach/Hueck/*Haas* § 64 Rn. 38; MüKo GmbHG/*H.-F. Müller* § 64 Rn. 176; so andeutend EuGH v. 04.12.2014 – C-295/13, NZI 2015, 88, 91 Rn. 25.

747 Vgl. iii. Beeinflussung der Insolvenzmasse, S. 211.

748 Zustimmend so grundsätzlich zwar auch *Poertzgen*, NZI 2015, 91, 91. Dieser geht allerdings noch einen Schritt weiter und spricht sich gar für eine Abschaffung der Innenhaftung des § 64 S. 1 GmbHG aus, *Poertzgen*, NZI 2015, 91, 92. Begründet wird dies damit, dass die Insolvenzantragspflicht, jetzt rechtsformunabhängig in § 15a InsO geregelt, ein Schutzgesetz im Sinne von § 823 Abs. 2 BGB darstellt und somit hieraus eine deliktische Außenhaftung begründet wird. Diese Außenhaftung wurde zur Überwindung von Schwächen entwickelt, die der Innenhaftung anhaften. Namentlich findet über die Innenhaftung des § 64 S. 1 GmbHG keine ausreichende Sanktionierung für die Begründung von Neuverbindlichkeiten im Stadium der Insolvenzverschleppung statt. Neugläubiger, die erst im Zeitpunkt der eingetretenen Insolvenz Forderungen gegen die Gesellschaft erhalten, nehmen mangels vorheriger Verfahrenseröffnung als normale Insolvenzgläubiger im Sinne des § 38 InsO an der quotalen Verteilung der Insolvenzmasse teil. Durch das Hinzukommen solcher Neugläubiger entsteht den Altgläubigern dahingehend ein Schaden, dass sich ihre Insolvenzquote nunmehr

aufgrund des insolvenztypischen Erfordernisses der materiellen Insolvenzreife zu bejahen, die Voraussetzung der Massebeeinflussung wird durch die Zahlungspflicht direkt gegenüber der Gesellschaft selbst gewahrt. Einzig die Haftung bei anfänglicher Ablehnung einer Insolvenzverfahrenseröffnung fällt nicht unter den Anwendungsbereich der EuInsVO.

4. Haftung des Insolvenzverwalters

Ein weiterer Anspruch, dessen Einordnung nicht unumstritten ist, ist der Haftungsanspruch gegen den Insolvenzverwalter. Auch hier wird teilweise[749] eine insolvenzrechtliche Qualifikation und teilweise[750] gerade gegenteilig eine

---

verringert. Als Folge von § 64 S. 1 GmbHG werden jedoch Alt- und Neugläubiger gleichermaßen am Erfolg des Anspruchs gegen den Geschäftsführer beteiligt. Vgl. *Poertzgen*, ZInsO 2011, 305, 311 ff.
Weitere Nachweise von *Poertzgen* für die Abschaffung der Innenhaftung des § 64 S. 2 GmbHG: ZInsO 2006, 561 ff., insb. 567; ZInsO 2011, 305, 311 ff.
Aufgrund der Rechtsformneutralität der Insolvenzantragspflicht unterfällt eine hieran anknüpfende Haftung gem. § 823 Abs. 2 BGB i.V.m. § 15a InsO dem Anwendungsbereich der EuInsVO, was jedenfalls im Sinne der Rechtssicherheit zu befürworten ist. Sowohl eine gesellschaftsrechtliche als auch eine deliktische Qualifizierung der Haftung gem. § 823 Abs. 2 BGB i.V.m. § 15a InsO werden abgelehnt, *Prager/Keller*, NZI 2013, 57, 60; vgl. *Wegen/Asbrand*, IWRZ 2016, 248, 254; MüKo BGB/*Kindler* Art. 7 EuInsVO Rn. 69 ff.; so jedenfalls für Altgläubiger auch *Brünkmans*, ZInsO 2011, 2167, 2168 f. **A.A.:** *Freitag*, ZIP 2014, 302, 306, 309; AG Bad Segeberg v. 24.03.2005 – 17 C 289/04, NZI 2005, 411, 412 und *J. Schmidt*, ZInsO 2006, 737, 740. Letztere spricht sich zwar wie das AG Bad Segeberg für eine gesellschaftsrechtliche Qualifizierung der Haftung aus § 823 Abs. 2 BGB i.V.m. § 15a InsO aus, sieht § 823 Abs. 2 BGB jedoch wohl direkt auch als lediglich neutrale Rechtsnorm an und versteht in der Verletzung des Schutzgesetzes den eigentlichen Haftungsgrund, worin sodann der für die Qualifizierung maßgebliche Anknüpfungspunkt liegt.
Aufgrund der Einordnung in den Anwendungsbereich der EuInsVO entfällt somit auch die einer Zuordnung der EuGVVO nachfolgende Frage, ob sich eine besondere Zuständigkeit über Art. 7 Nr. 1 oder Nr. 2 EuGVVO ergibt und wenn Art. 7 Nr. 2 EuGVVO einschlägig ist, wo genau der Ort des schädigenden Ereignisses liegt. Hierzu EuGH v. 18.07.2013 C-147/12 (*ÖFAB*), ZEuP 2014, 861, 864 Rn. 32 ff. mit Anm. *Wedemann*, ZEuP 2014, 867, 872 ff.

749 *Lüke*, ZZP 111 (1998) 275, 295; *Mankowski/Willemer*, RIW 2009, 669, 678; *Vallender*, ZIP 2015, 1513, 1517; *Willemer*, S. 384 ff., insb. 393; Schlosser/Hess/*Schlosser* Art. 1 EuGVVO Rn. 21; Uhlenbruck/*Lüer* Art. 25 EuInsVO a.F. Rn. 7; Pannen/*Riedemann* Art. 25 EuInsVO a.F. Rn. 20; DKDC/*Duursma-Kepplinger*, Art. 25 EuInsVO Rn. 54; MüKo BGB/*Kindler* Art. 6 EuInsVO Rn. 14.

750 *Kropholler/v. Hein* Art. 1 EuGVVO Rn. 37; *Schack*, Rn. 1187.

nicht-insolvenzrechtliche Qualifikation und damit der Weg über die EuGVVO bevorzugt. Es gilt hierbei richtigerweise zwischen Ansprüchen gem §§ 60, 61 InsO und anderen Ansprüchen zu unterscheiden.[751]

a. *Rechtsgrundlage*

Zunächst sei die formelle Voraussetzung einer insolvenzrechtlichen Qualifikation betrachtet: die Rechtsgrundlage. Pauschal von „der Haftung des Insolvenzverwalters" zu sprechen ist unsauber. Die Haftungsmöglichkeiten des Insolvenzverwalters lassen sich auf unterschiedliche Rechtsgrundlagen stützen, denen jeweils eine unterschiedliche Qualifikation zukommt. Zum einen seien hierbei die §§ 60, 61 InsO genannt, zum anderen ergeben sich Möglichkeiten zur Inanspruchnahme des Insolvenzverwalters beispielsweise auch aus deliktischem Handeln.[752] Daneben kommt etwa eine vertragliche Inanspruchnahme des Insolvenzverwalters in Frage, wenn dieser Pflichten aus einem nach der Insolvenzeröffnung begründeten Vertragsverhältnis verletzt, die nichts mit der Erfüllung einer Masseverbindlichkeit im Sinne des § 55 Abs. 1 Nr. 1 InsO zu tun haben.[753] Zu denken ist hier an Ansprüche aus §§ 311 Abs. 2, 3, 280 Abs. 1, 241 Abs. 2 BGB (c.i.c.) oder aus einem Garantievertrag.[754] Ist jedoch gerade das Begleichen der Masseverbindlichkeit das Problem greift § 61 InsO ein. Diese Regelung ist speziell auf den Fall der Masseunzulänglichkeit zugeschnitten und geht insofern § 60 InsO als lex specialis vor.[755] Auch eine auf der Abgabenordnung basierende Haftung des Insolvenzverwalters gem. § 69 AO ist denkbar.[756] Für die vorliegende Abhandlung ist eine derartige Differenzierung der Haftungsgrundlagen gem. §§ 60, 61 InsO einerseits und sonstigen Haftungsgrundlagen andererseits angebracht, da sich genau hier die unterschiedliche Qualifizierung zeigt.[757]

---

751 So zutreffend MüKo InsO/*Thole* Art. 3 EuInsVO a.F. Rn. 134.

752 *Adam*, VersR 2012, 1226, 1226; *Trams*, NJW-Spezial, 2015, 597, 597; MüKo InsO/*Thole* Art. 3 EuInsVO a.F. Rn. 134; Kayser/Thole/*Lohmann* § 60 Rn. 2; ausführlich zu Ansprüchen, die außerhalb der Insolvenzordnung gegen den Insolvenzverwalter bestehen können vgl. Kayser/Thole/*Lohmann* § 60 Rn. 41 ff; MüKo InsO/*Schoppmeyer* § 61 Rn. 39.

753 *Seidel/Hinderer*, NZI 2010, 745, 745; *Trams*, NJW-Spezial, 2015, 597, 597.

754 *Seidel/Hinderer*, NZI 2010, 745, 745; *Trams*, NJW-Spezial, 2015, 597, 597; Kayser/Thole/*Lohmann* § 60 Rn. 2.

755 *Seidel/Hinderer*, NZI 2010, 745, 745; *Trams*, NJW-Spezial, 2015, 597, 597.

756 Kayser/Thole/*Lohmann* § 60 Rn. 2.

757 Die Haftung des Insolvenzverwalters kann alternativ auch in eine „interne" Haftung und eine „externe" Haftung aufgespalten werden. Erstere stellt eine Haftung gegenüber dem Insolvenzschuldner und den Gläubigern dar und zwar aufgrund der Verletzung

Die Haftung gem. § 60 bzw. § 61 InsO ist nicht nur deshalb auf Basis einer insolvenzrechtlichen Rechtsgrundlage zu verstehen, weil sich diese innerhalb der Normen der Insolvenzordnung findet.[758] Auch in materieller Hinsicht scheidet ein Verständnis dieser Normen als allgemeine Rechtsgrundlage aus. Erforderlich ist eine der Insolvenz eigentümliche Abweichung der Rechtsgrundlage von allgemeinen Normen. Die Normvoraussetzungen dürften nicht auch ohne das Vorliegen einer Insolvenz erfüllbar sein. Diese insolvenzspezifische Abweichung ist vorliegend gegeben. Voraussetzung einer auf § 60 bzw. § 61 InsO gestützten Inanspruchnahme des Insolvenzverwalters ist die Verletzung einer insolvenzspezifischen Pflicht.[759] Im Fall des § 60 Abs. 1 InsO zeigt sich dies bereits unmittelbar anhand des Gesetzeswortlauts, wenn davon die Rede ist, dass sich eine Schadensersatzpflicht ergibt, wenn Pflichten verletzt wurden, die dem Insolvenzverwalter „nach diesem Gesetz [der InsO] obliegen". Bei Einstufung des § 61 Abs. 1 InsO als lex specialis zu § 60 Abs. 1 InsO[760] kann sich insoweit nichts anderes ergeben. Diese insolvenzspezifischen Pflichten finden sich meist nicht ausdrücklich im Gesetz niedergeschrieben, sondern müssen aus den Aufgaben, die dem Insolvenzverwalter obliegen, abgeleitet werden.[761] Beispielsweise kommen hierbei Verteilungsfehler hinsichtlich der Masse dahingehend in Betracht, dass entgegen der aus § 39 Abs. 1 InsO zu entnehmenden Maßgabe eine bevorzugte Befriedigung innerhalb ranggleicher Forderungen vorgenommen wurde.[762] Im

---

einer insolvenzspezifischen Pflicht. Letztere besteht im Fall einer Schadenszufügung in der Position eines Dritten. Im Rahmen dieser kann weiter zwischen einer Haftung aufgrund der Verletzung von insolvenzspezifischen Pflichten und sonstigen Pflichten differenziert werden, *Lissner*, BB 2014, 1419, 1420 f. Ähnlich: Kayser/Thole/*Lohmann* § 60 Rn. 7; HambKomm/*Weitzmann* § 60 Rn. 7, Uhlenbruck/Sinz § 60 Rn. 114 ff., die zwischen einer Innenhaftung gegenüber dem Schuldner und einer Außenhaftung gegenüber den übrigen Beteiligten sprechen.

758 Dass alleine die Stellung in einem bestimmten Gesetz nicht ausschlaggebend für die Qualifizierung sein muss siehe bereits (1) Das Erfordernis materieller Insolvenzreife, S. 206 und (2) Der Zusammenhang mit § 15a Abs. 1 InsO, S. 208.

759 *Adam*, VersR 2012, 1226, 1226; *Lissner*, BB 2014, 1419, 1420; *Trams*, NJW-Spezial, 2015, 597, 597; *Willemer*, S. 384 f., 389, 391; vgl. ausführlich für die Pflichten des Insolvenzverwalters gegenüber Aus- und Absonderungsberechtigten *Gundlach/Frenzel/N. Schmidt*, NZI 2001, 350, 352 ff. **A.A.:** *Lüke*, ZIP 2005, 1113, 1117, der die verletzte Pflicht in § 61 InsO also nicht insolvenzspezifisch versteht.

760 *Trams*, NJW-Spezial, 2015, 597, 597; Uhlenbruck/*Sinz* § 61 Rn. 4; K. Schmidt/*Thole* § 61 Rn. 1.

761 *Adam*, VersR 2012, 1226, 1226.

762 *Adam*, VersR 2012, 1226, 1226; weitere Pflichten beispielsweise in *Lissner*, BB 2014, 1419, 1420 f., 1423. Ausführlich zu insolvenzspezifischen Pflichten und der daraus

Rahmen des § 61 Abs. 1 InsO ist die insolvenzspezifische Pflicht darin zu sehen, keine Masseverbindlichkeiten zu begründen, die nicht erfüllt werden können.[763] Derartige insolvenzspezifische Pflichten können ohne das Vorliegen eines Insolvenzverfahrens nicht bestehen. Es handelt sich folglich um eine insolvenzrechtliche Anspruchsgrundlage. Die Haftung aus § 60 Abs. 1 InsO unterliegt ferner einem insolvenzspezifisch modifizierten Haftungsmaßstab[764], der trotz der Anlehnung an den Wortlaut der § 347 Abs. 1 HGB, § 93 Abs. 1 S. 1 AktG, § 34 Abs. 1 S. 1 GenG und § 43 Abs. 1 GmbHG, von den Sorgfaltsanforderungen im Handels- und Gesellschaftsrecht abweicht.[765] Dies zeigt sich auch unter Beachtung der Rechtslage zu Zeiten der Konkursordnung. Nach § 82 KO war der Verwalter allen Beteiligten schlichtweg für die Erfüllung der ihm obliegenden Pflichten verantwortlich. Der BGH hat im Hinblick auf die Verantwortlichkeit hierbei auf den Maßstab eines ordentlichen und gewissenhaften Geschäftsleiters abgestellt,[766] mithin gerade auf einen allgemein handels- und gesellschaftsrechtlichen Maßstab. Dies wurde mit Ablösung der Konkursordnung durch die Insolvenzordnung im Gesetzestext ausdrücklich nicht unterstützt.

Die Inanspruchnahme des Insolvenzverwalters erfordert zunächst ein Verschuldenselement im Sinne des § 276 BGB.[767] Gemäß § 60 Abs. 1 S. 2 InsO hat der Insolvenzverwalter allerdings nur für die Sorgfalt eines ordentlichen und gewissenhaften Insolvenzverwalters einzustehen. Hierdurch kann der allgemeine Vertretensmaßstab, dem der Schuldner unterliegen würde, sowohl erweitert als auch verengt werden.[768] Dieser modifizierte Verschuldensmaßstab gilt hierbei auch für § 61 Abs. 1 InsO, der die Grundnorm des § 60 Abs. 1 S. 2 InsO nur weiter spezifiziert, selbst aber keine abweichenden Grundsätze aufstellt.[769]

---

folgenden Haftung gegenüber den einzelnen Beteiligten auch Uhlenbruck/*Sinz* § 60 Rn. 13 ff.

763 *Trams*, NJW-Spezial, 2015, 597, 597; K. Schmidt/*Thole* § 61 Rn. 6.

764 Vgl. zu den Hintergründen des Modifikationsbedürfnisses ausführlicher *Rezbach*, S. 111 f. Beispielsweise muss dem Insolvenzverwalter zunächst eine gewisse Zeit zur Einarbeitung in die Unterlagen des insolventen Unternehmens gewährt werden.

765 BT-Drs. 12/2443, S. 129; BAG v. 15.11.2012 – 6 AZR 321/11, NZI 2013, 284, 289 Rn. 60 = BAGE 143, 321; BGH v. 26.06.2014 – IX ZR 162/13, NJW-RR 2014, 1516, 1517 Rn. 16; *Rezbach*, S. 111; *Uhlenbruck* in FS K. Schmidt, S. 1603, 1614 f.

766 BGH v. 04.12.1986 – IX ZR 47/86, BGHZ 99, 151, 151, 156 = NJW 1987, 844.

767 *Lissner*, BB 2014, 1419, 1423; Braun/*Baumert* § 60 Rn 17; Uhlenbruck/*Sinz* § 60 Rn. 90.

768 *Rezbach*, S. 111; *Becker*, Insolvenzrecht Rn. 352.

769 *Adam*, VersR 2012, 1226, 1228; MüKO InsO/*Schoppmeyer* § 61 Rn. 43; *Rezbach*, S. 158; *Keller*, Insolvenzrecht Rn. 305.

Dem Verwalter wird hierdurch ein speziell an die Insolvenzsituation angepasster Ermessensspielraum zugestanden.[770]

Anders die Situation bei Haftungsgründen, die sich nicht auf die Verletzung insolvenzspezifischer Pflichten stützen. Hier greifen mit §§ 823 ff. BGB, §§ 311 Abs. 2, 3, 280 Abs. 1, 241 Abs. 2 BGB und § 69 AO Haftungsnormen ein, die keiner insolvenzrechtlichen Modifizierung unterliegen und daher nicht-insolvenzrechtliche Rechtsgrundlagen darstellen. Diesbezüglich muss infolgedessen eine Anwendung der EuInsVO bereits an dieser Stelle ausscheiden.

b. Beeinflussung der Insolvenzmasse

Neben der insolvenzrechtlichen Rechtsgrundlage erfordert die insolvenzrechtliche Qualifizierung der Ansprüche aus § 60 bzw. § 61 InsO zudem kumulativ einen direkten Zusammenhang zur Insolvenzmasse. Ein derartiger ist nicht ohne weiteres pauschal zu bejahen. Insbesondere gilt es zu beachten, dass die Beeinflussung der Masse im Rahmen der Insolvenzverwalterhaftung nur in Form der Erhöhung der Masse in Betracht kommt, da der in Anspruch genommene Verwalter für entstandene Schäden alleine aus seinem Privatvermögen haftet und diesbezüglich nicht die Masse geschmälert wird.

i. § 60 Abs. 1 InsO

(1) Einzelschäden

Im Rahmen einer Haftung aufgrund des § 60 Abs. 1 InsO muss zwischen verschiedenen Schadensarten differenziert werden: Einzelschäden einerseits und Gesamtschäden im Sinne des § 92 InsO andererseits,[771] wobei von den Gesamtschäden auch die nur sogenannten Teilgesamtschäden[772] umfasst werden. Unterschiede ergeben sich hier insbesondere hinsichtlich der Frage, wer zur Geltendmachung eines Schadens befugt ist. Im Fall der Einzelschäden ist dies der geschädigte Beteiligte grundsätzlich selbst uneingeschränkt,[773] im Fall von

770 *Adam*, VersR 2012, 1226, 1228; *Lissner*, BB 2014, 1419, 1423. Diesen Ermessensspielraum in Anlehung an das US-amerikanische Recht aufgrund seiner Ähnlichkeit zur Regelung des § 93 Abs. 1 S. 2 AktG auch als „insolvency judgement rule" bezeichnend, *Uhlenbruck* in FS K. Schmidt, S. 1603, 1613 ff.

771 Ausführlich vgl. MüKo InsO/*Brandes/Schoppmeyer* § 60 Rn. 10 ff; Kayser/Thole/*Lohmann* § 60 Rn. 7.

772 Ausführlicher unter (2) Gesamtschäden, S. 226.

773 BGH v. 06.06.1994 – II ZR 292/91, BGHZ 126, 181, 201 = NJW 1994, 2200; BGH v. 30.03.1998 – II ZR 146/96, BGHZ 138, 211, 214 = NJW 1998, 2667; OLG Köln

Gesamtschäden ist dies gem. § 92 S. 2 InsO im Fall des Anspruchs aus § 60 Abs. 1 InsO ein neuer Verwalter oder ein eigens zur Durchsetzung des Anspruchs bestellter Sonderverwalter gem. § 92 S. 2 InsO.[774] Hintergrund ist, dass nur hierdurch das Grundprinzip der gemeinschaftlichen und gleichmäßigen Gläubigerbefriedigung gewahrt werden kann.[775]

Das Vorliegen eines Gesamtschadens beinhaltet unweigerlich auch das Vorliegen eines Einzelschadens in der besonderen Form eines sogenannten Quotenschadens, denn durch eine Kürzung der Insolvenzmasse verringert sich automatisch der an den einzelnen Gläubiger auszuzahlende Betrag.[776] Ansprüche aufgrund des Gesamtschadens sind gegenüber diesen Quotenschäden vorrangig zu befriedigen, solange das Insolvenzverfahren noch nicht beendet ist.[777] Derartige gleichgerichtete Einzelschäden, sprich Quotenschäden, können vom Gläubiger selbst erst nach Abschluss des Verfahrens geltend gemacht werden.[778]

Den Oberbegriff, unter den auch die Quotenschäden fallen, stellen generell die Einzelschäden dar. Bei diesen handelt es sich um Vermögensschäden, die nur in der Person eines einzelnen Beteiligten entstehen.[779] Beispielsweise kann sich der Insolvenzverwalter dann wegen eines Einzelschadens haftbar machen, wenn er die festgestellte Forderung eines einzelnen Insolvenzgläubigers nicht in das gem. § 188 InsO erforderliche Verteilungsverzeichnis aufnimmt und der Insolvenzgläubiger dieser Forderung infolgedessen bei der Schlussverteilung unberücksichtigt bleibt.[780] Eine Haftung gem. § 60 Abs. 1 InsO kommt auch dann

---

v. 01.06.2006 - 2 U 50/06, ZInsO 2007, 218, 218; *Willemer*, S. 390; Uhlenbruck/*Sinz* § 60 Rn. 118, 122; Kayser/Thole/*Lohmann* § 60 Rn. 7.

774 BGH v. 22.04.2004 - IX ZR 128/03, BGHZ 159, 25, 26 = NJW-RR 2004, 1425; BGH v. 14.05.2009 - IX ZR 93/08, NJW-RR 2010, 404, 405 Rn. 10; Kayser/Thole/*Lohmann* § 60 Rn. 7; Uhlenbruck/*Sinz* § 60 Rn. 118, 120; Braun/*Baumert* § 60 Rn. 39.

775 Uhlenbruck/*Sinz* § 60 Rn. 119; BeckOK InsO/*Desch/Stranz* § 60 Rn. 75.

776 BeckOK InsO/*Desch/Stranz* § 60 Rn. 76; MüKo InsO/*Brandes/Schoppmeyer* § 60 Rn. 116.

777 Vgl. BGH v. 22.04.2004 - IX ZR 128/03, BGHZ 159, 25, 29 = NJW-RR 2004, 1425 mit Anm. *Huber*, NZI 2004, 497, 497; BGH v. 14.05.2013 - II ZR 176/10, NJW 2013, 2586, 2587 f. Rn. 16 ff.; MüKo InsO/*Brandes/Schoppmeyer* § 60 Rn. 10, 116; vgl. Braun/*Baumert* § 60 Rn. 39.

778 BGH v. 22.04.2004 - IX ZR 128/03, BGHZ 159, 25, 29 = NJW-RR 2004, 1425 mit Anm. *Huber*, NZI 2004, 497, 497; MüKo InsO/*Brandes/Schoppmeyer* § 60 Rn. 116.

779 BGH v. 08.05.2003 - IX ZR 334/01, NJW-RR 2003, 1042, 1044; MüKo InsO/*Brandes/Schoppmeyer* § 60 Rn. 10; Kayser/Thole/*Lohmann* § 60 Rn. 7; Uhlenbruck/*Sinz* § 60 Rn. 122.

780 BGH v. 09.06.1994 - IX ZR 191/93, NJW 1994, 2286, 2286 f.; MüKo InsO/*Brandes/Schoppmeyer* § 60 Rn. 48; Kayser/Thole/*Lohmann* § 60 Rn. 20.

in Betracht, wenn der Insolvenzverwalter im Rahmen einer Verwertung eines mit einem Absonderungsrecht belasteten Gegenstands gem. den §§ 166 ff. InsO seine Veräußerungsabsicht nicht anzeigt und dies somit eine günstigere Verwertungsmöglichkeit im Sinne des § 168 Abs. 1 S. 2, Abs. 2, 3 InsO verhindert, ferner, wenn der Verwalter nicht unverzüglich die Verwertung vorantreibt oder den absonderungsberechtigten Gläubiger nicht gem. § 170 Abs. 1 S. 2 InsO aus dem Resterlös – der nicht Teil der Insolvenzmasse ist[781] – befriedigt.[782] Wie diese Beispiele zeigen, kann die Inanspruchnahme des Insolvenzverwalters auf Pflichtverletzungen beruhen, die nicht direkt im Zusammenhang mit der Insolvenzmasse stehen und diese beeinträchtigen. Nicht der Insolvenzmasse entsteht ein Schaden durch das Handeln des Insolvenzverwalters, sondern eben nur dem einzelnen, von diesem Handeln betroffenen Beteiligten. Die maßgebliche enge Verbundenheit des Einzelverfahrens im Sinne einer Haftung für Einzelschäden gem. § 60 Abs. 1 InsO mit dem Insolvenzverfahren an sich muss insofern verneint werden. Etwas anderes ergibt sich auch nicht aus der Haftungsausfüllung. Zwar besteht die Möglichkeit, dass parallel zum Insolvenzverwalter selbst auch die Masse für etwaige Schäden haftet,[783] allerdings ist die Haftung gem. § 60 Abs. 1 InsO originär auf die Inanspruchnahme des Insolvenzverwalters gerichtet. Nicht umsonst ist die Norm mit der „Haftung des Insolvenzverwalters" überschrieben. Die Haftung der Masse unterliegt zudem anderen Voraussetzungen.[784] Der Insolvenzverwalter haftet dem geschädigten Beteiligten persönlich.[785] Zwischen dieser Haftung und der Haftung der Insolvenzmasse besteht kein Vorrang- bzw. Subsidiaritätsverhältnis.[786] Vielmehr besteht eine grundsätzlich gesamtschuldnerische

781 (2) Befriedigung des absonderungsberechtigten Gläubigers außerhalb der Insolvenzmasse, S. 182 und (3) Ergebnis, S. 185.

782 Vgl. BGH v. 02.12.1993 – IX ZR 241/92, NJW 1994, 511, 511; *Gundlach/Frenzel/N. Schmidt*, NZI 2001, 350, 355; MüKo InsO/*Brandes/Schoppmeyer* § 60 Rn. 61.

783 Bereits RG v. 19.03.1934, VI 7/34, RGZ 144, 179, 182; BGH v. 01.12.2005 – IX ZR 115/01, NJW-RR 2006, 694, 696 Rn. 16; *Lüke*, ZIP 2005, 1113, 1116; *Lissner*, BB 2014, 1419, 1421; Kayser/Thole/*Lohmann* § 60 Rn. 48; MüKo InsO/*Brandes/Schoppmeyer* § 60 Rn. 112.

784 *Lüke*, ZIP 2005, 1113, 1116.

785 Uhlenbruck/*Sinz* § 60 Rn. 12.

786 Vgl. RG v. 19.03.1934, VI 7/34, RGZ 144, 179, 182; BGH v. 01.12.2005 – IX ZR 115/01, NJW-RR 2006, 694, 696 Rn. 16; BAG v. 25.01.2007 – 6 AZR 559/06, NZI 2007, 535, 536 Rn. 21; OLG Frankfurt v. 05.03.2010 – 19 U 247/08, juris, Rn. 19; *Lissner*, BB 2014, 1419, 1421; *Trams*, NJW-Spezial 2015, 597, 597; Kayser/Thole/*Lohmann* § 60 Rn. 48; MüKo InsO/*Brandes/Schoppmeyer* § 60 Rn. 112; Uhlenbruck/*Sinz* § 60 Rn. 113; Kübler/Prütting/Bork/*Lüke* § 60 Rn. 8; **a.A.:** HambKomm/*Weitzmann* § 60 Rn. 3.

Haftung.[787] Trotz der Verbundenheit zur direkten Haftung der Masse gem. § 31 BGB, § 55 Abs. 1 Nr. 1 InsO[788] wirkt sich diese nicht derart auf die Haftung des Insolvenzverwalters aus, als dass von einer direkten Beeinflussung der Masse durch letztere im Rahmen der Rechtsfolge gesprochen werden kann. Eine insolvenzrechtliche Qualifizierung im Fall der Einzelschäden und die damit einhergehende Anwendbarkeit der EuInsVO scheiden somit aus.[789]

Dies gilt auch im Hinblick auf Einzelschäden in Form der Quotenschäden. Der Quotenschaden entsteht dadurch, dass sich zwar aufgrund einer Verminderung der Insolvenzmasse nicht die Befriedigungsquote des Insolvenzgläubigers selbst ändert, jedoch der Wert dieser Quote entsprechend dem Verlust der Insolvenzmasse reduziert wird. Zwischen dem Wert der Insolvenzmasse und dem Wert der Gläubigerbefriedigung besteht ein direkter Zusammenhang. Dieser Zusammenhang genügt jedoch nicht dem Erfordernis, das einer insolvenzrechtlichen Qualifizierung zugrunde zu legen ist. Hiernach muss ein Zusammenhang dahingehend bestehen, dass die Insolvenzmasse im Rahmen der Rechtsfolge des Annexverfahrens beeinflusst wird.[790] Nicht die Anspruchsbegründung, sondern die Anspruchsausfüllung ist maßgeblicher Anknüpfungspunkt für eine Bejahung der materiellen Qualifikationsvoraussetzung. Diese Bedingung erfüllt ein Anspruch gem. § 60 Abs. 1 InsO aufgrund eines erlittenen Quotenschadens nicht.

(2) Gesamtschäden

Neben der Haftung aufgrund von Einzelschäden ermöglicht § 60 Abs. 1 InsO die Inanspruchnahme des Insolvenzverwalters auch im Fall aufgetretener Gesamtschäden im Sinne des § 92 S. 1 InsO. Diese werden durch einen direkten Bezug zur Insolvenzmasse geprägt, was die Legaldefinition des § 92 S. 1 InsO verdeutlicht. Man spricht daher auch vom „Masseverkürzungsschaden".[791] Dem

---

787 Vgl. BGH v. 01.12.2005 – IX ZR 115/01, NJW-RR 2006, 694, 696 Rn. 16; BAG v. 25.01.2007 – 6 AZR 559/06, NZI 2007, 535, 536 Rn. 22; *Trams*, NJW-Spezial 2015, 597, 597; Kayser/Thole/*Lohmann* § 60 Rn. 49; MüKo InsO/*Brandes/Schoppmeyer* § 60 Rn. 112; Kübler/Prütting/Bork/*Lüke* § 60 Rn. 8; Uhlenbruck/*Sinz* § 60 Rn. 129; *Rezbach*, S. 263 ff. Zu den Ausnahmen vom Grundsatz der Gesamtschuldnerschaft vgl. *Rezbach*, S. 265 f.

788 Pape/Graeber/*Pape*, Teil 3 Rn. 22.

789 **A.A.** *Willemer*, S. 388 ff., die auch Haftungsklagen aufgrund von Einzelschäden als insolvenzrechtlich ansieht.

790 2. Neuvorschlag, S. 150.

791 Uhlenbruck/*Sinz* § 60 Rn. 119; BeckOK/*Desch/Stranz* § 60 Rn. 75.

Insolvenzverwalter obliegt die Pflicht der bestmöglichen Erhaltung und Verwertung der Insolvenzmasse.[792] Verletzt der Insolvenzverwalter diese Pflicht und führt dies zu einer Schädigung der Masse, hat er für diesen Schaden einzustehen.[793] Dieser Anspruch richtet sich in der Rechtsfolge auf die Wiederauffüllung der Insolvenzmasse in Höhe derjenigen Summe, welche der Masse durch das schädigende Verhalten entzogen wurde und erfüllt somit die wirtschaftlich geprägte Voraussetzung der insolvenzrechtlichen Qualifikation.

Unter diesen Gesamtschäden sind hierbei nicht nur solche Schäden zu verstehen, die alle Insolvenzgläubiger betreffen, sondern auch sogenannte Teilgesamtschäden, von denen nur eine abgrenzbare Gläubigergruppe betroffen ist.[794] Zur Erfüllung des Schadensersatzanspruchs dieser Gläubigergruppe hat der Insolvenzverwalter eine Sondermasse zu bilden.[795] Auch bei einem bloß derartigen Teilgesamtschaden ist ein direkter Massebezug zu bejahen. Selbst wenn aus dem Anspruch resultierende Zahlungen nur in die Bildung einer Sondermasse einfließen, erhöht sich hierbei in gleicher Weise die Insolvenzmasse als solche. Der Wortlaut von § 35 Abs. 1 InsO, der die Insolvenzmasse legal definiert, spricht davon, dass das „gesamte" Vermögen des Insolvenzschuldners vom Insolvenzverfahren erfasst wird. Es findet keine Differenzierung zwischen unterschiedlichen Vermögensmassen statt. Die im Rahmen der Teilgesamtschadensgeltendmachung zu bildende Sondermasse stellt damit keine eigene Vermögensmasse dar, sondern lediglich einen untergeordneten Teil des „gesamten" Schuldnervermögens.[796] Im Gegensatz zur restlichen Insolvenzmasse steht sie nicht allen Gläubigern zur Befriedigung zur Verfügung, sondern dient ausschließlich dem Zweck der Befriedigung der entsprechend bestimmten Gläubigergruppe.[797]

---

792 Kayser/Thole/*Lohmann* § 60 Rn. 18.

793 Kayser/Thole/*Lohmann* § 60 Rn. 18.

794 BGH v. 21.03.2013 – III ZR 260/11, BGHZ 197, 75 Rn. 45 = NJW 2013, 1434; OLG Köln v. 01.06.2006 – 2 U 50/06, ZInsO 2007, 218, 218; Nerlich/Römermann/*Kruth* § 92 Rn. 5; Uhlenbruck/*Hirte* § 92 Rn. 16; Braun/*Kroth* § 92 Rn. 6.

795 BGH v. 21.03.2013 – III ZR 260/11, BGHZ 197, 75 Rn. 45 = NJW 2013, 1434; OLG Köln v. 01.06.2006 – 2 U 50/06, ZInsO 2007, 218, 218; Braun/*Kroth* § 92 Rn. 6; Nerlich/Römermann/*Kruth* § 92 Rn. 5.

796 Uhlenbruck/*Hirte* § 35 Rn. 55; vgl. auch MüKo InsO/*Peters* § 35 Rn. 74. Kübler/Prütting/Bork/*Holzer* § 35 Rn. 13; MüKo HGB/*K. Schmidt* § 172 Rn. 112.

797 Uhlenbruck/*Hirte* § 35 Rn. 55; MüKo HGB/*K. Schmidt* § 172 Rn. 112.

(3) Unterschiedliche Qualifikation von Einzelschäden, Gesamtschäden und Teilgesamtschäden

Die unterschiedlich ausfallende Untersuchung der wirtschaftlichen Voraussetzung einer insolvenzrechtlichen Qualifikation führt zu dem auf den ersten Blick etwas seltsam anmutenden Ergebnis, dass trotz identischer – insolvenzrechtlicher – Rechtsgrundlage, die Haftung aufgrund von Einzelschäden und die aufgrund von Gesamtschäden nicht einheitlich zu beurteilen und in den Wirkungskreis der europäischen Verordnungen einzuordnen ist. Dieses Ergebnis ist jedoch die logische Folge aus einer genauen Subsumtion der erforderlichen Verbundenheit des Annexverfahrens zum Insolvenzverfahren. Eine derartige Aufspaltung nach den Schadensarten ist zudem nicht widersprüchlich.

Zunächst könnte in Anlehnung an die Problematik im Rahmen der Absonderungsrechte[798] an eine prozessuale Möglichkeit gedacht werden, eine Verbindung zwischen Ansprüchen wegen eines Einzelschadens und solchen wegen eines Gesamtschadens herzustellen. Dies dürfte vorliegend jedoch schwierig werden. Zwischen den jeweiligen Ansprüchen – ausgenommen Ansprüche wegen eines Quotenschadens, der nur nachrangig zum Gesamtschaden geltend gemacht werden kann – besteht kein entsprechendes Verhältnis wie bezüglich der Frage nach dem Bestehen eines Absonderungsrechts und der hieran angeknüpften Verwertung. Einzelansprüche – ausgenommen dem Quotenschaden – wie auch Ansprüche wegen eines Gesamtschadens stellen jeweils eigenständige und unabhängig voneinander bestehende Ansprüche dar. Dies zeigt sich nicht nur an der Form des aufgetretenen Schadens und des geschädigten Personenkreises, sondern gerade auch an der jeweils unterschiedlichen Befugnis zur Geltendmachung. Eine Verbindung dieser beiden Ansprüche entsprechend der absonderungsrechtlichen Problematik kommt damit nicht in Frage.

Die Aufspaltung dieser beiden Schadensarten und deren Subsumtion unter einerseits die EuInsVO (im Fall des Gesamtschadens) und andererseits die EuGVVO (im Fall des Einzelschadens) sind auch unter Zuständigkeits-Gesichtspunkten durchaus sinnvoll. Der Gesamtschaden, der aufgrund einer Verminderung der Insolvenzmasse entsteht und damit die gesamte Gläubigergemeinschaft betrifft, bezieht sich direkt auf den Kern des Insolvenzverfahrens. Es ist somit sachnäher über diesbezügliche Haftungsfragen ein Gericht desjenigen Mitgliedstaats entscheiden zu lassen, auf dessen Gebiet das Insolvenzverfahren eröffnet wurde. Für sachlich eng miteinander verbundene Entscheidungen findet somit dieselbe Rechtsordnung Anwendung, was die Einheitlichkeit und

---

798 iv. Folge unterschiedlicher Einordnung – Vorfragenkompetenz?, S. 189.

auch Effektivität der Verfahrensabwicklung unterstützt. Im Fall der Einzelschäden stellt sich die Situation hingegen anders dar. Hier besteht zwar auch ein Zusammenhang zum Staat der Verfahrenseröffnung dahingehend, dass grundsätzlich gem. Art. 7 Abs. 1 EuInsVO dessen Recht maßgeblich ist für die Verfahrensdurchführung und insbesondere die vom Insolvenzverwalter einzuhaltenden Pflichten vorschreibt. Da es sich bei Einzelschäden jedoch gerade um individuelle Schäden einzelner Beteiligter handelt, erscheint es hier sachnäher, über die EuGVVO eine Zuständigkeit in deren Wohnsitzstaat gem. Art. 4 Abs. 1 EuGVVO zu begründen. Hieraus resultiert auch nicht eine unbillige Benachteiligung des beklagten Insolvenzverwalters, der als mit dem Verfahren betraute Person und Experte eine ihm obliegende Pflicht schuldhaft verletzt hat. Ferner bekräftigt eine Zuständigkeitsbestimmung über die EuGVVO jedenfalls im Fall eines Gläubigers als aktiv legitimierter Partei den in der Insolvenzordnung großgeschriebenen Gläubigerschutz. Zu beachten gilt es jedoch, dass das nach der EuGVVO international zuständige Gericht das Recht des nach der EuInsVO zur Eröffnung und Durchführung international zuständigen Mitgliedstaats zur Begründung einer Haftung heranziehen muss. Eine haftungsauslösende, zu vertretene Pflichtverletzung liegt somit nur dann vor, wenn dies nach der gem. Art. 7 Abs. 1 EuInsVO auf das Insolvenzverfahren anwendbaren Rechtsordnung der Fall ist. Das Gericht der Haftungsklage hat insofern ein für sich ausländisches Recht anzuwenden.

ii. § 61 Abs. 1 InsO

Auch die Haftung gem. § 61 InsO bedarf zu einer insolvenzrechtlichen Qualifizierung neben der durch die Insolvenz geprägten Rechtsgrundlage zusätzlich eines Bezugs zur Insolvenzmasse.

Hintergrund einer Haftung nach § 61 InsO ist es, einen Ausgleich zu schaffen zwischen einerseits dem Schutz von Massegläubigern und andererseits der Wahl einer Unternehmensfortführung durch Risikobegrenzung seitens des Insolvenzverwalters.[799] Diejenigen Massegläubiger, deren Forderungen gegen die Masse durch ein Handeln des Insolvenzverwalters begründet werden,[800] erhalten einen Anspruch gegen diesen, wenn er bei der Begründung der Verbindlichkeit den voraussichtlichen Erfüllungsausfall hätte erkennen müssen, vgl. § 61 S. 2 InsO.[801]

799 Vgl. MüKo InsO/*Schoppmeyer* § 61 Rn. 2.

800 BGH v. 02.12.2004 – IX ZR 142/03, BGHZ 161, 236, 239 = NJW 2005, 901; MüKo InsO/*Schoppmeyer* § 61 Rn. 8.

801 BGH v. 06.05.2004 – IX ZR 48/03, BGHZ 159, 104, 109 = NJW 2004, 3334; *Lüke*, ZIP 2005, 1113, 1115.

Trifft der Insolvenzverwalter diesbezüglich keine ordnungsgemäße Prognose vor Abschluss der Masseverbindlichkeit, macht er sich schadensersatzpflichtig.[802] Die Begründung einer derartigen Verbindlichkeit hängt unweigerlich direkt mit der Insolvenzmasse zusammen, schließlich wird hierdurch die Masse in der entsprechenden Höhe belastet. Diese Verbindung zur Insolvenzmasse genügt jedoch nicht für die Annahme einer insolvenzrechtlichen Qualifikation nachfolgender Haftungsansprüche gegen den Insolvenzverwalter. Wie auch im Rahmen der Haftung gem. § 60 Abs. 1 InsO im Fall der Einzelschäden wird auch durch den – spezielleren – Haftungstatbestand des § 61 InsO in der Rechtsfolge nicht die Insolvenzmasse beeinflusst. Diese spielt zwar im Rahmen der Anspruchsvoraussetzungen zur Bejahung einer Masseverbindlichkeit eine – selbst hier nur untergeordnete[803] – Rolle, wird jedoch durch die Haftung an sich in keinerlei Hinsicht berührt. Ausweislich des Wortlauts von § 61 S. 1 InsO ist der Insolvenzverwalter gerade nur dem jeweiligen Massegläubiger gegenüber zum Schadensersatz verpflichtet, nicht jedoch der gesamten Gläubigerschaft und damit der Insolvenzmasse an sich. Der Bezug zur Insolvenzmasse im Sinne der wirtschaftlichen Qualifizierungsvoraussetzung ist infolgedessen ebenso zu verneinen wie eine insolvenzrechtliche Einordnung dieser Haftung.[804]

iii. Ergebnis

Im Ergebnis ist somit festzuhalten, dass die Qualifizierung der Insolvenzverwalterhaftung nicht bloß von der gewählten Haftungsnorm abhängt, sondern insbesondere vom geltend gemachten Schaden. Während eine Vielzahl von denkbaren Ansprüchen bereits offensichtlich an einer insolvenzrechtlichen Rechtsgrundlage scheitert, lässt sich diese Voraussetzung im Rahmen der Haftung nach §§ 60, 61 InsO zwar noch bejahen. Allerdings fehlt auch diesen teilweise der entscheidende direkte Bezug zur Insolvenzmasse. Nur wenn es sich um die Geltendmachung von Gesamtschäden – auch in Form der Teilgesamtschäden – handelt

---

802 MüKo InsO/*Schoppmeyer* § 61 Rn. 3.

803 Für das Begründen einer Masseverbindlichkeit ist nicht das Bestehen der Insolvenzmasse an sich erforderlich. Dies geschieht vielmehr bspw. durch einen simplen Vertragsschluss durch den Insolvenzverwalter. Erst die Folge einer begründeten Masseverbindlichkeit, die gem. § 53 InsO vorrangige Befriedigung, nimmt direkten Einfluss auf die Masse.

804 Vgl. auch *Lüke*, ZIP 2005, 1113, 1117, der zum Verhältnis von § 60 InsO und § 61 InsO ausdrücklich erklärt, dass das für § 61 InsO haftungsauslösende Verhalten gerade nicht in der Verletzung insolvenzspezifischer Pflichten zu sehen ist.

und damit § 92 InsO zur Anwendung kommt, ist eine insolvenzrechtliche Qualifikation zu bejahen.

5. Vom Insolvenzverwalter abgetretene Forderung aus Insolvenzanfechtung

Eine weitere Konstellation, in der sich die Frage stellt, ob eine insolvenzrechtliche Qualifikation vorzunehmen oder mit der EuGVVO das allgemeine Zivil- und Handelsrecht einschlägig ist, besteht in Form der Geltendmachung einer vom Insolvenzverwalter an einen Dritten abgetretenen[805] Forderung, die auf dem Insolvenzanfechtungsrecht des Insolvenzverwalters beruht. Diese Einordnungsfrage beschäftigte den EuGH in seinem „*Jadecloud-Vilma*"-Urteil aus dem Jahr 2012.[806]

a. *Einordnung durch den EuGH*

Der Insolvenzverwalter einer in die Insolvenz gefallenen deutschen GmbH, die zu einem Zeitpunkt, zu dem sie bereits zahlungsunfähig war, weitere Zahlungen an eine in Litauen befindliche Gesellschaft leistete, trat unter anderem die Rückzahlungsansprüche gegen die litauische Gesellschaft an die einzige Gläubigerin der insolventen deutschen Gesellschaft – eine lettische Gesellschaft – ab. Für die hieraus folgende Klage der lettischen Gläubigerin gegen die litauische Gesellschaft sahen sich weder das litauische noch das deutsche Gericht zuständig. Welches Gericht zur Entscheidung über die Zahlungsklage berufen gewesen wäre, hängt von der Qualifikation der gelten gemachten Klage ab: Bei insolvenzrechtlicher Qualifizierung hätte gem. analoger Anwendung des Art. 3 Abs. 1 EuInsVO a.F.[807] die Zuständigkeit des Mitgliedstaats bestanden, dessen Gerichte das Insolvenzverfahren eröffnet haben, mithin im vorliegenden Fall Deutschland, bei nicht-insolvenzrechtlicher Qualifizierung wären gem. Art. 4 Abs. 1, 63 Abs. 1 EuGVVO die Gerichte desjenigen Staats entscheidungsbefugt gewesen, in denen der Beklagte seinen (Wohn)Sitz hat, mithin im vorliegenden Fall Litauen.

Auch wenn der (Rück-)Zahlungsanspruch hier zwar grundsätzlich mit der Geltendmachung einer Insolvenzanfechtung zusammenhängt (Gegenstand

805 Die Abtretung des Anfechtungsanspruchs ist hierbei nicht wegen einer inhaltlichen Änderung der Forderung gem. § 399 Hs. 1 BGB ausgeschlossen, BGH v. 17.02.2011 – IX ZR 91/10, NJW-RR 2011, 1272, 1272 Rn. 8; K. Schmidt/*Büteröwe* § 143 Rn. 17.

806 EuGH v. 19.04.2012 – C-213/10 (*Jadecloud-Vilma*), EuZW 2012, 427.

807 Nach Inkrafttreten der Neufassung würde dies entsprechend direkt Art. 6 Abs. 1 EuInsVO sein, ohne dass es weiterhin einer Analogie bedürfe.

der erfolgten Abtretung war das dem Insolvenzverwalter nach §§ 129 ff. InsO zustehende Insolvenzanfechtungsrecht)[808], darf der vorliegende Fall, in dem entscheidend noch die Abtretung eines auf der Anfechtung beruhenden Anspruchs hinzukommt, nicht mit der zuvor besprochenen[809] Qualifikation einer reinen Insolvenzanfechtungsklage gleichgesetzt werden.

Um zu einer Einordnung zu gelangen, bediente sich der EuGH teilweise der bereits dargestellten[810] Anknüpfungspunkte, die Indiz einer Einordnung sein können und gelangte zu einer nicht-insolvenzrechtlichen Qualifizierung.[811] Auch wenn dem EuGH hierbei im Ergebnis zuzustimmen ist,[812] wäre das Ansprechen einiger weiterer Aspekte wünschenswert gewesen.

Zunächst gilt es zu beachten, dass die Tatsache, dass der Insolvenzverwalter tätig wird, der sonst – wenn auch nur schwache – Indizwirkung in Richtung einer insolvenzrechtlichen Qualifizierung zukommt, im vorliegenden Fall von vornherein nicht greifen kann. Steht nach erfolgter Abtretung die Erfüllung dieser abgetretenen Forderung im Raum, so ist Partei eines streitigen Verfahrens gerade nicht mehr der Insolvenzschuldner, sondern nunmehr der Zessionar.[813] Bei einer oberflächlichen Betrachtung, ohne auf etwaige Rechtsgrundlagen dieser einzuklagenden Forderung einzugehen, stellt sich die Abtretung einer auf eine Insolvenzanfechtung gestützten Forderung als einfache Leistungsklage dar, deren Verfahren weder auf Kläger- noch auf Beklagtenseite die Notwendigkeit einer Beteiligung des Insolvenzschuldners bzw. dessen Verwalters erkennen lässt. Fehlt dem Insolvenzverwalter jegliche Parteieigenschaft, erscheint eine insolvenzrechtliche Qualifizierung bereits erheblich erschwert.

Daneben bestehen noch weitere Punkte, die die Qualifikation nach Ansicht des EuGH beeinflussen. Einer dieser Punkte steht im Zusammenhang mit der Frage, inwiefern eine Wahlfreiheit besteht, Ansprüche geltend zu machen. Hier zeigt sich im vorliegenden Sachverhalt ein deutlicher Unterschied. Während die Zessionarin des abgetretenen Anspruchs die freie Wahl hat, diesen geltend zu machen oder nicht, besteht auf Seiten des Insolvenzverwalters grundsätzlich die Pflicht, im Interesse der Gläubiger zu handeln, das heißt im Fall einer möglichen

808 EuGH v. 19.04.2012 – C-213/10 (*Jadecloud-Vilma*), EuZW 2012, 427, 428 Rn. 31.

809 1. Die Insolvenzanfechtung, S. 156.

810 II. Indizien für eine Qualifikation, S. 145.

811 EuGH v. 19.04.2012 – C-213/10 (*Jadecloud-Vilma*), EuZW 2012, 427, 428 Rn. 31 ff., zur Qualifizierung insb. 47 ff.

812 **A.A.** *Brinkmann*, EWiR 2012, 383, 384; *Kindler*, EuZW 2016, 136, 138.

813 EuGH v. 19.04.2012 – C-213/10 (*Jadecloud-Vilma*), EuZW 2012, 427, 429 Rn. 37.

Insolvenzanfechtung dieser nachzugehen und hieraus erwachsende Ansprüche geltend zu machen.[814]

Der EuGH bedient sich ferner eines weiteren, durchaus überzeugenden Arguments. Ziel eines Insolvenzverfahrens[815] ist die gemeinschaftliche Befriedigung der Gläubiger und zwar mit der bestmöglichen Quote. Hintergrund einer durch den Insolvenzverwalter geltend gemachten Insolvenzanfechtung ist die Absicht, das Schuldnervermögen zugunsten aller Gläubiger zu mehren und hiermit auch gleichzeitig etwaige ungerechtfertigte Besserstellungen einzelner Gläubiger rückgängig zu machen bzw. zu vermeiden. Die Insolvenzanfechtung wird dementsprechend durch den Insolvenzverwalter zugunsten der Gläubigergesamtheit geltend gemacht, um die Aktiva des Insolvenzschuldners zur Befriedigung dessen Gläubiger zu erhöhen.[816] Nicht so ist dies im Fall einer abgetretenen Forderung. Der Zessionar dieser Forderung handelt weder zu dem Zweck, die Aktivvermögensmasse des Insolvenzschuldners zu erhöhen noch mit der Motivation, hieraus folgend eine Besserstellung aller Gläubiger zu erreichen, mithin zugunsten der Gläubigergesamtheit tätig zu werden. Ursache für die Geltendmachung einer entsprechenden Zahlungsforderung ist schlichtweg die egoistische Motivation zur Mehrung des eigenen Vermögens.[817] Eine Forderung, die lediglich dazu dienen soll, die Vermögensposition eines Einzelnen zu verbessern, kann schwerlich mit dem Grundgedanken des Insolvenzrechts vereinbart werden, mithin schwerlich insolvenzrechtlich qualifiziert werden.[818] Es kann auch nichts anderes gelten, wenn sich der Zessionar verpflichtet hat, einen Teil des aus der abgetretenen Forderung erzielten Erlöses in die Aktivmasse des Insolvenzschuldners abzuführen.[819] Eine derartige Zahlungsmodalität ändert nicht den Charakter der abgetretenen Forderung.[820] Nach wie vor macht der Zessionar die Forderung im eigenen Interesse geltend, um in der Höhe des bei ihm belassenen Anteils der Forderung sein Vermögen zu erhöhen.

---

814 EuGH v. 19.04.2012 – C-213/10 (*Jadecloud-Vilma*), EuZW 2012, 427, 429 Rn. 43; *Sujecki*, EuZW 2012, 430, 430.

815 So jedenfalls im Fall der Abwicklung und nicht Restrukturierung des Unternehmens.

816 EuGH v. 12.02.2009 – C-339/07 (*Deko Marty*), NJW 2009, 2189, 2189 Rn. 17; vgl. EuGH v. 19.04.2012 – C-213/10 (*Jadecloud-Vilma*), EuZW 2012, 427, 429 Rn. 44; *Sujecki*, EuZW 2012, 430, 430; K. Schmidt/*Büteröwe* § 143 Rn. 17.

817 Vgl. EuGH v. 19.04.2012 – C-213/10 (*Jadecloud-Vilma*), EuZW 2012, 427, 429 Rn. 44; *Wedemann*, ZEuP 2014, 867, 870.

818 Vgl. hinsichtlich dieser Argumentation bereits (1) Einzelschäden, S. 223.

819 EuGH v. 19.04.2012 – C-213/10 (*Jadecloud-Vilma*), EuZW 2012, 427, 429 Rn. 45.

820 Vgl. EuGH v. 19.04.2012 – C-213/10 (*Jadecloud-Vilma*), EuZW 2012, 427, 429 Rn. 45.

In dem Fall, in dem deutsches Insolvenzanfechtungsrecht maßgeblich ist, bedarf es zur wirksamen Abtretung eines Anspruchs aus einer Insolvenzanfechtung einer hierfür als gleichwertig angesehenen Gegenleistung.[821] Diese Gegenleistung kann sowohl als Pauschalbetrag als auch als ein Prozentsatz dessen, was über die abgetretene Forderung erlangt wird, erbracht werden.[822] Wird die erste Variante gewählt, scheidet eine insolvenzrechtliche Qualifizierung der Geltendmachung der abgetretenen Forderung mit den bereits genannten Argumenten schnell aus. Der als Gegenleistung erbrachte Pauschalbetrag hängt in zweifacher Hinsicht nicht weiter von der ursprünglich insolvenzrechtlichen, jetzt abgetretenen, Forderung ab. Erstens bemisst sich der zu zahlende Pauschalbetrag nicht in Abhängigkeit der gegen den Gläubiger des Insolvenzschuldners geltend gemachten Forderung, sondern vielmehr nach der parteiautonom vereinbarten Höhe im Abtretungsvertrag. Zweitens wird für den Fälligkeitszeitpunkt des Pauschalbetrags bzw. jedenfalls für dessen Erfüllbarkeit nicht die Geltendmachung des abgetretenen Anspruchs erforderlich sein; der Pauschalbetrag kann vom Zessionar unverzüglich an den Insolvenzverwalter als Zedenten bewirkt werden. Im Fall eines vereinbarten Prozentsatzes kann die Gegenleistung tatsächlich jedoch sinnvollerweise erst dann erbracht werden, wenn der Zessionar selbst wirksam gegen den Schuldner der Forderung vorgegangen und die zurückzuzahlende Leistung erhalten hat. In dem Fall, dass der Forderungsschuldner selbst ebenfalls mit Liquiditätsproblemen zu kämpfen hat und daher die Forderung nicht in voller Höhe begleichen kann, leidet hierunter auch die Höhe des aufgrund des vereinbarten Prozentsatzes abzuführenden Betrags an den Insolvenzverwalter. Welche Summe dieser schlussendlich also vom Zessionar erhält, ist abhängig von der Zahlung des Forderungsschuldners. Aufgrund dieses Bezugs kann im Fall der Vereinbarung eines Prozentsatzes als Gegenleistung an eine insolvenzrechtliche Qualifizierung der abgetretenen Forderung gedacht werden. Nichtsdestotrotz ändert auch dieser Bezug nichts am zuvor angeführten Argument, der Zessionar handele nur im Eigeninteresse und zur Erhöhung seines eigenen Vermögens. Zudem erscheint kein Grund ersichtlich, warum je nach Gegenleistung eine unterschiedliche Qualifizierung angesetzt werden sollte; diese allein ändert nichts an der Natur der abgetretenen Forderung.

---

821 EuGH v. 19.04.2012 – C-213/10 (*Jadecloud-Vilma*), EuZW 2012, 427, 428 Rn. 32 zum deutschen Insolvenzrecht; BGH v. 17.02.2011 – IX ZR 91/10, NJW-RR 2011, 1272, 1272 Rn. 9.

822 Vgl. EuGH v. 19.04.2012 – C-213/10 (*Jadecloud-Vilma*), EuZW 2012, 427, 429 Rn. 45.

Neben den bisher angeführten Argumenten spricht auch die Dauer des Bestehens des abgetretenen Insolvenzanfechtungsrechts für eine Einordnung einer entsprechenden Forderung unter die EuGVVO und nicht unter die EuInsVO. Wie der EuGH deutlich macht, hängt die Geltendmachung des abgetretenen Rechts nicht in der Weise mit dem laufenden Insolvenzverfahren zusammen, dass bei einer Beendigung desselben auch die Geltendmachung des abgetretenen Rechts entfällt; vielmehr kann der Zessionar dieses auch über die Insolvenzverfahrensbeendigung hinaus ausüben.[823] Anders ist dies, liegt das Insolvenzanfechtungsrecht weiterhin in den Händen des Insolvenzverwalters. In diesem Fall erlischt das Anfechtungsrecht mit Aufhebung oder Einstellung des Insolvenzverfahrens.[824]

Auch wenn die vorgenannten Gründe durchaus berechtigterweise für eine nicht-insolvenzrechtliche Qualifizierung derartiger Entscheidungen sprechen und dem EuGH insoweit zuzustimmen ist, fallen zumindest zwei Aspekte auf, auf die ebenfalls weiter hätte eingegangen werden können bzw. müssen, um der Einordnung dieses Verfahrens eine vollständige Begründung zu Grunde zu legen. Einen dieser Aspekte stellt die Frage nach der Rechtsgrundlage dar. Wie bereits dargestellt,[825] bildet diese eine der beiden maßgeblichen Merkmale, auf die sich eine insolvenzrechtliche Einordnung stützen muss und wird daher im Folgenden noch untersucht.

Ein weiterer Gesichtspunkt, den der EuGH ebenfalls nicht anspricht, ist die der speziellen Fallkonstellation des vorliegend behandelten Sachverhalts geschuldete Tatsache, dass es nur eine einzige Gläubigerin gibt, die dem Insolvenzschuldner gegenübersteht. Wenn sich der EuGH sowieso nicht an einheitliche Voraussetzungen, wie in dieser Arbeit vorgeschlagen, hält, sondern vielmehr von Einzelfall zu Einzelfall entscheidet und jeweils seine Qualifikationsmerkmale dementsprechend wählt, hätte dieser Aspekt durchaus Beachtung finden müssen. Dies wäre nur konsequent, wird doch der generellen Motivation der Geltendmachung einer abgetretenen Forderung im *Jadecloud-Vilma*-Urteil Beachtung geschenkt.

Genau diese eine Gläubigerin des Insolvenzschuldners ist nun auch Zessionarin der abgetretenen Forderung. Wenn nun die Zessionarin die abgetretene Forderung geltend macht, ändert dies nichts daran, dass sie dies vorrangig im

823 EuGH v. 19.04.2012 – C-213/10 (*Jadecloud-Vilma*), EuZW 2012, 427, 429 Rn. 46.

824 BGH v. 02.04.2009 – IX ZB 182/08, NJW 2009, 1968, 1970 Rn. 22; BGH v. 17.02.2011 – IX ZR 91/10, NJW-RR 2011, 1272, 1273 Rn. 12.

825 2. Neuvorschlag, S. 150.

eigenen Interesse zu ihrem eigenen Vorteil tut. Da sie aber die einzige Gläubigerin des Insolvenzschuldners ist, bedeutet dies, dass ihr eigener Vorteil automatisch auch der Vorteil der Gläubigergemeinschaft ist. Sieht man diesen Aspekt als maßgeblich an, müsste konsequenterweise abermals über eine insolvenzrechtliche Qualifizierung der Klage und einhergehend eine Subsumtion unter die EuInsVO nachgedacht werden. Dies kann jedoch nicht der richtige Weg sein. Wenn die Zessionarin die Forderung geltend macht, macht sie dies in ihrer Eigenschaft als Zessionarin, nicht in ihrer Eigenschaft als Insolvenzgläubigerin. Zudem würde ansonsten alleine die Frage, wie viele Gläubiger vorhanden sind, die Qualifikation ein- und derselben Rechtsfrage in zwei gegensätzliche Richtungen führen, zumal hierbei zu beachten ist, dass sich das Vorliegen eines zweiten, dritten,… Gläubigers womöglich auch erst im Laufe des Insolvenzverfahrens und nach Geltendmachung der abgetretenen Forderung offenbaren kann. Nichtsdestotrotz hätte dieser Gesichtspunkt nach der einzelfallabhängigen Vorgehensweise des EuGH durchaus angesprochen werden müssen, um grundsätzlich klarzustellen, dass die Gläubigeranzahl keinen Einfluss auf die Qualifizierung einer Klage hat.

b. Einordnung anhand der eigenen Kriterien

i. Rechtsgrundlage

Der EuGH setzt sich nicht weitergehend mit der Frage der eigentlichen Rechtsgrundlage auseinander. Zwar merkt er an, dass der Anspruch, den die Zessionarin geltend macht, mit dem eröffneten Insolvenzverfahren zusammenhängt, da er auf das Insolvenzanfechtungsrecht des Insolvenzverwalters zurückgeht, allerdings lässt der EuGH die Frage offen, inwiefern dieser Anspruch nach der Abtretung in das Vermögen der Zessionarin auch unmittelbar mit der Insolvenz zusammenhängt.[826] Dieser Abschnitt der Urteilsbegründung kratzt daher nur oberflächlich an der Frage nach der Rechtsgrundlage der erhobenen Klage.[827] Dieser kommt jedoch eine entscheidende Aussagekraft für die Qualifizierung von Einzelverfahren zu.[828] Im Fall der Anfechtung durch den Insolvenzverwalter

---

826 EuGH v. 19.04.2012 – C-213/10 (*Jadecloud-Vilma*), EuZW 2012, 427, 429 Rn. 40.

827 Dass diese Randziffer auf die Frage der Rechtsgrundlage abzielt lässt sich auch im Zusammenhang mit der vorherigen Randziffer erkennen, die vom Ursprung der von der Zessionarin erhobenen Klage spricht, was synonym zur Rechtsgrundlage verstanden werden muss, EuGH v. 19.04.2012 – C-213/10 (*Jadecloud-Vilma*), EuZW 2012, 427, 429 Rn. 39.

828 2. Neuvorschlag, S. 150.

selbst ergeben sich deren Rechtsfolge sowie der Anspruch auf Rückgewähr direkt aus § 143 InsO,[829] mithin unmittelbar aus dem Insolvenzrecht. Tritt der Insolvenzverwalter den Anfechtungsanspruch bzw. das Recht zur derartigen Anfechtung ab, stellt sich die Frage, inwiefern sich hierdurch überhaupt die vormalige insolvenzrechtliche Grundlage ändert. Zwar wird die Abtretung im Rahmen der Anspruchsgrundlage durch das Hinzuzitieren von § 398 BGB deutlich gemacht, doch stellt dieser keine rechtsgrundlagengebende Norm dar. Die eigentliche Rechtsgrundlage findet sich mithin nach wie vor in § 143 InsO wieder. Wenn dies jedoch weiterhin die Rechtsgrundlage des geltend gemachten Anspruchs bildet, kann nicht plötzlich alleine aufgrund der Nennung des § 398 BGB, der lediglich als eine Art „Brückennorm" fungiert, um die neue Anspruchsinhaberschaft aufgrund Abtretung zu verdeutlichen, der insolvenzrechtliche Charakter des § 143 InsO umgewandelt werden und somit die Anspruchsgrundlage zu einer nicht-insolvenzrechtlichen werden.

Die Beachtung der Rechtsgrundlage spricht somit zunächst, in Widerspruch mit dem Ergebnis des EuGH, für eine insolvenzrechtliche Qualifizierung des streitigen Sachverhalts.

Wie bereits gesehen,[830] ist die Geltendmachung des Anspruchs durch den Zessionar jedoch nicht mehr vom Bestand des Insolvenzverfahrens abhängig, sondern kann völlig ohne dieses, das heißt auch nach Beendigung desselben, geltend gemacht werden. Allein hierdurch muss eine insolvenzrechtliche Einordnung der Rechtsgrundlage, auch wenn nach wie vor § 143 InsO die maßgebliche Norm darstellt, kritisch betrachtet und im Endeffekt verneint werden. Die Insolvenz ist zwar die nicht wegzudenkende Voraussetzung für die Entstehung des abgetretenen Anspruchs nach § 143 Abs. 1 InsO, nach der Abtretung jedoch kommt es auf die Insolvenz nicht mehr weiter an.

Unabhängig von der zunächst als insolvenzrechtlich scheinenden Rechtsgrundlage muss eine insolvenzrechtliche Qualifikation daher verneint werden.

ii. Beeinflussung der Insolvenzmasse

Bereits der EuGH ist auf den Zusammenhang der Geltendmachung des abgetretenen Anspruchs mit der Insolvenzmasse eingegangen und hat diesen verneint.[831] Dieser Entscheidung ist jedoch – grundsätzlich – zu widersprechen.

---

829 BGH v. 21.09.2006 – IX ZR 235/04, NJW-RR 2007, 121, 121 Rn. 10; vgl. BGH v. 17.02.2011 – IX ZR 91/10, NJW-RR 2011, 1272, 1272 Rn. 7; vgl. MüKo InsO/*Kirchhof* Vor §§ 129 bis 147 Rn. 86; vgl. Braun/*Riggert* § 143 InsO Rn. 2 f.

830 a. Einordnung durch den EuGH, S. 231.

831 Siehe hierzu unter a. Einordnung durch den EuGH, S. 231.

Im Rahmen der Vorstellung des Begriffs der Netto-Insolvenzmasse wurde erläutert, dass diese auch durch die Stellung von Sicherheiten beeinflusst wird.[832] Wird einem Gläubiger eine Sicherheit bestellt, so wirkt sich dies indirekt auf die Höhe der Insolvenzmasse aus, da hierdurch eine vorrangige Gläubigerstellung entsteht und der nunmehr gesicherte Gläubiger bei der Vermögensverteilung mehr Geld aus der Masse für sich beanspruchen kann als er anhand einer Insolvenzquote erhalten hätte. Es erfolgt demnach kein direkter Vermögensabfluss aus der Soll-Insolvenzmasse, sondern diese wird nur indirekt beeinflusst und dennoch reicht dies für die in dieser Untersuchung maßgebliche Beeinflussung der Insolvenzmasse, eben in Form der Nettomasse, aus. Einen ähnlichen Gedanken kann man nun auch hinsichtlich der Abtretung fassen und die Beeinflussung der Insolvenzmasse durch diese bejahen. Entscheidend für die Beeinflussung der Insolvenzmasse ist, welche genaue Folge die Abtretung als solche nach sich gezogen hat. Hierbei muss zwischen zwei Möglichkeiten unterschieden werden: entweder einer Abtretung an Erfüllungs statt oder einer Abtretung erfüllungshalber. In der Regel muss davon ausgegangen werden, dass der Abtretung letztere Erfüllungswirkung zukommt, da insbesondere der Zessionar Interesse daran haben wird, sich im Fall des Ausfalls notfalls an den – wenn auch selbst nicht besonders zahlungskräftigen – Insolvenzschuldner wenden zu können. In diesem Fall wirkt die Abtretung ähnlich wie eine sonstige bestellte Sicherheit. Bis zur erfolgreichen Geltendmachung des abgetretenen Anspruchs besteht eine Forderung gegen die Insolvenzmasse. Wird der Zessionar nun befriedigt, erlischt erst dann diese bis dato bestehende Verpflichtung des Insolvenzschuldners. In der Betrachtung der Nettomasse wird diese hierdurch in Höhe des Erfolgs der Abtretung vermehrt. Die Geltendmachung des abgetretenen Anspruchs hängt demnach unmittelbar mit der Erhöhung der Netto-Insolvenzmasse zusammen. Entsprechend ist ein insolvenzrechtlicher Bezug hier zu bejahen. Anders stellt es sich bei einer Abtretung an Erfüllungs statt dar. Alleine durch die Abtretung als solche erlischt die bis dahin bestehende Forderung gegen das insolvenzschuldnerische Vermögen. Die Geltendmachung dieses abgetreten Anspruchs hat sodann keine Auswirkungen mehr auf die Masse, womit ein Insolvenzbezug ausscheiden muss. Die bereits[833] angesprochene erforderliche Gegenleistung ändert hieran nichts. Zum einen mehrt diese die Insolvenzmasse tatsächlich nicht, verliert die Masse doch durch die Abtretung einen Anspruch, ein Nullsummenspiel. Zudem erfolgt die Gegenleistung nicht aus der Geltendmachung des abgetretenen Anspruchs

832 3. Nettomasse, S. 33.

833 a. Einordnung durch den EuGH, S. 231.

selbst, sondern aus der im Abtretungsvertrag vereinbarten Regelung zwischen Zedent und Zessionar. Diese hat keine Wirkung auf die Qualifizierung des abgetretenen Anspruchs.

iii. Ergebnis

Mit der einerseits vom EuGH angewandten als auch der andererseits nicht in der Urteilsbegründung angesprochenen Argumentation ist eine insolvenzrechtliche Qualifikation der Geltendmachung einer auf einer Insolvenzanfechtung basierenden abgetretenen Forderung zu verneinen.[834] Auch in diesem Fall hat der EuGH bedauerlicherweise abermals keine weiteren allgemeinen Maßstäbe zur Qualifizierung von Einzelverfahren aufgestellt, weshalb die Praxis, eine Beurteilung am konkreten Einzelfall vornehmen zu müssen, weiterhin bestehen bleibt.

Überdies und entscheidender für diese Arbeit ist eine insolvenzrechtliche Qualifikation auch anhand der beiden Kriterien „Rechtsgrundlage" und „Beeinflussung der Masse" zu verneinen. Je nach Wirkung der Abtretung, ob an Erfüllungs statt oder erfüllungshalber, scheitert eine insolvenzrechtliche Qualifikation der Geltendmachung des abgetretenen Anspruchs jedenfalls an der nicht-insolvenzrechtlich zu verstehenden Rechtsgrundlage, auch wenn sich diese rein formal betrachtet mit § 143 Abs. 1 InsO in der Insolvenzordnung findet. Im Fall einer Abtretung an Erfüllungs statt fehlt es zudem am wirtschaftlichen Bezug zur Insolvenzmasse.

---

834 **A.A.:** *Brinkmann*, EWiR 2012, 383, 384; *Kindler*, EuZW 2015, 143, 144.

6. Teil: Erneuter Blick auf Art. 6 EuInsVO: Beurteilung der Norm und Anreize für den zukünftigen Umgang mit Annexverfahren

Selbst wenn die Neueinführung von Art. 6 EuInsVO gegenüber der alten Fassung der Verordnung zumindest den Vorteil mit sich bringt, die internationale Zuständigkeit von Annexverfahren nunmehr einer eigenen Norm zu unterstellen und damit diesbezüglich für Rechtsklarheit sorgt, bleiben bei genauerer Betrachtung dennoch einige Schwierigkeiten ungelöst, die bereits im Lauf dieser Arbeit erkennbar geworden sind und abschließend noch einmal unter dem Aspekt der Problemlösung betrachtet werden sollen. Dass Art. 6 EuInsVO sich der internationalen Zuständigkeit von Annexverfahren annimmt, ist für einen Umgang mit diesen Verfahren bereits ein Anfang, jedoch auch nicht mehr als ein solcher. Unklarheiten lässt die EuInsVO beispielsweise dahingehend aufkommen, ob und inwiefern eine Anerkennungsversagung nach Art. 33 EuInsVO sich auch auf Einzelverfahren auswirkt.[835] Auch der generelle Wortlaut von Art. 6 Abs. 1 EuInsVO, der eigentlich zur Einordnung von Einzelverfahren beitragen soll, kann nicht überzeugen. Ebenso erschließt es sich nicht vollends, ob mit der Formulierung „Die Gerichte des Mitgliedstaates, in dessen Hoheitsgebiet das Insolvenzverfahren […] eröffnet worden ist" lediglich die Tatsache eines bereits eröffneten Insolvenzverfahrens als Voraussetzung einer insolvenzrechtlichen Qualifikation zu verstehen ist oder hierdurch auch eine Aussage über eine etwaige perpetuatio fori getroffen werden soll.[836]

I. Problempunkt: Torpedoklagen

Wie in einem früheren Teil dieser Arbeit gesehen, enthält die EuInsVO keine ausreichende Regelung zum Umgang mit negativen Feststellungsklagen.[837]

835 a. Der ordre public-Vorbehalt im Rahmen des Annexverfahrens, S. 85.

836 iii. Geltendmachung einer fehlerhaften internationalen Zuständigkeit: Anfechtung gem. Art. 5 EuInsVO, S. 61.

837 2. Torpedoklagen, S. 68.

1. Lösung über das nationale Recht

Es könnte daher daran gedacht werden, auf Normen der nationalen Rechtssysteme zurückzugreifen, wobei sich sodann die Frage stellt, welches nationale Recht konkret zur Regelung von Rechtshängigkeitsfragen heranzuziehen ist. Einerseits könnte hierbei auf das Recht des Mitgliedstaates abgestellt werden, in dessen Zuständigkeitsbereich das Insolvenzverfahren eröffnet wurde. Andererseits kommen auch diejenigen Normen in Betracht, die der Mitgliedstaat, in dem die Feststellungsklage erhoben wurde, bereithält.

Für die erste Möglichkeit spricht hierbei, dass das Recht, in dem das Insolvenzverfahren eröffnet wurde, im Fall einer insolvenzrechtlichen Qualifizierung des Einzelverfahrens das eigentlich tatsächlich anzuwendende Recht für diese Streitfrage ist. Nach Feststellung der fehlenden internationalen Zuständigkeit für die negative Feststellungsklage wäre sodann ohnehin dieser Mitgliedstaat und damit dieses Recht zur Anwendung berufen. Probleme ergäben sich allerdings dann, wenn bereits eine Torpedoklage erhoben wird – beispielsweise auf die Feststellung, dass keine Haftung gem. § 64 S. 1 GmbHG besteht –, ohne dass bisher das Hauptverfahren eröffnet wurde. In diesem Fall steht das auf das Insolvenzverfahren und damit auch auf die Torpedoklage anzuwendende nationale Recht noch nicht mit vollständiger Sicherheit fest.

Für die Anwendung des Rechts, in dem die Feststellungsklage tatsächlich erhoben wurde, spricht ein weiterer Nachteil der anderen Ansicht. So ist es schwer zu vertreten, dass die in einem Mitgliedstaat gestellte Klage prozessuale Rechtsfolgen aus dem Rechtssystem eines anderen Mitgliedstaats auslöst. Zudem kann nicht pauschal behauptet werden, dass eine negative Feststellungsklage als Verzögerungstaktik im falschen Mitgliedstaat erhoben wurde. Womöglich ist die Feststellungsklage tatsächlich auf einen nicht-insolvenzrechtlichen Streitpunkt bezogen und somit das Recht des Insolvenzeröffnungsstaats von vornherein überhaupt nicht das anwendbare.

2. Lösung über die EuGVVO

Neben dem Rückgriff auf nationale Rechtsvorschriften könnte eine analoge Anwendung von Art. 29 EuGVVO zur Lösung des Rechtshängigkeitsproblems beitragen. Hierdurch würde vermieden, im Rahmen eines eigentlich europäisch geregelten Sachverhalts auf nachrangiges nationales Recht zurückgreifen zu müssen. Aber auch einer analogen Anwendung des Art. 29 EuGVVO begegnen Bedenken. Es würden die eigentlich gerade voneinander getrennten Anwendungsbereiche der Verordnungen miteinander vermischt. Sobald die EuInsVO einschlägig ist, soll die Anwendung der EuGVVO gerade ausgeschlossen sein.

Genau dies kann man auch als Argument gegen die analoge Anwendung einer EuGVVO-Regelung vorbringen.[838]

Eine analoge Anwendung von Art. 29 EuGVVO passt auch aus einem anderen Grund nicht. Ausweislich dieser Norm wird der hierin verankerte Prioritätsgrundsatz zugunsten des durch Gerichtsstandsvereinbarung zuständig erklärten Gerichts durchbrochen. Grundvoraussetzung hierfür ist denklogischerweise die europaweite Anerkennung einer derartigen Vereinbarung. Gerade hieran scheitert es im Rahmen der EuInsVO.[839] Um die Regelungslücke der EuInsVO zu schließen, müsste Art. 29 EuGVVO entweder nur teilweise – eben gerade ohne den Passus bzgl. der Gerichtsstandsvereinbarung – analog angewendet werden oder bei voller Anwendung desselben die Anerkennung einer Gerichtsstandsvereinbarung innerhalb der EuInsVO analog der EuGVVO erfolgen. Das Einführen einer Gerichtsstandsvereinbarung in den Anwendungsbereich der EuInsVO dürfte jedoch vom Verordnungsgeber gerade nicht gewollt gewesen sein.[840]

Das Fehlen einer zu Art. 25 EuGVVO parallelen Norm in der EuInsVO hat damit eine fundierte Grundlage und sollte nicht über eine analoge Anwendung umgangen werden.

Auch die nur teilweise Anwendung des Art. 29 Abs. 1 EuGVVO kann nicht vollends überzeugen. Wenn die parallele Anwendung von EuInsVO und EuGVVO gerade ausgeschlossen sein soll, läuft es diesem Sinn zuwider, zunächst auf Art. 29 EuGVVO zurückzugreifen, um sodann bzgl. dessen Regelungsgehalts teilweise doch wieder beim Inhalt – bzw. im Fall der Gerichtsstandsvereinbarungen eher fehlenden Inhalt – der EuInsVO zu bleiben. Entweder es findet die eine oder die andere Verordnung Anwendung. Eine Rosinenpickerei einzelner Normen oder Normenteile verwischt diese klare Grenze jedenfalls dann, wenn nicht eine Verordnung für einen bestimmten Regelungsbereich ausdrücklich auf die andere Bezug nimmt (so z.B. in Art. 32 Abs. 1 Unterabs. 1 EuInsVO).

3. Lösung über die EuInsVO

Wenn somit weder die Anwendung nationaler Regelungen noch der Rückgriff auf die EuGVVO überzeugen kann, bietet sich eine Lösung über die EuInsVO selbst an. Auch wenn es nirgends ausdrücklich im Verordnungstext verankert ist,

---

838 Zu dieser Argumentation siehe bereits unter a. Das Problem der Annexzuständigkeit - drei Lösungswege, S. 130.

839 b. Gerichtsstandsvereinbarung, S. 65.

840 Ausführlich unter b. Gerichtsstandsvereinbarung, S. 65.

so gilt auch hier das Prioritätsprinzip.[841] Legt man das Prioritätsprinzip sodann als Grundsatz dem Regelungsgehalt der EuInsVO zugrunde, würde sich ein Ergebnis wie nach Art. 29 EuGVVO für nicht-insolvenzrechtliche Klagen ergeben. Es dürfte jedoch fraglich bleiben, ob die Anwendung dieses Grundsatzes ohne jegliche Niederschrift im Verordnungstext diskussionslos vonstattengehen würde. Zwar wohnt der Prioritätsgrundsatz mit Art. 3 Abs. 3 sowie Art. 19 und 20 EuInsVO der Verordnung inne, doch bietet sich keine dieser drei Regelungen für eine analoge Anwendung zur Beseitigung der Rechtshängigkeitsproblematik im Rahmen von Einzelverfahren an. Zu unterschiedlich ist der grundsätzliche Regelungsgehalt. Nichtsdestotrotz kann hieraus auch ohne die Anwendung einer Analogie der generelle Grundsatz der Priorität auch für Einzelverfahren entnommen werden.

II. Option der Verfahrensaussetzung ähnlich Art. 30 Abs. 1, 2 EuGVVO

Neben dem Bedürfnis, die Problematik einer dem Art. 29 EuGVVO entsprechenden Norm in der EuInsVO zu regeln, ist ferner an eine Parallelnorm zu Art. 30 Abs. 1, 2 EuGVVO zu denken. Anders als Art. 29 Abs. 1 EuGVVO schreibt diese dem später angerufenen Gericht nicht zwingend die Verfahrensaussetzung vor, sondern eröffnet diesem vielmehr die Möglichkeit im Fall von im Zusammenhang stehenden Klagen das Verfahren auszusetzen bzw. sich unter bestimmten Voraussetzungen für unzuständig zu erklären. In der EuInsVO würde eine vergleichbare, für das Annexverfahren angepasste Regelung aufgrund des Bestehens von Art. 6 Abs. 2 EuInsVO ebenfalls Sinn ergeben. Steht eine insolvenzrechtliche Einzelklage im Zusammenhang mit einer anderen zivil- oder handelsrechtlichen Klage, so obliegt dem Insolvenzverwalter die Wahl, beide Klagen vor Gerichten des Mitgliedstaats zu erheben, in dem der Beklagte bzw. einer der Beklagten seinen Wohnsitz hat. Nutzt der Insolvenzverwalter diese Möglichkeit nicht, besteht die Gefahr, dass aufgrund der Entscheidungszuständigkeit zweier unterschiedlicher Mitgliedstaaten widersprüchliche Urteile ergehen. Genau diese Gefahr zu vermeiden liegt der Regelung des Art. 30 EuGVVO zugrunde.[842] Und genau

---

841 *Smid*, DZWIR 2003, 397, 401 f.; *Herchen*, ZInsO 2004, 61, 63; *Sabel*, NZI 2004, 126, 127; vgl. auch Art. 102 § 3 Abs. 1 EGInsO; Mankwoski/Müller/J. Schmidt/*Mankwoski* Art. 3 EuInsVO Rn. 165 ff., der jedoch gerade kein allgemeines Prioritätsprinzip aus der EuInsVO hervorgehen sieht.

842 Saenger/*Dörner* Art. 30 EuGVVO Rn. 1.

dies liegt – neben einem Effizienzgewinn für die Masse –[843] auch der Regelung des Art. 6 Abs. 2 EuInsVO zugrunde.[844] Um jedoch einen internationalen Einklang der Entscheidungen auch in letzter Konsequenz herbeizuführen, fehlt der EuInsVO im Fall der durch den Insolvenzverwalter getrennt erhobenen Klagen die Option einer Verfahrensaussetzung bzw. Unzuständigkeitserklärung zugunsten der zuerst rechtshängig gewordenen Klage.

Jedenfalls die Option der Unzuständigkeitserklärung kann im Rahmen der EuInsVO jedoch nur in eine Richtung funktionieren: Für unzuständig erklären kann sich nur das Gericht desjenigen Mitgliedstaats, das mit der nicht-insolvenzrechtlichen Klage befasst ist. Über Art. 6 Abs. 2 EuInsVO kann dieses Gericht seine Zuständigkeit zulasten des mitgliedstaatlichen Gerichts der insolvenzrechtlichen Annexklage, also eines Gerichts des Eröffnungsstaats, einbüßen. Andersherum kann aber das Gericht des Mitgliedstaats der nicht-insolvenzrechtlichen Klage mangels internationaler Zuständigkeit nicht auch über die Annexklage entscheiden. Das heißt das Gericht des Eröffnungsstaats, in dem die Annexklage erhoben wurde, kann sich bei bestehender insolvenzrechtlicher Qualifizierung nicht zulasten des Gerichts der nicht-insolvenzrechtlichen Klage für unzuständig erklären.

III. Problempunkt: Qualifikation und internationale Zuständigkeit

Eines der großen Probleme stellt die Frage nach der Qualifikation von Klagen im Rahmen der internationalen Zuständigkeit dar. Eine klare Abgrenzung zwischen EuGVVO einerseits und EuInsVO andererseits ist bisher noch nicht gelungen. Aufgrund der damit vorherrschenden Rechtsunsicherheit besteht dringender Handlungsbedarf. Hierbei kommen insbesondere zwei unterschiedliche Handlungsalternativen in Betracht. Zum einen könnte die Problematik einer Qualifizierung dadurch behoben werden, dass Annexverfahren unabhängig davon, wie eng ihr Bezug zum eigentlichen Insolvenzverfahren ist, unter die EuGVVO zu fassen sind.[845] Zum anderen besteht die Möglichkeit weiter an einer Qualifikation

843 Mankowski/Müller/J. Schmidt/*Mankowski* Art. 6 EuInsVO Rn. 35; MüKo InsO/*Thole* Art. 6 EuInsVO Rn. 6; Erw.Gr. 35 EuInsVO.

844 Mankowski/Müller/J. Schmidt/*Mankowski* Art. 6 EuInsVO Rn. 36; *Mock*, GPR 2013, 156, 161; MüKo InsO/*Thole* Art. 6 EuInsVO Rn. 6.

845 Für die generelle Anwendung der EuGVVO z.B OLG Frankfurt (Main) v. 26.01.2006 – 15 U 200/05, ZIP 2006, 769, 770. Auch *Oberhammer* erwähnt den Gedanken, alle Einzelverfahren unter die EuGVVO zu fassen, spricht sich allerdings ausdrücklich hiergegen aus, *Oberhammer*, ÖBA 2002, 698, 707.

zwischen insolvenzrechtlichen und nicht-insolvenzrechtlichen Einzelverfahren festzuhalten, eine Abgrenzung hierbei jedoch wesentlich konturierter zu gestalten, um Einordnungsschwierigkeiten vorzubeugen.

Die Vornahme einer Qualifikation bietet für insolvenzrechtliche Einzelverfahren den Vorteil, dass aufgrund des Art. 7 Abs. 1 EuInsVO, der jedenfalls sinngemäß auch für Annexverfahren Geltung entfalten muss,[846] für diese dasselbe Rechtssystem Anwendung findet wie auch für das Insolvenzverfahren als solches. Aufgrund der Konzentration in ein- und demselben Mitgliedstaat erfolgt eine bessere Abstimmung der verschiedenen Verfahrensergebnisse.

Diese positiven Aspekte würden bei einer Einordnung aller Einzelverfahren unter die EuGVVO entfallen. Zudem würde auf Ebene der Zuständigkeit die schwierige Frage der Einordnung der Streitigkeit entfallen. Allerdings werden damit die Probleme nicht einfach gelöst, sondern schlichtweg verlagert. Die EuGVVO dient lediglich der Bestimmung gerichtlicher Zuständigkeiten sowie der Anerkennung und Vollstreckung von Entscheidungen. Keine Regelungen enthält diese hinsichtlich des sodann im Verfahren anwendbaren Rechts. Hierfür bedarf es eines Rückgriffs auf die Rom I und II-Verordnungen[847]. Innerhalb dieser stellt sich dann die Frage, welche Verordnung und welche Regelungen für die eigentlich insolvenzrechtlich geprägten Einzelverfahren zur Anwendung gelangen sollen. Selbst wenn sich diese Fragen zumeist noch relativ einfach klären lassen mögen, besteht die Gefahr, dass gerade eben ein anderes Rechtssystem zur Klärung des Einzelverfahrens zur Anwendung gelangt, obwohl diesem ein enger insolvenzrechtlicher Zusammenhang nicht abzusprechen wäre. Gerade dieser engen Verbundenheit soll jedoch durch die insolvenzrechtliche Einordnung und die einheitliche Abwicklung im selben Mitgliedstaat als dem Staat der Insolvenzeröffnung Rechnung getragen werden.

Um also sowohl die Vorteile einer insolvenzrechtlichen Einordnung gewährleisten zu können als auch die Problematik dieser Einordnung zu beseitigen, bietet sich ein anderer Weg als der über die Anwendung der EuGVVO an. Notwendig ist die Abkehr von der bisherigen, an der *Gourdain/Nadler*-Rechtsprechung ausgerichteten und sehr unpräzise gehaltenen Abgrenzungsformel. Vielmehr muss, wie in der vorliegenden Arbeit geschehen, eine Abgrenzung

---

846 Ausführlicher 3. Anwendbares Sachrecht, S. 41.

847 Verordnung (EG) Nr. 593/2008 des Europäischen Parlaments und des Rates vom 17. Juni 2008 über das auf vertragliche Schuldverhältnisse anzuwendende Recht („Rom I") und Verordnung (EG) Nr. 864/2007 des Europäischen Parlaments und des Rates vom 22. Juli 2007 über das auf außervertragliche Schuldverhältnisse anzuwendende Recht („Rom II").

anhand präzise feststellbarer Kriterien erfolgen und die Voraussetzungen einer insolvenzrechtlichen Einordnung dahingehend sodann genau untersucht werden. Die beiden dort aufgeführten Voraussetzungen genügen, um eine zuverlässige Qualifikation und damit Zuweisung zur entsprechenden Verordnung vornehmen zu können. Zwar entfällt hierdurch keine Betrachtung des konkreten Einzelfalls, jedoch wird diese zum einen auf die tatsächlich entscheidenden Punkte heruntergebrochen, zum anderen werden sowohl die Einheitlichkeit und Vergleichbarkeit der Rechtsprechung gefördert als auch seitens der Parteien eine höhere Voraussehbarkeit und damit verbundene Rechtssicherheit geschaffen. Die schwammige Formel der Unmittelbarkeit und des engen Zusammenhangs wird hierdurch für alle Seiten – Gerichte, Insolvenzverwalter als Vertreter des Insolvenzschuldners sowie dessen Verfahrensgegner – greifbar ausgestaltet. Um der Gefahr eines Auseinanderreißens von eigentlich zusammengehörenden Sachverhalten zu begegnen, bedarf es zudem der in dieser Arbeit angesprochenen Möglichkeit einer Vorfragenkompetenz.

Neben Maßnahmen auf europäischer Ebene können teils auch die nationalen Gesetzgeber zur Klärung von Abgrenzungsschwierigkeiten beitragen, wie sich am Beispiel der Geschäftsführerhaftung gem. § 64 S. 1 GmbHG zeigen soll. Als Vorbild kann hierbei der heutige §15a InsO herangezogen werden. Vor Inkrafttreten des MoMiG[848] fand sich die Pflicht zur Antragsstellung rechtsformspezifisch in § 64 Abs. 1 GmbHG a.F. und damit zwischen GmbH-Recht und Insolvenzrecht geregelt. Nun findet eine Qualifizierung zwar wie im Laufe dieser Arbeit gesehen nicht alleine aufgrund der Einordnung der Norm innerhalb eines bestimmten Gesetzes statt, nichtsdestotrotz kann hierin zumindest der Wille des nationalen Gesetzgebers gesehen werden, in welcher Art und Weise er die von ihm niedergeschriebene Regelung verstanden haben möchte: insolvenzrechtlich oder etwa gesellschafts- und damit schlicht zivilrechtlich. Für den Fall des § 64 S. 1 GmbHG und die Parallelnormen anderer Gesellschaftsformen könnte somit daran gedacht werden, eine rechtsformübergreifende Haftungsregelung zum Zeitpunkt der materiellen Insolvenzreife in das Insolvenzrecht aufzunehmen oder jedenfalls durch eine Verweisungsnorm eine bereits auf den ersten Blick engere Beziehung des § 64 S. 1 GmbHG zum Insolvenzrecht herzustellen. Auf diesem Weg würde sodann auch bereits kritischen Stimmen entgegengewirkt, die eine insolvenzrechtliche Qualifikation nur zulassen wollen, wenn sich die streitentscheidende Norm auch direkt im Insolvenzrecht befindet.

---

848 Gesetz zur Modernisierung des GmbH-Rechts und zur Bekämpfung von Missbräuchen vom 23. Oktober 2008, BGBl. I 2008, S. 2026 ff.

Literaturverzeichnis

Adam, Roman F.: Die Haftung des Insolvenzverwalters, VersR 2012, 1226–1228

Albrecht, Achim: Die Reform der EuInsVO ist abgeschlossen – eine Übersicht, ZInsO 2015, 1077–083

Allemand, Hildegard/Baister, Stephen/Kuglarz, Pawel/Mathijsen, Hans/O'Neill, Barry/Potamitis, Stathis/Vallender, Heinz: Mindeststandards für Entschuldungsverfahren in Europa?, NZI 2014, 1–9 (zitiert: *Allemand u.a.*)

Ambach, Jördis: Reichweite und Bedeutung von Art. 25 EuInsVO, Berlin 2009

Andres, Dirk/Leithaus, Rolf/Dahl, Michael: Insolvenzordnung, 3. Auflage, München 2014

Arts, Robert: Zum Anwendungsbereich der EuInsVO – Das Ende der Lehre vom qualifizierten Gemeinschaftsbezug, IPRax 2014, 390–393

Bader, Johann/Ronellenfitsch, Michael: Beck'scher Onlinekommentar VwVfG, 40. Edition, Stand 01.07.2018, München (zitiert: BeckOK VwVfG/*Bearbeiter*)

Balz, Manfred: Das neue Europäische Insolvenzübereinkommen, ZIP 1996, 948–955

Baumbach, Adolf/Hueck, Alfred: Gesetz betreffend die Gesellschaften mit beschränkter Haftung, 18. Auflage, München 2006

Baumbach, Adolf/Hueck, Alfred: Gesetz betreffend die Gesellschaften mit beschränkter Haftung, 21. Auflage, München 2017

Baur, Fritz: Freiwillige Gerichtsbarkeit I, Tübingen 1955

Baur, Fritz: Zuständigkeit aus dem Sachzusammenhang?, in Festschrift für Fritz von Hippel, S. 1–25, Tübingen 1967

Becker, Christoph: Insolvenz in der Europäischen Union – Zur Verordnung des Rates über Insolvenzverfahren, ZEuP 2002, 287–315

Becker, Christoph: Insolvenzrecht, 3. Auflage, Köln 2010

Beck, Siegfried/Depré, Peter: Praxis der Insolvenz, 3. Auflage, München 2017

Bitter, Georg: Haftung von Gesellschaftern und Geschäftsführern in der Insolvenz ihrer GmbH – Teil 1, ZInsO 2010, 1505–1524

Bittmann, Folker/Gruber, Urs Peter: Limited – Insolvenzantragspflicht gemäß § 15 a InsO: Europarechtlich unwirksam?, GmbHR 2008, 867–873

Borges, Georg: Gläubigerschutz bei ausländischen Gesellschaften mit inländischem Sitz, ZIP 2004, 733–744

Braun, Eberhard: Insolvenzordnung, 7. Auflage, München 2017

Breuer, Marten: „Wasch mir den Pelz, aber mach mich nicht nass!“ Das zweite Gutachten des EuGH zum EMRK-Beitritt der Europäischen Union, EuR 2015, 330–351

Brinkmann, Moritz: Der Aussonderungsstreit im internationalen Insolvenzrecht – Zur Abgrenzung zwischen EuGVVO und EuInsVO, IPRax 2010, 324–330

Brinkmann, Moritz: Anmerkung zu EuGH v. 19.04.2012–C-213/10, EWiR 2012, 383–384

Brünkmans, Christian: Insolvenzbedingte Sonderaktiva im Insolvenzgutachten für eine GmbH unter besonderer Berücksichtigung der Geschäftsführerhaftung aus § 64 Satz 1 GmbHG, ZInsO 2011, 2167–2173

Buchegger, Walter: Insolvenzrecht, 1. Auflage, Wien 2010

Calliess, Christian/Ruffert, Matthias: EUV/AEUV – Das Verfassungsrecht der Europäischen Union mit Europäischer Grundrechtecharta, 5. Auflage, München 2016

Cranshaw, Friedrich L.: Aktuelle Fragen zur europäischen Insolvenzverordnung vor dem Hintergrund der Rechtsprechung des EuGH, DZWIR 2009, 353–362

Czaplinski, Paul/Knodel, Oliver: Internationale Zuständigkeit bei Klagen eines Insolvenzverwalters gegen den Geschäftsführer gem. § 64 S. 1 und 2 GmbHG, GWR 2015, 16–16

Dauses, Manfred/Ludwigs, Markus: Handbuch des EU-Wirtschaftsrechts, 44. EL, Stand Februar 2018, München

Dellinger, Markus/Oberhammer, Paul: Insolvenzrecht, 2. Auflage, Wien 2004

Dichtl, Andreas: Ausländische GmbH: Kein Durchgriffs- oder Insolvenzverschleppungshaftung des Alleingesellschafter-Geschäftsführers einer englischen „Limited“ wegen Unterkapitalisierung, GmbHR 2005, 886–888

Duursma-Kepplinger, Henriette-Christine/Duursma, Dieter/Chalupsky, Ernst: Europäische Insolvenzverordnung, 1. Auflage, Wien 2002 (zitiert: DKDC/*Bearbeiter*)

Ehricke, Ulrich/Köster, Malte/Müller-Seils, Carsten Oliver: Neuerungen im englischen Unternehmensinsolvenzrecht durch den Enterprise Act 2002, NZI 2003, 409–416

Eidenmüller, Horst: Europäische Verordnung über Insolvenzverfahren und zukünftiges deutsches internationales Insolvenzrecht, IPRax 2001, 2–15

Eidenmüller, Horst: Geschäftsleiter- und Gesellschafterhaftung bei europäischen Auslandsgesellschaften mit tatsächlichem Inlandssitz, NJW 2005, 1618–1621

Europäische Kommission: Impact Assessment, Accompanying the document Revision of Regulation (EC) No 1346/2000 on insolvency proceedings, Strasbourg 2012, S. 1–72 (SWD(2012) 416 final)

Europäische Kommission: Zusammenfassung der Folgenabschätzung, Begleitunterlage zum Vorschlag zur Änderung der Verordnung (EG) Nr. 1346/2000 des Rates über Insolvenzverfahren, Straßburg 2012, S. 1–15 (SWD(2012) 417 final)

Fehrenbach, Markus: Die Rechtsprechung des EuGH zur Europäischen Insolvenzverordnung: Der Mittelpunkt der hauptsächlichen Interessen und andere Entwicklungen im Europäischen Insolvenzrecht, ZEuP 2013, 353–383

Feil, Erich: Insolvenzordnung, 7. Auflage, Wien 2010

Fleck, Hans-Joachim: Zur Haftung des GmbH-Geschäftsführers, GmbHR 1974, 224–235

Fleischer, Holger/Goette, Wulf: Münchener Kommentar zum GmbHG - Band 3, 2. Auflage, München 2016 (zitiert MüKo GmbHG/*Bearbeiter*)

Frege, Michael/Keller, Ulrich/Riedel, Ernst: Handbuch der Rechtspraxis Band 3, Insolvenzrecht, 8. Auflage, München 2015

Freitag, Robert: Internationale Zuständigkeit für Schadensersatzklagen aus Insolvenzverschleppungshaftung, ZIP 2014, 302–309

Freitag, Robert/Leible, Stefan: Justizkonflikte im Europäischen Internationalen Insolvenzrecht und (k)ein Ende?, RIW 2006, 641–651

Frey, Michael/Pfeifer, Laura: Der ordre public – die öffentliche Ordnung: derselbe Begriff, verschiedene Funktionen – ein Rechtsprinzip?, EuR 2015, 721–735

Fridgen, Alexander/Geiwitz, Arndt/Göpfert, Burkard: Beck'scher Onlinekommentar InsO, 11. Edition, Stand 26.07.2018, München (zitiert: BeckOK InsO/*Bearbeiter*)

Fritz, Daniel Friedemann/Bähr, Rainer M.: Die Europäische Verordnung über Insolvenzverfahren – Herausforderung an Gerichte und Insolvenzverwalter, DZWIR 2001, 221–235

Frystatzki, Christian: Ansprüche gegen Geschäftsführer und Gesellschafter in der Überschuldungsbilanz der GmbHG, NZI 2013, 161–166

Ganter, Hans Gerhard: Zweifelsfragen bei der Ersatzaussonderung und Ersatzabsonderung, NZI 2005, 1–9

Ganter, Hans Gerhard: Die Insolvenzanfechtung in Deutschland und Österreich im Vergleich – Impulse für die Anfechtungsreform?, NZI 2016, 153–156

Ganter, Hans Gerhard: Der Anspruch des Absonderungsberechtigten auf Auskehr des Verwertungserlöses nach § 170 Abs. 1 Satz 2 InsO, ZInsO 2016, 2119–2123

Ganter, Hans Gerhard/Bitter, Georg: Rechtsfolgen berechtigter und unberechtigter Verwertung von Gegenständen mit Absonderungsrechten durch den Insolvenzverwalter, ZIP 2005, 93–103

Geimer, Reinhold/Geimer, Ewald/Geimer, Gregor: Internationales Zivilprozessrecht, 7. Auflage, Köln 2015 (zitiert: Geimer IZPR)

Geimer, Reinhold/Schütze, Rolf A.: Europäisches Zivilverfahrensrecht, 3. Auflage, München 2010 (zitiert: Geimer/Schütze/*Bearbeiter)*

Goette, Wulf: Haftung des Geschäftsführers in Krise und Insolvenz der GmbH, ZInsO 2001, 529–537

Goette, Wulf: Wo steht der BGH nach „Centros" und „Inspire Art"?, DStR 2005, 197–201

Goode, Roy: Principles of Corporate Insolvency Law, 2. Ed. (reprint), London 2002

Goslar, Björn: Annullierung englischer Insolvenzeröffnungsentscheidungen nach sec. 282 Insolvency Act (UK) – Verbesserte Rechtsschutzmöglichkeiten durch aktuelle Entscheidung des High Court of Justice Birmingham, NZI 2012, 912–917

Gottwald, Peter: Insolvenzrechts-Handbuch, 5. Auflage, München 2015 (zitiert: Gottwald/*Bearbeiter*)

Grabenwarter, Christoph/Pabel, Katharina: Europäische Menschenrechtskonvention – Ein Studienbuch, 6. Auflage, München, Basel, Wien 2016

Grabitz, Eberhard/Hilf, Meinhard/Nettesheim, Martin: Das Recht der Europäischen Union – EUV/AEUV, 64. EL, Mai 2018, München

Greulich, Sven/Rau, Thomas: Zur Insolvenzverursachungshaftung des Geschäftsleiters einer Auslandsgesellschaft mit Inlandsverwaltungssitz, NZG 2008, 565–569

Gundlach, Ulf/Frenzel, Volkhard/Schmidt, Nikolaus: Die Haftung des Insolvenzverwalters gegenüber Aus- und Absonderungsberechtigten, NZI 2001, 350–356

Haas, Ulrich: Insolvenzverwalterklagen und EuGVÜ, NZG 1999, 1148–1153

Haas, Ulrich: Der Erstattungsanspruch nach § 64 II GmbHG, NZG 2004, 737–745

Haas, Ulrich: Aktuelle Fragen zur Krisenhaftung des GmbH-Geschäftsführers nach § 64 GmbHG, GmbHR 2010, 1–8

Haas, Ulrich: Die internationale und örtliche Zuständigkeit für Klagen nach § 64 II GmbHG a. F. (bzw. § 64 S. 1 GmbHG n.F.), NZG 2010, 495–497

Haas, Ulrich: Die zuständigkeitsrechtliche Verortung gesellschaftsrechtlicher Gläubigerschutzansprüche, NZG 2013, 1161–1165

Haas, Ulrich: Insolvenzrechtliche Annexverfahren und internationale Zuständigkeit, ZIP 2013, 2381–2390

Habscheid, Edgar J.: Das deutsche internationale Insolvenzrecht und die vis attractiva concursus, ZIP 1999, 1113–1117

Häsemeyer, Ludwig: Insolvenzrecht, 4. Auflage, Köln (u.a.) 2007

Haß, Detlef/Huber, Peter/Gruber, Urs/Heiderhoff, Bettina: EU-Insolvenzverordnung, 1. Auflage, München 2005

Hau, Wolfgang: Brüssel Ia-VO – Neue Regeln für die Anerkennung und Vollstreckung ausländischer Entscheidungen in Zivil- und Handelssachen, MDR 2014, 1417–1421

Haubold, Jens: Europäisches Zivilverfahrensrecht und Ansprüche im Zusammenhang mit Insolvenzverfahren – Zur Abgrenzung zwischen Europäischer Insolvenzverordnung und EuGVO, EuGVÜ und LugÜ, IPRax 2002, 157–163

Haubold, Jens: BGH: Revision bei zu Unrecht verneinter internationaler Zuständigkeit, EuZW 2003, 703–704

Hausmann, Rainer/Odersky, Felix: Internationales Privatrecht in der Notar- und Gestaltungspraxis, 3. Auflage, München 2017

Heinze, Christian: Bausteine eines Allgemeinen Teils des europäischen Internationalen Privatrechts, in Die richtige Ordnung – Festschrift für Jan Kropholler zum 70. Geburtstag, S. 105–127, Tübingen 2008

Henssler, Martin/Strohn, Lutz: Gesellschaftsrecht, 3. Auflage, München 2016

Herbst, Oliver: Keine Geltung des § 19 a ZPO für Aktivprozesse des Insolvenzverwalters, DZWIR 2001, 190–192

Herchen, Axel: Scheinauslandsgesellschaften im Anwendungsbereich der Europäischen Insolvenzverordnung, ZInsO 2003, 742–747

Herchen, Axel: International-insolvenzrechtliche Kompetenzkonflikte in der Europäischen Gemeinschaft, ZInsO 2004, 61–66

Hirte, Heribert/Mock, Sebastian: Wohin mit der Insolvenzantragspflicht?, ZIP 2005, 474–478

Hoffmann, Uwe: § 17 Abs. 2 Satz 1 GVG und der allgemeine Gerichtsstand des Sachzusammenhangs, ZZP 107 (1994), 3–28

Huber, Michael: Ausschließliche Geltendmachung des Quotenverringerungsschadens durch Konkursverwalter – Verjährungsbeginn, NZI 2004, 497–498

Hüffer, Uwe/Koch, Jens: Aktiengesetz, 13. Auflage, München 2018

Jüngst, Julia Felicitas: Der europäische verfahrensrechtliche ordre public – Inhalt und Begrenzung, Frankfurt/Main 2013

Junker, Abbo: Die faktische Geschäftsführung („gérance de fait") in Frankreich und ihre Gefahren für deutsche Unternehmen, RIW 1986, 337–347

Just, Clemens: Haftung des Directors einer englischen Ltd wegen Verletzung der Insolvenzantragspflicht, ZIP 2006, 1251–1254

Kayser, Godehard/Thole, Christoph: Insolvenzordnung, 9. Auflage, Heidelberg 2018

Keay, Andrew R./Walton, Peter: Insolvency Law – Corporate and Personal, 2. Ed., Bristol 2008

Keller, Ulrich: Insolvenzrecht, 1. Auflage, München 2006

Kindl, Johann/Meller-Hannich, Caroline/Wolf, Hans-Joachim: Gesamtes Recht der Zwangsvollstreckung, 3. Auflage, Baden-Baden 2016

Kindl, Johann/Meller-Hannich, Caroline/Wolf, Hans-Joachim: Insolvenzrecht: Zuständigkeit nach EuInsVO für Klagen gegen Geschäftsführer nach § 64 GmbHG, EuZW 2015, 143–144

Kindl, Johann/Meller-Hannich, Caroline/Wolf, Hans-Joachim: Insolvenzrecht als Tätigkeitsausübungsregel – Die sachliche Reichweite der Niederlassungsfreiheit nach dem Kornhaas-Urteil des EuGH, EuZW 2016, 136–139

Kindler, Peter/Nachmann, Josef: Handbuch Insolvenzrecht in Europa, 4. EL., München 2014

Kindler, Peter/Sakka, Samy: Die Neufassung der Europäischen Insolvenzverordnung, EuZW 2015, 460–466

Kirchhof, Hans-Peter/Eidenmüller, Horst/Stürner, Rolf: Münchener Kommentar zur InsO – Band 1, 3. Auflage, München 2013 (zitiert MüKo InsO/*Bearbeiter*)

Kirchhof, Hans-Peter/Eidenmüller, Horst/Stürner, Rolf: Münchener Kommentar zur InsO – Band 2, 3. Auflage, München 2013 (zitiert MüKo InsO/*Bearbeiter*)

Kirchhof, Hans-Peter/Eidenmüller, Horst/Stürner, Rolf: Münchener Kommentar zur InsO – Band 3, 3. Auflage, München 2014 (zitiert MüKo InsO/*Bearbeiter*)

Kirchhof, Hans-Peter/Eidenmüller, Horst/Stürner, Rolf: Münchener Kommentar zur InsO – Band 3, 2. Auflage, München 2008 (zitiert MüKo InsO/*Bearbeiter*)

Kirchhof, Hans-Peter/Eidenmüller, Horst/Stürner, Rolf: Münchener Kommentar zur InsO – Band 4, 3. Auflage, München 2016 (zitiert MüKo InsO/*Bearbeiter*)

Kissel, Rudolf/Mayer, Herbert: Gerichtsverfassungsgesetz, 9. Auflage, München 2018

Klöhn, Lars: Statische oder formale Lebenssachverhalte als „Interessen" i.S. des Art. 3 I a EuInsVO? – Zum Mittelpunkt der hauptsächlichen Interessen einer im Ausland gegründeten Gesellschaft bei Einstellung ihrer werbenden Tätigkeit im Inland (zugleich Besprechung von AG Hamburg v. 01.12.2005–67a IN 450/05, NZI 2006, 120), NZI 2006, 383–386

Klöhn, Lars/Berner, Olaf: EuGH-Vorlage zur Bestimmung der internationalen Zuständigkeit für Insolvenzanfechtungsklagen, ZIP 2007, 1418–1419

König, Bernhard: Die Anfechtung nach der Insolvenzordnung, 5. Auflage, Wien 2014

Kropholler, Jan/von Hein, Jan: Europäisches Zivilprozessrecht, 9. Auflage, Frankfurt/Main 2011

Krüger, Wolfgang/Rauscher, Thomas: Münchener Kommentar zur ZPO – Band 1, 5. Auflage, München 2016 (zitiert: MüKo ZPO/*Bearbeiter)*

Krüger, Wolfgang/Rauscher, Thomas: Münchener Kommentar zur ZPO – Band 3, 5. Auflage, München 2017 (zitiert: MüKo ZPO/*Bearbeiter)*

Kübler, Bruno/Prütting, Hanns/Bork, Reinhard: Kommentar zur Insolvenzordnung, Band I, Stand Mai 2018 76. EL, Köln (zitiert: Kübler/Prütting/Bork/*Bearbeiter*)

Kübler, Bruno/Prütting, Hanns/Bork, Reinhard: Kommentar zur Insolvenzordnung, Band II, Stand Mai 2018 76. EL, Köln (zitiert: Kübler/Prütting/Bork/*Bearbeiter*)

Kübler, Bruno/Prütting, Hanns/Bork, Reinhard: Kommentar zur Insolvenzordnung, Band IV, Stand Mai 2018 76. EL, Köln (zitiert: Kübler/Prütting/Bork/*Bearbeiter*)

Kübler, Bruno/Prütting, Hanns/Bork, Reinhard: Kommentar zur Insolvenzordnung, Band V, Stand Mai 2018 76. EL, Köln (zitiert: Kübler/Prütting/Bork/*Bearbeiter*)

Laptew, Alexej: Abschaffung der anerkennungsrechtlichen Ordre public-Kontrolle in Osteuropa: Vorbild für die EU?, IPRax 2004, 495–498

Laukemann, Björn: Der ordre public im europäischen Insolvenzverfahren, IPRax 2012, 207–215

Laukemann, Björn: Die Absonderungsklage im Europäischen Zuständigkeitsrecht, IPRax 2013, 150–153

Laukemann, Björn: Die ordre public-Kontrolle bei Erschleichung von Zuständigkeit und Restschuldbefreiung im Europäischen Insolvenzverfahren: eine Gläubigerperspektive, IPRax 2014, 258–264

Leible, Stefan/Staudinger, Ansgar: Die europäische Verordnung über Insolvenzverfahren, KTS 2000, 533–575

Leipold, Dieter: Zuständigkeitslücken im neuen Europäischen Insolvenzrecht, in Festschrift für Akira Ishikawa zum 70. Geburtstag, S. 221–239, Berlin 2001

Lissner, Stefan: Haftung und Verantwortlichkeit des Insolvenzverwalters, BB 2014, 1419–1424

Luke, Antje: Haftung für masseverkürzende Zahlungen – Reichweite des Insolvenzstatuts, IWRZ 2016, 122–124

Lüke, Wolfgang: Das europäische internationale Insolvenzrecht, ZZP 111 (1998), 275–314

Lüke, Wolfgang: Haftungsrecht überdacht – Überlegungen zur Systematik der Insolvenzverwalterhaftung, ZIP 2005, 1113–1120

Lutter, Marcus/Hommelhoff, Peter: GmbH-Gesetz – Kommentar, 19. Auflage, Köln 2016

Lüttringhaus, Jan/Weber, Johannes: Aussonderungsklagen an der Schnittstelle von EuGVVO und EuInsVO, RIW 2010, 45–51

Mankowski, Peter: Anmerkung zu AG Düsseldorf v. 06.06.2003–502 IN 126/03, EWiR 2003, 767–768

Mankowski, Peter: Anmerkung zu Cour d'appel Versailles v. 04.09.2003–05038/03, EWiR 2003, 1239–1240

Mankowski, Peter: Entwicklungen im Internationalen Privat- und Prozessrecht 2003/2004 (Teil 1), RIW 2004, 481–497

Mankowski, Peter: Klärung von Grundfragen des europäischen Internationalen Insolvenzrechts durch die Eurofood-Entscheidung? – Centre of main interests (COMI), Anerkennung, ordre public, vorläufige Insolvenzverwaltung, BB 2006, 1753–1759

Mankowski, Peter: „Enger Zusammenhang" zwischen Zivilklage und Konkursverfahren – Anerkennung von Entscheidungen eines anderes Mitgliedstaates, NZI 2009, 571–572

Mankowski, Peter: Insolvenznahe Verfahren im Grenzbereich zwischen EuInsVO und EuGVVO – Zur Entscheidung des EuGH in Sachen German Graphics (NZI 2009, 741), NZI 2010, 508–512

Mankowski, Peter: Der ordre public im europäischen und im deutschen Internationalen Insolvenzrecht, KTS 2011, 185–218

Mankowski, Peter: Internationale Zuständigkeit für Ansprüche gegen faktischen Geschäftsführer, NZI 2012, 53–54

Mankowski, Peter: Erbringung von Beförderungsdienstleistungen – Begriff der „Klage, die an ein Insolvenzverfahren anknüpft", NZI 2014, 922–923

Mankowski, Peter: Anmerkung zu EuGH v. 04.12.2014–C-295/13, EWiR 2015, 93–94

Mankowski, Peter: Insolvenzrecht gegen Gesellschaftsrecht 2:0 im europäischen Spiel um § 64 GmbHG, NZG 2016, 281–286

Mankowski, Peter: Zuständigkeit bei Haftungsklage wegen unlauteren Wettbewerbs, NZI 2018, 46–47

Mankowski, Peter: Internationale Zuständigkeit nach Art. 3 EuInsVO – Kriterien zur Feststellung des COMI, NZI 2018, 88–90

Mankowski, Peter/Müller, Michael F./Schmidt, Jessica: EuInsVO 2015, 1. Auflage, München 2016

Mankowski, Peter/Willemer, Charlotte: Die internationale Zuständigkeit für Insolvenzanfechtungsklagen, RIW 2009, 669–679

Mansel, Heinz-Peter: Grenzüberschreitende Restschuldbefreiung – Anerkennung einer (*automatic*) *discharge* nach englischem Recht und *ordre public*, in Grenzen überwinden – Prinzipien bewahren – Festschrift für Bernd von Hoffmann zum 70. Geburtstag, S. 683–697, Bielefeld 2011

Mansel, Heinz-Peter/Thorn, Karsten/Wagner, Rolf: Europäisches Kollisionsrecht 2012: Voranschreiten des Kodifikationsprozesses – Flickenteppich des Einheitsrechts, IPRax 2013, 1–36

Mäsch, Gerald: Internationale Zuständigkeit für „insolvenznahe", NZI 2014, 287–288

Matscher, Franz: Der verfahrensrechtliche ordre public im Spannungsfeld von EMRK und Gemeinschaftsrecht – Bemerkungen zu den Urteilen des EuGH und des EGMR in der Sache Krombach, IPRax 2001, 428–436

Medicus, Dieter: Die Außenhaftung des GmbH-Geschäftsführers, GmbHR 1993, 420, GmbHR 1993, 533–540

Meyer-Ladewig, Jens/Nettesheim, Martin/von Raumer, Stefan: EMRK, 4. Auflage 2017, Baden-Baden u.a. 2017 (zitiert: M-L/N/vR/*Bearbeiter)*

Mock, Sebastian: Das (geplante) neue europäische Insolvenzrecht nach dem Vorschlag der Kommission zur Reform der EuInsVO, GPR 2013, 156–166

Mock, Sebastian: Internationale Restschuldbefreiung, KTS 2013, 423–454

Mock, Sebastian: Vorlagebeschluss zum EuGH bezüglich anwendbaren Rechts in internationalen Insolvenzverfahren, NZI 2015, 87–88

Musielak, Hans-Joachim/Voit, Wolfgang: Zivilprozessordnung mit Gerichtsverfassungsgesetz, 15. Auflage, München 2018

Müller, Hans-Friedrich: Insolvenz ausländischer Kapitalgesellschaften mit inländischem Verwaltungssitz, NZG 2003, 414–418

Nerlich, Jörg/Römermann, Volker: Insolvenzordnung, 34. EL, Stand Juni 2017, München (zitiert Nerlich/Römermann/*Bearbeiter* (34.EL))

Nerlich, Jörg/Römermann, Volker: Insolvenzordnung, 36. EL, Stand Juni 2018, München

Oberhammer, Paul: Das europäische Insolvenzrecht und Österreich: Grundstrukturen und ausgewählte Probleme, ÖBA 2002, 698–708

Oberhammer, Paul: Europäisches Insolvenzrecht in praxis – „Was bisher geschah", ZInsO 2004, 761–773

Oberhammer, Paul: Von der EuInsVO zum europäischen Insolvenzrecht – Eine Zwischenbilanz über rechtspolitische Gestaltungsmittel und Ziele, KTS 2009, 27–67

Oberhammer, Paul: Im Holz sind Wege: EuGH SCT./.Alpenblume und der Insolvenztatbestand des Art. 1 Abs. 2 lit. b EuGVVO, IPRax 2010, 317–324

Oberhammer, Paul: Europäisches Insolvenzrecht: EuGH Seagon/Deko Marty Belgium und die Folgen, in Festschrift für Helmut Koziol zum 70. Geburtstag, S. 1239–1272, Wien 2012

Pannen, Klaus: Europäische Insolvenzverordnung, Berlin 2007

Pannen, Klaus/Riedemann, Susanne: Gläubigeranspruch bei englischer Limited mit Geschäftstätigkeit in Deutschland, NZI 2005, 413–414

Pape, Gerhard: Persönliche Haftung des GmbH-Geschäftsführers für masseschädigende Auszahlungen nach Eintritt der Insolvenzreife, ZInsO 2001, 206, ZInsO 2001, 397–404

Pape, Gerhard/Graeber, Thorsten: Handbuch der Insolvenzverwalterhaftung, 1. Auflage, Münster 2009

Paulus, Christoph: Zuständigkeitsfragen nach der Europäischen Insolvenzordnung, ZIP 2003, 1725–1729

Paulus, Christoph: Anfechtungsklagen in grenzüberschreitenden Insolvenzverfahren, ZInsO 2006, 295–300

Paulus, Christoph: Die EuInsVO – wo geht die Reise hin?, NZI 2008, 1–6

Piekenbrock, Andreas: Kann der Ausschluß des ordre public in Art. 28 Abs. 3 EuGVÜ ausnahmslos gelten?, IPRax 2000, 364–366

Piltz, Burghard: Vom EuGVÜ zur Brüssel-I-Verordnung, NJW 2002, 789–794

Poertzgen, Christoph: Die Geschäftsführerhaftung aus § 64 GmbHG de lege ferenda, ZInsO 2006, 561–568

Poertzgen, Christoph: Organhaftung wegen Insolvenzverschleppung bei GmbH und GmbH & Co. KG, GmbHR 2006, 1182–1187

Poertzgen, Christoph: Geschäftsführerhaftung aus § 64 Satz 1 GmbHG – Anwendungspraxis und rechtspolitische Kritik, ZInsO 2011, 305–313

Poertzgen, Christoph: Zuständigkeit nach EuInsVO für Klagen gegen Geschäftsführer nach § 64 GmbHG, NZI 2015, 91–92

Potacs, Michael: Effet utile als Auslegungsgrundsatz, EuR 2009, 465–488

Prager, Martin/Keller, Christoph: Der Vorschlag der Europäischen Kommission zur Reform der EuInsVO, NZI 2013, 57–64

Priebe, Klaus: Zur Anerkennung der Wirkungen eines Insolvenzverfahrens nach englisch-walisischem Recht in Deutschland, ZInsO 2016, 601–610

Raum, Rolf/Lindner, Nicola: Rechtsangleichung im Delikts- und Vollstreckungsrecht mit Blick auf die EU-Osterweiterung – Erkenntnisse aus der „Zweiten Internationalen Dresdner Prozeßsimulation“, NJW 1999, 465–470

Rauscher, Thomas: Europäisches Zivilprozess- und Kollisionsrecht EuZPR/EuIPR, Band I, 4. Auflage, Köln 2015

Rauscher, Thomas: Europäisches Zivilprozess- und Kollisionsrecht EuZPR/EuIPR, Band II, 4. Auflage, Köln 2015

Reithmann, Christoph/Martiny, Dieter: Internationales Vertragsrecht, 8. Auflage, Köln 2015

Rezbach, Theo François: Die Parallelität von Massehaftung und persönlicher Verwalterhaftung bei Versagen des Insolvenzverwalters, Frankfurt/Main, 2009

Ringe, Wolf-Georg: „Überseering im Verfahrensrecht“ – Zu den Auswirkungen der EuGH-Rechtsprechung zur Niederlassungsfreiheit von Gesellschaften auf das Internationale Zivilprozessrecht, IPRax 2007, 388–395

Ringe, Wolf-Georg/Willemer, Charlotte: Zur Anwendung von § 64 GmbHG auf eine englische Limited, NZG 2010, 56–58

Röhricht, Volker: Insolvenzrechtliche Aspekte im Gesellschaftsrecht, ZIP 2005, 505–516

Römermann, Volker: Limited: Anwendung des § 64 GmbHG auf den Direktor einer Limited englischen oder walisischen Rechts, GmbHR 2016, 27–29

Roth, Günter: Der Vorbehalt des Ordre Public gegenüber fremden gerichtlichen Entscheidungen, Bielefeld 1967

Roth, Günter/Altmeppen, Holger: Gesetz betreffend die Gesellschaften mit beschränkter Haftung, 8. Auflage, München 2015

Sabel, Oliver: Hauptsitz als Niederlassung im Sinne der EuInsVO?, NZI 2004, 126–128

Säcker, Franz Jürgen/Rixecker, Roland/Oetker, Hartmut/Limperg, Bettina: Münchener Kommentar zum BGB – Band 12, 7. Auflage, München 2018 (zitiert MüKo BGB/*Bearbeiter*)

Säcker, Franz Jürgen/Rixecker, Roland/Oetker, Hartmut/Limperg, Bettina: Münchener Kommentar zum BGB – Band 11, 7. Auflage, München 2018 (zitiert MüKo BGB/*Bearbeiter*)

Saenger, Ingo: Zivilprozessordnung, 7. Auflage, Baden-Baden 2017

Schack, Haimo: Internationales Zivilverfahrensrecht, 7. Auflage, München 2017

Schinkels, Boris: BGH: Gleichklang der Ordre-public-Kontrolle nach EuInsVO und EuGVVO, LMK 2014, 361189

Schlosser, Peter F.: Unzulässige Diskriminierung nach Bestehen oder Fehlen eines EG-Wohnsitzes im europäischen Zivilprozessrecht, in Festschrift für Andreas Heldrich zum 70. Geburtstag, S. 1007–1019, München 2005

Schlosser, Peter F./Hess, Burkhard: EU-Zivilprozessrecht, 4. Auflage, München 2015

Schmidt, Andreas/Poertzgen, Christoph: Geschäftsführerhaftung (§ 64 S. 1 GmbHG) in Zeiten des ESUG, NZI 2013, 369–377

Schmidt, Andreas: Hamburger Kommentar zum Insolvenzrecht, 6. Auflage, Köln 2017 (zitiert: HambKomm/*Bearbeiter*)

Schmidt, Hubert: Anfechtungsklage des Konkursverwalters und Anwendbarkeit des EuGVÜ, EuZW 1990, 219–220

Schmidt, Jessica: Insolvenzantragspflicht und Insolvenzverschleppungshaftung bei der „deutschen" Limited – Das LG Kiel auf dem richtigen Weg?, ZInsO 2006, 737–742

Schmidt, Karsten: Konkursantragspflicht bei der GmbH und bürgerliches Deliktsrecht, JZ 1978, 661–666

Schmidt, Karsten: Verbotene Zahlungen in der Krise von Handelsgesellschaften und die daraus resultierenden Ersatzpflichten, ZHR 168 (2004), 637–672

Schmidt, Karsten: Übermäßige Geschäftsführerrisiken aus § 64 Abs. 2 GmbHG, § 130a Abs. 3 HGB?, ZIP 2005, 2177–2185

Schmidt, Karsten: Münchener Kommentar zum HGB – Band 3, 3. Auflage, München 2012 (zitiert: MüKo HGB/*Bearbeiter*)

Schmidt, Karsten: Insolvenzordnung, 19. Auflage, München 2016 (K. Schmidt/*Bearbeiter*)

Schmittmann, Jens/Hesselmann Thomas: Die internationale Zuständigkeit und Wirkungserstreckung in der EuInsVO unter besonderer Berücksichtigung von Kompetenzkonflikten, ZInsO 2008, 957–967

Schnichels, Dominik/Stege, Ulrich: Die Entwicklung des europäischen Zivilprozessrechts im Bereich der EuGVVO im Jahr 2015, EuZW 2016, 728–733

Schoch, Friedrich/Schneider, Jens-Peter/Bier, Wolfgang: Verwaltungsgerichtsordnung Band I, 34. EL Stand Mai 2018, München

Scholz, Franz: Kommentar zum GmbH-Gesetz – Band III, 11. Auflage, Köln 2015

Schulz, Patrick: Insolvenzrecht: Internationale Zuständigkeit für Anfechtungsklage gegen in Drittstaat ansässigen Anfechtungsgegner, EuZW 2014, 264–265

Schulz, Patrick: Die Haftung wegen masseschädigender Zahlungen als EuInsVO-Annexverfahren – Zur Frage der internationalen Gerichtszuständigkeit bei Klage des Insolvenzverwalters gegen den Geschäftsführer wegen masseschmälernden Zahlungen nach § 64 Satz 1 GmbHG und zum räumlichen Anwendungsbereich der EuInsVO, NZG 2015, 146–148

Schulz, Patrick: Insolvenzrecht: Anfechtung der Auszahlung eines vor der Eröffnung des Insolvenzverfahrens gepfändeten Betrags, EuZW 2015, 432–433

Schulz, Patrick: Insolvenzrecht: Zuständigkeit und anwendbares Recht für Annexverfahren bei Eröffnung eines Sekundärinsolvenzverfahrens, EuZW 2015, 596–598

Schwab, Karl Heinz: Zum Sachzusammenhang bei Rechtsweg- und Zuständigkeitsentscheidung, in Festschrift für Albrecht Zeuner zum 70. Geburtstag, S. 499–511, Tübingen 1994

Schwarz, Günter Christian: Insolvenzverwalterklagen bei eigenkapitalersetzenden Gesellschafterleistungen nach der Verordnung (EG) Nr. 44/2001 (EuGVVO), NZI 2002, 290–298

Schwemmer, Anja-Sophia: Die Verlegung des centre of main interests (COMI) im Anwendungsbereich der EuInsVO, NZI 2009, 355–359

Sealy, Len/Milman, David: Annotated Guide to the Insolvency Legislation. Volume I, 14. Ed., London 2011

Seidel, Thorsten/Hinderer, Hermann Ali: Haftung des Insolvenzverwalters bei Masseunzulänglichkeit, NZI 2010, 745–749

Smid, Stefan: Grund und Grenzen der Rechtsmittelbefugnis des Konkursverwalters, ZIP 1995, 1137–1146

Smid, Stefan: Vier Entscheidungen englischer und deutscher Gerichte zur europäischen internationalen Zuständigkeit zur Eröffnung von Hauptinsolvenzverfahren, DZWIR 2003, 397–404

Statistisches Bundesamt: Pressemitteilung Nr. 113 vom 20.09.2018, abrufbar unter: https://www.destatis.de/DE/PresseService/Presse/Pressemitteilungen/2018/03/PD18_113_52431.html (abgerufen am 20.09.2018)

Stein, Andreas: Neuere Entwicklungen bei der gegenseitigen Anerkennung und Vollstreckung von zivilrechtlichen Urteilen in Europa, WiRO 2003, 289–294

Stoll, Hans: Vorschläge und Gutachten zur Umsetzung des EU-Übereinkommens über Insolvenzverfahren im deutschen Recht, Tübingen 1997

Stürner, Michael: Gerichtsstandsvereinbarungen und Europäisches Insolvenzrecht – Zugleich ein Beitrag zur internationalen Zuständigkeit bei insolvenzbezogenen Annexverfahren, IPRax 2005, 416–422

Sujecki, Bartosz: Die Möglichkeiten und Grenzen der Abschaffung des *ordre public*-Vorbehalts im Europäischen Zivilprozessrecht, ZEuP 2008, 458–479

Sujecki, Bartosz: EuGVVO/EuInsVO: Internationale Zuständigkeit für insolvenzrechtliches Annexverfahren, EuZW 2012, 430–430

Swierczok, Artur M.: Haftung für masseverkürzende Zahlungen, NZI 2016, 50–51

Taupitz, Jochen: Anmerkung zu BGH, 11.01.1990–IX ZR 27/89, ZZP 105 (1992), 218–228

Taupitz, Jochen: Das (zukünftige) europäische Internationale Insolvenzrecht – insbesondere aus international-privatrechtlicher Sicht, ZZP 111 (1998), 315–350

Thole, Christoph: Die internationale Zuständigkeit für insolvenzrechtliche Anfechtungsklagen, ZIP 2006, 1383–1387

Thole, Christoph: Gläubigerschutz durch Insolvenzrecht, Tübingen 2010 (zitiert: *Thole*, Gläubigerschutz)

Thole, Christoph: Vis attractiva concursus europaei? – Die internationale Zuständigkeit für insolvenzbezogene Annexverfahren zwischen EuInsVO, EuGVVO und autonomem Recht, ZEuP 2010, 907–924

Thole, Christoph: Negative Feststellungsklagen, Insolvenztorpedos und EuInsVO, ZIP 2012, 605–613

Thole, Christoph: Die Reform der Europäischen Insolvenzordnung – Zentrale Aspekte des Kommissionsvorschlags und offene Fragen, ZEuP 2014, 39–76

Thole, Christoph/Swierczok, Arthur: Der Kommissionsvorschlag zur Reform der EuInsVO, ZIP 2013, 550–558

Thomas, Heinz/Putzo, Hans: Zivilprozessordnung, 39. Auflage, München 2018

Trams, Kai: Haftung von Sach- und Insolvenzverwalter im Vergleich, NJW-Spezial 2015, 597–598

Trocker, Nicolò: Procedural Differences, Ordre Public and Recognition of Foreign Judgments – An Impressionistic Account, in Stürner/Rolf, Kawano/Masanori, Cross Border Insolvency, Intellectual Property, Litigation, Arbitration and Ordre Public, Tübingen 2011

Trunk, Alexander: Internationales Insolvenzrecht, Tübingen, 1998

Uhlenbruck, Wilhelm: Corporate Governance, Compliance and Insolvency Judgement Rule als Problem der Insolvenzverwalterhaftung, in Festschrift für Karsten Schmidt zum 70. Geburtstag, Köln 2009, 1603–1623

Uhlenbruck, Wilhelm/Hirte, Heribert/Vallender, Heinz: Insolvenzordnung, 14. Auflage, München 2015 (zitiert: Uhlenbruck/*Bearbeiter*)

Vallender, Heinz: Wirkungen und Anerkennung einer im Ausland erteilten Restschuldbefreiung, ZInsO 2009, 616–621

Vallender, Heinz: Europaparlament gibt den Weg frei für eine neue Europäische Insolvenzverordnung, ZIP 2015, 1513–1521

Virgós, Miguel/Schmit, Etienne: Erläuternder Bericht zu dem EU-Übereinkommen über Insolvenzverfahren, in Stoll, Vorschläge und Gutachten zur Umsetzung des EU-Übereinkommens über Insolvenzverfahren im deutschen Recht, S. 32–134, Tübingen 1997

von Hein, Jan: Europäisches Internationales Deliktsrecht nach der Rom II-Verordnung, ZEuP 2009, 6–33

von Hoffmann, Bernd/Thorn, Karsten: Internationales Privatrecht, 9. Auflage, München 2007

von Wilcken, Christoph: Erstattungsanspruch gegen den Director einer in Deutschland tätigen Limited nach § 64 GmbHG, Der Betrieb 2016, 225–226

Vorwerk, Volkert/Wolf, Christian: Beck'scher Onlinekommentar ZPO, 29. Edition, Stand 01.07.2018, München (zitiert: BeckOK ZPO/*Bearbeiter*)

Wagner, Rolf: Vom Brüsseler Übereinkommen über die Brüssel I-Verordnung zum Europäischen Vollstreckungstitel, IPRax 2002, 75–95

Weber, Johannes: Gesellschaftsrecht und Gläubigerschutz im Internationalen Zivilverfahrensrecht, Tübingen 2011

Wedemann, Frauke: Die internationale Zuständigkeit für Haftungsklagen gegen Gesellschafter und Geschäftsleiter, ZEuP 2014, 867–882

Wedemann, Frauke: EuGVVO oder EuInsVO bei gesellschaftsrechtlichen Haftungsklagen?, IPRax 2015, 505–509

Wegen, Gerhard/Asbrand, Dominik: Zivilrechtliche Haftung des Organs in Deutschland bei Geschäftstätigkeit mit Auslandsbezug – Eine kollisionsrechtliche Betrachtung, IWRZ 2016, 248–254

Weller, Marc Philippe: Inländische Gläubigerinteressen bei internationalen Konzerninsolvenzen, ZHR 169 (2005), 570–593

Wessel, Wilhelm: Begründet der Sitz des Insolvenzgerichts den allgemeinen Gerichtsstand eines Insolvenzverwalters auch für Aktivprozesse?, DZWIR 2000, 196–197

Wexler-Uhlich, Roman/Wagner, Simon: Zur Prorogationsbefugnis des Insolvenzverwalters, ZIP 2015, 1213–1216

Willemer, Charlotte: Vis attractiva concursus und die Europäische Insolvenzverordnung, Tübingen 2006

Wimmer, Klaus: Übersicht zur Neufassung der EuInsVO, jurisPR-InsR 7/2015 Anm. 1

Wimmer, Klaus: Frankfurter Kommentar zur Insolvenzordnung, 9. Auflage, Köln 2018 (zitiert FK InsO/*Bearbeiter*)

Zenger, Ralph: Die Insolvenzanfechtung aus zivilrechtlicher Perspektive, Tübingen 2016

Ziemons, Hildegard/Jaeger, Carsten: Beck'scher Online-Kommentar GmbHG, 35. Edition, Stand 01.05.2018, München (zitiert: BeckOK GmbHG/*Bearbeiter*)

Zimmer, Daniel: Grenzüberschreitende Rechtspersönlichkeit, ZHR 168 (2004), 355–368

Zöller, Richard: Zivilprozessordnung, 32. Auflage, Köln 2018

www.ingramcontent.com/pod-product-compliance
Ingram Content Group UK Ltd.
Pitfield, Milton Keynes, MK11 3LW, UK
UKHW021932290926
8980IPUK00016B/1584

9 783631 802854